W. Rein

Pädagogische Studien

W. Rein

Pädagogische Studien

ISBN/EAN: 9783744663038

Hergestellt in Europa, USA, Kanada, Australien, Japan

Cover: Foto ©Suzi / pixelio.de

Weitere Bücher finden Sie auf **www.hansebooks.com**

Pädagogische Studien.

Neue Folge.

Herausgegeben

von

Dr. W. Rein,
Professor an der Universität zu Jena.

Jahrgang 1888.

Dresden.
Verlag von Bleyl & Kaemmerer.
(Paul Th. Kaemmerer.)
1888.

Inhaltsverzeichnis

des Jahrgangs 1888.

A. Abhandlungen.

B. Mitteilungen.

C. Beurteilungen.

D. Anzeigen.

A. Abhandlungen.

Comenius: Ein Systematiker in der Pädagogik.

Eine philosophisch-historische Untersuchung.

Von

Walter Müller von St. Gallen.

Vorwort.

Die vorliegende Arbeit ging hervor aus dem Bestreben, die Entstehung der Erziehungslehre im 17. Jahrhundert als eine Folge des grofsartigen geistigen Umschwunges zu begreifen, den die europäischen Kulturvölker in den unmittelbar vorangehenden Jahrhunderten erfuhren, diese Entstehung im besondern aber zurückzuführen auf die Entstehung der Methodenlehre im 17. Jahrhundert selbst. Die hervorragenden Arbeiten von Jakob Burckhardt*) und von Wilhelm Dilthey**) sind es namentlich, die auf dieses Problem hindeuten resp. Bausteine zu dessen Lösung herbeigetragen haben. Hängt dieses Problem doch auf das innigste zusammen mit jenem andern umfassenderen, welches die Entstehung und Charakteristik des modernen Bewufstseins zum Gegenstand hat.***)

Als ich in meinem Bestreben Comenius, den Schöpfer der Didaktik, näher betrachtete, empfand ich den Mangel an einer ausreichenden, meinen Zwecken genügenden Darstellung der Erziehungslehre des Comenius. Es stellte sich das unabweisliche Bedürfnis heraus, die pädagogischen Ansichten des Comenius von dem methodologischen Gesichtspunkte aus zu beurteilen, um auf Grund dieser Arbeit an die Lösung des oben genannten philosophisch-historischen Problems heranzutreten. Es handelte sich also für mich in erster Linie darum, die wesentlichen päda-

---

*) Die Cultur der Renaissance I. Aufl. Basel 1860.

**) Einleitung in die Geisteswissenschaften. Versuch einer Grundlegung für das Studium der Gesellschaft und der Geschichte. I. Bd. Leipzig 1883.

***) Burckhardt l. c. 172, Dilthey I, 441 ff.

gogischen Ansichten des Comenius aus seinen opera omnia didactica zusammenzusuchen und den Mafsstab des Systems an sie zu halten, insofern sich mit der Verselbstständigung der Einzelwissenschaften — einer Folge des Freiwerdens des Individuums und einer objektiven Betrachtung der Aufsenwelt, in diesem Falle mit der selbständigen logischen Bearbeitung des Gegenstandes der Pädagogik eine Zusammenfassung der bereits vorhandenen Erkenntnisse und damit der systematische Charakter fast notwendig ergab. Humanismus und Reformation hatten weder für sich, noch gemeinsam eine systematische Erziehungslehre geschaffen, so viele pädagogische Errungenschaften sie mit sich brachten. Erst mit Baco und Descartes (von Ratichius hier nicht zu reden), von denen der erstere die Augen seiner Zeitgenossen für die ganze, grofse Schöpfung öffnete und hell machte, der letztere aber von dem absoluten Zweifel zur unmittelbaren, intuitiven Selbstgewifsheit des denkenden Ich gelangte — erst mit diesen beiden Philosophen und ihren Schülern entstand eine wissenschaftliche Methodenlehre, die dann, wie schon bemerkt, die Grundlage der Didaktik des 17. Jahrhunderts bildete. Dieser grofse Vorgang soll des nähern erläutert werden durch den Nachweis der Herkunft der einzelnen Elemente des Comenianischen Systems. Es wird sich zeigen, dafs in der Teleologie der spezielle Einflufs der Reformation, also eine christlich-nationale Tendenz auf Schritt und Tritt, in der Methodologie die aus dem Humanismus und der Reformation hervorgewachsene Methodenlehre*) in ihrem ganzen Umfange sich bemerklich macht. Die vorliegende Arbeit dürfte auch von einem andern Gesichtspunkte aus Interesse verdienen, von der Geschichte der Pädagogik aus. Es giebt eine Behandlung der Geschichte der Pädagogik, aus der man wohl Culturgeschichte, keineswegs aber Pädagogik lernen kann. Die pädagogischen Ansichten werden an dem historischen Faden aufgehängt, in einem mehr äufserlichen Zusammenhange uns vorgeführt; aus Furcht vor Befangenheit des Urteils wird gar nicht geurteilt d. h. der gegenwärtige Standpunkt der Pädagogik wird nicht zum Vergleiche herbeigezogen; hervorragende Momente in der Entwicklung treten dabei selbstverständlich nicht scharf genug hervor und die historische Betrachtung bietet geringen Nutzen.**) Der biographische und der überwiegend chronologische Gang in der Darstellung der Geschichte der Pädagogik ist ungenügend; ein

*) Vgl. Heinrich Lang, Ein Gang durch die christliche Welt. Studien über die Entwicklungsgeschichte des christlichen Geistes. S. 37 ff. Berlin 1859.

**) Zoubek: Joh. Amos Comenius. Eine quellenmäfsige Lebensskizze. Hesse, Leipzig. pag. 133. Wie jede Geschichte, so hat namentlich die einer Wissenschaft nur dann einen wahrhaft bildenden Charakter, wenn sie an gewissen Punkten, vor allem bei epochemachenden Momenten verweilt und dieselben vor der Seele vollständig aufleben läfst.

Beispiel eines mehr „pragmatischen“ Ganges kann die vorliegende Arbeit sein.

Willkommen dürfte der Anhang sein, nicht blofs aus biographischem Interesse, sondern auch, weil dadurch die Fortschritte der Pädagogik selbst bemerkbar werden.

Einleitung.

Die Lösung der oben gestellten Aufgabe setzt die Beantwortung zweier Fragen voraus. I. Welches sind die charakteristischen Merkmale eines wissenschaftlichen Systems? II. Was gehört zu einem System der Pädagogik?

Sigwart bezeichnet in seiner „Logik“*) als Aufgabe der Systematik „die Totalität der in irgend einem Zeitpunkte erreichten Erkenntnisse als ein Ganzes darzustellen, dessen Teile durchgängig in logischen Verhältnissen verknüpft sind“ (II, 538.) Und II, 540 wird ein System folgendermafsen gekennzeichnet: „Wird die Gesamtheit der (so durch Induktion erworbenen) Kenntnisse zu irgend einer Zeit als relativ abgeschlossen betrachtet, hat die Wahrnehmung sich über die zugängliche Welt mit der Vollständigkeit, die ihre augenblicklichen Grenzen gestatten, verbreitet, so entsteht das Bedürfnis, das Ganze zu übersehen, und die gewonnenen Erkenntnisse in einem übersichtlichen Inventar zu ordnen, nach logischen Beziehungen die Verhältnisse der einzelnen Teile unsers Erkennens zu einem Ganzen zu vereinigen. Eine solche Anordnung eines Ganzen unserer Erkenntnisse heifst System.“ Und in Übereinstimmung damit sagt Drobisch:**) „Das Letztere (ein zusammenhängender, methodischer Gebrauch der Elementarformen des Denkens) mufs geschehen in der Wissenschaft, welche die Mannigfaltigkeit, der über einen gegebenen Gegenstand gewonnenen unmittelbaren oder mittelbaren Erkenntnisse in einer höhern Einheit zu einem in allen seinen Teilen einstimmigen vollständigen und geordneten Ganzen zu verknüpfen strebt. Eine solche höhere Einheit von Erkenntnissen heifst ein System,“ Und auf S. 161: „Jedes System ist nur eine logische Darstellung und Begründung aller auf den Gegenstand der Wissenschaften sich beziehenden Erkenntnisse, die also hierbei als gegeben vorausgesetzt werden.“ Wenn man sich ferner vergegenwärtigt, dafs jede Wissenschaft nach systematischer Durchbildung strebt, so dafs also „Wissenschaft in ihrer (relativ) höchsten Ausbildung“ und „wissenschaftliches

*) Logik in 2 Bänden, 1873—1878.

**) Neue Darstellung der Logik. 4. Auflage. Leipzig 1875. pag. 12.

System" das Nämliche bezeichnen*), so ist auch Dilthey**) zu erwähnen: „Unter Wissenschaft versteht der Sprachgebrauch einen Inbegriff von Sätzen, dessen Elemente d. h. Begriffe vollkommen bestimmt, im ganzen Denkzusammenhang konstant und allgemein gültig, dessen Verbindungen begründet, in dem endlich die Teile zum Zwecke der Mitteilung zu einem Ganzen verbunden sind, weil entweder ein Bestandteil der Wirklichkeit durch diese Verbindung von Sätzen in seiner Vollständigkeit gedacht oder ein Zweig der menschlichen Thätigkeit durch sie geregelt wird. Diese Citate sind vermöge ihrer scharfen logischen Formulierung und ihrer durchgängigen Übereinstimmung geeignet, die Merkmale eines wissenschaftlichen Systems hervorzuheben. Es werden demnach im Allgemeinen 3 Forderungen gestellt. Von einem wissenschaftlichen System wird in erster Linie Vollständigkeit verlangt, Vollständigkeit der Erkenntnisse, die dasselbe in sich aufgenommen, und in richtiger Weise, nicht durch künstliches Einzwängen sich assimiliert hat. Diese Erkenntnisse sind gegeben. Manche von ihnen weisen unmittelbar auf andere hin, d. h. sie geben genügende Mittel an die Hand, um neue Erkenntnisse zu erwerben um in das System aufzunehmen. Solche Gelegenheiten müssen von dem Systematiker im Interesse der Vollständigkeit benutzt werden.

Die Erkenntnisse dürfen aber nicht blofs äufserlich zusammengereiht werden. Sie müssen ein geschlossenes, einheitliches Ganze ausmachen. Daher müssen sie aufeinander bezogen, in logische Verhältnisse gebracht werden. Und zwar müssen dazu, je nach dem mehr deskriptiven oder demonstrativen Charakter der betreffenden Wissenschaft nur einige systematische Formen des Denkens (wie die Division und Klassifikation) oder alle (also auch die Beweise und Deduktionen) dienen.

Die dritte Forderung betrifft die Erkenntnisse selbst. Es müssen wirkliche Erkenntnisse sein, das mufs nachgewiesen werden durch eine streng wissenschaftliche Begründung. (Vgl. S. 5 die Einschränkung bei angewandten Wissenschaften.) Die ersten beiden Forderungen betrafen mehr die formelle Seite, diese letzte die materielle Seite.***) Nur wenn diese drei Forderungen erfüllt sind, kann man in Wahrheit von einem wissenschaftlichen Systeme reden. — „Totalität der in irgend einem Zeitpunkte erreichten Erkenntnisse" ist das erste Merkmal eines Systems. Daraus geht ohne Weiteres hervor, dafs ein System um so unhaltbarer für die Folgezeiten ist, je jünger die betreffende Wissenschaft, d. h. je geringer der Umfang der Erkenntnisse ist, welcher

---

*) Vgl. Drobisch S. 12.

**) Einleitung in die Geisteswissenschaften.

***) Ein System von Fictionen hätte gar keinen wissenschafttlichen Wert, es wäre Spielerei, Unsinn mit Methode.

systematische Durchbildung erfahren hat. Und da wir zu der Vermutung berechtigt sind, dafs unsere Erkenntnisse sich immer weiter ausdehnen, dafs je und je neue Erfahrungen und Entdeckungen der Forschung neue Gebiete eröffnen werden, so können wir jeweilen nur von einer relativen Vollendung eines Systems sprechen. Jede Epoche in irgend einer Wissenschaft wird in diesem Sinne ihr eigenes System zeitigen, wenn es in der That zu einer Systembildung kommt. Nur voreilige Abgeschlossenheit, also Einseitigkeit trifft ein Vorwurf. (Vgl. die grofsen Systembildungen in der Philosophie am Anfange und bis zur Mitte des 19. Jahrhunderts und deren Schicksale namentlich in Folge der selbständigen Entwicklung der einzelnen Wissenschaften.) Nur ein relativer Mafsstab darf daher an ein System vergangener Zeiten angelegt werden. So ist beispielsweise, wenn Comenius Systematiker genannt wird, damit keineswegs gesagt, dafs Comenius mit den neuern und neuesten Systematikern der Pädagogik auf eine Linie gestellt werden solle. Diesem Mifsverständnis sei gleich hier begegnet.

Das Gesagte bezieht sich sowohl auf die theoretischen wie auch auf die sog. praktischen Wissenschaften, auf die reinen, wie auf die angewandten, von denen die letztern aus Anwendungen mehr als einer Wissenschaft bestehen können.*) Modifikationen werden sich allerdings ergeben, insofern in einer angewandten Wissenschaft Lehnsätze aus andern, reinen Wissenschaften herübergenommen werden, wenn die letztern selbst hinreichend begründet sind. Jene drei Forderungen gelten also auch für die Wissenschaft der Pädagogik. Bis in die neueste Zeit ist behauptet worden, die Pädagogik sei eigentlich gar keine Wissenschaft, sie sei vorwiegend eine Kunst**), sie könne auch nicht zur Wissenschaft werden. Höchstens dürfe sie eine „Halbwissenschaft" genannt werden, besonders, weil sie sich anerkanntermafsen auf Ethik und Psychologie stützen müsse, welche Wissenschaften selbst sehr problematisch, jedenfalls aber in den ersten Anfängen wissenschaftlicher Bearbeitung befindlich seien. Wer aber die Fortschritte der Ethik mit und seit Kant, und diejenigen der Psychologie mit und seit Herbart ins Auge fafst und richtig würdigt (soweit die Pädagogik von den genannten Hilfswissenschaften abhängig ist), wer endlich die pädagogische Theorie Herbarts in Betracht zieht, der dürfte nicht so pessimistisch urteilen, besonders wenn er zusieht, wie es um die systematische Durchbildung anderer sog. Wissenschaften steht. Einen Ausdruck findet allerdings dieser Zweifel an der Qualifikation der Pädagogik als Wissen-

*) Drobisch, l. c. 162.

**) Eine andere angewandte Wissenschaft, die Medizin, hat fast das umgekehrte Schicksal gehabt; erst in neuester Zeit wird mit Nachdruck hervorgehoben, dafs sie auch eine Kunst sei.

schaft in dem Mangel geeigneter Veranstaltungen,*) durch welche die Pädagogik wissenschaftlich fortgebildet werden kann. Es ist damit zu vergleichen eine Bemerkung in der „Übersicht der philosophischen und pädagogischen Litteratur seit dem Anfange eines Einflusses der kritischen Philosophie auf dieselbe"**): „Ein Inbegriff mehrerer Sätze, welche ihrer Verwandtschaft wegen zu einander gehören, insgesamt entweder aus einem oder einigen Grundsätzen, d. h. unmittelbar gewissen Sätzen hergeleitet und ihrer Anzahl nach vollständig sind, heifst ein wissenschaftliches System. Die Erziehung besteht in Anwendung gewifser Regeln, und die Theorie der Erziehungskunst mufs die Regeln beweisen d. h. sie aus angenommenen und evidenten Voraussetzungen herleiten. Die Theorie der Erziehungskunst ist also Wissenschaft, und wer behauptet, dafs die Erziehung keiner Wissenschaft bedürfe, der hält entweder alle vorhandenen pädagogischen Maximen für evident durch sich selbst, oder behauptet: Man dürfe nach Maximen handeln, deren Richtigkeit und Notwendigkeit man nicht einsieht."***)

Dafs jede Wissenschaft einen besondern Gegenstand hat, ein besonderes „Erkenntnisgebiet", erscheint selbstverständlich, dadurch wird sie ja vorzüglich von andern unterschieden. Dennoch mufs bei der Pädagogik darauf hingewiesen werden, da die Geringschätzung, welche die Pädagogik von manchem erfährt, gerade darauf sich zurückführen läfst, dafs man die besondere Aufgabe nicht scharf genug hervorhebt.†)

Nach diesen erläuternden Bemerkungen handelt es sich nun darum, die zweite einleitende Frage zu beantworten: was gehört zu einem System der Pädagogik? Vor Allem eine gewisse Vollständigkeit der Erkenntnisse; diese müssen sich also gleichmäfsig über das ganze Gebiet der Erziehung, über die Erziehung aller Lebensalter (bei denen in der That noch von Erziehung im engern Sinne die Rede sein kann), über die öffentliche wie private, über

*) Professuren für Pädagogik und pädagogische Universitätsseminare mit Übungsschule.

**) Niethammer: Philosophisches Journal, Bd. I, Heft 2, pag. 176.

***) Brzoska: Die Notwendigkeit pädagogischer Seminare auf der Universität und ihre zweckmäfsige Einrichtung, 1836, pag. 80: »Die Pädagogik ist, insofern sie uns in systematischer Zusammenstellung alle Grundsätze und Anweisungen, welche zur beabsichtigten Erziehung ermittelt sind, darbietet, eine Wissenschaft. Als solche verdankt sie wie jede andere Wissenschaft ihre ersten Anfänge der Erfahrung, doch werden die einzelnen Erfahrungen eine Wissenschaft erst durch die Spekulation, die sie in ihrer notwendigen Folge an einander reiht, erklärt und ergänzt. In demselben Grade ist die Spekulation natürlich auch bei der weitern Vervollkommnung der Pädagogik vorzugsweise thätig.«

†) cf. Vogt: Erläuterungen zum Jahrbuch des Vereins für wissenschaftliche Pädagogik, 16. Jahrgang, S 4 f. und Dilthey l. c. I, 34: Jede Einzelwissenschaft entsteht nur durch den Kunstgriff der Herauslösung eines Teilinhaltes aus der geschichtlich-gesellschaftlichen Wirklichkeit.

die Erziehung des normal wie des abnormal angelegten Menschen erstrecken. Gelegenheiten, die geboten sind zur Vervollständigung des Materials dürfen nicht unbeachtet bleiben. Wenn z. B. Comenius, von der Bestimmung des Menschen ausgehend, die Erziehung der Knaben für durchaus notwendig hält, so hat ihn dieser Umstand, im Gegensatz zu der Strömung seiner Zeit, veranlassen müssen, auch die Mädchenerziehung in sein System aufzunehmen.

Die Erkenntnisse müssen verbunden und einer höhern Einheit unterworfen werden. Die Wissenschaft der Pädagogik handelt ganz allgemein gesprochen von der Erziehung der Unmündigen. Diese schliefst eine Menge von Aufgaben in sich. Die höhere Einheit, die gefunden werden mufs, wird die Idee der Erziehung oder die allgemeinste Aufgabe derselben sein, die alle andern Aufgaben unter sich befafst.

Was drittens die Erkenntnisse anbetrifft, so müssen dieselben nach ihrer wissenschaftlichen Gültigkeit sorgfältig geprüft werden, insofern sich nirgends mehr als hier ungeprüfte Erfahrungen als Erkenntnisse, leere Abstraktionen als gesichtete Thatsachen aufdrängen, wodurch das ruhige und unbefangene Urteil verfälscht und echt wissenschaftliche Arbeit unmöglich gemacht wird. Diese Prüfung wird wesentlich nach analytischer Methode geschehen müssen. Comenius bedient sich sehr oft einer andern, der sog. synkritischen Methode und fügt damit zu den sonst gebräuchlichen zwei wissenschaftlichen Methoden eine dritte hinzu, welche erst geprüft werden mufs; auf den ersten Blick scheint sich diese nur für didaktische Zwecke nicht aber zur Begründung und Beweisführung zu eignen. Damit dürften die allgemeinsten Merkmale eines Systems der Pädagogik gekennzeichnet sein. Es würde sich nun darum handeln, in ganz abstrakter Weise zu verfolgen, wie ein ausgeführtes System der Pädagogik diesen allgemeinsten Anforderungen bis ins Detail gerecht werden kann und mufs, um im Anschlusse daran zu zeigen, wie sich die Sache bei Comenius verhält. Um jedoch störende Wiederholungen zu vermeiden, wird es besser sein, diese beiden Aufgaben zu verbinden; ich betrachte daher bei jedem einzelnen Punkte, der mir in einem System als wesentlich erscheint, gleich die Ausführungen des Comenius. Zum Schlusse dieser einleitenden Bemerkungen erscheint es geboten, darauf hinzuweisen, dafs es zur Begründung der an der Spitze stehenden Thesis genügt, wenn die Hauptpunkte hervorgehoben sind und an einzelnen Partien durch Zurückgehen bis auf das Einzelne die Methode des Comenius dargestellt ist. Die Pädagogik hat im Anfange dieses Jahrunderts eine streng systematische Behandlung erfahren und zwar durch Herbart*), der sein System

*) Joh. Friedrich Herbarts Pädagogische Schriften. 2. Bd. ed. Willmann.

aufserdem genetisch vorträgt. Zum vollen Bewufstsein, wie ein System der Pädagogik den oben aufgestellten Forderungen gerecht werden kann, gelangt man auch ohne Zweifel am besten bei der Betrachtung dieser einheitlichsten und geschlossensten Erziehungstheorie, besonders wenn man die Ausführungen zweier Schüler und Anhänger Herbarts, Stoy und Ziller, mit berücksichtigt. Namentlich der erstere von den beiden wird oft erwähnt werden, der eine „Encyklopädie, Methodologie und Litteratur der Pädagogik“ *) geschrieben hat, wenn auch seine Einteilungen sicherlich nicht immer festgehalten werden können. Das 19. Jahrhundert besitzt noch eine ganze Reihe pädagogischer Systeme. Im Interesse der Anschaulichkeit und um gelegentlich den Nachweis zu führen, dafs das System des Comenius diesen Namen mindestens mit demselben Rechte verdient als die eben angedeuteten, soll es nicht an Hinweisen fehlen auf:

Niemeyer: Grundsätze der Erziehung und des Unterrichtes. 8. Auflage 1824/25;
Schleiermacher: Erziehungslehre ed. Platz: Sämmtliche Werke, III. Abteilung: Zur Philosophie 9. Bd. 1849;
Schwarz: Erziehungslehre. 2. Auflage 1829;
Beneke: Erziehungs- und Unterrichtslehre 1835;
Rosenkranz: Die Pädagogik als System 1848;
Palmer: Evangelische Pädagogik 4. Auflage 1869.

Auch die englischen Erziehungstheoretiker dürfen nicht ganz aufser Acht gelassen werden:
Bain: Erziehung als Wissenschaft, übersetzt von Rosenthal 1880;
Spencer: Die Erziehung in geistiger, sittlicher und leiblicher Hinsicht, übersetzt von Prof. Schultze 2. Auflage 1881.

I.

Die Pädagogik ist die Wissenschaft von der Erziehung. Die Erkenntnisse, die hierüber dem Systematiker vorliegen, sind sehr mannigfacher Art. In der Praxis nimmt die Erziehung notwendig die mannichfachsten Formen an, insofern die Erziehungsaufgabe durch gewisse Umstände modifiziert wird. Das der elterlichen Erziehung beraubte Kind bedarf einer ganz andern Fürsorge als das durch die Eltern erzogene, die Knabenerziehung ist teilweise eine andere als die Mädchenerziehung; die öffentliche Veranstaltung der Erziehung erfordert einen grofsen Apparat und ein ganz ausgedehntes Verwaltungssystem, Aufsichtsbehörden u. s. w. Ein System der Pädagogik, das sich über alle Teile der Erziehung

*) II. Auflage. Leipzig 1878.

mit gleicher Vollständigkeit erstrecken will, hat auf alle diese Umstände Rücksicht zu nehmen; es wird die thatsächlichen Veranstaltungen gruppieren, nach allgemein gültigen Gesichtspunkten ordnen müssen. Das ist der spezifisch praktische Teil der pädagogischen Wissenschaft, er ist zugleich der abhängige. — Überall, wo Erziehung stattfindet, wird eine Bildung des Geistes beabsichtigt; die Seele des zu Erziehenden soll beeinflufst werden; die Seele entwickelt sich jedoch nach ganz bestimmten allgemeinen Gesetzen. Nur durch Gehorsam gegenüber diesen Gesetzen, oder vielmehr nur durch solche Mafsregeln, die sich auf dieselben gründen, ist eine Wirkung möglich. Das „natura non nisi parendo vincitur" gilt auch hier. Und die Seele soll eine ganz bestimmte Gestalt erlangen. Welche Gestalt? auch das ist der Gegenstand vielfacher Ueberlegungen. Das ist der allgemeine oder philosophische oder spezifisch-theoretische Teil der pädagogischen Wissenschaft. Um der Vollständigkeit ganz zu genügen, mufs sich ein System der Pädagogik über beide Teile verbreiten. Es dürfte aber sofort in die Augen fallen, dafs der letztgenannte Teil der bei weitem wichtigere ist. Er liefert die Begriffsverknüpfungen, die überall, und seien die Verhältnisse der zu Erziehenden noch so verschieden, mafsgebend sein müssen. Über den blofsen, unzusammenhängenden Erfahrungen und einzelnen Regeln und Maximen soll sich „ein geschlossenes Ganzes wohlbearbeiteter Begriffe", ein theoretisches Lehrgebäude, eine philosophische Pädagogik erheben. Sie allein genügt dem Bedürfnis nach einer fest bestimmten, dem Zufall entrissenen pädagogischen Thätigkeit. Allerdings zeichnet sie ihre Bilder nicht für die eine oder andere bestimmte Art der Erziehung, sie nimmt keine Rücksicht auf soziale, politische, kirchliche Anforderungen.*) Sie „liefert nur allgemeine Begriffe und deren allgemeine Verknüpfung. Es ist darin weder von der männlichen noch weiblichen, noch Bauern-, noch Prinzenerziehung die Rede, es ist soviel wie nichts von Schulen gesagt."**) All dies ist die Aufgabe der sog. praktischen Pädagogik. Stoy nennt als dritten integrierenden Teil eines Systems die historische Pädagogik (§§ 11 f), ebenso Schumann.***) Sie mache die gegebenen in der Erziehung zu berücksichtigenden Lebensformen durch die Darstellung ihrer Geschichte verständlich und erweitere anderseits die Erfahrung und den Umgang des einzelnen pädagogischen Arbeiters. Das sind aber doch keine Gründe, um eine solche Einverleibung zu rechtfertigen. Es gehört noch gar viel anderes dazu, um die „Lebensformen", welche in der Erziehung zu berücksichtigen sind, verständlich zu machen

---

*) Stoy §§ 7—9.
**) Herbarts Anzeige seiner allgemeinen Pädagogik I, 319.
***) Leitfaden der Pädagogik, I. Teil pag. 1.

und die Erfahrung und den Umgang des Erziehers zu erweitern, ohne dafs man daran denken dürfte, es in das System einzuschalten. (Kulturgeschichte z. B.) In einer Encyklopädie mufs allerdings auch die Geschichte der betreffenden Wissenschaft abgehandelt werden. Mit der obigen Einteilung fällt zusammen die Unterscheidung Niemeyers in die absolute und relative oder hypothetische oder spezielle Pädagogik.*) Zuerst wird der Mensch ohne alle Rücksicht auf bestimmte Verhältnisse, selbst ohne Rücksicht auf das Geschlecht**) betrachtet und dann wird er unter gewisse Bedingungen gebracht. Die historische Pädagogik behandelt Niemeyer in einem Anhange. Beneke führt die Trennung nicht so streng durch. Er behandelt die individuellen Verschiedenheiten der zu Erziehenden in dem 1. Kap. seiner „Allgemeinen Über- und Rückblicke" und die Unterrichtsanstalten in dem 3. Kap. seiner Unterrichtslehre. Palmer beschäftigt sich ausschliefslich mit der Allgemeinen Pädagogik in seiner pädagogischen Fundamentallehre, während er die 2 letzten Abschnitte: das evangelische Schulamt, das evangelische Rettungswerk der praktischen Pädagogik widmet. Die historische Pädagogik wird in sehr umfangreicher Weise an der Spitze des Systems behandelt von Schwarz. Besonders bei seiner Darstellungsweise macht sich der Zweifel geltend, ob die historische Pädagogik in das System aufgenommen werden solle.***) Schleiermacher behandelt in gleicher Weise allgemeine und praktische Pädagogik. Rosenkranz betrachtet ebenfalls die allgemeine und — die historische Pädagogik in seiner „Pädagogik als System". Bei ihm, dem Hegelianer, liefs es sich allerdings erwarten, dafs er der geschichtlichen, jeweilen in drei Gruppen verlaufenden Entwicklung eine besondere Bedeutung für das System zuerkennen würde. Herbart, Bain, Spencer beschäftigen sich nur mit dem ersten und wichtigsten Teil der Pädagogik, wenigstens in ihren Hauptwerken. Es ist daraus ersichtlich, dafs wir einen Erziehungstheoretiker schon dann im Allgemeinen als Systematiker bezeichnen, wenn er nur den 1. Hauptteil der Erziehungslehre in den Kreis seiner wissenschaftlichen Betrachtung gezogen hat. Wie verhält sich Comenius dazu: Schon bei dem ersten Blicke auf sein systematisches Hauptwerk, die Didactica magna, können wir die Frage bejahen. Noch mehr, Comenius setzt die praktische Pädagogik auch ins richtige Verhältnis zur allgemeinen, insofern er die erstere auf die letztere gründet. Über praktische Pädagogik handeln in der Didactica magna†) die Kapitel 8—14, 27—32; ferner ist

---

*) In den frühern Auflagen des Werkes z. B. III. Ausgabe I, 7.

**) 8. Aufl. I, 18.

***) cf. Herbarts Rezension des Schwarz'schen Werkes, II, 229 ff.

†) »Comenii Opera Didactica omnia ..... Amsterdami, ... Anno 1657.« In 4 Teilen: I, 5 — I, 197. Ein Exemplar dieses seltenen Werkes wurde mir von der Königlichen Universitätsbibliothek in Göttingen gütigst zur Be-

derselben gewidmet die schola infantiae*), ein grofser Teil der schola pansophica**), des Fortius redivivus***), endlich der leges scholae bene ordinatae.†) Was die systematische Gliederung der praktischen Pädagogik anbetrifft, so ist sie bis heute sehr wenig ausgebildet und zwar bei jedem Systematiker anders, dafs es sich im Interesse der Klarheit nicht empfiehlt näher darauf einzugehen, zumal dieser Teil auch nicht so bedeutsam ist. Die mehrfach erwähnten 3 Forderungen machen sich natürlich auch hier geltend. Sie sind erfüllt, wenn alle die mannigfaltigen Formen, in denen die Erziehung auftritt, unter gewisse Hauptbegriffe gebracht sind, von welchen aus eine leichte Übersicht ermöglicht ist. Die einzelnen Formen müssen genau bestimmt, ihre Spezialaufgabe mufs genügend abgegrenzt und die in der allgemeinen Pädagogik gewonnenen Resultate müssen mit ihnen in Beziehung gebracht werden. Je nach dem fundamentum divisionis wird die Einteilung anders ausfallen. Stoy z. B. benützt die Begriffe der ungeteilten und geteilten Erziehung und fafst unter die erstere Rubrik die Hauspädagogik und die Alumnatspädagogik, unter die letztere die Schulen. Niemeyer unterscheidet: 1. Häusliche Erziehung und Unterricht durch Eltern und Gehülfen, 2. Erziehung mit Rücksicht auf Geschlecht, Stand und Bestimmung, 3. Öffentliche Erziehungsanstalten. Palmer gliedert, wie schon erwähnt, seine praktische Pädagogik in „das evangelische Schulamt und das evangelische Rettungswerk.“

Eine bestimmte, umfassende Gliederung findet sich bei Comenius nicht vor; eine höhere Einheit gewinnt er aber durch die Anlehnung seiner praktischen Pädagogik an die allgemeine philosophische und an Vollständigkeit bleibt wenig zu wünschen übrig. Kaum irgendwo anders ist er seiner Zeit so sehr vorangeeilt. Aufser Acht gelassen sind nur die Alumnate besonderer Art, also z. B. die pädagogischen Heilanstalten.††) Hervorragend sind durch Vollständigkeit und systematische Gliederung die Betrachtungen über die Schulen, sowohl die allgemeinen, als auch die besondern — über die einzelnen Arten von Schulen. Was die

---

nutzung überlassen. Ich citiere stets nach dieser Ausgabe. Beeger, Zoubek und Dr. Leutbecher haben in der Pädagogischen Bibliothek von Karl Richter in 2 Bänden eine Übersetzung ausgewählter Schriften des Comenius geliefert. Für den Leser, dem die von C. selbst besorgte lateinische Gesamtausgabe nicht zugänglich ist, verweise ich auf die genannte Übersetzung, soweit es möglich ist und mir nötig erscheint, und zwar der Kürze halber mit »Werke I, II,« während ich die 4 Teile der Opera Did. omnia mit Opera I, II, III, IV, bezeichne.

*) Opera I, 198—249; Werke II, 1—66.

**) Opera III, 6—60; Werke II, 143—202.

***) ibid. III, 758—775; Werke II, 212—236.

†) ibid. III, 784—803; Werke II, 248—280.

††) Stoy §§ 76—79.

allgemeinen Erörterungen anbetrifft, so sind diese bis heute noch von ganz besonderem Werte. Kein Gebiet der allgemeinen Schulkunde ist ganz aufser Acht gelassen worden. Über Schuleinrichtung, Beaufsichtigung, Dotation, über den Lehrerstand macht er die feinsinnigsten Bemerkungen. Was Comenius über Bildung eines eigenen Lehrerstandes*) sagt, möge eine Stelle finden: Mos igitur ille, hic inolitus, ut Ministerii candidati solum Scholis admoveantur et mox dimoveantur abolitus esto. Vocatio haec sit peculiaris aeque sacrosancta! cui quisquis fuerit idoneus (peculiare enim est donum Dei, esse didacticum) consecret huic dies suos. Der Lehrerstand müsse genügend besoldet werden, damit keine Nebenbeschäftigung nötig sei. Die Schulaufseher sollen die Lehrer auf jede Weise schützen, vor Geringschätzung bewahren u. s. w. (quando quidem Praeceptorum contemptus totius disciplinae ruinam secum trahere solet).**) Was die besondere Schulkunde anbetrifft, so sind die Aufstellungen des Comenius ebenso beachtenswert. Zum ersten Male tritt ein nach allen Seiten hin vollständiger Schulorganismus auf; in seinen Grundzügen derselbe, wie er heute dasteht. Er umfafst 3 resp. 4 Teile, 4 Teile, wenn man mit Comenius zu den eigentlichen Schulanstalten (schola vernacula, latina, academia) die Mutterschule (schola infantiae) hinzunimmt. Jeder von den genannten Anstalten wird das Ziel ihrer Arbeit genau bestimmt; sie selbst stehen in engstem Zusammenhang; die eine setzt die Arbeit der andern fort. Gerade hier tritt der systematische Charakter der Comenianischen Ausführungen, die Universalität seines Strebens recht deutlich hervor. Auch an der Gliederung der einzelnen Schulen fehlt es keineswegs. Es gehört hierher die Einteilung in eine ganz bestimmte, nach Jahrgängen fortschreitende Anzahl von Klassen. Die Spezialaufgabe jeder Klasse wird ebenfalls genügend bestimmt.

Von dem Standpunkt jener Zeit ist dieser Abschnitt geradezu bewunderungswürdig.

II.

Das Hauptgewicht haben die Erziehungstheoretiker von jeher auf die allgemeine philosophische Pädagogik gelegt und mit dem gröfsten Rechte. Auf dem Gebiete der allgemeinen Pädagogik wird sich auch erst ausmachen lassen, ob Comenius wirklich als Systematiker bezeichnet werden mufs.

Die Arbeit des Erziehers ist eine sehr mannigfaltige, und unendlich vieles Einzelne wird im Laufe der Jahre erstrebt resp. erreicht. Aber kaum sind unzählige Aufgaben gelöst, so zeigen

*) In den leges Scholae bene ord. opera III, 800, Werke II, 276.
**) cf. Opera III. 796, Werke II, 270.

sich wieder ebensoviele neue. Der Erzieher wäre unrettbar verloren, er würde vor der Menge der Aufgaben zurückschrecken, wenn nicht ein gemeinsamer Mittelpunkt vorhanden und damit eine Einheit des Planes möglich wäre. Dieser Grundgedanke wird sich schon dem blofsen Praktiker mit mehr oder weniger deutlicher Klarheit aufdrängen; in einem System der Pädagogik wird es darauf ankommen, diesen Grundgedanken, den Träger aller erziehlichen Bestrebungen in voller wissenschaftlicher Schärfe an die Spitze zu stellen und zwar als einzigen unmittelbaren Zielpunkt jeder erziehlichen Thätigkeit. Die mittelbaren Ziele gruppieren sich alle um dieses Ziel herum. Nur so läfst sich ein erspriefsliches, pädagogisches Handeln denken, nur so gewinnt die Wissenschaft von der Erziehung einen systematischen Charakter. Selbstverständlich kann nicht ein beliebiges Ziel an die Spitze gestellt werden; wenn es unmittelbar gewollt werden soll, so mufs es auch einen unmittelbaren Wert haben. Die Untersuchungen über dieses unmittelbar Wertvolle müssen mit wissenschaftlicher Genauigkeit geführt werden. Die neuere und neueste pädagogische Wissenschaft sieht sich deshalb nach der Wissenschaft um, die sich ausschliefslich mit diesen und ähnlichen Problemen beschäftigt, nach der Ethik. In diesem Sinne bezeichnen Herbart und Schleiermacher die Pädagogik als „angewandte Ethik".*) Ist die Theorie der Erziehung nicht so glücklich, sich auf eine andere mehr oder weniger ausgebildete Wissenschaft stützen zu können, so mufs sie eben auf ihrem eigenen Gebiete Untersuchungen anstellen zu dem Zwecke, das oberste Ziel wissenschaftlich zu begründen. Sie mufs sich ohne fremde Hülfe einer Teleologie schaffen. Dazu gehört aufser den Überlegungen über die letzte Bestimmung des Menschen und über das dem entsprechende Ziel der Erziehung eine Untersuchung der Motive der Erziehung. Diese sind entweder natürliche, in individuellen oder gesellschaftlichen Bedürfnissen, innerhalb oder aufserhalb des Zöglings liegende, oder sittliche oder religiöse. Es machen sich notwendig Erörterungen über die Begriffe Person, Persönlichkeit. Je nach den Motiven wird das oberste Ziel einen andern Charakter annehmen. Diese Reflexion dient daher ebensosehr der Begründung als der Verdeutlichung des obersten Zieles.*) Im engen Zusammenhange damit steht die Frage nach der Zuläfsigkeit der Erziehung auf der einen; nach der Notwendigkeit auf der andern Seite. Schon der gewissenhafte Erzieher

*) Cf. Schleiermacher: »Somit steht die Theorie der Erziehung in genauer Beziehung zur Ethik, und ist eine an dieselbe sich anschliefsende Kunstlehre« 585.

**) Die Geschichte der Päd., von diesem Gesichtspunkte aus betrachtet, ist äufserst lehrreich und interessant. Weltanschauungen einzelner Epochen, und einzelner Erziehungstheoretiker treten hier klar zu Tage.

wird an diesen Fragen nicht ohne Weiteres vorübergehen können. (Herbarts Reflexionen auf der Reise nach Bern.) Wie viel mehr mufs ein System der Pädagogik darauf zu sprechen kommen, um das oberste Ziel allseitig zu begründen.*) Praktische Philosophie und Religionslehre werden dem modernen Forscher bei diesen Untersuchungen die meisten Hülfen geben. Hier vor allem kommt es auf prinzipielle Entscheidungen an. Inbezug auf die Notwendigkeit wird die Psychologie ein gewichtiges Wort mit zu sprechen haben.

Wie verhält sich Comenius zu all diesen Forderungen? verbindet er Totalität mit Einheitlichkeit und wissenschaftlicher Gründlichkeit? Diese Frage darf mit Ja beantwortet werden. Man braucht nur dem Gedankengange zu folgen, wie er namentlich in den ersten 7 Kapiteln der Didactica magna vorliegt. Comenius selbst geht mit der Überzeugung an die Arbeit, dafs seine Beweisführung einen ganz andern Charakter besitze, als alle bisherigen Versuche und zwar hauptsächlich aus 2 Gründen: 1. er ist überzeugt, dafs er zum ersten Male die ganze grofse Mannigfaltigkeit der unter den Begriff der Erziehung fallenden Überlegungen und Mafsregeln in einen genauen logischen Zusammenhang bringt; 2. er ist sich des ernsten Strebens bewufst, im Gegensatz zu der frühern eine durchaus wissenschaftliche Methode in Anwendung zu bringen (cf. Opera I, 7, Werke I, 5, Vorrede an die Leser) Quidam Linguam solum, hanc aut illam, facilius tradendi compendia venati sunt. Alii Scientiam vel Artem, hanc vel illam, celerius instillandi breviores tentarunt vias. Alii aliud. Omnes fere per externas quasdam e faciliore praxi collectas observationes; id est a posteriori, ut loquuntur. Nos Didacticam Magnam polliceri audemus: id est Universale omnes Omnia docendi artificium. Et quidem docendi C e r t o; ne possit non sequi effectus. Et docendi P r o m p t e; nulla scilicet docentium aut discentium molestia vel taedio, summa potius utrinque jucunditate. Et docendi S o l i d e: non superficietenus, et dicis ergo, sed promovendo ad Literaturam veram, Mores suaves, Pietatem intimam. Denique monstramus o m n i a h a e c a p r i o r i, h. e. ex i p s i s s i m a i m m o t a R e r u m n a t u r a.**) Diese wahrhaft stolze Sicherheit, diese gewichtige Sprache läfst sich einerseits nur erklären aus der Überzeugung des Comenius, dafs er mit seiner Auseinandersetzung etwas möglichst Vollkommenes geleistet habe und diese Überzeugung hat ihren Grund in den fortgesetzten,

*) cf. Stoy 25 gegen Palmer S. 29.

**) Didactica und docere sind in einem weitern Verstande als „Erziehungslehre« und »erziehen« zu nehmen, wie sich gleich aus der weiter unten folgenden Angabe des Ziels seiner in dieser Didaktik enthaltenen Ratschläge ergibt, welche die Erziehung überhaupt im Auge haben, nicht blos den Unterricht.

ernsthaftesten, alles oberflächliche vermeidenden Bemühungen*), in seiner christlichen Gesinnung**) und in dem optimistischen Dogmatismus, der die erste Hälfte des 17. Jahrhunderts trotz seiner antischolastischen, revolutionären Haltung kennzeichnet. Sie ist anderseits zu erklären aus dem Bewufstsein der ungeheuern Wichtigkeit der Erziehungsache überhaupt, einer von Grund aus reformierten Erziehung im besondern. Schwebt dem Comenius doch jene grofse Idee der Beglückung des Menschengeschlechts durch Erziehung vor. Und wäre er ohne diese „entzückende" Hoffnung den fortwährenden Mühseligkeiten, den unübersteiglichen Hindernissen nicht erlegen? Man könnte diese Idee angreifen, wenn auf Kosten der Einzelnen jene Beglückung des Menschengeschlechts angestrebt, wenn also das Ziel der Erziehung aus dem Zögling heraus in einen allgemeinen Zustand verlegt würde. Dieser Gedanke lag dem Comenius fern, er dachte sich jene Beglückung des Menschengeschlechts als eine von selbst sich ergebende, wenn das sittlich-religiöse Ziel in jedem Einzelnen erreicht wäre. So ist zu verstehen Opera I, 11: Hoc autem imprimis est, quod nos Scriptuxae divinae docent, nullam sub coelo aliam efficaciorem, ad emendandas humanas corruptelas viam esse, Iuventutis recta institutione.***) Auch Comenius war ein „Weltverbesserer", wie man oft spöttischerweise grofse Pädagogen zu nennen beliebt, indem man nicht überlegt, dafs dieser Glaube an Verbesserung der Dinge durch bessere Erziehung (abgesehen von seiner innern Berechtigung) jene Männer erst aufgemuntert hat zu ihren Unternehmungen und gestählt hat in ihrer schwierigen, aufopferungsvollen Thätigkeit.†) Comenius legt in dem IV. Teile seiner Praxis scenica (III, 908) dem Plato die Worte in den Mund: Scopus ante omnia recte figendus erit, ad quem Scholarum administratio collimare debet. So begiebt er sich denn auch gleich mit dem I. Kapitel seiner Didactica magna in medias res mit der Untersuchung über die Stellung des Menschen innerhalb der Geschöpfe. Er adoptiert die biblische Anschauung des 8. Psalmes††) mit derselben Wärme des Gefühls, mit welcher sein berühmter Zeitgenosse in dem Appendix zur 36. Propositio

---

*) Opera IV, 46: Odi enim omnia superficiaria, odi frustillata, odi sine fundamenta structa etc.

**) Opera I, 8: Ergo quod mihi observasse dedit Dominus, en depono in medium, commune sit.

***) Cicero: Fundamentum totius reipublicae est recta juventutis educatio.

†) Vgl. Herbart I, 546: Ohne einen erhabenen Zweck, wer möchte es aushalten, den männlichen Geist herabzubeugen zur Kinderwelt? Ohne die Hoffnung, mit welcher man die Jugend beschauet, wer möchte die Kälte des Gedankens überwinden, dafs die Welt doch bleiben werde wie sie ist.

††) I, 17 te enim mihi destinavi aeternitatis consortem, tuos in usus paravi coelum, Terram et quae in iis continentur.

seiner Ethica diese anthropocentrische Ansicht verurteilt.*) Comenius befindet sich damit schon im Gegensatze mit Descartes' mechanistischer Auffassungsweise; von einer objektiven Zweckmäfsigkeit ist Comenius weit entfernt. Schon am Schlusse dieses Abschnittes (Opera I, 17) kommt Comenius dem Ziele aller Menschenbildung nahe, wenn er in die begeisterten Worte ausbricht: Hoc utique agendum est omnibus qui homines formandi obeunt munus, ut hujus dignitatis, et excellentiae suae memores vivere omnes condocefaciant: et ad hujus sublimitatis assequendum scopum omnia media dirigant. Das 2. und 3. Kapitel beschäftigen sich in umfassender Weise mit der dieser hohen Stellung entsprechenden letzten Bestimmung des Menschen. Seine diesbezüglichen Ausführungen erinnern manchmal geradezu an die Kantische Begründung des Postulats der Unsterblichkeit, wenn Comenius z. B. von einer steten Steigerung unsers Daseins spricht, welche über dieses Leben hinausweise. (I, 17. Omnia quae in hac Vita agimus et patimur, ostendunt, nos finem ultimum hic non assequi; sed omnia nostra, ut et nosipsos alio tendere; I, 18: omniaque illa in animo generoso semper altius tendunt, sine termino tamen. Nec enim in hac vita vel desideriorum, vel moliminum ullum finem reperire est.) Nachdem er noch allerlei psychologische Thatsachen ins Feld geführt hat, erinnert er an das Benehmen der Sterbenden, an fremde Bezeichnungen für Tod und Sterben (abitio, *οἴχεσθαι*) und an die Geschichte Christi, um im Anschlufs daran ein dreifaches Leben im Mutterleib, auf der Erde, im Himmel anzunehmen. Das 2. Leben ist eine Vorbereitung auf das dritte, wie das erste eine Vorbereitung auf das zweite. Seinen durchaus transcendent-christlichen Dualismus begründet Comenius ausführlicher in dem 3. Kapitel (I, 20: Vitam hanc non nisi praeparatoriam esse aeternae) und zwar erstens durch Vernunftgründe, welche wesentlich teleologisch-religiöser Art sind und zweitens durch Aussprüche Gottes in der Bibel, wie er denn in seiner „Erkenntnistheorie" neben den Sinnen und der Vernunft die heilige Schrift geradezu als dritte Erkenntnisquelle bezeichnet, und zwar als die höchste, nie täuschende. Seine Anschauung gipfelt in den Worten: I, 21: Nihil itaque Mundus hic est, nisi seminarium nostrum, Nutritorium nostrum, Schola nostra, und I, 20 f.: Felix qui bene formata membra e matris utero extulit! felicior millies qui bene politam hinc extulerit Animam. Als die letzte Bestimmung des Menschen wird bezeichnet; Die a e t e r n a c u m Deo Beatitudo. Diesem obersten Ziele untergeordnet dienen (wie aus Moses I, 16 abgeleitet wird) folgende Bestimmungen diesem vergänglichen Leben: I, 20 f. Hinc enim patet: Hominem inter visibiles creaturas collocatum ideo, ut sit: I. Creatura Rationalis,

*) Spinoza opp. omnia ed. Bruder I, 216 ff.

II. Creatura creaturarum Domina, III. Creatura Creatoris sui Imago, et delicium. Comenius ergeht sich sodann in einer nähern Ausführung über das, was jene drei Bestimmungen von dem Menschen verlangen. Die 1. Bestimmung schliefst in sich die Forderung an den Menschen: erkenne und benenne und verstehe, was die gesamte Welt hat, erwerbe Dir also wissenschaftliche Bildung oder Weisheit (eruditio, sapientia). Die 2. Bestimmung verlangt Tugend oder Sittlichkeit (Klugheit inbegriffen) und die dritte Religiosität oder Frömmigkeit. Opera I, 24 Werke I, 32 giebt er noch eine nähere Erklärung dieser Ausdrücke: Eruditionis nomine, omnem Rerum, Artium et Linguarum cognitionem; Morum, non externam civilitatem solum, sed omnem internam et externam motuum compositionem; Religionis autem, internam illam venerationem, qua se supremo Numini religat et adstringit animus hominis, intelligendo. Die Sorge um diese drei Dinge sind das ἔργον unsrers Lebens, alle andern Sorgen sind πάρεργα (remorae, fucus).*) Weisheit, Tugend, Frömmigkeit sind also auch die obersten Ziele der Erziehung. Dies ist der Gang, den Comenius in seinem systematischen Hauptwerke einschlägt; die Begründung und Formulierung dieses dreifachen Zieles kehrt in andern Schriften wieder, ob auch nie in dieser weit ausholenden Gründlichkeit.**) Aus der Schola infantiae finde die hübsche Bemerkung über die Wertschätzung des menschlichen Individuums auch im jugendlichen Alter Platz: Opera I, 200, Werke II, 11: Si tibi contemptibiles nunc pueri videntur, ne respice eos ut jam sunt, sed ut ex intentione Dei esse debent.***) 1, 205 sind jene 3 Ziele nach ihrer Wichtigkeit geordnet. (Pietas, Mores sive virtutes, litterae.) Beim Beginnen der Schola pansophica findet sich eine andere Formulierung des Zieles, welche unserer heutigen (der Charakterbildung) näher kommt und daher erwähnt zu werden verdient: Opera III, 10 f., Werke II, 146: Omnes sic formari optamus ideo: ut ne quisquam homo natus, id est ad imaginem Dei creatus, aeternaeque cum Deo beatitudini destinatus, interim tamen per Mundi procellas iturus, periculose huc illuc jactetur, aut etiam ab aeternae quietis portu aberrans pereat in aeternum. Zu der obigen Zielbestimmung kommen noch einige andere, die mehr oder weniger abweichen. Namentlich tritt, für jene Zeit sehr bezeichnend, die Sprachkenntnis und Fertigkeit sehr in den Vordergrund: Scopus itaque Vitae nostrae, ob quem sumus in Mundo triplex est:

*) cf. Opera I, 25.

**) cf. Schola infantiae, de ingeniorum cultura. Opera II, 71—104, Fortius redivivus, leges Scholae bene ordinatae.

***) cf. Stoy 27: Die Person ist es, welche in dem sprachlosen unmündigen Geschöpfe geehrt, vorausgesetzt, geachtet wird u. s. w.

Spectare opera Dei, discere illis uti bene, et propagare ad alios talem notitiam, ope Linguarum.*) Und III, 784: Die Schüler sollen 1. Mente sapientes, 2. Lingua facundi, 3. Operibus potentes, 4. Moribus civiles, 5. Corde pii (III, 797) werden**). An demselben Orte findet sich eine formale Zielbestimmung: Ausbildung von mens, voluntas und facultates operativae oder von Sensus, Ratio, Relatio oder Revelatio.***)

Comenius schreitet im 5. Cap. zu der Beantwortung der Frage: Wie ist die Erziehung möglich? Diese Frage wurde früher nicht berührt, weil sie eigentlich an der Grenze dieses ersten Teiles der allgemeinen Pädagogik zur Sprache kommt, da sie direkt in das Gebiet der Methodologie hinüberführt, während die Erörterungen über die Zuläſsigkeit und Notwendigkeit der Erziehung zur allseitigen Begründung des Erziehungsziels dienen. Die Möglichkeit der Erziehung ist die Voraussetzung jeder Erziehungstätigkeit, ein System der Pädagogik wird diese Voraussetzung genau zu prüfen haben. Wie kann das geschehen? Von der einen Seite wird die tägliche Erfahrung geltend gemacht und die empirische Psychologie weist die Möglichkeit bis ins Einzelne nach, die speculative sucht auf der andern Seite die Möglichkeit aus methaphysischen oder ethischen Gründen zu erklären und zu rechtfertigen. Diese Untersuchungen führen auf den Begriff der Bildsamkeit des Zöglings einerseits, auf die Annahme der Gesetzmäſsigkeit geistigen Geschehens anderseits. Der Begriff der Bildsamkeit drängt das wissenschaftliche Denken zu weitern analytischen Untersuchungen: wie groſs die Bildsamkeit? beschränkt oder unbeschränkt? Man wird auf das Problem des Interminismus und Determinismus gestoſsen. Die Dauer der Bildsamkeit muſs bestimmt werden; daraus ergibt sich Beginn und Ende der Erziehung. Der Begriff der Individualität mit verschiedenen Anlagen wird auftreten und eine Auseinandersetzung verlangen; es werden sich individuelle Schranken zeigen. Hauptsächlich psychologische Ausführungen machen sich also notwendig. Überwiegend psychologische Erwägungen sind es wiederum, die die Mittel bestimmen, welche die Erziehung in Anwendung bringen muſs. — Wie behandelt nun Comenius diese Frage nach der Möglichkeit der Erziehung? Schon in der Einleitung zur Didaktik untersucht Comenius, inwiefern auch nach dem Sündenfall von einer Erlösung (also von einer gelingenden Erziehung) noch die Rede sein könne; er berührt diese Frage auch am Anfange des 5. Cap. Den eigentlichen Übergang gewinnt er jedoch durch eine Voraussetzung, die wieder unwillkürlich an Spinoza erinnert, nämlich durch die Bemerkung Opera I, 26,

*) III, 219; III, 770.
**) IV, 63: sapere, agere, loqui.
***) cf. III, 74, 77.

Werke II, 34: Sapientiae namque divinae fuit, nihil facere frustra: hoc est, nec sine fine aliquo, nec sine mediis ad finem illum obtinendum proportionatis. Was der Mensch nach dem Willen Gottes werden soll, wurde oben bestimmt; Gott wird auch die Möglichkeit an die Hand gegeben haben. I, 26. Certum itaque est Hominem etiam ad Rerum intelligentiam, ad Morum Harmoniam, ad Dei super amorem natum aptum esse factum: triumque illorum radices ei inesse tam certo, quam Arbori cuivis suas substratas radices. Dies weist Comenius dann im einzelnen nach: Der Mensch ist geboren zur Erkenntnis der Dinge als Abbild Gottes (da das Abbild doch dem Urbild ähnlich ist). Auch der menschliche Verstand hat etwas Unendliches, Unbegrenztes*). Der Mensch ist ein Mikrokosmus, der ganze Makrokosmus ist dem Keime nach in ihm enthalten**). I, 27. Nihil igitur Homini ab extra inferri, sed quae in seipso involuta habet, ea solum evolvi, explicari, et quid unum quodque sit, commonstrari opus est***.) Zur Erkenntnis der Welt stehen dem Menschen aufserdem zur Verfügung die Sinne, welche ihm den ganzen Inhalt der sichtbaren Welt zum Bewufstsein bringen; es dient ihm dazu ein stets lebendiges Verlangen nach Wissen, ein Trieb nach Arbeit. Comenius nennt sodann das Beispiel der Autodidakten, welche ohne alle Hülfe an der Hand der Natur zu allem vordringen. Endlich werden noch Vergleichungen herangezogen mit der Erde, mit einem Garten, mit einer tabula rasa, mit dem Wachs, mit einem Auge oder Spiegel. Ganz sonderbar berührt der Vergleich mit einer tabula rasa und dem Wachs, nachdem der Verstand doch kurz vorher mit einem Keime zusammengestellt wurde, der sich von innen heraus entwickelt. Man traut seinen Augen kaum, wenn es I, 28 heifzt: Quemadmodum igitur in tabula vacua, quidquid Scriptor vult sribere, Pictor. pingere potest Artis non ignarus, ita in Mente humana omnia delineare aeque facile etc. Solche Widersprüche neben einander! sie sind bezeichnend für den Stand der Psychologie jener Zeit. —

Auch die Sittlichkeit kann in uns erzeugt werden, ja die Harmonie ist dem Menschen natürlich. Die Sittlichkeit wird wesentlich als harmonisches Verhalten aufgefafst: Aesthetische Ethik. Der Mensch selbst ist nichts als Harmonie in Bezug auf Körper und Seele. Ebenso liegen die Wurzeln der Religiosität in dem

---

*) I, 27. Menti nec in coelo, nec usquam extra coelum terminus figi potest!

**) Meint man hier nicht Leibniz zu hören!

***) Hat sich diese Vorstellungsart nicht bis heute hartnäckig erhalten, ist dies nicht der klassische Ausdruck für die Richtung in der Psychologie, gegen die sich insbesondere Herbart gewandt hat? lebt diese Anschauungsweise nicht unbewulst fort in dem Worte Entwicklung?

Menschen. Er ist ja ein Bild Gottes*). Es geht hervor auch aus dem Beispiel der Heiden**). Zum Schlusse kommt Comenius noch einmal auf den Sündenfall zu sprechen, indem er ausdrücklich betont und des Weiteren ausführt: der Sündenfall hat uns zwar verdorben, aber durch die Gnade Gottes und die Menschwerdung Christi sind wir wieder an Kindesstatt aufgenommen worden. — Nun schreitet Comenius zur Untersuchung der Notwendigkeit der Erziehung fort***). Die Samen zu Wissenschaft, Sittlichkeit, Religion sind in den Menschen gelegt, nicht aber Wissenschaft, Sittlichkeit und Religion selbst. Nur die Befähigung wird geboren. Alles mufs gelernt werden. Das wird erläutert durch mehrere Gleichnisse und durch Beispiele von wilden Menschen, welche, unter Tieren aufgewachsen, einen ganz tierischen Charakter angenommen haben. Wenn die Bildung notwendig ist zur Ausbildung des Menschen zum Menschen, so mufs sie jedem zu Teil werden: Den Dummen und Scharfsinnigen, den Reichen und Armen, Behörden und Untertanen. Comenius hätte gleich hinzufügen können, den Personen männlichen und weiblichen Geschlechts. Der letztere Punkt scheint ihm aber der Erörterung besonders wert d. h. bedürftig. Er widmet ihm fast das ganze 9. Capitel. Die Notwendigkeit der Erziehung führt Comenius auf den Nachweis, dafs die Erziehung am besten im ersten Lebensalter und, wenn nicht zu der Zeit, überhaupt nicht vorgenommen werden kann. Comenius führt einen 6fachen Grund ins Feld 1. Die Unsicherheit des gegenwärtigen Lebens†). 2. Weil dieses Leben nicht mit Lernen, sondern mit Handeln zuzubringen ist. 3. Wegen der gröfsern Bildsamkeit in der Jugend als im Alter. Im Anschlufs daran wird sogar eine allerdings sehr rohe physiologische Erklärungsweise vorgetragen. Opera I, 37, Werke I, 50: Cui (Homini) Cerebrum (quod recipiendo per sensoria illabentes rerum imagines, Ceram referre ante diximus) puerili aetate omnino humidum est et molle, omnibus advenientibus simulachris recipiendis aptum: paulatim deinde siccessit et durescit ut ei res difficilius imprimanturant, insculpantur, experientia teste. 4. Gott hat dem Menschen im Gegensatz zum Tiere deshalb eine so lange Jugend gegeben. 5. Gemeinhin sind die ersten Eindrücke die stärksten (eine sehr richtige psychologische Beachtung!) 6. Wenn in der Jugend nicht nützliche Dinge den Geist beschäftigen, so sind es schädliche. Diese

---

*) I, 32. Imago enim similitudinis infert.

**) In allen Zonen liegt die Menschheit auf den Knien etc.; heutzutage oft als Beweis verwandt.

***) I, 34 Kapitelüberschrift: Hominem, si homo fieri debet, formari oportere.

†) I, 37. Praesens quippe tempus datum est quo gratiam Dei Homo vel inveniat vel amittat in aeternum.

Stelle nun ist der Ausgangspunkt für des Comenius praktiche Pädagogik, deren oben in Kürze gedacht worden ist.

Damit ist die Teleologie des Comenius abgeschlossen. Die Darstellung mufste hier so ausführlich sein, weil dieser Teil einer der wichtigsten eines pädagogischen Systems ist. Wer sich über das Ziel der Erziehung vollständig klar ist und dasselbe nach allen Seiten zu begründen versteht, der hat der Methodologie auch schon bedeutend vorgearbeitet, bei welch letzterer nun wohl eine kürzere Fassung angezeigt ist. Aufserdem sollte durch diese Ausführlichkeit ein anschauliches typisches Bild von der Beweisführung des Comenius gegeben werden, um spätere eingehende Darstellungen überflüssig zu machen. Trotz der mannigfaltigen Formen, die die Erziehung annehmen kann, wurde ein oberstes, unmittelbar wertvolles Ziel gefordert*). Comenius nennt auch Ein oberstes Ziel alles menschlichen Strebens: die aeterna beatitudo cum Deo. Dieses Ziel liegt aber ganz aufserhalb unseres irdischen Daseins. Comenius mufs sich daher erst zur Wirklichkeit herablassen, um etwas (im Hinblick auf das oberste Ziel mittelbar Wertvolles) zu finden, das der Erziehung als Leitstern und der pädagogischen Wissenschaft als Ausgangspunkt dienen könnte, und zugleich zu jenem obersten Ziele hinführen sollte. Bei diesem Suchen verlor Comenius ein unmittelbar Wertvolles (wie schon angedeutet) und zugleich die strenge Einheitlichkeit. Diese wird nicht blofs aus einem formellen Grunde verlangt, das erhellt aus folgender Überlegung. Der Mehrheit von Zielen steht immer gegenüber das eine zu erziehende Individuum mit seiner postulirten Einheitlichkeit der Seele. Drei von einander unabhängige getrennte Resultate lassen sich demnach schwerlich erreichen, im Individuum werden sie sich verbinden. Wie nun diese Verbindung? Schliefslich liegt doch der Theorie des Comenius die alte Vorstellungsweise der Seelenvermögen zu Grunde, welche bis heute noch lebt trotz der Kritik Herbarts. — Das war folgenschwer! Von da aus läfst sich auch das Schwanken des Comenius unter einer verschiedenen Mehrheit von Zielen verstehen, zumal dann auch Einflüsse der Zeit hinzukamen, z. B. die Wertschätzung der Sprache**). Jenes oberste im Jenseits liegende Ziel gab keinen sichern Mafsstab an die Hand, nach welchem sich die Mittel zur Erreichung desselben hätten endgültig bestimmen lassen; den Nachweis, inwiefern z. B. die eruditio unbedingt nötig ist zur Erreichung der aeterna beatitudo, ist Comenius schuldig geblieben, von der Sprachfertigkeit gar nicht zu reden. Eine selb-

*) Das der neuern Pädagogik ist die sittlich-religiöse Charakterbildung, welche allen Erziehungsanstalten gemein sein mufs, wie es auch Bestimmung des Menschen ist, das Ideal der Persönlichkeit darzustellen.

**) Man wird zuweilen geradezu an Sturms elegans pietas erinnert.

ständige Untersuchung der Motive der Erziehung hat Comenius auch nicht geliefert; das hat sich insofern gerächt, als seine eigene Meinung, sein hoher sittlicher Idealismus infolge seiner realistischen Tendenz im Unterricht oft misverstanden wurde. Offenbar setzte Comenius stillschweigend Motive sittlicher und religiöser Natur voraus, dies geht zur Genüge aus seinen Schriften hervor. War Comenius doch durchdrungen von der ganz unvergleichlichen Würde der einzelnen Menschenseele! In diesem Sinne macht er das Recht der Unmündigen auf Erziehung geltend und erinnert an das biblische: Lasset die Kindlein zu mir kommen. Auch die Frage nach der Zuläfsigkeit existirt für Comenius bei seinen spezifisch christlich-religiösen Anschauungen nicht. Comenius läfst sich in dieser Beziehung mit Palmer zusammenstellen. Die Beantwortung dieser Frage ist aber entschieden ebenso notwendig, als schwierig und interessant. Sie ist nothwendig zur allseitigen Begründung des Zieles; sie ist schwierig, weil sie in tiefe religionsphilosophische Untersuchungen verwickelt; interessant, weil sie gleichsam einen Prüfstein liefert für eine gewisse Art philosophischer Theorien.

Die Frage nach der Notwendigkeit d. Erz. dagegen wird von Comenius eingehend erörtert. Die Auseinandersetzungen hierüber genügen keineswegs heutigen wissenschaftlichen Ansprüchen; es fehlt vor allem eine psychologische Begründung; diese Gleichnisse können nach heutigen (u. damaligen) Begriffen nur zur Veranschaulichung, nicht aber zur Lösung von Problemen beitragen. Comenius bedient sich dieser Methode sehr oft und nennt sie die synkritische. Schon zu seiner Zeit wurde ihm der alte Satz: Similia illustrant quidem, non autem probant, entgegengehalten. Comenius selbst hat über diese Methode eine Schrift verfafst, welche aber durch die Flammen verzehrt wurde. (IV 46.) Die Schrift führte den bemerkenswerten Titel: Sapientia bis et ter oculata, Aliud in alio acute videns, aliudque per aliud potenter demonstrans, Hoc est, De Syncriticae methodi ad res latentes evestigandum, obscuras illustrandum, dubias demonstrandum, confusasque ordinandum potentissimo usu. Comenius giebt auch an der genannten Stelle im Ventilabrume ine kurze Andeutung über den Inhalt jener Schrift, welche hier (da sie nur in der Gesammtausgabe vorhanden ist) Platz finden möge. Opera IV, 47: Ostendere igitur agressus eram Sapientiam hanc esse bis imo ter oculatam: quia eadem opera non duarum tantum, sed et plurium rerum quaecumque similiter se habent, ad eandem ideam factam) intima patescit ratio. Hinc est, quod plerumque nos eodem modo Deus non tantum de profundioribus mysteriis suis (quae a nobis per se non possunt comprehendi) possunt alibi ut in speculo ostensa, sed et de officiis nostris informat, jam opera in Creaturis sua, jam humana facta, jam fictas etiam similitudines et parabolas ostendunt. Tam plena horum est Scriptura divina ut Syncritica methodus merito pro mysteriorum clave haberi queat. Jener logische Kanon: Similia illustrant etc. ist nicht verbindend oder er bezieht sich nur auf geringe Ähnlichkeit: Vere similia ad eandem ideam factam plusquam probant: h. e. demonstrant, evincunt, convincunt, obmutescere cogunt. An Cap. 14 - 20, (wo die synkritische Methode in besonders grofsem Umfange zur Anwendung kommt) ändere er daher nichts; die Erzieher mögen immerhin an den so geschickt in die Hand genommenen Fertigkeiten und Künsten ein Beispiel nehmen. — In den modernen Wissenschaften wird diese Methode kaum oder nur zur Veranschaulichung verwandt; analitische und synthetische Methode beherrschen den Wissenschaftsbetrieb. Dagegen scheint diese Methode in der neuern Pädagogik eine immer gröfsere didaktische Bedeutung zu erlangen. Das Prinzip der synkritischen Methode*) ist das Princip des sog. darstellenden Unterrichtes.**) Wenn wir diese Methode von logischem Standpunkte aus betrachten, so scheint sie zu beruhen auf dem Beweise nach blofs wahrscheinlicher Analogie.***) Das zum Vergleiche herbeigezogene Subjekt B hat einzelne nicht übereinstimmende, wohl aber ähnliche Prädikate mit dem verglichenen Subjekt A. Von diesen ähnlichen Prädikaten aus wird auf die Ähnlichkeit auch der übrigen Prädikate geschlossen. Die genaue logische Beziehung dieser Prädikate zu den beiden Subjekten ist bei diesem Beweise nur unvollständig bekannt. Es ist nicht sicher, ob jene Ähnlichkeit der Prädikate durch den Artunterschied oder zugleich durch den Gattungsbegriff mitbedingt ist. So wurde die synkritische Methode bisher beurteilt†) und demgemäfs wurde auch der umfassende Gebrauch, den Comenius von dieser Methode machte, sehr angegriffen. Es scheint aber, als ob eine Voraussetzung, die Comenius bei seinen Bemerkungen über die synkritische Methode nur andeutet, bisher zu wenig beachtet worden ist. Ausgeführt ist jene Voraussetzung in den pansophischen Vorbereitungsschriften, namentlich aber in dem Prodomus Pansophiae.††) Das ganze All besteht aus Gott, Natur und Kunst. †††) Jede Sache ist nach ihrer Idee gemacht. Eigene Ideen hat nur

*) IV, 46 ut quod non satis cognoscitur ex se, cognoscitur e suo simili.

**) Herbart I, 46 f.: »Man kann aus dem Horizont, in welchem das Auge eingeschlossen ist, die Mafse nehmen, um ihn durch Beschreibung der nächstliegenden Gegend zu erweitern .... man kann alles dasjenige blofs darstellend versinnlichen, was hinreichend ähnlich und verbunden ist mit dem, worauf der Knabe bisher gemerkt hat.« Ziller, Vorlesungen über allgemeine Pädagogik. I. Aufl. 170.

***) Cf. Drobisch, Logik § 150.

†) Cf. Laurie, John Amos Comenius. His life and educational works. pag. 57 The stricter view of Analogy which is now accepted was not kwown to Comenius.

††) Opera I, 103—455, Werke II, 74—122.

†††) Per artem intelligendo quicquid humana industria fit etc. I, 433.

Gott. Von ihm nimmt sie die Natur und von ihr borgt sie die Kunst. Gott bildet also, indem er die Welt bildet, sich selbst (I 434). Alles hat daher an Gott teil und daher auch unter sich (I, 435). Die Ideen in Gott wie im Urbilde, in archetypo; in der Natur wie im Abbild, in ectypo; in der Kunst wie im Gegenbild, in antitypo; die Ideen zuerst im Geiste Gottes, dann in den Geschöpfen und zuletzt in den von den Geschöpfen gewirkten Sachen. So befindet sich alles in einer grofsen Harmonie, und es giebt nichts absolut Entgegengesetztes. Der grofsen Mannigfaltigkeit der Dinge liegen nur wenig Prinzipien zu Grunde. Das wahrhaft Ähnliche bringt demnach dieselbe Idee zum Ausdruck; ähnliche Dinge sind nach derselben Idee gemacht. So weit Comenius. Wenn er nun fortwährend auf die grofse Ähnlichkeit z. B. in der Entwicklung des menschlichen und des Pflanzenindividuum hinweist, liegt da nicht die Vorstellung zu Grunde, dafs beide nach derselben Idee gemacht seien? Der Verlauf des Naturgeschehens kann in diesem Falle wohl einen Fingerzeig geben für unsere künstliche, resp. künstlerische Erziehung. So mufs die synkritische Methode des Comenius verstanden werden und dann nähert sie sich in der Beweisführung eher dem Schlusse nach der strengen Analogie; sie beruht dann ferner nicht auf einem Wahrscheinlichkeitsschlusse, weil eben die Ähnlichkeit der Prädikate durch den Gattungsbegriff bedingt ist, die verschiedenen Subjekte nur Modifikationen derselben Idee sind. Wer den eigentümlich gefärbten Platonismus des Comenius acceptirt, der wird die synkritische Methode hochschätzen müssen.

Über die Möglichkeit der Erziehung hat Comenius am eingehendsten gehandelt. Diese Erörterung zeichnet sich im Allgemeinen aus durch psychologisch-richtige Beobachtungen, durch einen zusammenhängenden, durchsichtigen Vortrag. Eine Erklärung der psychologischen Thatsachen wird aber entweder nicht versucht oder dann verwickelt sie sich in Widersprüche. Dafs Comenius die fpezifisch religiöse Ableitung der Möglichkeit der Erziehung an die Spitze seiner diesbezüglichen Untersuchungen stellt, wurde oben erwähnt. Die andere Voraussetzung der Möglichkeit der Erziehung, die Gesetzmäfsigkeit des geistigen Geschehens hat Comenius nicht untersucht, obwohl seine »infallibilitas methodi« sich ganz besonders darauf stützt. (I, 15.)

Wenn man die Teleologie des Comenius überschaut, so wird man sagen dürfen, dafs sie im Grofsen und Ganzen den Anforderungen an ein System genügt: 1. Sie ist ziemlich vollständig. 2. Eine höhere Einheit, allerdings keine strenge, hat Comenius auch gefunden, indem er von der letzten Bestimmung des Menschen ausgeht und die ganze Mannigfaltigkeit der Erziehungsaufgaben in drei höchste zusammenfafst. Diese Dreiheit des Erziehungszweckes wird übrigens auch von Neueren festgehalten, vgl. Niemeyer: intellectuelle, ästhetische (religiöse) und moralische Erziehung (Verstand, Gefühl, Begehren.), Beneke: Bildung der Vorstellungskräfte, Gemüts- und Charakterbildung, Bildung der besondern Neigungen, Spencer: leibliche Erziehung, Verstandesbildung, sittliche Erziehung. 3. Die Methode, die Comenius hauptsächlich zur Sicherung und Begründung der Erkenntnisse verwendet, wurde schon nach ihrer Berechtigung untersucht und das Ergebnis fiel nicht allzu ungünstig aus.

Fortsetzung und Schlufs vorstehender Abhandlung wird in einer im gleichen Verlag demnächst erscheinenden Schrift zur Ausgabe gelangen. Die geehrten Leser werden daher auf dieselbe verwiesen.

Der Herausgeber.

B. Mitteilungen.

I. Entgegnung.

Herr Ernst Piltz rezensierte im 3. Heft der »Pädagogischen Studien« meine in 2. Auflage bei Fr. Mauke erschienene Vergleichende Zoologie. In dieser Kritik hat Herr Piltz wirklich nichts unversucht gelassen, um dem Buche eine gründliche Niederlage zu bereiten.

Vielleicht würde ich ihm nicht entgegnet haben, wenn eine grolse Anzahl seiner Ausstellungen nicht an Nörgelei grenzten, wenn er ferner nicht ihm unbekannte Dinge als sachliche Fehler bezeichnete und einige unwahre Behauptungen aufstellte. Aufserdem richtet Herr Piltz einige Fragen an mich, die ich ihm nicht unbeantwortet lassen kann.

Er bemäkelt zunächst den Titel des Buches »Vergleichende Zoologie«. Hören wir dagegen, was andere Pädagogen in dieser Beziehung darüber urteilten, und dann, was Herr Piltz mir vor einigen Jahren von Petersburg aus schrieb:

1) Die Durchführung dieses Prinzips in dem vorliegenden Buche ist dem Verfasser in meisterhafter Weise gelungen... So gehört denn diese vergleichende Zoologie zu denjenigen naturgeschichtlichen Lehrbüchern, deren Erscheinen einen wichtigen Fortschrit bezeichnet in der Geschichte des Unterrichts. (1. Aufl.)

Zeitschrift für mathematischen und naturwissenschaftlichen Unterricht.

2) Dr. Leonhardt gebührt das Verdienst, das vergleichende Prinzip in naturkundlichen Arbeiten konsequent und praktisch verwertbar durchgeführt zu haben. (2. Aufl.)

Allgemeines Schulblatt.

3) Ein ganz eigenartiges Werk, das zum erstenmale in wirklich vergleichender Methode den Entwicklungsgang des Tierreichs darstellt.

Badische Schulzeitung.

4) Ihre Prinzipien sind richtig, ich stimme denselben bei.

Ein Schulrat in Thüringen.

5) Folgendes Prognostikon stelle ich Deiner Arbeit (1. Aufl.): Sie wird in der Geschichte des Unterrichts nie vergessen werden und einen heilsamen Einflufs auf die Reform des zoologischen Unterrichts ausüben.

Ernst Piltz, Rezensent der vergleichenden Zoologie.

Und der Freund Piltz hat sich nicht geirrt. —

Denn seit dem Erscheinen der 1. Auflage der vergleichenden Zoologie, Michaelis 1882, kommt »jeder nicht gerade unvernünftigen Schulzoologie« das Epitheton »vergleichend« in gewissem Grade auch zu. Im Interesse des zoologischen Unterrichts freue ich mich über diesen Fortschritt.

Rezensent erwähnt die Lübenschen Kurse. Sie sind mir augenblicklich nicht zur Hand. Wenn ich aber nicht irre, so beschreibt Lüben die zu einer Gruppe (Gattung, Familie) gehörigen Tiere nach einander als Individuen und stellt zum Schlufs die übereinstimmenden und abweichenden Merkmale zusammen. Eine grofse Anzahl Herausgeber zoologischer Werke thun dasselbe. Da aber die Merkmale in den Artenbeschreibungen meist in buntester Reihenfolge aufgezählt werden, so wird die etwa anzustellende Vergleichung für Lehrer und Schüler unnötiger Weise ungemein erschwert. Ja sehr oft lassen sogar eine Anzahl von Merkmalen der verschiedenen Arten gar keinen Vergleich zu. Es ist nun meine feste Überzeugung, dafs keine gute Schule eine auf wissenschaftliche Thatsachen fufsende Systematik ganz entbehren kann, dafs wir also den Schüler möglichst zum Verständnis des Systems hinüber zu führen haben. Zu diesem hohen Ziele aber gelangt man auf keinem andern Wege, als durch Vergleichung. Weil nun aber nach der Vergleichung zur Gewinnung des Gruppencharakters nicht das Unterscheidende, sondern das Gemeinsame dient, so unterliefs ich es, jenes noch einmal zusammenzustellen. Übrigens kann und soll man das ja bei der unterrichtlichen Durcharbeitung kleiner Gruppen thun. Im 1. Kursus habe ich fast vollständig von Vergleichungen abgesehen, trotzdem es Lüben fordert, Piltz für selbstverständlich hält und Junge es thut (vrgl. Ente und Gelbrand), da es mir hier, als in einem Vorbereitungskursus, auf nichts anderes als auf klares, sauberes Erfassen des Einzelwesens ankommt. Wie wenig Rezensent die ganze Anlage des Buches erfafst hat, beweift er durch folgenden Satz: »Der systematische Teil bei Leonhardt unterscheidet sich dadurch . . . ., dafs die bei einer Klasse resp. Ordnung angegebenen Repräsentanten ohne Merkmale aufgezählt sind.«

Auch was über die Reihenfolge der Objekte im 1. Kursus (Maikäfer und Honigbiene) gesagt wird, klingt fast naiv. —

»Wie steht es mit der Berücksichtigung der formalen Stufen?« fragt Herr Piltz weiter und hat die Dreistigkeit folgende Sätze abdrucken zu lassen: »Wahrscheinlich hat sich Verfasser gesagt, sein Buch werde besser »gehen«, wenn so etwas auf den Titel gedruckt werde.« »Ist nicht vielleicht das ohne alle Berücksichtigung der formalen Stufen gearbeitete Manuskript ganz fertig gewesen, als sich Verfasser zu obigem Wortlaut des Buchtitels entschlofs, und hat er sich nicht erst dann gesagt: Etwas mufs aber doch innerhalb des Buchumschlages stehen — da schreibst du eben etwas davon in die Vorrede!?«

Durch diese Verleumdungen richtet sich Herr Piltz selbst.

Da das Buch für die Hand der Schüler bestimmt ist, so war von vornherein eine strenge schablonenhafte Durchführung nach den formalen Stufen selbstverständlich vollständig ausgeschlossen. Deshalb steht auf dem Titel auch nicht »nach den formalen Stufen«, sondern »mit Berücksichtigung der formalen Stufen bearbeitet« und im Vorwort heifst es »... und unsere Bearbeitung thunlichst den vielgenannten formalen Stufen anpafsten, ohne uns dabei ins Breite und Seichte zu verlieren.« Wenn daher von den formalen Stufen, je nachdem sich der Stoff gefügig zeigte, auf der einen Seite 2, auf einer andern 3 zu finden sind, so kann man doch nicht sagen, ich hätte sie unberücksichtigt gelassen. Die Stufe der Vorbereitung erläfst mir sicherlich in einem Schülerbuche jeder einsichtige Pädagoge, und wenn hier und da noch eine andere fehlt, so hat nach meinem Dafürhalten Herr Piltz nicht mit mir zu rechten. Denn keine Behörde hat es bisher verlangt, keinem verständigen Lehrer ist es eingefallen, jede Lektion in biblischer Geschichte, Deutsch etc. in die formalen Stufen zu zwängen. Thunlichst berücksichtigen wollen wir sie, d. h. soviel davon zu einem erspriefslichen Unterricht gehört, nicht aber wollen wir uns von ihnen in die Zwangsjacke stecken lassen. —

Für den betr. Litteraturnachweis sage ich Herrn Piltz an dieser Stelle meinen Dank.

Ferner versucht Rezensent meinem Buche einen gewichtigen Keulenschlag durch folgende Worte beizubringen:

»Nirgends habe ich eine in logischer wie pädagogischer Hinsicht schlechtere Disposition und ein so prinziploses Verfahren finden können wie im Buch des Herrn Dr. Leonhardt.« Gewifs, eine schwere Anklage. Doch hören wir den nächsten Satz: »Er versucht konsequent die Funktion oder etwaige Lebenseigentümlichkeiten eines Körperteils, sogar kommerzielle, industrielle, kulturhistorische, teleologische Notizen gleich an die morphologische Beschreibung des betr. Körperteils anzuschliefsen« und wenige Zeilen weiter: »Im Unterricht ist das Anatomische von dem Physiologischen (Biologischen) gewifs nicht zu trennen.« Wir sehen hieraus, dafs bei Herrn Piltz ein konsequentes Verfahren gleichbedeutend ist mit einem prinziplosen, dafs er verurteilt, was er gewifs für richtig hält. Im Unterricht ist also nach Herrn P. das Anatomische von dem Physiologischen nicht zu trennen, aber für einen gedruckten Leitfaden viel geeigneter hält er seine Disposition, die das Anatomische und Physiologische nicht vereint, sondern willkürlich in mehrere Fetzen zerreifst. So viel ist sicher, will man dem Schüler einen gedruckten Leitfaden in die Hände geben, so mufs er sich innig an den Unterricht anschliefsen. Herr P. ist natürlich anderer Meinung und pflegt daher bei der psychologischen Durcharbeitung des Stoffes vom Ende seiner Disposition auszugehen.

Wenn ich aber nicht immer genau dieselbe Disposition innegehalten habe, z. B. in Zusammenstellungen, so geschah das nicht aus Versehen, sondern aus sachlichen und pädagogischen Gründen. In ihren Hauptzügen jedoch ist die Disposition dieselbe geblieben. Deshalb hatte ich wohl ein Recht, darauf im Vorwort aufmerksam zu machen. Auf ein Buch aber, das die gewählte Disposition in der von Herrn P. geforderten Weise festhält, pafst treffend jenes Wort: »Das Holz ist gezimmert, es fehlt nur noch der, welcher darauf gekreuzigt werden soll.«

Ferner werde ich also den von mir eingeschlagenen Gang ohne Pedanterie beibehalten und auf den Piltzschen unnatürlichen und unzweckmäfsigen keine Rücksicht nehmen. —

Obgleich die Beobachtungsaufgaben im allgemeinen den Beifall des Rezens. haben, so weifs er doch auch daran etwas auszusetzen. Er vermifst nämlich den Fortschritt vom Leichten zum Schweren und bringt dafür als Beleg die Frage aus dem 3. Kursus: »Wodurch drückt ein Schwein sein Wohlbehagen aus? Da im 1. und 2. Kursus vom Schwein nicht die Rede war, konnte eben diese Frage im Buch nicht eher auftreten.

Will sie der denkende Lehrer je nach den Verhältnissen früher stellen, wohlan! Mein Buch soll für keinen Lehrer eine Fessel sein. Vielleicht erscheint aber dem Rezens. die betreffende Frage zu leicht, weil er dabei jedenfalls nur an das Ringeln des Schwanzes denkt.

Ein Vergleich seiner sogenannten Beobachtungsaufgaben mit den von mir gestellten, ist hier nicht am Platze.

Nun zu den sachlichen Fehlern. Zunächst bedauere ich, dafs von mir bei der Korrektur in einer Zahnformel die Reifszähne unbeachtet geblieben sind. Als ich nach dem Druck den Fehler bemerkte, war es zu spät. Weiter habe ich zu berichtigen, dafs die hakige Spitze des Oberschnabels beim Bussard nicht 5 cm, sondern 5 mm über den Unterschnabel reicht, dafs der Maikäfer nicht nur im Mai zu sehen und zu hören ist und dafs die weifsen Kaninchen keine roten Augäpfel haben. Nur Herr Piltz, nicht aber ein Zoologe, nimmt heutzutage noch Anstofs an folgenden Sätzen: »Der Eisbär hat die Farbe des Eises, der Löwe die des Wüstensandes« .... »Hermeline und Wiesel sind im Sommer braungelb, im Winter weifs wie Schnee gefärbt.« Eine Hauptaufgabe der Erziehungsschule ist die Erziehung zum Wohlwollen gegen Mensch und Tier. Durchaus unverständlich ist mir daher der Piltzsche Satz: »Sachverständige können die Ansicht Leonhardts, es sei eine durchaus verwerfliche Unsitte, dafs man Hunden die Ohrmuscheln verstutzt, mit guten Gründen widerlegen.« Diese »guten Gründe« möchte ich hören.

Der Schimpanse wird wohl 1,5 m lang, aber nur wenig über 1 m hoch. Auch beträgt die Höhe des Rehes nicht mehr wie 70 cm. (Bei Säugetieren mifst man bekanntlich die Schulterhöhe.) Dafs in Rufsland die meisten Pferde, die wenigsten in Italien gehalten werden, erfährt man bekanntlich aus statistischen Erhebungen.

Die Beispiele, die sich nach Piltz's Ansicht an die sogenannten sachlichen Fehler eng anschliefsen, wird der unbefangene Leser mit mir gewifs für Nörgeleien gehalten haben, darum darüber kein Wort.

Einige der gerügten Verstöfse gegen Stil und Grammatik gebe ich zu und werde dieselben bei einer Neuauflage gewissenhaft beseitigen.

Recht müssig ist wohl die Frage: Weifs Verfasser nicht, dafs es die Girafe und die Maus heifst? Richte Herr Piltz an sich hinsichtlich der Orthographie eine ähnliche.

Auf zirka 310 Seiten hat der Rezens. einige dreifsig Druckfehler gefunden, hätte die Rezension gleichen Umfang, so würden in ihr vielleicht einige achtzig zu finden sein.

Dem ganzen »Ton« nach, in welchem die Rezension gehalten ist, darf man wohl mit Recht bezweifeln, ob es dem Rezensenten wirklich ernst gewesen ist, mir einen guten Dienst zu erweisen.

Näher liegt vielmehr für mich der Gedanke, dafs er mir, seinem langjährigen Freunde, eins hat auswischen wollen.

Darum in dieser Angelegenheit hier mein erstes und letztes Wort.

Jena, 4. September 1887. Dr. C. Leonhardt.

Der vorstehenden »Entgegnung« des Herrn Dr. Leonhardt auf meine Beurteilung einige Sätze entgegenzustellen erscheint mir notwendig der persönlichen Bemerkungen halber, die sich derselbe erlaubt, und wegen einiger Irrtümer und falscher Auslegungen, die den mit meiner Rezension unbekannten Leser über letztere falsch urteilen lassen können. Ich bestrebte mich, in Rede stehendes Buch nach allen Seiten hin gewissenhaft, eingehend und rein sachlich zu prüfen. Nach den zahlreichen, in meiner Kritik stehenden Belegstellen und gemäfs meinen allgemein pädagogischen Überzeugungen mufste mein Gesamturteil über dasselbe recht ungünstig ausfallen. Nachdem bereits die Verlagsbuchhandlung nicht hatte unterlassen können, mir einen Brief mit ihrem verbindlichsten Dank für die Rezension zu senden, versucht nun an diesem Orte der nicht minder über dieselbe erzürnte Herr Verfasser selbst sich zu verteidigen.

Wie es auch Lüben thut, lasse ich schon im ersten zoologischen Unterricht Vergleichungen anstellen, da klare Begriffe nur durch vieles Vergleichen gewonnen werden können. Herr Verfasser entscheidet sich dagegen und glaubt an die Möglichkeit eines »klaren, sauberen Erfassens des Einzelwesens« auf absolutem Wege. Die Kurse IIa und IIb bezwecken ebenso wie bei Lüben das Verständnis des Gattungs- bezw. Familien- und Ordnungsbegriffs (— auf den in der Kritik erwähnten Einwurf, dafs der Gattungsbegriff meist viel schwerer ist und deshalb in den meisten Fällen später auftreten mufs als der Familien- und Klassenbegriff, geht Herr Verfasser nicht ein —) und unterscheiden sich nur durch eine andere Disposition von den Lüben'schen Darstellungen. Herr Dr. Leonhardt irrt sich allerdings mit seiner Annahme von Lüben's Verfahren, denn dieser giebt die Eigenschaften gut geordnet und übersichtlich an. Herr Verfasser könnte sich wirklich überzeugen, dafs bei Lüben die Gruppenbegriffe durch scharfes Vergleichen klar herausspringen. Nebenbei gesagt, scheint es mir, als ob das System Herrn Dr. Leonhardt nicht ein, sondern das Ziel des naturkundlichen Unterrichts wäre. Der Herr Verfasser sagt mit Beziehung auf meine Auslassung über den letzten (systematischen) Teil seiner Arbeit, ich habe die ganze Anlage seines Buches nicht verstanden. Das muſs ich doch entschieden zurückweisen und ihn bitten, in meiner Kritik Referat und Beurteilung dieses Kursus, wovon in der »Entgegnung« nur ein Stückchen citiert wird, noch einmal aufmerksam und ganz durchzulesen. Wenn er aber ernstlich meint, ich hätte ihn gar nicht verstanden — wie kommt er dann dazu, mein Urteil von 1882 als maſsgebend abzudrucken? Der Schluſsteil des neuen Leonhardt'schen Buches ist nämlich eine mehrfach vereinfachte Wiedergabe dessen, was in der mehr wissenschaftlichen »vergleichenden Zoologie« steht, die im Jahre 1883 erschien, für höhere Schulen und den Selbstunterricht geschrieben ward *) und, wie erwähnt, nur eine Darstellung des Systems, keine Individuen- und Gattungsstufe enthält. Über diese unvergriffene »erste Auflage« **), also ein ganz anderes Buch, das ich mir seiner Zeit in Petersburg kaufte, schrieb ich allerdings dem Herrn Verfasser, was er oben citiert, gelegentlich in einem Briefe. Noch jetzt glaube ich, daſs es in der Geschichte der Methodik nicht vergessen werden und indirekt heilsam wirken wird. Soviel ich übrigens beurteilen kann, denkt Herr Verfasser ein wenig zu gut von seiner didaktischen Reformthätigkeit, einen direkt Leonhardt'schen Einfluſs seit 1882, wie ihn sich offenbar Herr Verfasser einbildet, habe ich wenigstens bei ziemlich genauem Verfolg der einschlägigen Litteratur nicht wahrnehmen können.

Was die formalen Stufen betrifft, die der Herr Verfasser »thunlichst« berücksichtigt zu haben glaubt, so muſs ich im Gegensatz zu der in obigem Verteidigungsartikel stehenden Versicherung wiederholen, daſs keine Spur davon in seinem Buche zu finden ist, bloſs in der Vorrede. Wenn nun trotzdem auf dem Titel die Formalstufen als »berücksichtigt« figurieren, so kann ich nur zweierlei annehmen: entweder sollte dadurch der hierin unbewanderte Teil des pädagogischen Publikums zum Kauf angelockt werden, oder: Herr Verfasser kennt die Formalstufen noch nicht. Im letzteren Falle möge er meine — erfreulicherweise von ihm mit Dank aufgenommenen — litterarischen Citate benutzen und sich von der Wahrheit meiner Behauptung überzeugen. Zugleich möge er aber auch noch den Nachweis führen, inwiefern sich die Anwendung der Formalstufen überhaupt in einem für die Hand der Schüler bestimmten Buche rechtfertigen läſst. —

Daſs der Herr Verfasser den alten Lüben'schen Unterrichtsplan zu Grunde legte (Individuen-Gattungen-System), bestreitet er nicht. Hierin steht er also auf dem über 50 Jahre alten, gegenwärtig noch von den meisten Methodikern behaupteten Standpunkte. Originell aber ist seine »in den Hauptzügen« konsequent innegehaltene, von mir logisch wie pädagogisch schlecht genannte Disposition bei der Art- wie bei der Gruppenbeschreibung.

---

*) 8. X. u. 330 S. Mit 18 lithogr. Tafeln. Jena 1883, Paul Matthäi. Preis 6 Mark, jetzt 2 Mark.

**) auf dem Umschlag der in den „Päd. Stud." rezensierten „zweiten Auflage" angezeigt, aber nicht als unvergriffene „erste Auflage".

Ich habe in meiner Kritik genau wiedergegeben, in welcher Reihenfolge bei Beschreibung eines Tieres die einzelnen Eigenschaften behandelt werden. Möge der mit dieser Leonhardt'schen Disposition noch unbekannte Leser sie dort oder im Buche selbst nachsehen und möge er mein (nicht vereinzelt dastehendes) Urteil prüfen. Ganz getrennt von diesem Punkte behauptete ich, dafs bei der unterrichtlichen Behandlung eine strenge Scheidung des Anatomischen von den Lebenserscheinungen des betreffenden Tieres nicht eintreten könne und dürfe. Ein Schülerbuch soll aber den methodisch richtig erarbeiteten Stoff möglichst logisch geordnet und übersichtlich als Unterrichtsergebnis zur Repetition enthalten. Darin stimme ich mit Herrn Dr. Leonhardt vollständig überein, wenn er soviel für sicher hält, dafs der Schülerleitfaden sich innig an den Unterricht anschliefsen soll, ich meine aber: blofs bezüglich der Unterrichtsergebnisse und für diese stellte ich ein Schema auf, das sowohl fachwissenschaftlich korrekt und logisch ist als es sich auch m. E., weil leicht reproduzierbar, für den Unterricht eignet. Verweisungen vom morphologischen auf den physiologischen (biologischen) Teil der Disposition auch im Schülerleitfaden befürwortete ich ausdrücklich.

Dem Herrn Verfasser habe ich zu viel »genörgelt«. Diesen Vorwurf lasse ich mir ruhig gefallen, denn ich kann nun einmal von der Meinung nicht abgehen, dafs gerade ein für die Hand der Schüler bestimmtes Buch frei sein soll von sachlichen und von Formfehlern. Wenn aber ein Schülerbuch sehr viele stilistische und grammatische Verstöfse und auch andere Darstellungsfehler enthält, darf da der Rezensent nicht energisch ein ernstes Wörtlein reden? Nur einige (!) der gerügten Verstöfse will Herr Dr. Leonhardt bei einer Neuauflage beseitigen. Weshalb nicht alle, da doch alle meine Ausstellungen richtig sind? Ist er ein so grofser Freund von »Entgegnungen«? In meiner Rubrik »stilistische Fehler« tadle ich die Worte: »das Reh ist gar nur 70 cm hoch«; Herr Opponent dreht das nun in seiner Verteidigung so, als ob ich die 70 cm als falsch angegriffen hätte. Im Buche steht: »beim Kamel und Giraffen«, »dem Maulwurf und Wasserspitzmaus.« Ist da die in der »Entgegnung« abgedruckte Frage eine müssige zu nennen? — In der Pferde-Angelegenheit hat Herr Verfasser entschieden Unrecht, denn er redet von der Verbreitung im allgemeinen, nicht nur von Europa. Was in der »Entgegnung« über den Schimpanse steht, ist klar, nicht aber das Diesbezügliche im Buche (S. 65 u. 278). Von Eisbär und Löwe ist in meiner Kritik gar nicht die Rede, von den Hermelinen und Wieseln behaupte ich aber, dafs es ganz weifse Exemplare bei uns nicht giebt. Herrn Dr. Leonhardt ist es aber unberechtigte, lächerliche Kleinigkeitskrämerei, wenn ich mich gegen halbwahre Dinge, unbestimmte Ausdrücke und Vergleiche streng ausspreche, z. B. wenn ich bezüglich der Gröfse einen Schweizerkäse mit einem ganz beliebigen Wagenrade nicht verglichen haben will.

Es wundert mich, dafs Herr Verfasser eine ganze Anzahl nicht unwichtiger Ausstellungen (darunter auch sachliche Beanstandungen), welche meine Kritik enthält, in seiner Abwehr unberücksichtigt läfst. Nun, sie gehören vielleicht zu seinem, mir allerdings nicht definierten Nörgelbegriff. Welches die mir unbekannten Dinge sind, die ich als sachliche Fehler bezeichnet haben soll, weifs ich nicht, dafs ich unwahre Behauptungen aufgestellt habe, müfste auch erst nachgewiesen werden, dafs ich dreist und verleumdend aufgetreten bin, ist nicht wahr. Aber ich habe offen, unverblümt und rücksichtslos geurteilt. Ist das nicht im Interesse des pädagogischen Fortschrittes das Beste?*)

Jena, den 20. September 1887. Ernst Piltz.

2. Zur Reform der Gymnasien.

»Was unseren Gymnasien zu wünschen, ist nicht Beschränkung des Unterrichts weder extensiv, noch intensiv, sondern ein Zuwachs an pädagogisch gebildeten Lehrern, damit durch Anwendung besserer Methoden Zeit und Kraft besser benutzt und ein besseres Resultat erzielt werde. Unsere jungen Leute könnten, wenn erkenntnisgemäfsere Methoden in vielen unserer Gymnasien herrschten, in der Kenntnis und Fertigkeit sowohl alter als neuer Sprachen und der allgemeinen Wissenschaften viel weiter kommen, als bis jetzt die Mehrzahl gebracht wird.«

Dr. Mager. (Die deutsche Bürgerschule 1840, Seite 83.)

3. Capesius, Die hauptsächlichsten Forderungen des erziehenden Unterrichts.

(Langensalza, Beyer u. S. 1887.)

Im 3. Heft d. Z. 1886, S. 159 f. waren »Thesen« des Herrn Dr. Capesius zum Abdruck gebracht worden. Eine Ausführung derselben liegt nun in dem oben angeführten Vortrag vor, welcher sich die Aufgabe gestellt hatte, den allg. siebenb. sächs. Lehrertag mit den Ideen und Bestrebungen der Herbartschen Pädagogik bekannt zu machen und zum eingehenden Studium derselben aufzufordern. Es ist keine Frage, dafs derselbe in seiner klaren, übersichtlichen Darstellungsweise wohl imstande ist, diese Aufgabe zu erfüllen. Aber noch nach einer andern Seite hin erregt das Schriftchen unser Interesse. Was der Herr Verfasser über die Persönlichkeit Zillers in der Vorrede schreibt, ist durchaus wahr. Möchte es doch vor allem von denen recht beherzigt werden, die den Bemühungen, Zillers Namen verhafst oder lächerlich zu machen, ein nur zu geneigtes Ohr schenken. Und auch den Schlufssatz des Vortrages möchten wir etwas tiefer hängen: »Von Personen reden wir nicht; hinsichtlich der Sache aber, um die es sich handelt, bitten wir, dafs man dieselbe nicht für blofses Gerede, sondern für ein ernstes

*) Allerdings ist dies das Beste. Man vergl. Päd. Studien 1884, 4. Heft S. 16: Rezensententum in der Pädagogik. In diesem Artikel ist unser Standpunkt hinreichend gekennzeichnet.

Der Herausgeber.

Werk halte und überzeugt sei, daſs es uns nicht um Begründung irgend einer Partei oder Schulmeinung, sondern um die Grundlage des Gedeihens und der Weiterentwicklung der Menschheit zu thun ist.« —

4. Flügel, Zeitschrift für exakte Philosophie.

(Langensalza, Beyer u. S.)

Das 3. Heft des XV. Bandes beansprucht für unsere Leser insofern ein besonderes Interesse, als in demselben von dem verdienstvollen Herausgeber eine eingehende Besprechung der Ostermannschen Schrift, auf welche im 2. Heft 86, S. 113 der Pädagogischen Studien aufmerksam gemacht wurde, gebracht worden ist. Die Kritik von Flügel ist auch im Sonderabdruck erschienen und wird in ihrer Ruhe und Gediegenheit nicht verfehlen, den Ostermannschen Darlegungen, namentlich auch den Konsequenzen, welche der Verfasser für die pädagogische Theorie Herbarts glaubte ziehen zu müssen, die Spitze abzubrechen. Sie sei deshalb unseren Lesern dringend empfohlen.

5. Über die Praxis der Herbartianer.

Unter den vielen Angriffen, welche in den letzten Jahren auf die Herbartsche Pädagogik unternommen wurden, kehrte ein Schluſssatz häufig wieder, des Inhalts, daſs, wenn die Herbartianer einen guten Erfolg in ihren Schulen aufweisen könnten, eher mit ihrer Theorie zu reden sei, als jetzt. Nun stellt neuerdings die »Frankfurter Schulzeitung«, welcher man eine besondere Vorliebe für die Herbartsche Pädagogik gerade nicht vorwerfen kann, der Praxis der Herbartianer ein nicht ungünstiges Zeugnis aus. Es heiſst daselbst nämlich in No. 16, Seite 127 folgendermaſsen:

»Wir sind weit entfernt, allen Punkten der Herbart-Zillerschen Pädagogik zuzustimmen, aber wir müssen doch auch wieder anerkennen, daſs die Anregungen, welche von dieser Richtung in der Pädagogik ausgegangen sind, sehr wertvoll für die Schule gewesen sind. Besonders müssen wir die guten Erfolge hervorheben, welche der Verfasser dieses beim Besuch der Bürgerschule, der höheren Töchterschule, des Lehrer- und des Lehrerinnen-Seminars in Eisenach wahrnahm. Die methodische Schulung der Lehrer und die Antworten der Schüler muſsten auch den schärfsten Gegner befriedigen und überzeugen, daſs wenigstens die Praxis dieser Pädagogik ihr Gutes hat!« —

Dringt diese Überzeugung erst in weitere Kreise, so wird man am Ende aufhören, über die »Theorie dieser Pädagogik« so wegwerfend zu urteilen, wie dies leider jetzt noch — selbst in Erzieherkreisen — zuweilen geschieht. —

C. Beurteilungen.

I.

Edouard Roehrich: théorie de l'éducation d'après les principes de Herbart; Paris, Delagrave 137 S.

Nach des Verfassers eigener Erklärung eine den Principien der Herbartschen Pädagogik genau entsprechende und in grofsen Linien entworfene Skizze, zugleich die Vorarbeit eines gröfseren Werkes, das in einigen Jahren erscheinen und das Ganze »der in den Werken Herbarts aufgehäuften pädagogischen Schätze« enthalten soll. Für dieses letztere hat er auch die an manchen Stellen nach seiner Ansicht nötige Kritik aufgespart; doch geht schon aus diesem Abrifs deutlich hervor, dafs er sich voll und ganz auf den Boden der Herbartschen Pädagogik stellt und ihre Hauptgedanken bedingungslos anerkennt. Das gilt sowohl von den psychologischen wie den ethischen Voraussetzungen derselben. Herbarts Philosophie lenkte nach seinem Urteil zur richtigen Zeit von den Ausschreitungen eines einseitigen und bis zur leersten Abstraktion getriebenen Idealismus zu der Beobachtung der wirklichen Welt zurück, wie seine auf die Erforschung der Thatsachen gerichtete Psychologie den Weg für die moderne physiologische Psychologie öffnete. Nur die Anwendung der Mathemathik auf die Psychologie und den Glauben an die strenge, der Berechnung unterworfene Gesetzmäfsigkeit der psychischen Erscheinungen glaubt er schon hier abweisen zu müssen. Er giebt ferner der Herbartschen Moral vor der Kants darin den Vorzug, dafs sie mit der Verwerfung der transcendentalen Freiheit d. h. der durch einen zeitlosen Willensakt bestimmten Charakterrichtung den Willen einer vernünftigen Leitung und beständigen Einwirkung wieder zugänglich machte; »die Freiheit ist nicht ein angeborenes und unveräufserliches Attribut des menschlichen Willens, sondern ein durch beständige Anstrengung zu erreichendes Ziel.«

Was nun den Inhalt des Buches selbst betrifft, so giebt dieses in 8 Kapiteln, sehr zusammengedrängt zwar, aber völlig klar und übersichtlich den Gang der Herbartschen Entwickelung wieder, so dafs wir nicht anstehen, es auch deutschen Lesern als erste Einführung und Vorschule für diese Pädagogik zu empfehlen. Der Verfasser fürchtet auch nicht, die ganze Terminologie derselben seinen Landsleuten vorzuführen, für Regierung braucht er den etwas mifsverständlichen, aber vielleicht wirklich passenden Namen discipline (deutsch gewöhnlich mit Zucht übersetzt) und setzt für Zucht: éducation. Er trennt die Mafsregeln der Regierung fast noch strenger als Herbart von denen der Zucht und hebt nicht genügend hervor, dafs diese Trennung mehr in abstracto und für das Bewufstsein des Erziehers, um eine reine Sittlichkeit herauszubilden, nicht auch überall zeitlich zu machen ist.

Er hält den gegenwärtigen Zeitpunkt, da das französische Schulwesen aus einem kirchlichen zu einem rein bürgerlichen geworden ist, zur Einführung derselben für besonders geeignet, weil in dieser Pädagogik die Pflege des religiösen Gefühls zwar das Ziel aller Bildung sei, aber die positiven Sätze der Religion dem kirchlichen Unterricht überlassen werden. Dafs er dabei in keiner Weise die Religion aus ihrer centralen Stellung in der Schule verdrängt sehen will, geht aus andern Stellen deutlich hervor.

Auf eine Empfehlung Herbarts bei seinen Landsleuten berechnet ist die Behauptung, dafs er bei ihm einige der fundamentalen Ideen Rousseaus, ihrer paradoxen Hüllen entkleidet, wiedergefunden habe. Wenn er damit die private Erziehung durch den Hauslehrer meint, die Herbart allerdings immer vor Augen hat, so ist dagegen zu sagen, dafs dieser Hauslehrer, ganz anders als der Rousseaus, mitten in der Familie und ganz von dem in ihr waltenden Geist geleitet steht, wie andrerseits Rousseau auch für die grofse Kulturarbeit der vergangenen Geschlechter, welche gerade die Grundlage der Herbartschen Geistesbildung abgiebt, nur ein mit ungeheurer Einseitigkeit ausgesprochenes Verdammungsurteil hatte. Es sind doch nur wenige Spuren, die von Rousseau über Pestalozzi zu Herbart führen. Anderes bringt der Verfasser seinen Landsleuten näher, indem er es an Aussprüche bedeutender Franzosen anknüpft, so den der Kulturentwicklung des Menschengeschlechts nachgehenden Unterricht an Pascal: »Die ganze Reihe der Menschen während des Laufes so vieler Jahrhunderte mufs als ein und derselbe Mensch angesehen werden, der immer lebt und beständig lernt. Die, welche wir die Alten nennen, waren wahrhaft jung und bilden die eigentliche Kindheit der Menschen.« Für die Forderung, dafs die Bildung des Gedankenkreises das Hauptgeschäft der Erziehung bilden müsse, weil aus Gedanken Empfindungen und daraus Grundsätze und Handlungsweisen werden, (H.) kann er Frau von Staël anführen: »Wenn der Gedanke der Vorläufer der That sein kann, wenn eine glückliche Erwägung im Augenblick sich in eine wohlthätige Einrichtung verwandeln kann, welches Interesse mufs nicht der Mensch an der Entwicklung der Denkkraft nehmen!

Aus dem Gang der innern Politik Frankreichs heraus begreifen wir es, dafs er Staatsschulen oder mindestens eine fest begrenzte Aufsicht des Staates über das ganze Schulwesen fordert; ebenso ist er gegen die Übertragung der Schule auf die Kommunen, denen er nicht die Fähigkeit und die Selbstlosigkeit für eine gerechte Leitung derselben zutraut; er verläfst damit, ohne sich dessen vielleicht selbst bewufst zu werden, eine der Hauptforderungen der heutigen Herbartschen Schule, dafs, wie die Familie so auch die Gemeinde, in aufsteigenden Einrichtungen immer mehr an dem Werk der Erziehung beteiligt werden. Offenbar flöfsen ihm auf der einen Seite die jesuitischen Internate, auf der andern Seite die immer mehr einem flachen Deismus huldigenden französischen Lehrbücher ein grofses Mifstrauen ein, so dafs er den Staat, als den berufensten Hüter der besten nationalen Traditionen, aufruft, weil er allein mit Erfolg jeder offenbar antinationalen oder der Moral feindlichen Erziehung entgegentreten könne. Wenn er an einer Stelle die religiöse Erziehung mehr der Kirche zuzuweisen schien, so bemerken wir hier die Entschiedenheit, mit der er den konfessionellen Unterricht auf der Grundlage des Katechismus und der heiligen Geschichte fordert und den blofsen Vernunftglauben, als den Glauben der Familien und dem kirchlichen Unterricht widersprechend aus den Schulen fortweist. Eine gleiche Entschiedenheit zeigt er gegenüber der auf Beseitigung oder wenigstens Einschränkung der humanistischen Studien dort gegenwärtig gerichteten starken Strömung und empfiehlt in fast leidenschaftlicher Weise das Studium der alten Sprachen, die dem jugendlichen Geiste angemessene und auch durch den Inhalt, den sie bieten, seinem Empfinden näher stehen. Er giebt wie Herbart dabei der griechischen Litteratur den Vorzug vor der römischen, wo die Reflexion, die rednerische Fülle und ein oft gesuchter Stil an die Stelle der ursprünglichen Naivetät treten. Er ist ein überzeugter Anhänger der Odysseestufe und fordert wie Herbart, dafs die Sprache nur als Mittel, die Gedanken und die Geschichte der Völker kennen zu lernen, nie als Ziel angesehen werde, ohne dabei die in dem grammatischen Betriebe selbst liegende grofse geistbildende Kraft leugnen zu wollen.

In welchem hohen Sinne der Verfasser die Erziehungs*kunst* (so nennt er sie selbst wiederholt z. B. auch, um die Notwendigkeit eines zusammenhängenden theoretischen Studiums derselben zu begründen) auffafst, geht aus seiner Bestimmung des Zweckes derselben hervor: Der Erzieher soll sich in das Herz des Kindes hineinbringen (s'insinuer doucement), soll seinen Geist mit einer reichen Mannigfaltigkeit von nützlichen Kenntnissen und schönen Gedanken ausrüsten, seine edelsten Empfindungen beständig wachhalten, ihm männliche Entschlüsse einflöfsen, und, um das alles zu können, selbst eine glühende Liebe für die Jugend und ernste Hingabe an das öffentliche Wohl besitzen. Wir glauben schliefslich von dem Gesamteindruck dieses Buches aus behaupten zu dürfen, dafs nach jenem Epoche machenden Werk: de l'Allemagne von Mme. de Staël, durch das zum ersten Mal Frankreich in umfassender Weise mit der deutschen Litteratur bekannt gemacht worden ist, jenseits des Wasgenwaldes kein zweites erschienen ist, dafs so rückhaltlos wie das hier angezeigte den deutschen Geist anerkennt und ihm Eingang in Frankreich verschaffen will. Möge es eine Friedensstimme im Geräusch der beiderseitigen Rüstungen werden und dazu helfen, dafs beide Völker wieder in gegenseitiger Anerkennung an den ihnen von der Geschichte und der Natur ihrer Länder zugewiesenen gemeinsamen Kulturaufgaben arbeiten dürfen.

Tilsit. A. Gräter.

II.

Dr. H. Schütze u. C. Eckhardt, Musterlektionen aus allen Unterrichtsgebieten der dreistufigen Volksschule u. s. w. 1. Teil: Unterstufe, 1—3 Schuljahr. Pr. 3 M. 8°. 181 S. 2. Teil: Mittelstufe, 4.—5. Schuljahr. Pr. 3 M. 8°. 215 S. Eisleben. O. Mähnert 1886.

Vorbemerkung.

Die Herrn Verfasser glauben sich der Hoffnung hingeben zu dürfen, (Vorwort zum 1. Teil) dafs alle aufgenommenen Lektionen als Arbeiten erfahrener, zum guten Teil sehr hervorragender Schulmänner und Lehrerinnen unserer Zeit nach verschiedenen Richtungen hin als nachahmenswerte Muster dienen können. Diese Hoffnung teilen wir nicht. Wir sind nach Durchsicht der betr. Lektionen vielmehr zu der Überzeugung gekommen, dafs dieselben nur mit allergröfster Vorsicht zu gebrauchen sind.*) Viele bleiben hinter den bescheidensten Ansprüchen an eine »Musterlektion« weit zurück und zeigen nur an, dafs die betr. Verfasser keine Ahnung davon haben, dafs es bestimmte psychologische Gesetze giebt und dafs diese dazu da sind, auf den Unterricht angewendet zu werden. Für eine neue Auflage des vorliegenden Werkes möchten wir dringend raten, eine genaue Durchsicht der »Musterlektionen« vorzunehmen, damit sie in Wahrheit diesen Namen sich verdienen. —

Die nachstehenden Beurteilungen über vier »Musterlektionen« aus dem 1. und 2. Teil sind von Mitgliedern des pädagogischen Universitäts-Seminars zu Jena gearbeitet. —

Jena.

Der Herausgeber.

1.

Präparation aus der biblischen Geschichte. I. Teil, Seite 34—38.

Die Präparation ist zusammengestellt von H. Orphal, Pastor in Eisleben. Sie behandelt »Die Weisen aus dem Morgenlande« und soll mit Kindern der Unterstufe, also solchen, die im 1.—3. Schuljahre stehen, behandelt werden.

»Die Weisen aus dem Morgenlande« ist eine von den Geschichten der Weihnachtszeit, welcher, wenn die Kinder die Geburtserzählung Christi kennen, ohne weiteres das Interesse entgegenkommt. Die Kinder leben und weben um die Weihnachtszeit in diesem Gedankenkreise, Kirche und Haus, Verwandte und Bekannte, Vettern und Basen nähren die Vorstellungen, selbst die Weihnachtsausstellungen, die Spielwaarenhandlungen sorgen dafür, dafs den Kleinen die persönliche Bekanntschaft des Caspar, Melchior und Balthasar, wie die 3 Weisen geheifsen haben sollen, ermöglicht wird.

Also eine Masse von Vorstellungen, die eine ganz bedeutende Macht in dem kindlichen Gemüte ausübt und

*) Die beigefügten „Urteile der Presse" können uns in unserer Ueberzeugung nicht irre machen.

mit der auch die Schule zu rechnen hat; die sich zu nutze zu machen kein Lehrer unterlassen wird, der in einem gemütlichen Verhältnisse zu seinen Schülern steht. Nicht nur die Geburtsgeschichte Christi, auch die Geschichte von den Weisen aus dem Morgenlande wird in den ersten Schuljahren um die Weihnachtszeit zu behandeln sein, ob die letztere vor oder nach dem Feste auftreten soll, hängt ganz von subjektiven Erwägungen ab.

Damit stelle ich mich keineswegs in Gegensatz zu dem Zillerschen Lehrplansystem, nach welchem das Leben Jesu erst im 5. und 6. Schuljahre zur unterrichtlichen Behandlung kommt; denn ich rechne die Behandlung der Weihnachtsgeschichten im ersten Schuljahre zu den analytischen Bearbeitungen jener Erfahrungen und Gesinnungen, welche aus den Festen des Kirchenjahres und den religiösen Gebräuchen des Hauses auf das Kind übergehen. In dieser Weise soll der Schüler auch in der Schule sein Oster- und Weihnachtsfest feiern, er soll durch das erbauliche Zwiegespräch, welches er mit seinem Lehrer hält, seinen Herrn und Heiland liebgewinnen, in den christlichen Geist eingetaucht werden und so den Grund legen für die viel später auftretende synthetische biblische Geschichte und die dogmatische Religionslehre. Der poetische Hauch aber, der über seinen Gestalten schwebt, der märchenhafte Schimmer, mit dem er sich dieselben in seiner Phantasie ausmalt, soll ihm jetzt, da er noch in dem Märchenlande der Phantasie lebt, durch eine streng-unterrichtliche Behandlung nicht genommen werden, die wird dann folgen, wenn er auf der Apperceptionsstufe sich befindet, auf welcher er die Idealgestalt des Menschensohnes zu würdigen versteht.

Auf diesem Standpunkte steht der Verfasser der vorliegenden Präparation nicht. —

Ein flüchtiger Blick auf die Vorlage scheint zu zeigen, dafs er die Geschichte streng unterrichtlich behandeln und dabei die geistigen Gesetze des Lernprozesses beachten will, wie sie von Herbart und Ziller in den formalen Stufen fixiert worden sind. Den ersten gröfsern Abschnitt seiner Präparation hat er überschrieben mit der Bezeichnung »Vorbereitung«, den zweiten mit »Darbietung und Betrachtung«, wobei er in Klammern hinzufügt: »Vorerzählen der ganzen Geschichte; darauf Erzählen derselben in einzelnen Abschnitten und Einführung in dieselben, sodann Abfragen des Inhaltes resp. Nacherzählen derselben seitens der Kinder.«

Die am Ende (S. 38) aufgeführten Sätze und den Spruch könnte man für die Systemstufe halten und ferner meinen, dafs er mit der Beziehung der gewonnenen Sätze auf das Leben des Kindes, was er in der letzten Frage thut, sich auch mit der Stufe der Anwendung habe abfinden wollen.

Doch will ich gleich bemerken, dafs ich auf den Vorwurf des Verfassers, ich habe mehr in der Präparation gefunden, als er hineinzulegen beabsichtigte, gefafst bin. Das Auffinden des Zieles an der Spitze der Lektion ist mir nicht gelungen. Das Fehlen desselben halte ich aber, selbst wenn der Verfasser nur eine analytische Betrachtung der Geschichte bezweckte, für einen grofsen Mangel. Ich will hier nicht der Zielangabe, als einem vorzüglichen Mittel des Unterrichts, im Zöglinge einen dem Willen sich annähernden Geisteszustand hervorzurufen — eine Lobrede halten. Wer sich über dieses Kapitel unterrichten will, lese den Abschnitt über die »Bildung des Willens durch den Unterricht« in der »allgemeinen Pädagogik« von Ziller nach. Ich will nur die Bedeutung betonen, welche das Ziel für das Steigen der Vorstellungen, für die Gruppierung, die Kristallisierung derselben um den leitenden Gedanken hat. Wie mit einem Schlage stehen durch ein gutgestelltes Ziel die Vorstellungen zur Verfügung, deren Bearbeitung im Interesse des dann auftretenden Neuen nötig ist, und die eben noch im Gedankenkreise vorhandenen, nicht zur Sache gehörigen, verschwinden unter der Schwelle des Bewufstseins. Welche Arbeit erfordert es hingegen, den unnützen Ballast zu beseitigen, wenn der Lehrer durch Einzelfragen immer und immer wieder nach dem bohren mufs, dessen er bedarf, gar nicht zu gedenken des Mifsmutes, der sich bei den Kindern aufhäuft, wenn sie von einem Gedanken zum andern getrieben werden und schliefslich erfahren, dafs das letzte immer noch nicht das richtige ist. Oder meint der Verfasser, dafs er die Kinder mit seiner ersten Frage: Welches Fest haben wir zuletzt gefeiert? in das richtige Fahrwasser gelenkt habe? Es fällt mir nicht bei, die Frageweise lächerlich zu machen. Nach unserer Praxis würden aber die Kinder nicht die Antwort: Das Weihnachtsfest — sondern mit gröfserem Rechte die Antwort: »Das Neuejahr« geben; wird nun bei der nächsten Hilfsfrage die richtige Antwort erfolgen? Man kennt unsere Kleinen nicht, wenn man meint, dafs alles andre, was augenblicklich hoch in ihrem Bewufstsein steht, weichen müfste vor dem gerade jetzt im Unterricht zu Behandelnden. »Mein Geburtstag, der Geburtstag des Vaters, der Mutter, eine Kindtaufe« das sind auch noch Antworten auf die gestellte Frage. Die 2. Frage der Präparation: wo haben wir uns denn mit einander versammelt, um mit Singen und Beten Gott zu danken? ist freilich bindender, aber durchaus nicht empfehlenswerter, denn sie legt die Antwort dem Kinde in den Mund und gestattet gar keine Überlegung. Würde sie allgemeiner gestellt sein, so dürften die Antworten ebenso mannigfaltig als bei der ersten werden. — Warum schlage ich mich aber mit diesen Fragen herum? Um durch Beispiele die Notwenigkeit eines leitenden Zieles zu belegen, durch welches von vornherein, nicht zum behandelten Abschnitte gehörige, heterogene Vorstellungsmassen abgewiesen werden, dem Zöglinge aber trotzdem vollkommene Freiheit und Ungebundenheit zum Aussprechen in dem ganzen Umkreise des eben zur Bearbeitung vorliegenden Gebietes gelassen wird.

Sehen wir uns nun die Vorbereitung des Verfassers an.

Die Vorbereitung steht im Dienste der Apperzeption des Neuen. Damit die in dem neuen Unterrichtsabschnitte sich darbietenden neuen Vorstellungen leicht und rasch angeeignet werden, soll sie die im Gedankenkreise des Zöglings vorhandenen, mit den neuen verwandten alten Vorstellungen heben und so bearbeiten, dafs beim Eintreten der neuen Vorstellungen die Verschmelzung sicher von statten geht. Dabei ist nicht aufser acht zu lassen, dafs diese Bearbeitung auch den Ton und die Stimmung der Darbietungsstufe besitzen mufs, um dem Charakter der besonderen Unterrichtsart treu zu bleiben. Den letzten Punkt hält man in manchen Kreisen fälschlicherweise für das Wichtigste der Vorbereitung, während man die Hauptsache hintansetzt. Hier sitzt auch der Hauptfehler der zu besprechenden Präparation. — Wenn man die Geschichte von den Weisen aus dem Morgenlande überschaut, so drängen sich sofort folgende in der Vorbereitung als Apperzeptionshülfe zu benutzende Punkte auf:

1. Die Stimmungen der von der Geburt Jesu wissenden Personen (der Eltern, der Hirten).
2. Die Sehnsucht des jüdischen Volkes nach dem verheifsenen Könige, von welchem auch die Heiden im Morgenlande gehört haben.
3. Die Art und Weise der Verehrung, die man Königen im Morgenlande entgegenbringt. (Geschenke an Gold, Weihrauch etc.)
4. Die Stellungnahme des Königs Herodes und der Bewohner von Jerusalem, der Weisen aus dem Morgenlande zu einem eventuellen Auftreten des (eines) neuen Königs.

Diese Gedanken würden sich vielleicht an das Ziel anschliefsen: Wir wollen sehen, ob das Jesuskind auch noch von andern

Leuten geliebt wurde. Punkt 1 und 2, zum Teil auch Punkt 3 würde als immanente Wiederholung auftreten, bezüglich des Punktes 4 wären die Kinder zu veranlassen, ihre Vermutungen auszusprechen, wodurch die Spannung eintritt, welche auf der II. Stufe ihre Lösung erfahren soll. Wenn die Vorbereitung diese Vorstellungen hebt, so scheint mir das Verständnis der Erzählung gesichert; wird das auch nach der Vorbereitung des Herrn Orphal der Fall sein? Mit der auf Seite 34 und 35 sich findenden Vorbereitung ist für das Verständnis der auf der Darbietungsstufe auftretenden Geschichte fast nichts gethan; denn die Vorstellungen, welche wir für die Apperzeption des Neuen als notwendig betrachteten (S. Punkt 2—4), sind nicht gehoben worden, es sind aber gerade diejenigen, mit denen das Neue in der Erzählung verschmolzen ist und die ihm entgegenkommen müssen, wenn die Aneignung ohne Schwierigkeit erfolgen soll.

Der einzige Gedanke in der Präparation, welcher als Apperzeptionshülle betrachtet werden könnte, ist der: »Es giebt noch ein anderes Volk, das sollte auch sein Weihnachten haben.« (S. 35.) Andere Vorstellungen, wie die, welche sich auf Stimmungen am Weihnachtsfeste beziehen, können deswegen nicht als Apperzeptionshüllen betrachtet werden, weil die Form, in der sie auftreten, eine falsche ist. Es fehlt nämlich die Inbeziehungsetzung der gehobenen Gedanken zu dem zu erwartenden Neuen. Es ist etwas anderes, ob man eine Anzahl von Vorstellungen hebt, nur um sie wieder gegenwärtig zu haben, oder ob man sie hervorholt, um mit Hilfe derselben etwas Neues zu verstehen. Im ersten Falle sind sie ein totes Kapital und nur im zweiten Falle, in dem Zustande der Erwartung, der Apperzeption günstig. Die Gedanken der Orphalschen Vorbereitung sind ein solch totes Kapital; die 3 Gedanken: »1. Das Weihnachtsfest ist ein Fest für das ganze Christenvolk. 2. Es ist ein grofses fröhliches Fest für alle Christen. 3. Die Juden durften zuerst das Weihnachtsfest feiern« stehen in gar keiner Beziehung zur folgenden Geschichte. — Somit können wir den 1. Teil der vorliegenden Präparation weder dem Inhalte, noch der Form nach als eine Vorbereitung in dem Sinne betrachten, in welchem sie für das Neue die apperzipierenden Vorstellungen schaffen kann.

Was ist sie dann?

Nichts anderes, um es kurz zu sagen, als eine Einleitung in Form einer Katechese mit allen Mängeln und Fehlern dieser traurigen Lehrweise, bei der sich der Lehrer etwas darauf zu gute thut, wenn ihm der Schüler die unverstandenen Worte herplappert, die ihm portionsweise in den Mund gelegt worden sind. —

Die eigentliche »Kunstkatechese« kommt in der Orphalschen Arbeit aber erst nach der Erzählung der biblischen Geschichte zu ihrem Rechte. Statt dafs im Anschlusse an eine Erzählung von seiten der Kinder (von einem vorherigen Abfragen des Inhaltes kann natürlich nicht die Rede sein) in der Form der Unterredung die sachlichen Verhältnisse klar gelegt und die Geschichte gegliedert würde, damit das Kind von der rohen Masse der Gesamtvorstellung zu klaren Einzelvorstellungen fortschreite, um am Schlusse der Betrachtung die reife Anschauung sein eigen nennen zu können, regiert den Verfasser der Dämon der Katechese so sehr, dafs er von der schlichten Besprechung des Textes absieht und statt dessen seine aufgestellte, künstliche Disposition aus der Geschichte herauskatechisiert. Nachdem er in schöngegebener Einleitung — denn ohne eine solche geht es bei der Katechese nie ab — die Kinder dahin geleitet hat, zu sagen, dafs Gott auch die Heiden zu Weihnachten beschenkt habe, stellt er die drei Punkte: Er schenkt ihnen etwas

für ihr Auge,
für ihr Ohr,
für ihr Herz — ganz wie in einer Predigt — an die Spitze der »Einführung« in die Geschichte, läfst

sie wiederholen und — man verzeihe mir dieses harte Wort — drangsaliert die Kinder so lange mit Fragen, bis sie zugeben, ja, »der liebe Gott« hat zuerst den Weisen für ihre Augen den Stern beschert. Dieses klassische Unterrichtsstück steht auf Seite 35 und 36.

Im zweiten und dritten Abschnitte (N. 3 und 4) hat es den Anschein, als ob die Kinder mit den thatsächlichen Verhältnissen der Geschichte vertraut gemacht werden sollten, man merkt aber doch die Absicht hindurch, dafs es dem Verfasser vor allem um die Gewinnung der beiden Sätze: »Das zweite, für das Ohr der Weisen bestimmte Geschenk war Gottes Wort, das für das Herz ausersehene aber Gottes Sohn — zu thun ist. Leider sind das nur leere Worte, wie ein Blick auf die Entwicklung zeigt.

Den wichtigsten Teil der II. Stufe, die ethisch-religiöse Vertiefung, die Beurteilung der auftretenden Personen nach ihrem Handeln und Wollen suchen wir vergebens, und so können wir mit gutem Gewissen sagen, dafs uns eine solche Art der unterrichtlichen Behandlung der bibl. Geschichte nicht befriedigen kann; in dieser Weise behandelt, kommt der Gehalt unserer biblischen Geschichten nicht zu seinem Rechte, es wird statt dessen stundenlang auf einigen Sätzen, welche sich der Lehrer ausgedacht hat, herumgeritten und wegen des Ungeheuers »Kunst-Entwicklung« entbehren die Kinder die Einsicht und Übersicht in bez. über die bibl. Geschichte.*) — Nach der vorangegangenen, weit ausgesponnenen Entwicklung bezweifle ich sehr, ob die Kinder der auf Seite 38 gestellten Aufforderung: Erzählt, wie die Weisen das Haus fanden etc. (2.—4.) Folge leisten können. Wenn es geschieht, dann gewifs nicht infolge, sondern trotz der Besprechung. — Daran zweifle ich aber nicht, dafs sie, was dann gefordert wird, »die drei herrlichen Weihnachtsgeschenke Gottes an die Weisen aufzählen können; denn dieselben sind ja fest genug eingeprägt worden. Ein Wert ist ihnen aber nicht beizulegen. (S. o.)

Wenn ich den eben besprochenen Abschnitt vorhin scherzweise die Systemstufe nannte, so brauche ich nach dem, was wir von der Präparation gehört haben, nicht noch einmal zu versichern, dafs ich nicht im Ernste sprach. —

Nach der zuletzt verlangten Aufzählung folgt am Schlusse der Präparation noch die Frage »Welche von ihnen (den Geschenken) sind geblieben und werden auch uns zu teil? Ich halte auch diese Frage für nichts anders als für eine jener berühmten Katechesenfragen, die den Hauptinhalt der Antwort in sich tragen und nur von dem Schüler verlangen, ein Wort, einen Satzteil gedankenlos hinzuzufügen. Die Kinder werden hier antworten: Das Wort Gottes bleibt uns als Geschenk; was sie sich aber darunter denken, wird klar, wenn man die Entwicklung dieses zweiten Punktes auf S. 37 nachliest.

Ich bin am Ende. Um noch einmal kurz zusammenzufassen: Die Orphalsche Präparation besteht aus zwei aneinander gesetzten Katechesen. Diese Art des Unterrichts ist für uns abgethan; wir stehen in dieser Beziehung auf dem Standpunkte, welchen Ziller in seiner »Allgemeinen Pädagogik« in dem Abschnitte: »Spezielle Unterrichtsziele mit Analyse und Synthese« bezügl. der Katechesen vertritt und Thrändorf in dem Artikel: »Kritische Betrachtungen über die Kunstkatechese« (Pädagogische Studien, Jahrgang 1881, Heft I), sowie an den hierhergehörigen Stellen seiner Arbeit: »Über den Religionsunterricht in der Erziehungsschule« Langensalza 87 verfechtet.

Jena. Reich.

2.

Präparation aus der Geographie.*)

Der Harz von **H. Rosenberg**, Seminarlehrer. II. Teil Seite 147—150**).

*) S. dagegen Staude, Präparationen etc. 3. Aufl. Dresden, Bleyl u. Kämmerer 87.

*) Vergleiche: Rein, Pickel, Scheller, III. Schuljahr die unter Geographie angeführte Litteratur, sowie die Präparation über den Harz im V. Schuljahr, 2. Aufl. Seite 70—75.

**) Die angeführten Citate sind die Fragen

Am Schlusse seiner Arbeit entschuldigt sich der Herr Verfasser, dafs sich die »Ausführlichkeit« der Präparation daraus erkläre, weil für die Schüler Eislebens der Harz in das Gebiet der weiteren Heimatskunde gehöre. Prüft man nun die Präparationen auf diese Bemerkung hin, so wird man bald finden, dafs von Ausführlichkeit nur in einer einzigen Beziehung, die später näher erörtert werden soll, geredet werden kann, dafs vielmehr die Präparation ganz aufserordentlich an Stoffmangel leidet. Sehen wir von der auftretenden, absolut nicht zu umgehenden Einteilung des Gebirges in Ober- und Unterharz ab, sowie von dem erwähnten Umstande, dafs der Nordrand des Harzes sich wesentlich steiler aus der Ebene erhebt als der viel niedrigere Südrand; was ist dann eigentlich in vorliegender Arbeit über den Harz gesagt? Wird sonst irgendwie auf die Charakteristik des Gebirges eingegangen? Betrachten wir das Resultat der Lektion: Der Harz besteht aus Thälern, Hochflächen und Bergen; auf den niedrigen Bergen wächst Laubwald, auf den höheren Nadelwald. Auf den Hochebenen ist das Land teilweise fruchtbar, aus diesem Grunde wird der Acker bebaut; an Abhängen und unfruchtbaren Stellen gedeihen Obstbäume; in Thälern und Wäldern gehen im Sommer viele Kranke und Schwache spazieren, um in der frischen, reinen Luft gesund zu werden. Es ist desto kälter, je höher ein Ort liegt; die Nadelbäume können mehr Kälte ertragen als Laubbäume; in den Wäldern lebt zahlreiches Wild; Sumpfland ist nasses Land, im Oberharz kann deshalb kein Ackerbau getrieben werden u. s. w. — Soll etwa in diesen ganz allgemein gehaltenen Sätzen, die zum Überflufs ganz ungenau und sogar falsch sind, etwa das Charakteristikum des Harzes ausgedrückt sein, oder passen diese Sätze nicht eben so gut auf die beiden Hauptstufen jedes andern Gebirges? Wohl hat der Verfasser den Versuch gemacht, wenigstens einige Unterschiede zwischen Ober- und Unterharz hervorzuheben, aber diese Bemühungen sind viel zu allgemein gehalten und in keiner Weise eindringlich genug. Man denke z. B. nur an die seltsamen Vorstellungen, welche im Geiste der Kinder über die Erwerbszweige der Bewohner des Oberharzes entstehen müssen, wenn den Schülern gesagt wird, dafs im Gegensatz zum Unterharz nur wenige Menschen im Oberharz leben. Diese treiben keinen Ackerbau (trotzdem der Acker ja bebaut werden mufs), sondern sie sind Holzhauer, Köhler und Beerensucher; an einigen Stellen leben sie vom Bergbau, an den Abhängen und in den Thälern treiben sie Viehzucht. (NB. Das ist alles, was über die Beschäftigung erwähnt wird.) Nach dieser Darstellung mufs es allerdings sehr wenig wünschenswert erscheinen, Bewohner des Oberharzes zu sein. — An einer anderen Stelle soll der Lehrer ohne Benutzung der Karte sagen: »Im Harz sind viele Berge, dazwischen Thäler mit Bächen und Flüssen. Der Harz besteht also aus vielen Bergen, darum nennen wir ihn ein Gebirge.« Jedenfalls eine recht anschauliche Definition von Gebirge, besonders verständlich für die Kinder Eislebens, die bis jetzt einzelne, unzusammenhängende, niedrige Berge aus der Umgegend der Stadt kennen gelernt. Dann heifst es wieder: »Dicht neben den schwarzen Schlangenlinien (den Flüssen) ist das Land grün gefärbt, weil es hier tief ist, das sind die Thäler des Harzes. Zwischen den Thälern seht ihr grofse und kleine braune Flächen. Diese liegen höher als die Thäler. Sie heifsen daher Hochflächen. Was seht ihr hier auf den Hochflächen? Kinder: Ganz dunkle Punkte. Lehrer: Das sind die Berge, die aus den Hochflächen emporsteigen. So unterscheiden wir also dreierlei Stufen des Harzes: Die Thäler, die Hochflächen und die Berge.« Damit ist die Darstellung der Stufen und Hauptteile des Harzes abgeschlossen. Wie mag es da nun bei derartiger Lehrweise ohne jegliche Bezugnahme auf die den Kindern bekannten heimatkundlichen Vorstellungen in den Köpfen der Schüler aussehen! Wir können es uns nicht anders vorstellen, als dafs die Kinder an eine recht grofse Treppe denken: Die Thäler verengern sich gleichmäfsig, sie sind vollständig eben bis dahin, wo plötzlich möglichst steil ihre Ränder aufsteigen, die mit denen des nächsten Thales eine recht schöne ebene Hochfläche bilden, auf der dann hie und da ein Berg in Gestalt eines gedrungenen Kegels aufsitzt. Die Hochebene des Unterharzes die nach Norden sich allmählich hebt, bildet dann die unterste Treppenstufe zur Hochebene des Oberharzes, auf welcher ein einziger Berg, der Brocken, aufsitzt. — Ein auch nur annähernd richtiges Bild dieses Massengebirges kann auf diese Weise nicht geschaffen werden, man bedenke nur, dafs der Harz das erste geographische Objekt aus der weiteren Heimatskunde ist und dafs auch an keiner Stelle irgend etwas gethan ist, um das Kartenbild in die Wirklichkeit zu übertragen, dafs nirgends dem Kinde Gelegenheit geboten wird, sich über eine Phantasievorstellung von irgend einem Teile des Harzes zu äufsern, wenn überhaupt der Geist des Schülers so aufgerüttelt sein dürfte, dafs er etwas weiter denkt, als ihm vom Lehrer vorgesagt wurde.

Krassere Papiergeographie als sie in vorliegender Präparation geboten wird, ist wohl nicht denkbar. Daran ist zum gröfsten Teil die Oberflächlichkeit schuld, mit der über das Wesentlichste hinweggegangen wird, ohne dafs die natürlichen Beziehungen der einzelnen Charakteristika hervorgehoben werden (z. B. Einflufs der Höhe der 2 Teile zum Klima, dieses wieder zur Vegetation und zur Beschäftigung der Bewohner), und ohne dafs sich irgend welche Rüchsichtnahme auf die heimatlichen Vorstellungen zeigt, und sei letzteres auch nur in Bezug auf Gröfsenverhältnisse. Aber jede Gröfsenangabe fehlt ja. Doch, wie schon erwähnt, in einem Punkte ist der Verfasser ausführlich geworden; aber dafs diese Ausführlichkeit gerade in der grofsen Zahl von Flüssen besteht, die den Kindern eingepaukt werden, das kann man doch nicht als Vorzug bezeichnen, um so weniger, als von diesen 15 Wasserläufen weiter gar nichts angegeben wird, als ihre Quelle, die Hauptrichtung und die Mündung. Das ist entschieden als ein sinnloses Anfüllen des kindlichen Geistes mit Namen verwerflich. Wenn wenigstens Eigentümlichkeiten der einzelnen Thäler, und wären es auch nur wenige, beschrieben worden wären, oder wenn der Lehrer diese Flüsse von den Kindern auf der Karte hätte entdecken lassen, so, dafs sie wenigstens einiges Interesse an diesen neuen Namen gewännen, liefse sich die grofse Zahl immer noch entschuldigen; aber so geschieht von alledem nichts; der Lehrer begnügt sich, indem er auf die Karte zeigt. »Seht, das ist die Ecker, ein dritter Flufs ist die Ilse. Wo entspringt die auch? K.: »Am Brocken.« Und so werden in der langweiligsten Art diese Flüsse vom Lehrer aufgezählt; dann wird verlangt, dafs sie die Kinder der Reihe nach nennen können. Selbst über das Bodethal, den Glanzpunkt des vielbesuchten Harzes, ist kein Wörtchen weiter als über seine Richtung verloren worden, kein einziger Hinweis auf seine Eigentümlichkeit als Erosionsthal im Granit, seine Naturschönheiten, seinen Austritt in die Ebene (Hexentanzplatz, Rofstrappe), ist vorhanden. — Auf diesen Teil, der mit »Gewässer« überschrieben ist, bezieht sich, oder soll sich die Schlufsbemerkung des Herrn Verfassers wahrscheinlich beziehen.

Wenn der Lehrer alles selbst giebt und dazu noch so oberflächlich und unrichtig und nicht den Stoff durch die Arbeit der Kinder finden läfst, so mufs die Behandlung so oberflächlich und geisttötend werden. Wenn der Lehrer dem Kinde an keiner Stelle Gelegenheit zu Einwänden und Spekulationen giebt, dann glaubt die Klasse ihm zuletzt aufs Wort. So ist es ganz erklärlich, wenn nun die Kinder am Schlufs der Stunde z. B. in dem Wahne sind, der Unterharz sei ausschliefslich mit Laubwald, der sich von ihm wie die 2. Stufe einer Treppe von der ersten scharf abhebende Oberharz dagegen nur mit Nadelwald bedeckt. So macht es aber der Verfasser durchgängig; alles giebt er selbst, sogar die Namen auf der Karte; denn das kann doch nicht als Selbstthätigkeit der Kinder angesehen werden, wenn er z. B. nach der falschen Entwicklung der 3 Stufen des Harzes sagt: »Welches sind die tiefsten (NB. grammatisch falsch), welches die höchsten?« Oder die Stelle: L. »Die Hochebenen sind meist sumpfig. Sumpfland ist nasses Land. In ihm gedeihen keine Feldpflanzen. Was kann hier also nicht betrieben werden? K. Ackerbau.« Solche Unterrichtsweise sollte doch lieber nicht in »Musterlektionen« zur Nachahmung empfohlen werden. — Und doch wäre es gerade beim Harz so leicht gewesen, besonders wenn der Herr Verfasser nicht über seine »Ausführlichkeit« hinausgehen wollte, ohne grofse Unterrichtstechnik den ganzen Stoff der Präparation durch die Klasse gewinnen zu lassen. Welch' grofse Vorteile dann für das Interesse, sowie für die Klarheit der Auffassung herausgesprungen wären, das ist schon teilweise erwähnt worden. Freilich hätte sich der Herr Verfasser an andere Fragestellung gewöhnen müssen, hätte keine Frage am Schlusse einer langen Erörterung aufweisen müssen, auf die mit nur einem Wort geantwortet wird; er hätte vielmehr solche wählen müssen, über die sich das Kind in längerer Rede verbreiten konnte. Dann hätte auch von der Heimat in anderer Weise ausgegangen werden müssen, nicht nur im Anfang der Stunde, wie das in der Präparation geschieht, sondern bei jedem neuen Punkte; ferner hätte auch die Karte in ganz anderer Weise herangezogen werden müssen. In erster Linie hätte sie nicht vom Lehrer, sondern von dem Schüler benutzt werden müssen; der Lehrer hätte nicht die geographischen Objekte zeigen und die Namen ablesen müssen, sondern dies hätte alles von den Kindern geschehen sollen. —

Die Präparation beginnt mit dem Ziel: Wir wollen heute über den Harz sprechen. Es scheint nach diesem Ziele also schon eine Nötigung dagewesen zu sein, nun vom Harz zu sprechen; denn sonst hätte das Ziel jedenfalls anders gestellt werden müssen. Zu dieser Ansicht, dafs eine innere Veranlassung zur Behandlung des Harzes vorlag, wird man durch die nächsten Fragen des Lehrers noch mehr verleitet, die man als eine Art von I. Stufe betrachten könnte. Der Lehrer fragt: Wer hat schon etwas vom H. gehört? K. Mein Vater ist in dem Harz gewesen. L. Und du? K. Mein Onkel ist Förster im Harz. L. Wir haben schon kleinere Berge des Harzes kennen gelernt, die in der Grafschaft Mannsfeld liegen. Heute lernen wir nun den ganzen Harz kennen.« Offenbar hat durch diese Fragen der Lehrer beabsichtigt, das Interresse der Kinder für den neuen Stoff zu wecken. Will man diese Einleitung aber als erste Stufe betrachten, so ist es allerdings eine solche, die nicht einer einzigen der an die Analyse gestellten Anforderungen entspricht; tragen doch die 3 Sätze nicht im geringsten zur leichteren Aneignung des Neuen durch Heranziehung des schon Bekannten bei. Und gerade für die Kinder Eislebens, für welche doch die Präp. bestimmt sein soll, mufs sich genug bekanntes Material finden. Die Kinder sehen täglich das Gebirge vor sich, es überragt alle anderen Berge der Umgegend und wird den Kindern wohl schon manchmal zu denken gegeben haben, auch wenn nicht in der Heimatskunde ihre Aufmerksamkeit darauf hingelenkt worden wäre, was doch geschehen ist, wie die unbeantwortet gebliebene Frage: »Wir haben schon kleinere Berge des Harzes kennen gelernt?« beweist. Trotzdem wird sich mit der Angabe von 2 Knaben begnügt, deren Anverwandte den Harz kennen und gleich zur zweiten Stufe übergegangen, sofern man jene 3 Fragen als I. Stufe ansehen darf. Wie gestaltet sich nun diese II. Stufe?

Der Lehrer giebt von der Karte das, was er den Kindern beibringen will, begnügt sich mit den blofsen Thatsachen, die er von den Kindern nachsagen läfst, bis sie es auswendig können. Was für seltsame Vorstellungen dadurch entstehen, ist schon dargelegt worden. Jegliche Unterstützung durch darstellenden Unterricht, durch das gerade für Geographie so äufserst wichtige heimatkundliche Material (konnte nicht eine Exkursion in den U. H. gemacht worden sein?), durch Beziehungen zur Geschichte, durch Zeichnungen, Abbildungen und Schilderungen fehlt. Auf Selbstthätigkeit der Kinder wird nicht die geringste Rücksicht genommen; alles wird durch den Lehrer von der Karte gegeben und dadurch dem Einzug falscher Vorstellungen Thür und Thor geöffnet und jegliches Interesse getötet. — In dieser Kritik der Synthese ist zugleich die der ganzen Präp. enthalten; wenn man dazu noch zu bedenken giebt, dafs keine Spur von psychologischer Durchdringung des so dürftigen Stoffes, nicht eine einzige Beachtung eines psychologischen Gesetzes bemerkbar ist, so darf man wohl behaupten, dafs es sehr kühn vom Verfasser war, seine Präp. in sogenannte »Musterlektionen« aufnehmen zu lassen.

Jena. A. Möller.

3.

Präparation aus der Naturkunde.

Der weifse Bienensaug von **P. Kuhn**, Lehrer. II. Teil. Seite 173—177.

Der Verfasser behandelt mit Schülern des 4. Schuljahres ein Pflanzenindividuum, Lamium album, es scheint wenigstens nach dem Anfang der Präparation so. Über die Gründe zur Auswahl dieses Stoffs für das gen. Schuljahr erfahren wir leider nichts. — Ein intensives Anschauen des Objektes, ein möglichst genaues Erforschen desselben, ein Eindringen in seinen Lebensgang und seine Beziehungen zur umgebenden Natur und zum Leben, das ist ja Endziel einer naturgesch. Lektion. Und das ist wohl auch bei Schülern dieses Schuljahres nötig.

Doch wir täuschen uns, wenn wir glauben, dafs der Verfasser nur dies eine beabsichtige. Im weiteren Verlauf der Präp. wird uns klar, wie unklar der Verfasser das Ziel einer solchen Lektion sich gesteckt und vor Augen gehalten hat.

Wir fragen uns: 1) Wollte Verfasser ein Individuum betrachten und Klarheit des Einzelnen hervorrufen? Oder 2) Wollte er den Familienbegriff der Labiaten gewinnen, worauf No. 5 und 6 seiner Präp. hinzudeuten scheinen. (Verwandte Pfl. — Ausdruck Lippenblütler.) Oder 3) Handelte es sich, wie es nach Nr. 6 (Erklärt die Ausdrücke: Lippenbl., Quirl, Scheinquirl, Wurzelstock etc.) aussieht, um Erklärung botanischer Ausdrücke überhaupt, um Gewinnung morphologischer Begriffe? (Übrigens tritt das eben Angedeutete in der ganzen Besprechung in auffälliger Weise hervor.)

Offenbar hat der Verf. mehrerlei im Auge gehabt; doch er verrät uns und den Schülern dies sein Ziel nicht; daher bleiben beide Teile über den eigentlichen Zweck der ganzen Besprechung im Dunkeln. Nehmen wir das Wahrscheinlichere an, nämlich Punkt 1. Der Verf. betrachtet ein Pflanzenindividuum nach folgenden Gesichtspunkten: 1) Name. 2) Standort und Blütezeit. 3) Teile. 4) Nutzen. 5) Verwandte Pflanzen. 6) Wiederholung der Hauptpunkte. 7) Zusammenfassende Darstellung.

Der gewählte Stoff ist derart, dafs er wohl auf unmittelbares Interesse seitens der Kinder Anspruch machen kann; denn der Bienensaug gehört mit zu den Bekannten, denen das Kind täglich begegnet, von denen es wohl auch gleich dem Insekt den süfsen Nektar gekostet hat.

Doch die methodische Behandlung zeigt schwerwiegende Mängel.

Zunächst unterläfst es der Verfasser, auf den Vorstellungskreis des Kindes einzugehen. Wie vielerlei Vorstellungen der verschiedensten Art mag das Kind durch Gesicht-, Tast-,

Geruch-, Geschmacksinn schon gebildet haben von Namensherkunft, Standort, Blüte, Farben, Nektar etc. Dies reiche analytische Material läfst der Lehrer unberücksichtigt. Das ist falsch; denn 1) ist im Interesse der Aneignung des Neuen und Klärens des Gedankenkreises nötig, den neu zu erwerbenden Besitz an die vorhandenen Knoten im Gedankengewebe des Zöglings anzuknüpfen; 2) erleidet, wenn dies nicht geschieht, die Darbietung des neuen Stoffs sogar Hemmungen durch das Aufsteigen der älteren Vorstellungen ins Bewufstsein. Es hätte also zunächst, nachdem das Ziel der Stunde angegeben und der Name der Pflanze genannt ist, das sich darbietende analystische Material bereitwillig entgegengenommen und geordnet werden müssen.

Darbietung des neuen Stoffs. Hier vermisse ich eine unbedingt notwendige Vorbemerkung: Das Objekt ist in den Händen aller Schüler; oder noch besser: Es ist eine Excursion gemacht worden; die Pflanze wurde an ihrem Standort in der Natur aufgesucht, mehrere Exemplare mit zur Klasse genommen und im Wasser aufbewahrt. Wie notwendig diese Forderung im Interesse der klaren sinnlichen Auffassung ist, brauche ich nicht näher auseinanderzusetzen. Klare Vorstellungen können sich nur auf Grund ganz intensiver Sinneswahrnehmungen bilden. Mehrere solcher Sinnesempfindungen verschiedener Sinne fördern natürlich die Klarheit.

Verfasser geht zunächst auf den Namen der Pflanze ein. Das kann unter Umständen richtig sein. Doch ist eine so trockene Auseinandersetzung der beiden den Namen bildenden Wörter »weifser Bienensaug« höchst wertlos. Es ist dann mehr eine rein begriffl. Arbeit der deutschen Stunde, der hier jede sachliche Wahrheit fehlt. Ist es denn wirklich gesehen worden, dafs die Pflanze diesen Namen verdient, dafs Bienen oft in der Blüte sind und saugen. Hat jemand vielleicht andere Tiere gesehen? Ist wirklich gefühlt worden, dafs die Blätter taub sind, entgegen denen der Brennessel? (Excursion). Vergleiche die Behandlung des Namens bei Frick und Meier, Lehrpr. und Lehrgänge Heft 10, S. 44. Lamium maculatum. Die vielen zergliedernden Fragen sind bei geschickter Behandlung jedenfalls entbehrlich. (Warum heifst sie wohl weifser?) Die ganze Arbeit hat sich in den Hauptpunkten der Analyse anzuschliefsen.

Es würde nun die Vertiefung ins Einzelne, die Synthese folgen. In unserer Präparation beginnt eine nach einem Schema ablaufende höchst trockne Beschreibung der Pflanze, hervorgelockt durch katechetische Fragen.

Welches ist der unterste Teil der Pflanze? Nach welcher Richtung wachsen dieselben? Welche Wurzeln könnt ihr hier nur sehen? Solche Fragen, bei denen oft nur das fehlende Glied zu ergänzen ist und die deshalb die ganze Arbeit nicht fördern, finden sich häufig. Durch sie wird aber der ganze Lauf der Vorstellungen in unnatürlicher Weise beeinflufst, das Selbsterarbeiten, Selbstforschen beeinträchtigt. (Vergl. Just, Die Form des Unterr. 15. Jahrbuch des Vereins f. w. Pädag.) Psychologisch richtiger ist es aber, hier die Betrachtung in mehr passiver Weise zu leiten, des Schülers eigne Beobachtung herauszufordern, diese zu ordnen und nötigenfalls zu klären und zu berichtigen. Die vertiefende Betrachtung (diesen Namen verdient allerdings die vorliegende Arbeit nicht) wird oft unterbrochen durch an den Haaren herbeigezogene Associationen, die auf Veranlassung des Lehrers, keineswegs des Stoffs sich ins Bewufstsein heben. (Bei der Kiefer unterschieden wir Haupt- und Nebenwurzeln; oder: Wie ist der Blattrand bei der Dotterblume? oder: Welche andere Form kann ein Pflanzenblatt haben? Wie ist's mit der Wurzel der Gartenerbse, Kartoffel, Roggen etc.? Welche Teile besitzt gewöhnlich (!!) jede (!) Blüte? Es sind dies wertlose Associationen, die die Klarheit stören. Ist es gerade im naturkundlichen Unterricht nicht vor allen Dingen nötig, in der ruhenden Vertiefung alle fremden Vorstellungen fern zu halten und nur die neu zu erzeugenden klar ins Bewufstsein treten zu lassen? Ich rede hier von der Betrachtung einer Pflanze auf dieser Stufe. Nach jeder Einzelvorstellung wird ein Begriff abgesondert auf Grund dieser Associationen. Es wäre zu wünschen, dafs Verf. die psychologischen Bedingungen bei der Bildung von Begriffen sich klarer vor Augen gehalten hätte. Die ganze Betrachtung des Individuums starrt geradezu von Begriffen, die auf Grund ähnlicher, wie der vorhin bezeichneten, sehr flüchtiger, durch den Willen des Lehrers hervorgezauberter Associationen entstanden sind. Wo bleibt da die Psychologie? Wo die erziehliche Seite des naturkundlichen Unterrichts?

Wie ich schon einmal andeutete, ist die Schärfe und Präcision des sinnlichen Eindruckes durchaus ungenügend. Sie wird noch geschädigt in hohem Grade, indem der Lehrer die Sinne der Schüler möglichst schont. Wir hören nicht, dafs der 4kantige Stengel gefühlt werden soll, dafs bei der Stellung der Blätter die Pflanze in rechte Winkel gedreht, dafs dabei skizziert wird. Kein Umrifs wird überstrichen, nichts an der Pflanze wird beschädigt behufs eingehender Beobachtung und Erforschung, nicht wird der Nektar gekostet, der die Insekten anlockt u. s. w. Ist das eine Förderung des empirischen Interesse, das hier in der rechten Weise durch den Lehrer geleitet werden müfste? Das alles thun hier aber die Fragen. Der Schüler wird schon das fehlende Glied richtig ergänzen.! —

Ein Hauptfehler in der methodischen Durcharbeitung liegt vor allem auch darin, dafs, wie es scheint und auch wohl ist, der Lehrer die Pflanze als einen Gegenstand auffafst, der beschrieben werden soll. Daher die trockne Angabe der äufseren Merkmale, die sich auf viele Pflanzen, mindestens auf viele Labiaten anwenden läfst. Ist es aber nicht höchst wichtig für den erziehenden naturkundlichen Unterricht, die Pflanze als lebenden Organismus in seinem Verhältnis zur übrigen umgebenden Natur darzustellen, (Insekten, Menschen) seine Lebens- und Entwicklungsgeschichte zu studieren? Nur dadurch wird der oberflächlichen Naturkenntnis (Naturbeschreibung) vorgebeugt und an ihre Stelle die veredelnde Naturerkenntnis gesetzt. In unserer Arbeit tritt die Naturbeobachtung vollständig zurück. Die Kinder müssen glauben, dafs die Pflanze vom April bis August, dafs sie an Wegen, Hecken, Zäunen blüht, dafs man bei keimenden Pflanzen auch die Hauptwurzel sieht, dafs der Wurzelstock im nächsten Jahre wieder Blätter und Blüten treibt, dafs aus dem Fruchtknoten nach dem Verblühen die Frucht entsteht etc. Wie viel Anlafs gäben diese Punkte, die vorläufig eben nur zum Teil berührt werden dürften, zu sorgfältigen Beobachtungen im Schulgarten oder im Freien! Wie würden die Schüler freudig nach ihrem Schützling eilen, um neue Entdeckungen zu machen, zu beobachten und sich von den Lebenserscheinungen zu überzeugen. Wie eifrig würden sie diese Beobachtungen notieren und dem Lehrer zeigen. Hier hören sie nur ruhig die Worte der Lehrers, oder beantworten seine Frage; und die Sache ist leicht und rasch erledigt. Welche Oberflächlichkeit, die das Interesse tötet und die Liebe zu Natur, die Freude, ihrem Leben zu lauschen, raubt, erwächst aus solcher Behandlung! —

Viele Ausdrücke werden aufgenötigt, ohne jede Rücksicht auf das eigne Urteil, den Gedankenvorrat des Zöglings. (Die Oberlippe wird wohl auch Helm genannt. An jedem Seitenlappen befindet sich ein langer dünner Zahn etc.) Warum erarbeiten sich die Kinder diese Vergleiche nicht aus ihrem eigenen Gedankenmaterial? Sie brauchen ja nicht immer gleich mit dem in der Wissenschaft üblichen übereinzustimmen. Beispiele von rein gedächtnismäfsiger Einprägung und Ueberlieferung: Wie entwickelt sich die Frucht? Der Lehrer giebt kurz und deshalb ungenau den physiologischen Vorgang der Befruchtung und Fruchbildung an. Man staunt, was hier Kindern dieses Alters zugemutet wird: Viele Labiaten sind wichtige Gewürzpflanzen.

Ganz vermisse ich in der Lektion das Zeichnen einzelner Pflanzenteile.

Die Interessen, welche im naturkundlichen Unterricht besonders zu pflegen sind: das empirische, ästhetische und das spekulative sind hier in ungenügender Weise, die beiden letztern gar nicht berücksichtigt worden. Das ästhetische wird sogar beeinträchtigt durch die Bemerkung: Die Blüte ist unregelmäfsig. Das ist falsch; denn sie gehört zu den zygomorphen Blüten, die durch den Medianschnitt symmetrisch geteilt werden können.

Punkt 5 (Verwandte Pflanzen) bringt andere Arten des Bienensaug und andere Labiaten.

Ich rechne diesen Punkt nicht als zu meiner bisherigen Auffassung der Lektion gehörig; Associationen sind dies auf keinen Fall; denn sonst würde nicht gefragt: Wer kennt diese Arten von Bienensaug: Wir haben also eine Darbietung von Pflanzennamen, von denen der Lehrer behauptet, sie seien Verwandte des weifsen Bienensaug. Die Schüler werden es ja glauben; denn sie scheinen nur zum Glauben gewöhnt zu sein, nicht zum Schauen. Wie werden die Kleinen staunen, wenn ihnen später verkündigt wird: Die Familie zählt an 1400 Arten!

Punkt 6: (Wiederholung der Hauptpunkte der Beschreibung) scheint die Stelle des Systems zu vertreten. Es heifst: Erklärt die Ausdrücke: Lippenblütler, Quirl, Scheinquirl etc. Dass es nicht System sein kann, liegt nach der Art des vorherigen Unterrichts auf der Hand. Aus der Betrachtung einer Pflanze läfst sich kein Familienbegriff, überhaupt kein System bilden. Begriffliches Material kann nur aus einer reichen Fülle von bezügl. Associationen, die aber gerade im naturkundlichen Unterricht Klarheit des zu Associierenden voraussetzen, gewonnen werden. Und doch mufs dieser Anwendung des Gelernten, wie sie hier auftritt, die Arbeit des Systematisierens und Begriffebildens vorausgegangen sein. Wir finden in ihr ein buntes Vielerlei, welches sich teils auf Systematik, teils auf Morphologie bezieht. Ist das ein wertvolles System, welches sich im Gedankenkreis des Kindes auch wirklich in der rechten fördernden Weise anreiht! Der Haupttadel liegt aber vor allen Dingen auf der ganz unpsychologischen Art, in der die Begriffe entstanden sind. Aus mehreren Einzelvorstellungen bilden sich Reihen. Die in mehreren Reihen vorkommenden gemeinsamen Punkte, gewifsermafsen Knotenpunkte, sind die sich zum System gestaltenden.

Nähere Erörterungen über diesen ungemein wichtigen Prozefs siehe Herbart, Allgemeine Pädagogik; Rein, 1. Schuljahr; Kern, Grundrifs; Herbart, Psychologie; Wiget, formale Stufen, Chur.

Punkt 7: Zusammenhängende Darstellung des Stoffs übergehe ich; denn ich müfste, um ihn zu besprechen, nur zunächst das aus den vielen Begriffen und bunten Associationen herausgeschälte armselige Gerippe vergegenwärtigen, welches nun als weifser Bienensaug vor dem Auge der Schüler erscheint. Der Verfasser, der auf dem Standpunkt steht, dafs er als Zweck des naturkundlichen Unterrichts nur ein Hinarbeiten auf ein System ansieht, sei auf die Arbeiten von Junge, Scheller, Conrad, Werneburg u. a. hingewiesen.

Die zu Anfang der Besprechung angegebenen Annahmen 2) und 3) über Zweck dieser Unterrichtsarbeit sind durch das vorhin Ausgesprochene zum Teil mit erledigt. Sie sind wohl selbstverständlich für diese Altersstufe ausgeschlofsen. Es genüge hier ein Hinweis auf die Psychologie (Bildung von Begriffen, Apperceptions- und Abstraktionsprozess).

Im Interesse des erziehenden Unterrichts wäre zu wünschen, dafs diese Lektion keinem Seminaristen und Lehrer zum Muster diene.

Jena. F. Schleichert.

4.

Präparation aus der Naturkunde.

„**Der Maulwurf**“ von **C. Ekhardt**, Seminarlehrer in Eisleben. III. Teil, Seite 177—182.

1. Allgemeines.

Die Abteilung der Musterlektionen, in welcher naturkundliche Stoffe behandelt sind, wird von den Autoren des Buchs als Naturbeschreibung bezeichnet. Beim Lesen dieser Musterlektionen habe ich mich daher zunächst dafür interessiert, ob man hier wirklich eine bloſse Naturbeschreibung treiben will, oder ob es sich nur um eine hergebrachte Bezeichnung an Stelle der zweckmäſsigen Benennung Naturkunde handelt, welche letztere dem Geiste der jetzigen Naturwissenschaft entspricht.

In diesen drei Musterlektionen: 1. „Der weiſse Bienensaug“, 2. „Der Maulwurf“ und 3. „Die Haus- oder Feldtaube und die Hausgans“ habe ich leider nur eine Naturbeschreibung gefunden. Was aber die Behandlung der Pflanze betrifft, so vermiſst man vollständig Erkennung und Wiederkennung der Gesetze, nach denen die schon bekannten Pflanzen und die darzubietende leben; das Bewuſstwerden der Gesetze, die für die Erhaltung und Entwicklung dieses Organismus notwendig sind. Es werden die Wurzeln, Wurzelfäden, Stengel und Blätter etc. ausführlich beschrieben; es wird auch zufällig gefragt nach dem Zweck z. B. der Faserwurzeln; aber wozu dient der Stengel, das Blatt etc., warum sind sie so und nicht anders eingerichtet, darüber finden wir keinen Aufschluſs.) Wie die Kinder selbst über eine solche Unterrichtsweise urteilen, hierüber bringt Junge ein Beispiel von einem zwölfjährigen Knaben, zu dessen Lieblingsfächern Naturkunde in erster Linie zählt, der aber auf die Frage: „Was habt ihr heute in der Schule gehabt?“ erwiderte: „Ach, wir haben vom Bären gesprochen, und da kommt nichts weiter vor, als daſs er Nase, Maul, Pfoten hat — und das soll Naturkunde sein!“

Wo aber bei der Behandlnug der Tiere über ihre zweckmäſsigen Einrichtungen gesprochen wird, da machen die Autoren der Musterlektionen die Arbeit dem Schüler so leicht, daſs eine selbständige Spekulation der Schüler entweder verhindert oder überflüſsig gemacht wird.

Auſser diesen allgemeinen Bemerkungen über die erwähnten Musterlektionen lieſse sich noch manches sagen, aber ich will alles bei der ausführlichen Betrachtung einer Musterlektion mit Beispielen belegen; dann können die Verfasser der übrigen zwei Präparationen das Gesagte auf ihre eigenen Arbeiten anwenden und sehen, wie weit es auf sie Anwendung findet.

2. Spezielles über die Musterlektion „Der Maulwurf“.

Indem ich zu einer ausführlichen Betrachtung der Musterlektion „Maulwurf“ übergehe, vermisse ich die Vergleichung mit einer der Musterlektion „Haus- und Feldtaube und Gans“ ähnlichen Präparation „Gans und Ente“ im 5. Schuljahre. II. Auflage der „Theorie und Praxis des Volksschulunterrichts“ von Rein, Pickel und Scheller, oder mit der Art und Weise wie die Kartoffel im „Vierten Schuljahre“ behandelt wird; andererseits mögen die Verfasser zur Vergleichung ziehen die Betrachtung einer Pflanze in F. Junge's Buche „Naturgeschichte in der Volksschule“.

Da die Musterlektion „Maulwurf“ am ausführlichsten ist, so können wir hier in die Einzelheiten der vorgeführten Methode eindringen.

Was die Auswahl dieses Tieres zur Behandlung in der Volksschule betrifft so halte ich dieselbe i. a. für glücklich, da es zu dem Gedankenkreise der Zöglinge gehört.

Die Stellung dieses Tieres zur umgebenden Tier- und Pflanzenwelt und zu unserem Leben ist so wichtig, daſs wir durch eine gründliche unterrichtliche Behandlung die Erfahrungen der Zöglinge zu klären, zu erweitern und zu systematisieren haben. (Stufe des Ackerbaues.)

Diese Beziehung des Maulwurfs zu seiner Umgebung hatte der Verfasser auch bemerkt und als Ausgangspunkt benutzt zur Aufstellung des Ziels.

Der erste Abschnitt der Musterlektion, worin das Ziel angegeben wird, wird als Einleitung bezeichnet, die ihrem Wesen nach dem Ziele einer Einheit der Herbart-Zillerschen Schule entspricht, aber der Ausführung nach davon abweicht.

Statt dessen, dafs man hier mittelst weniger Worte die Aufmerksamkeit der Schüler auf ein interessantes Tier lenkt, indem man den Kernpunkt seiner Rolle in der Natur andeutet, zeigt der Verf. gleich das ausgestopfte Exemplar und fragt „wie heifst das Tier? Hier erzählt derselbe sogleich, dafs die Leute eine verkehrte Meinung über die Nützlichkeit des Maulwurfs haben etc. Dann folgt die Beschreibung des äufsern Baues. Ich glaube, hier sollte man nur eine Spannung hervorrufen, einen Geistszustand, der danach strebt, aus der Lebensweise des Tiers einen selbständigen Schlufs über seine Nützlichkeit und Schädlichkeit zu ziehen.

Nachdem dies geschehen, mufste der Lehrer jetzt dessen bewufst werden, was die Zöglinge über dieses Tier gehört haben, was sie gesehen, was falsch und was richtig beobachtet (ob das Tier selbst, ein ausgestopftes Exemplar, ein Bild, ein Hügel seiner Wohnung etc.). Eine solche einleitende Arbeit sollte geschehen, um den Schülern zum Bewufstsein zu bringen, wie mangelhaft und falsch ihre Erfahrungen und Beobachtungen gewesen sind; wie notwendig es ist, dies Tier und seine Lebensweise einer eingehendern Untersuchung zu unterwerfen, um ein richtiges Verständnis desselben zu gewinnen; mit einem Worte, man mufste zunächst die Disposition zur Forschung erwecken. Und wenn man die Lebensweise des Tiers nicht einseitig beschriebe, so würden die Schüler finden können, dafs der Maulwurf je nachdem auch sehr schädlich sein kann, aber nicht so, wie es in der Einleitung gesagt ist.

Eine vorbereitende Arbeit war ferner darum notwendig, damit der Lehrer dessen bewufst würde, was die Schüler schon wissen, an welche apperzipierende Vorstellungen anzuknüpfen sind. Durch diese Arbeit sollte er auch eine Grenze ziehen zwischen dem, was die Schüler zu leisten haben und dem, was dem Lehrer zu thun übrig bleibt. Da dies nicht geschehn ist und dem Lehrer es an Geduld mangelt, so spricht er so vieles, was die Schüler selbst bei einer guten Methode leisten könnten.

Dafs die Schüler nach der Voraussetzung des Verfassers schon viele Vorstellungen vom Maulwurf mitbringen, beweist die Erwartung des Verfassers, indem er das ausgestopfte Tier zeigt und die Benennung desselben verlangt.

Nach der Einleitung kommen: 2. Äufserer Bau; 3. Innerer Bau; 4. Allgemeines, d. h. Wohnung und Heimat, Nahrung, Lebensweise, zusammenhängende Darstellung, 5. Zur „Belebung, Ergänzung und Wiederholung" (nachdem bekannten Satze der allgemeinen Bestimmungen vom 15. Oktober 1872).

Wir wollen einstweilen die Frage noch unberührt lassen, wie und durch welches Lesestück man beleben, ergänzen und wiederholen soll; ich will hier zunächst den Kernmangel dieser Disposition und Behandlung hervorheben, das ist die Methode, wonach die Körpereinrichtungen und ihre Funktionen getrennt und unabhängig von einander behandelt werden, als ob sie mit einander nichts zu thun hätten. Angaben werden gelegentlich bei der Behandlung des Köperbaues gemacht, aber in welcher Weise, das werden wir sehen.

Äufserer Bau.

Bei der eingehenden Erörterung des Namens des Maulwurfs wird gesagt, dafs diese Benennung nicht ganz zutreffe, der frühere Name „Multwurf" der richtige gewesen sei, was so viel wie „Erdwerfer" bedeutet. Und thatsächlich lassen die stark entwickelten Nackenmuskeln und die zum Bohren ganz angepafste Schnauze unwillkürlich an die Bestimmung der letztern in dieser Weise denken.

Bei der Messung der Gröfse des

Tieres wird nur seine Länge und die Länge des Schwanzes gemessen, aber die Höhe des Tiers und besonders die charakteristischen und zweckmäſsigen Beine desselben werden auſser Acht gelassen, als ob die Länge des Schwanzes viel mehr Bedeutung hätte für das Leben des Maulwurfs als diejenige der starken und kurzen Beine.

Schon bei dem ersten Schritte merkt man, wie unmethodisch es ist, die Körperteile getrennt von ihren Funktionen zu behandeln; es liegt dabei die Versuchung nahe, das Wichtige über dem Nebensächlichen zu übersehen.

Wir werden bei der Besprechung über die Gliedmaſsen sehen, wie auch hier die Längenverhältnisse der Beine flüchtig und zwecklos berührt werden, einer bloſsen Beschreibung wegen.

Die Körperbedeckung des Tiers wird angemessen behandelt, aber merkwürdiger Weise unter der Überschrift „Farbe". Vielleicht wäre es hier nicht zu weit gegangen, wenn man die Schüler darüber spekulieren lieſse, warum der Maulwurf für Erhaltung seines Lebens gerade schwarz oder im allgemeinen dunkel gefärbt ist. Bei dieser Forderung schwebt mir der Gedanke vor, daſs mir ein existenzfähiges organisches Wesen immer als einen zweckmäſsig eingerichteten Organismus darzustellen haben, daſs wir bei der Behandlung jedes Körperteils die Kinder reflecktieren lassen müssen, wozu dieses dient und warum es so und nicht anders eingerichtet ist.*) Wenn wir dabei auch unzweckmäſsige oder richtiger gesagt, nicht ganz zweckentsprechende Einrichtungen finden, dann müssen wir darüber nachdenken, wie dieser Mangel durch andere Organe oder durch eine angemessene Lebensweise ersetzt wird.

Bei der Beschreibung der Hauptteile wird zunächst der Kopf des Maulwurfs seiner Form nach beschrieben.

Hier werden die Sinnesorgane ihrer Form und Leistungsfähigkeit nach betrachtet, aber warum das oder jenes Sinnesorgan mehr oder weniger entwickelt und wieweit es leistungsfähig ist, dies wird entweder gar nicht berührt oder wenn ja, so legt der Lehrer alles fertig in den Mund seines Zöglings.

Von vielen Fällen nehmen wir nur ein Beispiel: „... Zunächst bemerken wir also keine Ohren am Kopfe. Ihr dürft aber nicht glauben, daſs dem Maulwurf das Gehör fehlt, im Gegenteil: er hört sehr scharf, er vernimmt sofort die leisesten Erschütterungen. Was fehlt dem Ohre mithin nur äuſserlich? Die Ohrmuschel. Die Ohren bestehen in kleineren Gehörgängen, die mit feineren Hauträndern besetzt sind; die hervorstehenden Ohrmuscheln würden dem Maulwurf bei seinen Erdarbeiten nur hinderlich sein. Was habe ich euch von der Beschaffenheit der Ohren und dem Gehör des Maulwurfs erzählt?"

Wenn der Verfasser seinen Stoff aus dem Vollen geschöpft hätte, so würde er weiter erfahren haben, daſs die Ohren des Maulwurfs sogar die vortreffliche Einrichtung haben, daſs sie geschlossen werden können; daſs durch diese Einrichtung die Ohren vor dem Eindringen von Sand und Erde vollkommen geschützt sind.

Ich würde die Schärfe und sonstige Beschaffenheit der Sinnesorgane als eine Naturnotwendigkeit aus den Lebensbedingungen des Maulwurfs seitens der Kinder selbst ableiten lassen und, wo greifbare und eigentümliche Einrichtungen vorliegen, wie hier bei den Ohren, fragen, warum sind sie wohl so und nicht anders eingerichtet? Erst in dieser Weise können wir einen Forschergeist erwecken, sonst werden wir den Forschungstrieb der jugendlichen Geister schon im Entstehen ersticken.

Bei der Betrachtung der Zähne sieht man ein Streben des Verfassers, aus dem Bau derselben auf die Nahrungsart des Maulwurfs zu schlieſsen, aber wie es hier planlos geschieht, wie der Spekulation des Schülers vorgegriffen wird und wie der Kernpunkt der Frage, warum

*) S. Junge, »das Eichhörnchen« in Reins Pädagog. Studien. 83, I. Heft.

nämlich der Maulwurf sich von keiner Pflanzennahrung, sondern Fleischnahrung ernährt und ernähren kann, doch unerklärt bleibt, das kann man aus den 17 Zeilen S. 179 oben herauslesen.

Wie die andern Körperteile, ebenso behandelt der Verfasser auch die Gliedmafsen. Er mutet dem Schüler auch hier das äufserliche Beschreiben der Gliedmafsen zu. Wie aber der innere Bau des Tieres zu behandeln ist, darüber sucht man umsonst einen Aufschlufs und doch ist dies nicht gerade die leichteste Arbeit. S. die Bemerkung Seite 180 und S. 184.

Ein vorletzter Abschnitt dieser Musterlektion heifst »Allgemeines« und enthält: Wohnung und Heimat, Nahrung, Lebensweise und eine zusammenhängende Darstellung. Das alles ist eigentlich eine Beschreibung der Lebensweise und ist so behandelt, wie es eine gewöhnliche Lektion, ohne deswegen eine Musterlektion zu sein, thut.

Ich habe schon genug mich geäufsert, wie ich die Lebensweise im Zusammenhang mit den Organen des Tiers behandelt wissen will. Meine Forderungen gaben auch darüber Aufschlufs, dafs ich mich der Ansicht anschliefse, nicht viel naturkundliche Objekte zu behandeln, aber nachdem eine gute Auswahl nach mafsgebenden Grundsätzen, z. B. nach den Prinzipien, die O. W. Beyer in seiner »Naturgeschichte in der Erziehungsschule« aufstellt, nach den kulturhistorischen Stufen des Jägerlebens, Nomadenlebens, Ackerbaues, Handwerks etc. getroffen ist, jedes Tier, jede Pflanze etc. so tiefgehend zu behandeln, dafs der Zögling Interesse für die Natur gewinnt. Dem Schüler müssen nach der Schulzeit bei der Betrachtung eines organischen Wesens die Gesetze der organischen Harmonie, des Anbequemens oder Differenzierens der Organe, der Entwicklung, das Gestaltungsgesetz und Zusammenhangsgesetz vorschweben; oder wie Junge noch sagt: »Die Nachweisung der Erhaltungsmäfsigkeit und der Entwicklung in der Erscheinung mufs die Grundtendenz des naturkundlichen Unterrichts sein; ich möchte lieber an Stelle von Grundtendenz »Hauptgesichtspunkte« sagen.

In seinem Stoff zu einer Präparation über das »Eichhörnchen« sagt Junge: Wenn man im Anschlufs an das Eichhörnchen sogleich andere Nagetiere behandelt, so können diese offenbar sehr kurz abgefertigt werden.« Er bringt als Beispiel unsern Maulwurf. Daher wäre es empfehlenswert auch auf die 8. Anmerkung besonders zu achten.

Wenn der Verfasser den Stoff seiner Musterlektion aus dem Vollen geschöpft hätte, wie Junge meistens aus eigener Beobachtung des Lebens (Eichhörnchen) und Beobachten der Kinder (S. Piltz, 700 Aufgaben und Fragen über Naturbeobachtung des Schülers in der Heimat) schöpft, so würde er erklären können, wie es z. B. kommt, dafs der Maulwurf ein gut entwickeltes Gehörorgan und schlecht entwickeltes Sehorgan hat, warum dieses Tier gezwungen ist das Tageslicht zu meiden, während dies den Pflanzen ein wahres Glück ist etc. etc. Hätte der Verfasser die Lebensweise nicht einseitig behandelt, so würde er die geistigen Eigenschaften dieses Tieres als eine Folge seiner Lebensbedingungen hingestellt haben u. s. w.

5. Der letzte Abschnitt der Musterlection empfiehlt zur »Belebung, Ergänzung und Wiederholung« (allg. Bestimmungen), das Lesestück »Der Maulwurf« nach Hebel. Und dann setzt der Verfasser dieser Musterlection hinzu: Da in diesem Lesestücke stofflich nichts Neues vorkommt, so beschränkt sich die Behandlung auf das Vorlesen seitens des Lehrers, auf das Abfragen der Hauptgedanken, bezw. die Inhaltsangabe der einzelnen Abschnitte und das Lesen der Kinder.«

Nun ich erspare mir die Zeit, die Absurdität dieser Gedanken und die Verkehrtheit der Behandlung zu beweisen; dies sieht jeder leicht ein, der die angeführten Sätze und ihre Fortsetzung im Buche vergleicht.

Nach dem Mafsstabe aber der

Herbart-Zillerschen Methode gemessen, ist bei weitem mit der Darbietung des Neuen die unterrichtliche Behandlung noch nicht zum Abschlusse gebracht. Dazu gehört noch eine dritte Stufe der Association oder Vergleichung, eine vierte des Systems und eine fünfte der Methode oder Anwendung.

Hier wollen wir noch kurz sehen, wie weit diese Forderungen mit Rücksicht auf die vorliegenden Präparationen berechtigt sind.

Nachdem wir in der Darbietung ein klares Bild vom Körper des Tieres gegeben und die Schüler eine möglichst eingehende Einsicht über die Lebensweise desselben gewonnen haben, müssen wir nach diesen Gesichtspunkten den Maulwurf mit schon bekannten verwandten Tieren vergleichen, das Ähnliche und Verschiedene hervorheben, um das Charakteristische herauszuheben und einen klaren Begriff von dem behandelten Tiere zu gewinnen. Eine solche Behandlung kann ja auch dafür Bürgschaft leisten, dafs die Schüler imstande sind, einen lebendigen Maulwurf (oder sein Bild, ein ausgestopftes Exemplar) von anderen verwandten Tieren zu unterscheiden.

Auf der vierten Stufe wird dann noch das Begriffliche schriftlich und zeichnend fixiert und das Resultat in das bereits erarbeitete System eingereiht. Nebenbei sei hier bemerkt, dafs diese Musterlection das Zeichnen der charakteristischen Bestandteile auch bei der Reproduktion nicht anwendet. Ich weifs nicht, ob der Herr Verfasser dies für überflüssig hält oder ob ein Versehen vorliegt. — Nach der Gewinnung und Fixierung des Begrifflichen folgt endlich noch eine fünfte Stufe, welche die Vorstellungen der Schüler vom Maulwurf nach den verschiedensten Richtungen hin ablaufen läfst, um nachzusehen, ob das gewonnene Wissen völliges Eigentum der Kinder geworden ist. Diese methodische Stufe soll als Prüfstein dienen, ob und wie weit die Schüler die erworbenen Begriffe beherrschen und anwenden können; denn das ist ja der nächstliegende Zweck des Unterrichts.

Jena. Ter-Mirakjanz.

III.

Lehrer-Prüfungs- und Informationsarbeiten. 7. Heft: Begriff und Wesen der Apperzeption und ihre Wichtigkeit für den unterrichtenden Lehrer, bearbeitet von Th. Focken. 51 Seiten. Preis 80 Pfg. Minden 1885 — Alfred Hufeland.

Diese »Lehrer-Prüfungs- und Informationsarbeiten« sind sehr günstig beurteilt worden, und zwar in den »Blättern für die christliche Schule« 1885, No. 7. Weil diese Recension ein treffliches Muster nach der negativen Seite hin ist und unser Urteil, wenigstens bezüglich des 7. Heftes, nicht mit ihr übereinstimmt, so erlaube ich mir auf dieselbe hinzuweisen. Siehe letzte Seite des 7. Heftes.

Der Zweck dieser Arbeiten und mithin auch der vorliegenden ist sehr eng begrenzt. Leserkreis sollen die Lehrer sein, die noch ein Examen zu machen haben. Und ihnen sollen die Hefte als Musterbeispiele dienen für ihre späteren Examenarbeiten. Diese Arbeiten erheben auf Wissenschaftlichkeit durchaus keinen Anspruch und ein Musterbeispiel ist] wenigstens die vorliegende Arbeit auch nicht, wie die Rezension zeigen wird. Daraus, dafs dieselbe auch eine Prüfungsarb eitist, assen sich mancherlei Konzessionen an die bestehenden Schulgesetze erklären (vielleicht ein Muster, um bei den Examinatoren eine günstige Stimmung für den Examinanten zu bereiten.) Eine solche Konzession erblicken wir namentlich in dem Passus pag. 45, der in schwungvollen Worten hervorhebt, wie schön die »allgemeinen Bestimmungen« mit den Forderungen der Apperzeption übereinstimmen. —

Der Verf. war an die ihm gestellte Aufgabe gebunden. Nun wird jeder erkennen, dafs die Aufgabe logisch nicht korrekt ist, da sich Begriff und Wesen nicht genau trennen lassen, indem bekanntlich die Summe der wesentlichen Merkmale den Inhalt des Begriffes ausmacht. Anstatt also die Broschüre in 2 Teile, in einen psychologischen und einen pädagogischen zu gliedern, mufste der Verfasser 3 Teile machen, um der prüfenden Behörde recht zu geben.

Die Gliederung der Arbeit ist demnach nicht logisch, auch nicht in den Unterabteilungen.

Wir teilen sie zunächst mit.

I. Begriff der Apperzeption:
  1) Geschichliche Entwickelung;
  2) Definition derselben.

II. Wesen der Apperception:
  1) Die Entstehung der Apperzeption;
  2) ihr Verlauf;
  3) ihre Wirkung;
  4) ihre Bedeutung.

III. Wichtigkeit der Apperception für den unterrichtenden Lehrer:
  1) ihre Begründung;
  2) ihre Forderungen.

Entstehung und Verlauf der Apperzeption lassen sich nicht so scharf trennen, wie das der Verfasser in der Disposition gethan hat; denn beide richten sich nach der Hemmung, welche die in Apperzeption begriffenen Vorstellungen erfahren.

Ebenso kann auch keine scharfe Grenze zwischen Wirkung und Bedeutung der Apperzeption gezogen werden; und der Verfasser läfst auch Seite 21—29 beide Teile ineinander überfliefsen, indem er ausführt, wo alles die Apperzeption im psychischen wie im gesellschaftlichen Leben wirkt. Er hätte vielleicht besser gethan, diesen Teil der Arbeit den Umfang des Begriffes Apperzeption zu benennen.

Im 3. Teile wird zunächst die Wichtigkeit der Apperzeption für den unterrichtenden Lehrer begründet und alsdann werden daraus verschiedene Forderungen abgeleitet. Eine solche Begründung war nach der Ansicht des Rezensenten rein überflüssig; denn sie liegt ja im psychologischen Teil.

Treten wir nun in die Besprechung der einzelnen Teile ein, so wie sie in der Broschüre vorliegen.

I. Begriff der Apperzeption.

Zunächst erfahren wir einiges aus der Geschichte des Apperzeptionsbegriffes. Doch ist dasselbe sehr dürftig, dazu möglichst eng im Anschlufs an Lange. Es fehlen z. B. ganz die Fassungen des Begriffes bei Kant und Wundt.

Die Definition lautet: Apperzeption ist diejenige Wechselwirkung zwischen 2 Vorstellungen oder Vorstellungsmassen, bei welcher die eine durch die andere mehr oder weniger der erkannten Wirklichkeit entsprechend umgeformt wird, bis schliefslich das aus der Verschmelzung beider entstehende Gebilde sich organisch dem Seeleninhalte einfügt.

In dieser Definition sind 2 Merkmale auffallend, nämlich:

1. »Bei welcher die eine oder die andere der erkannten Wirklichkeit entsprechend umgeformt wird.« Diese Bestimmung hat der Verfasser aufgenommen als differentia specifica gegenüber der Phantasie, die Karl Lange bekanntlich mit unter Apperzeption rechnet. Die Begründung hierfür finden wir Seite 9, »Dr. K. Lange behauptet etc.« Der Verfasser scheidet also Phantasie und Apperzeption auf Grund ihrer Resultate. Diese Unterscheidung ist nicht ganz gerechtfertigt; denn es ist nicht wahr, dafs die Apperzeption aufhöre, sobald abnorme Zustände den regelmäfsigen Verlauf unserer seelischen Thätigkeit unterbrechen und hemmen, man denke z. B. an die Leidenschaft und Eifersucht Othellos, von der späterhin Vorgänge aus Äufserungen seiner Gattin Desdemona appercipiert werden, die dem gesunden Sinn des Gatten nie Veranlassung zur Eifersucht gegeben hatten. Man denke ferner an den Verrückten, bei dem ein anderes Ich an die Stelle des gesunden Ich gerückt ist, hier apperzipiert dieses nun herrschende Ich noch ganz vollkommen, freilich sind die Apperzeptionen falsch, da die apperzipierenden Vorstellungen falsche waren. Endlich denke man an die vielfach vorkommenden falschen, ungenauen, unvollkommenen Apperzeptionen; von ihnen allen kann man nicht behaupten, dafs sie der Wirk-

lichkeit entsprechend seien. Demnach halten wir die angegebenen Bestimmungen nicht für genügend als differentia specifica von dem Phantasiebegriff.

2. ist auffällig die Bestimmung: bis schliefslich das aus der Verschmelzung beider entstandene Gebilde sich organisch dem Seeleninhalte einfügt. — Das ist weiter nichts als eine Phrase.

II. Wesen der Apperzeption.

1. Unter dem Teil Entstehung der Apperzeption werden die Bedingungen erörtert, unter welchen eine Apperzeption zustande kommt, und zwar 3, nämlich

1. dafs das Vorhandensein verwandter Vorstellungen in der Seele die erste Bedingung sei;
2. sorgfältige Durchbildung und Gliederung des ganzen Seeleninhaltes;
3. die Beschaffenheit der zu apperzipierenden Wahrnehmungen.

Auch hier ist einige Unklarheit zu finden. So bringt der Verfasser unter den 2. Punkt, Durchbildung und Gliederung des ganzen Seeleninhaltes, die apperzipierende Aufmerksamkeit.

Der Begriff der Aufmerksamkeit als das dauernde Festhalten apperzipierender Vorstellungen zu dem Zwecke, neue Wahrnehmungen zu machen, »die Konzentration des Bewufstseins« ist zu eng; denn hierunter kann nur die willkürliche Aufmerksamkeit verstanden werden; apperzipierende und sinnliche Aufmerksamkeit sind ausgeschlossen.

2. Was über den Verlauf der Apperzeption, d. h. über den stattfindenden Hemmungsprozefs, gesagt ist, kann als gelungen bezeichnet werden.

3. und 4. Was unter Wirkung und Bedeutung der Apperzeption gesagt ist, bezieht sich auf den Umfang des Begriffes. Es wird gezeigt, dafs die Apperzeption auf folgenden Gebieten stattfindet: Wahrnehmungen — psychische Begriffe — Urteile und Schlüsse — Gefühl- und Willensleben — Entstehung der Individualität — Kulturgebiet — politisches Gebiet — Verhältnis von Mensch zu Mensch in Familie und Freundschaft. — Es sind das genau dieselben Punkte, die in Langes Monographie ausgeführt sind. Merkwürdig ist, dafs der Verfasser hier auch als Beispiel für die Thätigkeit der Apperzeption bei Entstehung von Gefühlen dasselbe Beispiel hat, das Lange ausführt, nämlich von den sympathischen Gefühlen. Doch sind die Ausführungen dieses Teiles kurz und aphoristisch, dazu nicht genau genug formuliert. Als Beispiel möge hier dienen die Erörterung S. 24—25.

In seiner Examenarbeit konnte der Verfasser die betreffenden Teile nicht weiter ausführen; denn so viel uns bekannt, ist derartigen Arbeiten eine bestimmte Grenze nach Bogenzahl gesetzt. Doch wenn sich der Verfasser entschlofs, die Arbeit zu veröffentlichen, mufste er hier gründlicher und exakter verfahren. Es sind noch einige Stellen zu erwähnen.

Pag. 21. »Da wir mit unserem Auge nur Flächengebilde wahrnehmen, so müssen wir uns bei Körpern stets die 3. Dimension, die Tiefe, mit Hilfe der Apperzeption hinzudenken und dadurch unsere räumlichen Vorstellungen vollenden.« Dieser Satz ist nicht ganz richtig. Zunächst kann hier nicht von einem Hinzudenken die Rede sein; denn bekanntlich kommt die Raumvorstellung zustande durch Association von Gesichts- und Tastempfindungen, also ist alles Denken hier ausgeschlossen. Ferner kann hier auch nicht gedacht werden an die Entstehung der Raumvorstellung als solcher, sondern nur daran, dafs wir Wahrnehmungen objektivieren und projicieren auf Körper überhaupt.

Pag. 25. »Die praktischen Grundsätze oder Maximen sind das Ergebnis vieler sich ähnlicher Willensakte, deren gleiche Elemente sich verstärkten, indem sie das Widersprechende zurückdrängten. In Bezug hierauf spricht Herbart von einem »Gedächtnis des Willens«. Wenn der Verfasser hier nur von einem Gedächtnis des Willens spricht, so genügt das nicht; denn der Grundsatz käme dann nur infolge der Erstarkung des Willens durch

Wiederholung zustande. Wenn er hier im Gebiet des Willens den Apperzeptionsbegriff in Anwendung bringen will, dann mufs er notwendig alle 4 Begriffe der Herbartischen Reihe »Gedächtnis des Willens, Wahl, Grundsatz, Kampf« anführen.

Wenn wir hier nun noch ein Gesamturteil über den I. und II. Teil der Broschüre abgeben sollen, so müssen wir doch, wenn er auch zwar absolut nichts Neues enthält, aussprechen, dafs er zur Belehrung über den Apperzeptionsbegriff und den Apperzeptionsprozefs recht wohl dienen kann, wenn man es nicht vorzieht, lieber bei Lange (der auf die vorliegende Arbeit überhaupt viel mehr Einflufs hat, als für deren Selbstständigkeit und das damit verbunde Recht zur Veröffentlichung wünschenswert wäre) oder Volkmann nachzulesen, bei denen man auch ein wissenschaftliches Verfahren findet, das freilich dem Verfasser vorliegender Broschüre nicht zuerkannt werden kann.

Gehen wir nun zum III. Teil, dem pädagogischen über: Wichtigkeit der Apperzeption für den unterrichtenden Lehrer.

Zunächst wird die Wichtigkeit der Apperzeption noch einmal begründet, nachdem wir schon im vorangehenden Teile über die Bedeutung der Apperzeption gehört haben. Es werden 4 Gründe angeführt; nämlich

1. »Die Apperzeption zeigt dem Lehrer die Vorbedingungen, von deren Erfüllung das Gelingen alles Unterrichts abhängig ist.« Hier wird gezeigt, dafs aus der Apperzeption apperzipierende Aufmerksamkeit entstehe, daraus das Interesse. Ganz richtig. Schade aber, dafs der Verfasser gerade hier das Interesse pag. 32 als Mittel des Unterrichts, und nicht als Ziel des Unterrichts hinstellt.
2. »Die Wirkung der Apperzeption bei der Bildung und dem Gebrauche der Sprache begründet zum nicht geringen Teile ihre Wichtigkeit für den unterrichtenden Lehrer. Seite 33—34. Dieser Teil ist vollständig unberechtigt an dieser Stelle; denn so gut als er konnte hier auch die Wichtigkeit der Apperzeption für irgend einen andern Gegenstand, z. B. die Anschauung, dargelegt werden. Zudem ist dieser Teil recht schwach, denn eine folgerichtige Begründung wird nicht geführt, sondern einige diesbezügliche Beobachtungen werden aneinandergereiht und erklärt.
3. »Die Apperzeption ist überhaupt die beste Gehülfin des Lehrers, weil sie nach allen Seiten hin seine Arbeit fördert, erleichtert und entlastet.« Ist dieser Teil etwas anderes als die vorhergehenden beiden? Gewifs nicht, sondern er umfafst nur dieselben. Und die Ausführung dieses doch gewifs vielversprechenden Teiles? Auf einer Seite erfahren wir einige Phrasen und 3 Beispiele. Zum Beweis lese man Seite 36 bis 37 oben; besonders inhaltreich und gut ist der letzte Satz.
4. »Von dem Gelingen der Apperzeption ist endlich die ganze geistbildende und erziehende Wirkung des Unterrichts abhängig.«

In 28 Zeilen wird der Nachweis geführt. Man erwarte aber nicht eine genaue psychologische Beweisführung des oben genannten vielverheifsenden Satzes. Das Beste und als Beweis zu betrachten sind die Sätze über die Apperzeption als Quelle der Aufmerksamkeit. Die anderen Sätze aber gipfeln in der Phrase: »Nur der Unterrichtsstoff, der vom Schüler apperzipiert wird, kann wahrhaft erziehend wirken, nur ein solcher behält auch über die Schule hinaus für das spätere Leben Wert und Bedeutung.«

Warum hat hier der Verfasser nicht den Zusammenhang von Apperzeption und Erziehungszweck dargelegt?

Wir kommen nunmehr zu den Forderungen, welche die Apperzeption an den unterrichtenden Lehrer stellt.

Zunächst wird »eine genaue Kenntnis der im Kinde vorhandenen Vorstellungen verlangt.« Dieser Teil ist ganz gut ausgeführt. Ferner wird daraus mit Recht die Notwendigkeit der Heimatkunde abgeleitet als vorbereitender Unterricht für Geschichte, Geographie und Naturkunde und der Wiedemannsche Anschauungsunterricht abgewiesen. Merkwürdig, dafs der Verfasser nicht dazu gekommen ist, die Heimatkunde als Unterrichtsprinzip anzuerkennen. Seine Ausführungen Seite 41 lassen leicht jenen Schlufs zu; es hätte uns gefreut, ihn auch bestimmt ausgesprochen zu sehen.

Für den Religionsunterricht sollen auf der Elementarstufe die apperzipierenden Vorstellungen und Begriffe gewonnen werden, und zwar durch biblische Geschichte. Ist Religionsunterricht = Katechismusunterricht? Beginnt dieser schon im 3. Schuljahr? Bedürfen die biblischen Geschichten nicht auch apperzipierender Vorstellungen, um apperzipiert werden zu können?

Verfasser scheint hiernach auch die konzentrischen Kreise anzuwenden.

Hervorgehoben zu werden verdienten wohl die Bemerkungen betreffend Märchen und Robinson als Gesinnungsstoffe für das 1. und 2. Schuljahr. Wir lesen darüber Seite 42 »Wir haben uns bislang nicht überzeugen können etc.« bis Ende der Seite.

Wir treffen hier wieder einmal auf einen Angriff der beiden Stoffe derart, dafs man sie nicht betrachtet als Glieder der kulturhistorischen Reihe. Der Verfasser möge einmal von diesen Gesichtspunkten aus an die beiden Stoffe herantreten; wir glauben, dafs er sich dann von der Richtigkeit wird überzeugen können.

Wir hören ferner von dem Apperzeptionsprozefs beim 1. Sprach- und Leseunterricht; dann vom Anschlufs des Rechnens, der Raumlehre und des Zeichnens an die Heimatkunde, freilich nur in den ersten Schuljahren. Die gemachten Bemerkungen sind zwar sehr aphoristisch, aber doch zutreffend.

Der nächste Teil der Broschüre spricht von der Auswahl, Aufeinanderfolge und Verbindung des Unterrichtsstoffes in steter Berücksichtigung der Apperzeption.

Die Auswahl und Aufeinanderfolge geschieht nach konzentrischen Kreisen, eine Ansicht und ein Verfahren, das wir nicht teilen, da wir uns bei der Stoffauswahl nicht allein von der jeweiligen Apperzeptionsfähigkeit der Kinder, sondern vor allem von der Idee der kulturhistorischen Stufen leiten lassen.

»Die Apperzeptionsgesetze fordern auch die Verbindung der einzelnen Wissensgebiete untereinander.« Der Gedanke ist richtig. Merkwürdig ist jedoch wieder, dafs der Verfasser nicht die Konsequenzen daraus zieht und nun den allgemeinen Zusammenhang der Unterrichtsfächer aufdeckt und genau, wenn auch nur in Umrissen, fixiert. Wir erinnern z. B. an Heimatkunde und Geographie, Naturkunde und Rechnen etc. Wir haben die starke Hoffnung, dafs sich der Verfasser bald zur Zillerschen Konzentrationsidee bekennen wird.

Endlich spricht der Verfasser in dem letzten Abschnitte von dem Unterricht gemäfs der Apperzeption. Wieder führt der Verfasser ganz richtig die Forderungen aus, welche die Apperzeption an den Lehrer stellt. Er erkennt die Notwendigkeit, dafs der Schüler die apperzipierenden Vorstellungen in Bereitschaft haben mufs bei der Aufnahme des Neuen, aber er scheut sich, klar und deutlich auszusprechen, dafs der Begriff der Apperzeption bei der Behandlung eines neuen Gegenstandes 2 Teile verlange: eine Stufe der Vorbereitung (Analyse) und der Darbietung (Synthese). Doch müssen wir hervorheben, dafs die Seite 48 gegebenen Bemerkungen das Wesen der Vorbereitungsstufe nicht genau treffen. (Wir empfehlen zur Aufklärung hierüber: Wiget die 5 formalen Stufen, Chur.

Fassen wir unser Urteil über den pädagogischen Teil der Broschüre zusammen, so würde es lauten:

Die Ausführungen sind im einzelnen meist richtig, die Beispiele treffend, doch mangelt dem Ganzen eine logische Gliederung. Wir würden empfehlen, den Teil über die Begründung der Wichtigkeit der Apperzeption für den unterrichtenden Lehrer ganz wegzulassen, da er ja in dem psychologischen mit enthalten ist. Und die Forderungen der Apperzeption an den Lehrer würden wir vielleicht nach folgender Disposition abhandeln.

1. Der Lehrer mufs eine genaue Kenntnis der apperzipierenden Vorstellungen seiner Schüler haben; darum ist ihm psychologisches Studium notwendig inmitten seiner Thätigkeit.

   Wie stellt sich zu diesem Punkte die einklassige, mehrklassige Schule und endlich die mit fortschreitendem Klassenlehrersystem?
2. Die Forderungen der Apperzeption an das Lehrplansystem und zwar
   a. bezüglich des Nacheinander — Propädeutik,
   b. bezüglich des Nebeneinander — Konzentration.
3. Die Forderungen der Apperzeption an das Lehrverfahren: Analyse und Synthese im Unterricht.

Zum Schlufs möchten wir noch bemerken, dafs die Broschüre uns als ein Produkt aus der Übergangszeit des Verfassers von der hergebrachten Pädagogik zu der Herbart-Zillers erscheint. Und wir wünschen, dafs sich der Verfasser noch zu letzterer durchringen möge, damit er dann die Wahrheiten derselben in festerer und bestimmterer Weise ausspreche als in der jetzigen Arbeit.

Jena.

A. Bär,
Mitglied des päd. Univ.-Seminars.

IV.

Die Reform der Gesellschaft durch Neubelebung des Gemeindewesens in Staat, Schule und Kirche. Von **Dr. Ernst Barth.** Leipzig, Georg Reichardts Verlag 1886. VII u. 167 S. Preis M. 3.

Die höchst beachtenswerte Schrift zerfällt in zwei Abschnitte. »Irrgänge« ist der erste überschrieben. In sechs Kapiteln führt der Verfasser uns durch das Dunkel der Gegenwart im allgemeinen, der Familie, der Schule, der Kirche, des Staates und des Partei- und Vereinswesens. Es sind gewissermafsen Schnitte in das »wilde Fleisch« unserer modernen Gesellschaft. Sie werden Manchem weh thun, aber sie werden bei alledem doch vielen ernstlich Ringenden aus dem Herzen gesprochen sein. Ja mancher wird diese »Irrgänge«, welche die Gesellschaft wandelt, gleich dem Verfasser mit durchlebt haben, ohne dafs sie ihm bislang in dem Strome der Zeit und in dem Getöse des Weltgewühls als solche zum Bewufstsein gekommen sind.

Düstere Blicke läfst der Verfasser uns thun in Familien, die in moralischer und religiöser Versumpfung dahin leben oder durch die Not da hinein gedrängt werden, und er klagt mit Recht: »Man vermifst Veranstaltungen, welche solche Zustände zu verhüten vermöchten«.

Von der Schule sucht er nachzuweisen, dafs sie bei allem Ansehen, das sie geniest, und trotz der ungeheuren Geldsummen, die besonders für die sogenannten »höhern Lehranstalten« geopfert werden, doch weit entfernt ist, ihrem obersten Zwecke, eine Stätte wahrer Charakterbildung zu sein, gerecht zu werden; dafs sie immer mehr von allen Lebensgemeinschaften, insbesondere von der Familie, sich loslöst, um in dieser Isoliertheit immer mehr zur Bedeutungslosigkeit herabzusinken. Das alte Wort: Non scholae sed vitae discendum habe noch nie eine solche Bedeutung gehabt, als in der Gegenwart.

Die Kirche wolle eine Veranstaltung sein, welche sich berufen und verpflichtet fühlt, das Reich Gottes zu begründen, und zwar im Himmel und auf Erden. Allein aus ihr sei die Kraft der apostolischen Zeit und der Geist der Reformation längst entwichen; ihre Ohnmacht sei offenkundig. Sie finde keine Mittel, um der Verderbtheit innerhalb der Gesellschaft entgegenzutreten. An den tiefsten Schäden unseres Volkslebens, an dem grausen Elend, das in den Höhlen des Lasters wohnt, gehe die Kirche als solche teilnamlos vorüber. Was zur Linderung geschieht, werde privatim gethan und beziehe sich vorzugsweise darauf, die durch die Lässigkeit der Kirche entstandenen Gebrechen notdürftig zu verhüllen. Das deutsche Volk werde erst dann wieder gesund werden, wenn die Kirche sich aus ihrer unverantwortlichen Lethargie ermuntert, wenn sie statt Geplapper wieder Zeugnis, statt Maskerade religiöses Leben, statt Schein Wahrheit fordert. Weil sie ihre Macht, ihr Ansehen, ihren Einfluſs verloren habe, so weist nicht bloſs die Sozialdemokratie jede Beihilfe der Kirche auf die verächtlichste Weise von der Hand, sondern auch die Reichsregierung mit dem religiösgesinnten Kaiser an der Spitze habe sie bei allen sozialpolitischen Plänen, sogar bei der Sonntagsruh frage, vollständig unberücksichtigt gelassen.

Nicht minder wandele der Staat bedenkliche Irrwege. Nur ein freier, auf Selbstverwaltung und Selbstregierung ruhender Staat könne das christliche Gesellschaftsideal in sich ausbilden. Die Kraft eines jeden müsse im Staatsleben wachgerufen, aber auch die individuelle Freiheit in angemessenen Schranken gehalten werden. An diesem Geiste fehle es aber gegenwärtig. Die Bevormundungssucht nehme zu und darum werde auch durch die ausgezeichnete sozialpolitische Gesetzgebung die soziale Frage nicht gelöst werden. Denn ein menschenwürdiges Dasein würde der Arbeiter erst erlangen, Glück und Zufriedenheit werde in seiner Hütte erst einkehren, wenn dem Volke der Weg zur inneren und damit zur wahren Glückseligkeit gezeigt werde; wenn das Christentum alle Gesellschaftskreise, das ganze öffentliche und private Leben durchdringt und der Geist der Selbstregierung das ganze Volk wie die Einzelnen zur Selbständigkeit, zur innern Freiheit führe.

Ebensowenig sei von den politischen Parteien zu erwarten, weil sie alle ohne Ausnahme nach äuſserer Macht streben, während die neue Welt allein auf den Gesinnungen zu beruhen habe. Auch von den andern freien Vereinigungen sei für die Lösung der sozialen Frage nicht allzuviel zu erhoffen. Die Freimaurerbrüderschaft verharre dem moralischen und sozialen Elend gegenüber in einer schlaffen Zurückhaltung und einer genügsamen Unthätigkeit. Die Gesellschaft für Verbreitung von Volksbildung sehe von allem, was die erste Jugendbildung betrifft, ab und baue darum ohne Grundlage. Die Verbesserung unserer kirchlichen Zustände sei eine der notwendigsten Aufgaben der Gegenwart; diese Gesellschaft versperre sich aber den Zugang zu allen solchen Bestrebungen dadurch, daſs sie alle kirchlich-religiösen Angelegenheiten ausdrücklich von ihrer Thätigkeit ausschlieſst. Aus demselben Grunde könne sie den religiös-sittlichen Charakter des Einzelnen nicht so bilden, wie es das christliche Gesellschaftsideal verlangt. Dem Verein für innere Mission spendet der Verfasser das wärmste Lob. Allein gegenüber dem massenhaften sozialen und moralischen Elend, das uns umgiebt, sei seine Arbeit nur Flickerei und Stümperei und der Mühe und Opfer nicht wert, welche dafür dargebracht werden. Die Kirche sollte ihre Kräfte vor allem auf Heiligung des Familienlebens wenden und die Aufgaben, welche die kirchlichen Vereine zu lösen suchen, sollte Zweck und Aufgabe der Kirche selber sein. So lange unser Familienleben auf so morschen Stützen steht, die Kirche unfähig, der Staat auf verkehrten Wegen ist und das gesamte öffentliche Leben in Verbindung mit den vorhandenen sozialen Miſsständen jeder nachhaltigen Umgestaltung widerstrebt, so lange bleibe das Thun aller genannten Veranstaltungen wie Vereine ähnlicher Tendenz (Verein gegen Miſsbrauch geistiger Getränke, gegen Vagabundenwesen etc.) ja auch in vieler Beziehung das Bestreben derjenigen Vereine, welche, wie die verschiedenen pädagogischen Vereine, auf die Zukunft gerichtet sind und das Heil der Menschheit in einer verbesserten Jugenderziehung suchen, eine Sisyphusarbeit im wahrsten Sinne des Wortes und es sei jammerschade um die viele Kraft, welche hierbei vergeudet wird.

In Summa: Der Mangel allen und jeden Zusammenwirkens habe unsere jetzigen trostlosen Zustände herbeigeführt; es gehe die Familie, weggedrängt von der Schule und ohne innige Beziehung zur Kirche, ihren eigenen Weg; wenig beeinflufst von der Kirche, gar nicht von der Familie, steht die Schule da, abgeschlossen vom Leben, dem sie doch vor allem dienen soll; ebenso wirkungslos sei die Kirche; an der Sklavenkette, die sie selbst sich geschmiedet hat, schleppe sie ein müdes Dasein dahin; sie können nicht leben, sie könne nicht sterben, ihr Einflufs sei nicht nennenswert; scheinbar kräftiger, wirkungsvoller stehe der Staat da, aber in seiner Abgeschlossenheit vermöge auch der wenig auszurichten für eine heilbringende Reform der Gesellschaft. Sollte darum eine solche Reform herbeigeführt werden, so müsse ein gesellschaftlicher Zustand geschaffen werden, der ein inniges Zusammenwirken aller einzelnen zur Pflege des irdischen Gottesreiches berufenen Faktoren ermöglicht; so müsse ein Gemeinschaftsleben hergestellt werden, das auf dem Prinzip der Durchdringung der verschiedenen Gesellschaftsfaktoren beruht, so müfsten wir zurückkehren zur alten apostolischen Christengemeinde, doch selbstverständlich zu einer solchen, die getragen wird von unserer vervollkommneten Einsicht in wirtschaftlicher und politischer Beziehung die so angelegt ist, dafs sie bei fortschreitender Erkenntnis wohl verbessert werden, aber nicht, wie ehemals, dem Untergange verfallen kann. Anfänge für ein solches christlich-soziales Gemeindeleben biete die Gegenwart dar in den Herrnhuter Brüdergemeinden.

Es ist bekannt, welche Anerkennung Goethe und Lessing den Brüdergemeinden zollen. Man scheint aber nicht genügend nachgeforscht zu haben, aus welcher realen Lebensquelle Schleiermacher seine erhabenen philosophisch-pädagogischen Ideen für Staat, Kirche, volkswirtschaftliches Verkehrsleben und Schule geschöpft hat; sonst würden verschiedene auf Schleiermacher fufsende sozial-pädagogische Reformen nicht versäumt haben, wie Barth auf die Herrnhuter Brüdergemeinden zu verweisen, als Mustergemeinden in vieler Beziehung. Weil Barth indes mit Schleiermachers Ideen nicht vertraut zu sein scheint — das Fehlen jeglichen Hinweises auf diesen Philosophen wäre sonst schwer zu entschuldigen —, so ist es doppelt interessant zu ersehen, wie dieselbe Sachanschauung, das Leben in den Brüdergemeinden, bei beiden ganz ähnliche Reformideen erweckt hat, trotzdem fast ein ganzes Jahrhundert zwischen ihnen liegt. Schleiermacher hat nämlich zwei Jahre in der Brüdergemeinde zu Niesky verlebt, und dieselben sind auf seine ganze Denkweise von so tiefem und nachhaltigem Einflufs gewesen, dafs er selber von sich bekennen mufs, er sei nach den Stürmen des Skepticismus wieder in allem ein Herrnhuter geworden, nur von einer höheren Ordnung. Schleiermachersche Grundsätze finden wir deshalb vielfach bei Barth wieder.

In dem zweiten Abschnitt des Buches, »Zum Ziele« überschrieben, schildert nun Barth ein Gemeindeleben, wie er es zur Lösung der aufgestellten Frage für notwendig erachtet. In sechs Kapiteln führt er uns vor: Die neue Gemeinde, die neue Gemeinde und die Familie, die Erziehungsgemeinde, die Kirchengemeinde, die Sozialgemeinde, die Provinzialgemeinde und der Staat.

Die Familie sei der Urgrund aller organischen Gebilde in der Volkspersönlichkeit. Hier müsse darum auch die Reform der Gesellschaft beginnen. Die Familie, wenn sie nicht geradezu allen Verkehr mit der Aufsenwelt abbrechen will, ist aber allen Einflüssen des öffentlichen Lebens ausgesetzt. Ihre Lebensbedingungen liegen darum in der Gemeinde. Die Reform der Gesellschaft müsse deswegen vollzogen werden durch Neubelebung und Veredelung des Gemeindewesens.

Barth unterscheidet streng zwischen der Sozialgemeinde, der Kirchengemeinde und der Erziehungsgemeinde. Jede habe ihre eigentümliche Aufgabe und bedürfe darum auch ihre besondere Verwaltung. Alle drei müfsten sich aber auf das Innigste durchdringen und darum müsse jede in den Verwaltungsorganen der beiden andern gebührend vertreten sein. Dafs der leidige Schulstreit, der nach den Windthorst'schen Prophezeiungen ja auch noch für die Zukunft der Wurm bleiben soll, welcher das Band der Einigkeit im deutschen Volke zu benagen hat, sich so aus der Welt schaffen liefse, liegt nahe für den, der das einsehen will. Es würde uns indes zu weit führen, das Verhältnis, die mannigfachen Beziehungen zwischen der Familie und diesen sozialen Gemeinschaften und zwischen letzteren unter einander auch nur zu skizzieren. Nur über die Idee der Erziehungsgemeinde seien einige Andeutungen gemacht.

Sie soll das Kind vom ersten Tage seiner Geburt bis zu der Zeit seiner Selbständigkeit, gleichviel ob es zur Zeit der Schulpflicht eine niedere oder höhere Schule besucht, im Auge haben. Ohne dem Heiligtume der Familie zu nahe zu treten, solle die Erziehungsgemeinde zunächst ihr Augenmerk auf eine zweckmäfsige Hauserziehung richten. Vom dritten Lebensjahre aber ab müsse der rein individuellen Erziehung im Elternhause eine gemeinsame im Kindergarten zur Seite treten, aus erziehlichen wie wirtschaftlichen Gründen. Der Kindergarten mufs jedoch nach Barths Meinung ein Glied in dem erzieherischen Gesamtorganismus der Gemeinde bilden, und zwar ein notwendiges. Dadurch wird er freilich ein wesentlich anderes Gesicht bekommen, als die landläufigen Anstalten dieses Namens es zeigen, so dafs mancher sich mit demselben befreunden dürfte, der ihm bislang nicht in allen Stücken zugethan gewesen. Gleich Fröbel wünscht auch Barth, dafs die erwachsenen Mädchen in demselben thätig sind.

Sehr ideal gehalten sind die Grundlinien, nach welchen die Schule der neuen Gemeinde sich aufbauen soll, und doch wird man gestehen müssen, dafs sie nur bei einem solchen Ausbau im vollsten Sinne des Wortes eine Pflanzstätte für religiös-sittliche Charakterbildung werden kann. Dafs eine Abteilung des Schulvorstandes, um nur eine Aufgabe der Schulverwaltung hervorzuheben, sich zu einem Schulschöffengericht organisieren soll, das über straffällige Vergehen, welche von Schulkindern verübt worden sind, zu entscheiden hat, ist zwar eine schon vor Jahrzehnten von Curtmann und von Dörpfeld wiederholt ausgesprochene Forderung, leider aber hat sie bis heute meines Wissens in keinem Staate Gehör gefunden, trotzdem die Mifsstände grell genug hervortreten. So können z. B. bei uns — und in anderen Staaten wird es ähnlich so sein — die Kinder unter zwölf Jahren einen Gassenbubenstreich nach dem andern verüben, ohne dafs jemand aufser den Eltern das Recht hätte, sie daran zu hindern, während die welche dieses Lebensjahr überschritten, deswegen alljährlich dutzendweise von der Polizei und dem Gerichte statt beaufsichtigt nnd gebessert — »verurteilt« werden.

Die Schule selbst müsse an Stelle der oft toten Bücherweisheit das Thun und Handeln, das Schaffen und Arbeiten in den Mittelpunkt stellen, damit der Zögling leben lerne. Barth verlangt deshalb, dafs neben dem Schulzimmer der Garten, der Tierhof und die Werkstatt, der Spaziergang und die Schulreise zur Geltung kommen, dafs die Schule das Streben, die sittlichen Ideen zur Verwirklichung zu bringen, durch tägliche Übung lebendig erhalte und sich nicht mit dem Unterricht und einem rein disziplinellen Verfahren zufrieden gebe, und dafs auch für die der Schule entwachsene Jugend nicht blos durch eine Fortbildungsschule für ihre intellektuelle Bildung, sondern auch für ihre moralische Entwickelung gesorgt werde.

Das in der Schule begonnene Werk des gemeinsamen Lebens und Strebens hat die Erziehungsgemeinde darum fortzusetzen durch Errichtung von Jünglings- und Jungfrauenvereinen. Dieselben müssen nicht Privat-, sondern Gemeindesache sein und unter unausgesetzter Beiligung von erwachsenen Gemeindemitgliedern oder deren Frauen stehen und die Aufgabe haben, neben der Ausbildung im Berufe eine edle Geselligkeit zu pflegen, sowie Denstleistungen vorzubereiten, die dem Leben der ganzen Gemeinde und der Nation zu gute kommen.

Endlich soll die Erziehungsgemeinde auch die Familie in ihrer Sorge für die auswärts weilenden unmündigen Glieder nach Kräften unterstützen und das Bewufstsein der Zusammengehörigkeit mit der Gemeinde so viel als thunlich aufrecht erhalten.

So habe in kleineren Kreisen, in enggeschlossenen Gemeinschaften. das gesellschaftliche Gottesreich seinen Anfang zu nehmen; aber nur in seltenen Fällen dürfte es ihm gelingen, sich darin zu vollenden, weil diese Gemeinden nicht allen Aufgaben gewachsen sind. Oft fehle es hier an Intelligenz, oft auch an äufseren Mitteln. Daher seien noch weitere Vereinigungen ins Leben zu rufen, solche, die mit einer gröfsern Fülle von Kräften versehen sind. Die »Sozialgemeinden« haben dazu bereits einen guten Anfang gemacht; sie haben sich bis hin zur Provinzialgemeinde zu gröfseren Verbänden zusammengeschlossen. Ähnlich so müsse auch das Erziehungs- und Kirchenwesen organisiert werden. Unter den verschiedenen höheren Aufgaben, welche Barth der provinziellen Erziehungsgemeinde zuweist, sei nur die Sorge für das höhere Schulwesen erwähnt. Wenn dasselbe nicht mehr Sache der gröfseren Lokalgemeinde bleibt, so könne u. a. auch dafür gesorgt werden, dafs dasselbe dem Lande gleichmäfsig zu gute komme und dafs Vorkehrungen getroffen werden, damit die Landbevölkeruug nicht mehr einen übermäfsigen Aufwand nötig hat, wenn sie ihren Kindern die Segnungen einer höheren Bildung zu teil werden lassen will.

Während nun so die Einzelgemeinde für den Untergrund des Erziehungswerkes, und die Provinzialgemeinde für den Mittelbau desselben sorgen soll, hält der Verfasser es für die Pflicht der durch Schul- und Kirchensynode beratenen Staatsgewalt, dem Ganzen die richtige Spitze zu geben und die obersten Erziehungsanstalten so zu gestalten, dafs von ihnen aus immer neue Antriebe ins Leben der Gesellschaft übergehen und diese damit stets von neuem vergnügt werde. Zu dem Zwecke bedürften die Universitäten einer durchgreifenden Reform, damit dort unsere künftigen Juristen und Ärzte, unsere Theologen und Schulmänner zu sittlich-religiösen Charakteren heranzureifen vermögen. Wie in der Einzelgemeinde so verlangt Barth auch im Staatsleben keineswegs die von den radikalen Parteien geforderte Trennung von Schule und Kirche und von Kirche und Staat. Eine solche Forderung erscheint ihm geradezu widersinnig. Doch müsse die Kirche sich selbst regieren und in Unabhängigkeit vom Staate erhalten werden, wie andrerseits auch dem Staate der Kirche gegenüber eine gleiche Unabhängigkeit zugesprochen werden müsse. Aber bei aller Selbständigkeit dieser Kreise dürfe es in einem Staate keine vaterlandslose Kirche geben, ebensowenig als sich der Staat vom ethisch-religiösen Geiste, der von der Kirche repräsentiert wird, loslösen und in seinem Bereiche Grundsätze zur Geltung oder Mittel zur Anwendung kommen sollten, die innerhalb der Kirche unmöglich sind.

Wir geben Barth Recht, es wird noch viel Wasser von den Bergen in unsere Ströme laufen müssen, bis wir zu solchen Zuständen gelangen, wie er sie herbeiwünscht. Er will sich darum auch begnügen, wenn der von der Unzulänglichkeit des bisher betretenen Weges überzeugte Leser die Notwendigkeit einsicht, dafs bei einer Reform der Gesellschaft mit der Reorganisation unserer Gemeinden begonnen werden mufs, und wenn er sich dazu entschliefst, an dieser notwendigsten aller Arbeiten thatkräftig teilzunehmen. Denn »schon jetzt«, so heifst es S. 9, »kann man den dröhnenden Schritt der Arbeiterbataillone hören. Fahre so fort, und du wirst es noch erleben, dafs ein neuer Barbarensturm, diesmal aus dem Innern der Gesellschaft selbst, die Spitze der Civilisation, die Anfänge der Kultur, alles, was dir lieb und teuer ist, zerstört und verwüstet.« Neben den Tausenden und Abertausenden, welche unbedacht und unbesorgt auf den Wellen des Lebens dahin schaukeln, giebt es nicht wenige, welche den Abgrund sehen, dem wir zutreiben. »Aber indem sie ihren Weg davon abzulenken suchen, thun sie,« wie Barth meint, »den hundertsten Schritt, bevor sie den ersten gethan.« Er wünscht darum (S. VI), dafs sie die Gemeinde, in der sie leben, und zwar diese selbst, als den ersten Zielpunkt ihres Strebens ansehen. Hier sei der Anfang der Gesellschaftsreform, und hier auch ihr Endziel auf lange Zeit hin. Weiter hinauszublicken habe vorläufig nicht viel mehr als theoretische Bedeutung.

Barths Schrift ist eine ernste Bufspredigt, insbesondere an diejenigen gerichtet, welche in Schule, Kirche und Staat zur Mitwirkung an der Erziehung und Regierung der Gesellschaft berufen oder sich freiwillig daran beteiligen. Sie ermuntert aber auch, zu trachten und zu ringen nach dem Ideale des menschlichen Gemeinwesens, nach dem Gottesreiche auf Erden. Barth bekennt selbst, dafs sie manches harte Wort enthält, und er weiss sicher, dafs namentlich die »Irrgänge« ihm manche Anfeindung zuziehen werden. »Viel' Feind'«, wär »viel' Ehr'«. Das scheint aber der Schrift auf diese Weise nicht zu teil werden zu wollen. Denn seit dem Erscheinen derselben ist bereits eine geraume Zeit verflossen; aber wie viele Kirchen-, Schul-, belletristische, politische u. a. Blätter haben sie einer besonderen Besprechung oder auch nur einer Bekämpfung wert erachtet? »Wer glaubt unserer Predigt?« klagt ein Sozialreformer des alten Bundes. »Wer hört uns nur?« so mag Barth fragen. Würde Barth nicht unerschütterlich an eine bessere Zukunft, an das endliche Kommen des Reiches Gottes glauben, sondern dem Pessimismus huldigen, so würden, wenigstens aus Neugier, grofse Scharen des Volkes samt den tonangebenden modernen Pharisäern und Sadducäern seinen »Irrgängen« gerne lauschen. Oder würde die Schrift auch nur mit dem Strome irgend einer kirchlichen oder politischen Partei schwimmen, so würde sie ohne Frage bald von der einen auf den Schild erhoben und bald von der andern in den Staub getreten werden. Weil die rücksichtslose Wahrheit aber am allerwenigsten bei Parteien Herberge zu finden pflegt, so wird man sie hüben und drüben totschweigen, so lange es geht, trotzdem sie für jeden verständlich und auch in einem fesselnden Tone geschrieben ist und trotzdem sie noch obendrein, wenn auch auf Dörpfeld, Riehl, Wirth u. a. fufsend, in vielen Stücken mit Recht auf Originalität Anspruch machen kann. Man wird sie totzuschweigen versuchen, wie man Dörpfelds sozial-pädagogische Schriften, »Die freie Schulgemeinde« und die drei Grundgebrechen« Jahrzehnte lang totgeschwiegen hat und wie man die geistesverwandte Schrift von Pastor Zahn, »Die natürliche Moral christlich beurteilt und angewandt auf die Gegenwart in Kirche, Schule und innere Mission« (Gotha. Schloestmann 1881) totschweigt, eben weil gewisse Zustände in Kirche und Schule es nicht einmal vertragen können, dafs man an sie den Mafsstab der blofs natürlichen Moral legt, von der christlichen ganz zu schweigen.

Barths Ausführungen ergeben, dafs die Irrgänge der Gesellschaft zum grofsen Teile ihre Ursache in den mangelhaften Verfassungen der Social-, Kirchen- und Erziehungsgemeinden haben und dafs eine nachhaltige Sozialreform eine neue Ordnung des Gemeindelebens verlangt. Ziller behauptet nun zwar, dafs die Lehre von der Schulverfassung — oder besser: der Verfassung der Erziehungsgemeinden — an der Grenze des pädagogischen Gebietes liege und man scheint, wie fast alle pädagogischen Lehrbücher bezeugen, den Ausbau derselben nicht für notwendig zu halten. Allein verwendet ein lebenskräftiger Staat nicht gerade die meiste Sorgfalt auf die Befestigung seiner Grenzen und auf die planmäfsige Pflege der guten Beziehungen mit den Nachbargebieten? Dafs gerade die Herbart-Zillersche Schule verhältnismäfsig viel in dieser Beziehung gearbeitet hat, soll nicht geleugnet werden. Demnach aber wollen wir die ernste Mahnung, welche Barth an den Verein für wissenschaftliche Pädagogik und an »fast alle unsere jetzigen Gelehrten richtet, nicht als eine unverdiente zurückweisen, wenn er S. 73 ff. sagt:

»Ist (auch) in hohem Grade zu wünschen, dafs sich diesem Vereine mehr Arbeiter anschliefsen und dafs die verschiedenen Seiten der Erziehung immer sorgfältiger ausgebaut werden, so wolle man doch nicht übersehen, dafs damit vorerst nur ein Regulator für die Praxis und, wenn diese eingetreten ist, nur eine Seite des christlichen Gemeinschaftslebens, nämlich die Jugenderziehung, gewonnen worden ist. Dabei bleibt noch ganz aufser Betracht, ob und wie die Familie eine rationelle Schulerziehung unterstützt und welche Stellung die Kirche, der Staat, das öffentliche Leben zur Schul- und Hauserziehung einnehmen. Die Faktoren, welche bei dieser Berechnung einzusetzen sind, können gleich Null sein oder gar als negative Gröfsen erscheinen, und dann ist alles Bemühen, mag es von der klarsten wissenschaftlichen Erkenntnis ausgehen, mag der wärmste Herzschlag es begleiten, vergeblich und für die Verbesserung des Menschengeschlechts ohne erhebliche Bedeutung. Wenn also jemand nichts weiter thäte, als sich mit den Aufgaben der wissenschaftlichen Pädagogik zu beschäftigen, wenn er es dabei versäumte, auch für Regeneration unseres kirchlichen, wirtschaftlichen und staatlichen Lebens einzutreten, so würde er bei aller Vortrefflichkeit seiner wissenschaftlichen Leistungen seiner Pflichten als Bürger des Reiches Gottes nur höchst unvollkommen genügen.«

Wir stimmen nicht allen Punkten der Barthelschen Kritik der modernen Gesellschaft, noch auch allen Einzelheiten seiner Reformvorschläge zu; aber in den Grundzügen werden die meisten Leser d. Z. gleich uns sich mit ihm eins wissen. Aufgabe der Zukunft dürfte darum für uns sein, durch genaue wissenschaftliche Prüfung der ältern Dörpfeldschen und der durch Barth vielfach erweiterten Theorie der Schulverfassung dieselbe ins Reine zu bringen, um alsdann mit aller Kraft ihre thatsächliche Verwirklichung zu erstreben. Es läfst sich nicht leugnen, zwischen der Schule und dem Leben in Familie, Gemeinde, Kirche und Staat besteht in vieler Beziehung ein Zwiespalt oder doch wenigstens eine schädlich wirkende Abgeschlossenheit. Und in diesem Zustande liegt unseres Erachtens die noch heute nach 67 Jahren nicht ganz unberechtigte Klage Schleiermachers begründet.

»Es giebt uns manches eine traurige Ahndung über uns selbst. Seit fünfzig Jahren bemerkt man im Erziehungswesen lauter einseitige Neuerungen. Sollen wir daraus schliefsen, dafs unser gemeinsames Leben im Verfall sei? Es ist so. Doch leuchtet uns noch eine Hoffnung. Das Leben eines Volkes ist ein sehr langes, der Wechsel ist auch in seiner Blüte; und so können wir die Hoffnung haben, dafs nach dieser Zeit des Wechsels eine andere bessere Zeit in der Erziehung werde. Steigen können wir jedoch nur wieder, wenn wir zu einer festen Gestalt unseres Erziehungswesens gelangen. — — Aber dies kann nur geschehen auf dem Wege des vollständigen Beschauens, der genauen Theorie; denn wir sind schon zu alt, um einen andern Weg noch betreten zu können. Tritt die wahrhafte Besinnung noch eher ein, als die Symptome des Verfalls sich mehren, so können wir eine Regeneration hoffen.« Ein solches Beschauen kann unserer Meinung nach aber niemals zu dem in Lehrerkreisen oft von uns vernommenen Rufe: »Los mit der Schule von der Familie, los von der Kirche, los von dem wirtschaftlichen Leben!« führen; das kann nur das Resultat ergeben, zu welchem auch Barth gekommen ist, dafs nur eine innige gegenseitige Durchdringung aller sozialen Gemeinschaften und ein selbstloses, von christlichem Geiste zeugendes Handinhandgehen eine friedliche Lösung der grofsen Lebensfragen der Gegenwart ermöglichen und das verfallene Gemeinschaftswesen neu beleben wird.

Jena.

J. Trüper.

Mitglied d. päd. Universit.-Seminars.

V.

Der Entwicklungsgang der Kirche Jesu Christi in Umrissen und Ausführungen für Religionslehrer, Seminaristen und Präparanden, dargestellt von Gustav Schäfer. Langensalza, Hermann Beyer u. Söhne, 1887. 215 Seiten. brosch. 2 M., geb. 3 M.

Der durch mehrfache ähnlichen Zwecken dienende Schriften bekannt gewordene Archidiakonus und Rector der höheren Töchterschule in Langensalza hat es sich hier zur Aufgabe gestellt, den Volksschullehrern eine kurze Kirchengeschichte darzubieten, damit dieselben aus dem so gewonnenen reichen Schatz kirchengeschichtlicher Kenntnisse den Schülern mitteilen könnten, was not und nützlich ist, um der Jugend ihre Kirche selbst lieb zu machen und ihr das Verständnis der kirchlichen Gegenwart zu vermitteln. Dabei war es seine Absicht, nicht dürre Übersichten zu geben mit vielen Namen und Zahlen, sondern lebendige historische Bilder. Wir können es zugeben, dafs der Verfasser diese löbliche Absicht lobenswert verwirklicht hat; seine Kirchengeschichte liest sich behaglich und wirkt nicht trocken, sondern erwärmend. Auch macht sich nirgend ein überspannter Parteistandpunkt geltend; die Urteile sind mafsvoll und besonnen. So kann das Buch seinen Zweck recht wohl erfüllen und mag darum denen empfohlen werden, die einen nicht allzu kurzen und doch schlicht und warm geschriebenen Abrifs der Kirchengeschichte bedürfen.

Berka a/J. R. Bürkner.

D. Anzeigen.

Max Hesse's Lehrerbibliothek. Bd. VII: Die zweite Prüfung für Volksschullehrer. Ein Ratgeber für junge Lehrer, zugleich Vorschriften über einige Fachlehrerprüfungen und über die Prüfungen der Lehrer und Vorsteher an Taubstummenanstalten. Von G. Schumann. Brosch. 1 M., geb. 1,25 M. Im vorliegenden Schriftchen will der Verfasser den jüngeren Kollegen auf Erfahrung und amtliche Vorschriften gestützte Ratschläge geben zu einer zweckmäfsigen, nach allen Seiten hin eingehenden Vorbereitung, zu einer ordnungsmäfsigen und möglichst guten Anfertigung der schriftlichen Arbeiten und zu einer den Verordnungen entsprechenden Meldung zu der zweiten Prüfung. Das Buch unterscheidet sich von den meisten Schriften gleichen Inhalts dadurch, dafs die Fachlehrerprüfungen und die Prüfungen für Taubstummenlehrer berücksichtigt sind.

Druck von O. Pätz in Naumburg a. S.

A. Abhandlungen.

Gesinnungsunterricht und Kulturgeschichte.*)

Vom Herausgeber.

Ein Entwurf zu einer Theorie des Lehrplans ist ein herrliches Ideal und es schadet nichts, wenn wir auch nicht gleich imstande sind, es zu realisieren. Man mufs nur nicht gleich die Idee für chimärisch halten und sie als einen schönen Traum verrufen, wenn auch Hindernisse bei ihrer Ausführung eintreten. Nach Kant.

Es giebt Ideen, die, wenn sie in Erscheinung treten, noch eine gewisse Dunkelheit an sich tragen. Daher kommt es wohl, dafs ganze Generationen an ihnen vorübergehen, da man nicht weifs, was mit ihnen anzufangen sei. Ebenso bleibt manches, was vorleuchtende Geister Jahrzehnte lang vorher verkündigten, lange Zeit verborgen, ohne die Aufmerksamkeit auf sich zu lenken, selbst wenn die Ideen völlig klar und ausgereift sich darstellten. Wieder andere Ideen liegen gleichsam in der Luft, entstehen zu gleicher Zeit unter verschiedenen Nationen, werden zu gleicher Zeit von verschiedenen Männern auf ganz verschiedenen Wegen geboren. Und doch bleiben sie unbeachtet, bis nach und nach durch die Arbeit eines einzelnen oder durch das Mitwirken vieler die Idee aus dem Dunkel hervorgeholt und trotz mannigfachen Widerspruchs ausgebeutet wird. Endlich auch drängen sich dem Menschen Ideen auf, deren Wahrheit keineswegs so bewiesen, dafs sie als mafsgebende Prinzipien der Erkenntnis angesehen werden können. Und doch liefern sie die wirksamsten Anregungen zu immer neuem Nachdenken, zu immer neuen Anstrengungen, bis ihre Wahrheit ins hellste Licht gestellt, auch die vorurteilsvollsten Zweifler befriedigt. Dafs es sich nun mit der Idee der kulturhisto-

*) Gesinnungsunterricht und Kulturgeschichte. Zur pädagogischen Kritik von Dr. E. von Sallwürk. Langensalza, Beyer und Söhne 1887, 8°. 103 S. 1,20 M. — Vergl. zu der Abhandlung des Herausgebers nachstehende »Mitteilungen« No. 1 u. 2.

rischen Stufen, der ersten grundlegenden Idee der herbartischen Didaktik, so verhält, wird niemand verkennen. Jetzt, da man sich dem Ende des Jahrhunderts zuneigt, fängt man an, dieselbe in das Bereich wissenschaftlicher Bearbeitung zu ziehen. Ausgesprochen wurde sie schon am Anfang unseres Jahrhunderts. Aber wer achtete damals ihrer? Und doch konnte sie sich der Urheberschaft eines Kant und eines Goethe rühmen. Denn Kant*) warf die Frage auf: »Ob die Erziehung im einzelnen wohl die Ausbildung der Menschheit im allgemeinen durch ihre verschiedenen Generationen nachahmen soll?« — und Goethe forderte geradezu: »Wenn auch die Welt im ganzen vorschreitet, die Jugend mufs doch immer wieder von vorn anfangen und als Individuum die Epochen der Weltkultur durchmachen.« **) Hunderte sind achtlos an dieser Idee vorübergegangen. Ist es doch oft schon gewesen, dafs das wahrhaft Neue und Keimfähige zunächst unbeachtet und unverstanden bleibt, da es meist in einer Form auftritt, die mehr von dem Ringen als der Vollendung zeugt. Manche haben sich vielleicht an der Idee als neuem, geistvollem Einfall erfreut — aber für ein Unterrichtsprinzip, für ein Unterrichtsprogramm im grofsen Stil hat sie keiner gehalten, bis Professor Ziller in Leipzig, durch Herbart angeregt, sie aufgriff und einen Unterrichtsplan nach ihr entwarf, welchem bei allen Mängeln, die erste Versuche, Ideen in die Wirklichkeit überzuführen, an sich zu tragen pflegen, nicht blofs Kühnheit nachzurühmen, sondern eine gewisse Genialität nicht abzusprechen ist. Wirklich birgt die Idee, welche mit dem Goetheschen Wort zusammenfällt, ein grofsartiges Programm für den erziehenden Unterricht in sich. Sie giebt uns ein festes Prinzip für das erste und höchste, was die allgemeine Didaktik bearbeiten mufs, für die Auswahl des Stoffes, dem gegenüber alle anderen bisher gültigen Grundsätze zurücktreten müssen. Denn das allgemein herrschende, das fachwissenschaftliche, beruht vorwiegend auf der Technik der Schere. Man nimmt die Stoffe, wie sie der Tradition gemäfs die Fachwissenschaft bietet, und schneidet je nach Laune und Willkür, mit gröfserem oder geringerem Behagen, keinesfalls geizend, die Portionen in den einzelnen Unterrichtsfächern zu, wie sie die jeweilige Schule, die jeweilige Klasse nötig zu haben scheint, um tüchtig satt zu werden. Wo aber Laune und Willkür herrscht, offene oder versteckte, kann man da von Wissenschaft reden? Diese verlangt Gründe; denn nur durch solche kann die Notwendigkeit der getroffenen Auswahl und der Aufeinanderfolge der Stoffe überzeugend dargethan werden. Wer freilich das Bedürfnis nach einer die Stoff-

*) Kant, Über Pädagogik. Ausgabe von Vogt, Langensalza, 1883, S. 64.

**) Eckermann, Gespräche mit Goethe. 4 Aufl. I, S. 206. Leipzig, 1876. Eine Zusammenstellung der hierher gehör. Litteratur s. am Schlufs d. A.

auswahl bestimmenden Idee nicht empfindet, wer sich bei dem Hergebrachten, dem Jahrhunderte lang erprobten, beruhigt; wer geneigt ist, den Schwerpunkt auch in dieser Angelegenheit in die persönliche Autorität zu verlegen, die da spricht: So wähle ich aus — und so ist es gut; wer also über den Individualismus mit seiner ungeschichtlichen Auffassung nicht hinauskommen kann — der mag leicht in Zweifel und Bedenken geraten und die Idee gar bald als einen schönen Traum verrufen. Um so inniger aber werden diejenigen an dem grundlegenden Gedanken festhalten, welche, von der Wahrheit und der Lebenskraft desselben überzeugt, nicht gleich zurückschrecken, wenn einzelne Hindernisse sich in den Weg stellen, vielmehr denselben mit Eifer und Konsequenz verfolgen, bis auch die letzten Schwierigkeiten aus dem Wege geräumt und alle Zweifel und Bedenken siegreich aus dem Felde geschlagen sind. Denn die Idee ist uns zugleich ein Ideal geworden, da sie in uns Gestalt gewonnen, da sie aus einem abstrakten Gedanken ein Gegenstand des Gefallens wurde und für unsern Willen als ein Ziel des Strebens sich darstellte. Darum lassen wir nicht locker in dem Bemühen, auch hier dem Ideal uns zu nähern. Freilich ist solche positive Arbeit schwieriger als die Negation, die in dem Buch des Herrn von Sallwürk mit allerlei Bedenken und Zweifeln sich verbindet. Die Kritik begrüfsen wir nur dann, wenn sie auf wunde Stellen aufmerksam machen und durch ihre eingehende, sachliche Darlegung zu erneuten Untersuchungen auffordern kann. Allerdings war dies in dem vorliegenden Fall kaum nötig. Denn wer mit der Ausgestaltung der ersten grundlegenden Idee der allgemeinen Didaktik beschäftigt ist, weifs sehr wohl, wie viel noch zu thun ist, welche Aufgaben des rüstigen Arbeiters auf diesem Felde noch harren.

Vor allem wird es sich darum handeln, die Idee selbst so klar als möglich auseinander zu legen. Hierbei tritt uns nun der Begriff der Kultur entgegen, welcher zunächst bestimmt werden mufs.*) Die Kultur umfafst das gesamte Gebiet menschlicher Arbeit, alles, was Menschen je empfanden, erfuhren, erdachten und versuchten auf dem Gebiet der Geistes- wie der Naturwissenschften: Ein ungeheuerer Schatz, den die Menschheit bis jetzt aufgehäuft, den ins Unermefsliche zu vermehren sie Tag für Tag sich anschickt, um ihre Macht über Natur- und Menschenleben fortwährend zu steigern. In diesen gewaltigen Strom, der in seiner Tiefe nur ein einziges Geschehen zeigt, während auf seiner Oberfläche die mannigfaltigsten Strömungen neben einander, oft Strudel und Wirbel erzeugend und sich gegenseitig einengend, dahinschiefsen — wird

*) Vergl. die höchst anregenden Untersuchungen von Prof. Dr. R. Eucken, Geschichte und Kritik der Grundbegriffe der Gegenwart. Leipzig 1878, S. 185 ff. S. Dörpfeld »Grundlinien einer Theorie des Lehrplans« und »3 Grundgebrechen«.

der werdende Mensch hineingestellt mit der harten Forderung, die Kräfte desselben sich zu eigen zu machen, um wiederum die Kraft des Ganzen zu vermehren. Erscheint dies nicht unmöglich oder wenigstens überflüssig? Erlafst ihm doch die saure Arbeit, im Schweifse seines Angesichts den Schatz zu gewinnen, oder begnügt euch damit, ihm einen Teil derselben — welchen er gerade will — sich anzueignen! Es ist nicht möglich. Aus dem Paradies vertrieben, heifst es nun arbeiten, den verzehrenden Drang stillen und beschwichtigen im Bewufstsein, als ein Glied des ungeheuern Organismus, als ein Ring in der unermefslichen Kette, dem Fortschreiten des Ganzen zu dienen. Dies wird um so wirkungsvoller geschehen, je eindringender der Mensch die bisherige Entwicklung überschaut, je genauer er die Kräfte kennen lernt, die oft geheimnisvoll und den Blicken der Masse verborgen in der Tiefe wirken. Damit der einzelne nun dies rasch und sicher könne, damit er ohne langes Schwanken wisse, wo er mit seiner Arbeit einzusetzen habe, so könnte man wohl meinen, dafs man mit rascher Hand die Ergebnisse der Arbeit dem Zögling überliefern solle. Wollte man dies thun, wollte man den ganzen Gewinn der bisherigen Kulturarbeit einfach dem jungen Nachwuchs konzentriert darbieten, so würde man nur zu bald erfahren, dafs damit nichts erreicht wird. Nicht der Besitz ist es ja, der hier eine Rolle spielt, sondern die lebenspendende Kraft, welche aus dem Erwerb der geistigen Erbschaft, die uns von den Vätern überkommen, entspringt und die dann das Fortarbeiten auf dem gelegten Grunde gewährleistet. Dem Werden der Kultur mufs also der werdende Mensch nachgehen, oder er wird niemals ein mit vollem Bewufstsein in die Arbeit der Gegenwart eingreifendes Glied der menschlichen Gesellschaft sein können.

Bis zu diesem Punkte der Untersuchung wird wohl kaum ein Widerspruch erhoben werden. Nur das eine wird man wohl entgegenhalten, dafs bei der fortgehenden Steigerung und Mehrung des Kulturinhalts das Gesamtgebiet ein so ungeheueres werde, dafs man nicht mehr imstande sei, alle Seiten desselben für den werdenden Menschen zu berücksichtigen, dafs man daher genötigt werde, einige Gebiete der menschlichen Arbeit besonders hervorzuheben, andere aber der Vergessenheit — oder doch nur dem Interesse einzelner weniger zu überlassen. Hierauf beruht der Streit, der in der Gegenwart so heftig entbrannt ist, der in dem Aufschwung der Naturwissenschaften seinen tiefsten Grund hat und die ganze Kulturarbeit der Gegenwart zu Gunsten dieses einen Arbeitsgebietes verschieben will.*) Wir halten dagegen daran fest, dafs, wenn wir das Wachsen der Kultur als ein einziges Geschehen auffassen, jedes einseitige Zurückdrängen einer ihrer Hauptseiten, jedes einseitige Hervorheben

*) W. Preyer, Naturforschung und Schule. Stuttgart 1887.

anderer, von einem wesentlichen Mangel in der Bildung der Gesamtheit begleitet sein mufs, welcher dem kontinuierlichen Fortschritt die gröfsten Gefahren bereiten kann. Also nicht in mehr oder minder willkürlichem Wegstreichen von Bildungselementen, die als integrierende Bestandteile der Kultur Jahrhunderte lang sich erwiesen haben, nicht in chirurgischen Operationen kann die Lösung gefunden werden, sondern allein in der Konzentrierung, in der Zusammendrängung des Weges, auf welchem wir die Bildung des Ganzen nachahmen wollen. (S. Dörpfeld, 2 dringl. Reformen.)

Aber wer zeigt uns diesen Weg? Die wissenschaftliche Didaktik. Und wie findet diese ihn? Indem sie den Spuren der menschheitlichen Entwicklung nachgeht. Der menschheitlichen? Wo findet sich denn die Menschheit, deren Aufsteigen den Bildungsgang des Zöglings determinieren soll? Dieselbe als etwas aufser und über den Völkern Gedachtes existiert doch so wenig, wie eine universelle Kultur. Und doch redet Goethe von einer »Weltkultur«, deren Träger die Menschheit sein müfste, in welcher die Ergebnisse der Bildungsbestrebungen der einzelnen Völker zusammengefafst erschienen. Dem kosmopolitischen Sinne des Goetheschen Zeitalters und dem universellen Geiste des grofsen Dichters lag der Begriff einer »Weltkultur« näher, als der neueren Zeit, einer Epoche nationalen Aufschwunges und einer nur zu grofsen Auseinanderlegung der Wissenschaften. In der praktischen Werkstatt der geschichtlichen Arbeit ist das, was Schlözer theoretisch begründete, was von Kant, Schiller, Herder, Schlosser als universalgeschichtliche Aufgabe verstanden und entwickelt wurde, zumeist über Bord geworfen worden.*) Nun hat es den Anschein, als ob der veraltete, ursprünglich der Bibel entnommene, vom Christentum verschärfte Irrtum über den Begriff der Menschheit, nachdem er in der Geschichtswissenschaft verlassen, in der Didaktik von neuem aufleben solle. Doch ist das nicht der Fall. Denn dies Ziel, die Menschheit in dem ganzen Umkreis ihrer Thätigkeit, in dem ganzen Umfang ihres Könnens, Wissens und Schaffens zu erfassen und in konzentrierter Gestalt der heranwachsenden Jugend zu übermitteln, kann doch nur als frommer Wunsch betrachtet werden, dessen Verwirklichung ein Sterblicher niemals zu erreichen imstande sein wird. Daher wird man es auch niemals als Ziel des Unterrichts aufstellen können. Unser Ziel ist ein viel greifbareres. Der Aufbau nach kulturhistorischen Stufen bewegt sich durchaus innerhalb des nationalen Rahmens. Die Wendepunkte in der Entwicklung der deutschen Kultur, diese sind es, welche von unserm Zögling durchlaufen werden sollen. Indem er die Ergebnisse der einzelnen Bildungsperioden verfolgt und

---

*) O. Lorenz, die Geschichtswissenschaft in Hauptrichtungen und Aufgaben. Berlin 1886, S. 38.

zwar so, dafs er von den einfachsten Gestaltungen zu den späteren verwickelteren fortschreitet, durchlebt er von neuem die Gesamtentwicklung nach ihren Hauptwendepunkten in sich. Und hierzu leitet uns auch die schon berührte Betrachtung, dafs unser Zögling befähigt werden soll, nach seinen Kräften an der gemeinsamen Kulturarbeit dereinst sich zu beteiligen. Denn ein echtes Kulturvolk erhält nicht nur, wie ein echter Haushalter, die Ergebnisse früherer Arbeit, sondern sucht diese nach allen Seiten hin zu ergänzen, zu steigern, zu mehren. Aber immer kann der Zögling nur zu der auf dem Boden eines bestimmten Volkstums erwachsenden Kultur hingeführt werden, in das er selbst durch Geburt, Sprache und Sitte hineingestellt ist. Die Aufgaben der Menschheit verschwinden vor seinen Augen; sie gleichen phantastischen Nebelgebilden, die, wenn man sie greifen will, in nichts zerrinnen. Nur insoweit verläfst die Bildung des Zöglings den vaterländischen Boden, als die Kultur des Volkes selbst auf fremde Einflüsse hinweist, unter denen sie sich entwickelt hat. Wer sich des nationalen Kulturgehalts der Gegenwart voll und ganz bemächtigen will, um an der Mehrung desselben selbstthätig teilzunehmen, dem kann der lange Weg nicht erspart werden, auf welchem man zur gegenwärtigen Höhe stieg. Denn diese erreichen wir Menschen nicht im Flug, sondern wir erobern sie in langsamem, mühsamem Anstieg. Nun können wir uns nicht rühmen, dafs unsere Kultur gleich einer Pflanze aus eigenem Keime allein entsprossen, aus eigener Triebkraft allein emporgewachsen sei. In die religiöse Entwicklung griff das Christentum als etwas von aufsen Gebrachtes ein und es dauerte Jahrhunderte, bis eine völlige Verschmelzung des christlichen und des germanischen Geistes stattfand; die ästhetische Ausbildung aber in weiterem Sinne wurde und wird durch das Einströmen der antiken Kultur sowohl, wie moderner Bildungsfaktoren gefördert. Namentlich kann das Aufblühen von Kunst und Wissenschaft bei uns nicht verstanden und recht gewürdigt werden, ohne Vertiefung in die Quellen, aus denen unsere Vorfahren geschöpft, um durch Verarbeitung und Durchdringung mit nationalem Geiste das Fremde zum Eigentum des eignen Volkes zu gestalten und so dieses selbst immer höheren Stufen zuzuführen. Bekannt ist, wie die römische Kulturwelt die germanische beeinflufst hat und wie daher auch das Vorwiegen des Lateinischen in unseren Gymnasien bis auf diesen Tag zu erklären ist. Aber die römische Kultur war keine originale; sie stand auf den Schultern der griechischen und konnte an innerem Wert niemals die Lehrerin erreichen. Trotzdem blieb das Römische bis jetzt vorherrschend. Klopstocks Wort:

Die Römer sind es euch, die Griechen lafst ihr liegen;
Ihr nehmt das Ei und lafst die Henne fliegen —

blieb unbeachtet; ebenso Schillers und Goethes Bestrebungen, das Griechentum ohne Vermittlung durch das römische Wesen zu erfassen; endlich die zahlreichen Anstrengungen bedeutender Männer, der griechischen Kultur den Vorrang in dem Bildungsgang unserer Jugend zu sichern.*) Die Macht der Gewohnheit und der Tradition erwies sich auch hier stärker, als die Macht, welche bessere Einsicht gewährt. Wir schöpfen letztere aus der Idee der nationalen Kulturstufen, versuchen von hier aus den Lehrplan zu gestalten und eine Stufenleiter auszubilden, an welcher man zugleich, wie an einem Kulturmesser, den Gang rein menschlicher Entwicklung überhaupt wahrnehmen kann.**)

Dies letztere aber wird dadurch möglich, dafs unser Volk mit seiner reichen Kulturentfaltung bestimmte Phasen in der Entwicklung anderer Völker psychologisch nachbilden kann. Das war es auch, was Goethe in den Gesprächen mit Eckermann vorschwebte.***) Bestimmte Phasen in der Entwicklung der Völker kehren bei allen wieder, geradeso wie es bei der Entwicklung der Individuen der Fall ist. Und wie die Individuen hinsichtlich ihrer geistigen Bildung sehr verschiedene Stufen erreichen, so zeigen auch die Völker sehr verschiedene Höhepunkte in ihrer Entwicklung. Aber so verschieden im einzelnen dieselben nach Höhe und Tiefe sein mögen, so giebt es doch bei allen Kulturvölkern und bei allen höherstrebenden Individuen bestimmte, immerwiederkehrende typische Züge, welche bei allen zu gewissen Zeiten mit gewisser innerer Notwendigkeit hervortreten, bald stärker, bald schwächer — bald deutlicher, bald dunkler.

So fester Ergebnisse, wie die Naturwissenschaften sie mittelst der Induktion aufweisen können, können wir freilich auf diesem Gebiet uns nicht rühmen. Aber zweifelsohne erscheinen Entwicklungshöhen, über welche niedrigstehende Völker nicht hinausgekommen sind, bei dem höher kultivierten Volke als Durchgangsphasen — so gut wie bei den einzelnen Individuen der geistig Hochstehende bestimmte Stadien unter sich sieht, die er längst verlassen, durch die er aber naturgemäfs kommen mufste. Daher ist der Vergleich mit der Entwicklung der höheren Klassen in der tierischen Welt hier sehr wohl heranzuziehen und mehr als ein Analogieschlufs — worauf Willmann im Anschlufs an Lilienfeld schon hingewiesen hat.†) Indem das Individuum in den Jahren

*) S. Brzoska, 2. Aufl. Anm. 17, 18, 21. Leipzig 1887.

**) Herbart, Werke ed. Willmann I, 89. II, 464.

***) Vergl. V. Hehn, Gedanken über Goethe. Berlin 1887, Seite 209

†) Willmann, Didaktik I, S. 73, (Lilienfeld) Gedanken über die Sozialwissenschaft der Zukunft. 1873, Mitau, I, 251 u. 274. Herr O. W. Beyer, den Herr v. S. auf Seite 73 ff. bekämpft, führt seine Verteidigung selbst. (S. Mitteilungen No. 1.) Herr Direktor Dr. Staude wird seinen gegenwärtigen Standpunkt in dieser Angelegenheit im nächsten Heft der Studien darlegen.

der jugendlichen Empfänglichkeit die Bahn durchläuft, die sein Volk im Laufe von Jahrhunderten unter Mühsal und Kampf durchschritten hat, wiederholt es zugleich in sich psychologisch die Entwicklung anderer Völker, wie in der Tierwelt in den embryologischen Zuständen des höher entwickelten Individuums sich die in den Klassen fixierten Formen wiederspiegeln. In historischem Sinne genommen reden wir also von Kulturstufen des eigenen Volkes — in psychologischem Sinne aber von Kulturstufen der Menschheit. Beide berühren einander, denn in den historisch-nationalen Typen kehren in psychologischem Sinne die menschheitlichen wieder. In diese beiden Bahnen ist die Entwicklung unserer Jugend gespannt. Sie richtig abzustecken, sie im Geiste des idealen Erziehungszweckes klar zu bestimmen und den verschiedenen Bildungsschichten des Volkes genau anzupassen — dies ist die Aufgabe der wissenschaftlichen, vom Individualismus abgelösten Didaktik. Wie schwierig dieselbe ist, mag daraus ersehen werden, dafs nach der stofflichen Seite hin die Idee der kulturhistorischen Stufen Natur- und Menschenleben umfafst und dafs es gilt, die natürliche und die geistige Entwicklung fortwährend zusammen zu stimmen, und dabei die verschiedenen Richtungen innerhalb der letzteren, die religiöse, die ästhetische im weiteren Sinne, und die rein intellektuelle Hand in Hand gehen zu lassen. Inbezug auf die psychologische Seite aber handelt es sich darum, den jeweiligen Apperzeptionstufen nachzugehen, um ihnen die kongenialen Stoffe zuweisen zu können. Eine schier unabsehbare Arbeit, zu welcher eindringende Vorarbeiten geschichtsphilosophischer, naturwissenschaftlicher und psychologischer Art gehören. Gern wollen wir zugestehen, wie wir es immer schon gethan haben, dafs die bis jetzt auf Grund solcher Arbeiten vorgelegten Lehrpläne höchst unvollkommen und einer fortwährenden Verbesserung fähig sind. Es ist eine der wichtigsten Aufgaben des Vereins für wissenschaftliche Pädagogik, gesicherte Grundlagen für die Ausarbeitung der Lehrpläne zu schaffen; und er wird an dieser Aufgabe so lange festhalten, bis nachgewiesen wird, dafs die grundlegenden Ideen, wenn auch ein geistvoller Einfall, doch nur trügerische Hoffnungen wecken, also für die Unterrichtsarbeit unserer Schulen nicht wirksam gemacht werden können.

Und man wird diese Idee umsoweniger fallen lassen, als sie zugleich die Lösung der Konzentrationsfrage herbeizuführen vermag. Giebt man die Kulturstufentheorie auf, so wird dadurch auch der Konzentrationsidee alle Kraft und alle Wirksamkeit genommen und die Formalstufentheorie zum Mechanismus herabgedrückt. Die Konzentrationsidee ist gegenwärtig ohne Zweifel nach den Arbeiten des Vereins für wissenschaftliche Pädagogik (und nach mehreren Ausführungen in den »Schuljahren«) in einer Umgestaltung begriffen, welche das Fehlerhafte an ihr beseitigen, alle äufserlichen Anknüpfungen bei

Seite schieben und eine vertiefte Auffassung herbeiführen will. Dies rührt ohne Zweifel daher, dafs man der Idee des kulturhistorischen Aufbaues unseres Lehrplans weiter nachgegangen ist. Der Zusammenhang der kulturhistorischen und der Konzentrationsidee ist ein so inniger, dafs letztere ohne erstere nicht zu voller Wirksamkeit gebracht werden kann. So rühren auch alle Fehler in der Ausführung des Konzentrationsgedankens bei Ziller von seiner einseitigen Auffassung der Kulturstufenidee her. Indem Ziller den Aufbau nur nach der ethisch-sozialen Seite hin ins Auge fafste, also mit der Idee nicht vollen Ernst machte, mufsten alle übrigen Bildungselemente mehr oder weniger willkürlich dem Hauptstoffe eingefügt, mehr äufserlich angeklebt, als innerlich verbunden erscheinen, trotz der eingehenden Vorschriften, welche das Leipziger Seminarbuch im Jahrbuch 1874, S. 117 f. brachte. Und dies fühlen auch viele, die dem Zillerschen Lehrplan nahe stehen, sehr deutlich heraus, ohne doch den Punkt zu finden, wo der Hebel angesetzt werden mufs, um mit einem Male von aller Klebarbeit in Sachen des Lehrplans befreit zu werden. Dies geschieht durch die Forderung, dafs auf jeder Stufe, welche der Lehrplan festsetzt, ein Kulturbild entworfen werde, zu welchem jedes Fach, die verschiedenen kulturellen Bestrebungen des Volkes widerspiegelnd, seine eigentümliche Farbe beiträgt. Hierdurch wird am besten die Vermischung der räumlichen und zeitlichen Verhältnisse vermieden, welche nur zu sehr geeignet ist, alles Interesse zu ertöten. In diesem Sinne sind die Arbeiten von Beyer und Menard aufzufassen.*) Dem aufmerksamen Leser kann es nicht entgehen, wie nahe die beiden Aufsätze innerlich verwandt sind und wie beide auf dem gleichen Wege auch zu dem gleichen Ziele hinsteuern, zusammentreffend mit dem Grundsatz Spencers, dafs die Entstehung des Wissens im Individuum denselben Lauf befolgen mufs, wie die Entstehung des Wissens im ganzen Menschengeschlecht.**) Nur ist den gen. Herren nicht die Anhäufung bestimmter Kenntnisse und Fertigkeiten Selbstzweck, sondern sie ordnen streng ihren Gang dem obersten Erziehungszweck unter und reihen ihr Fach, welches nach kulturhistorischen Beziehungen vorwärts schreiten soll, zugleich den übrigen Fächern ein. Beide wollen zu dem geistigen Bild einer Epoche das zugehörige Bild einesteils der ästhetischen Entwicklung, und andernteils der wirtschaftlichen Kultur hinzufügen. Sowohl die erstere, wie die letztere wird dadurch in enger sachlicher Beziehung zum historischen Unterricht gehalten, insofern die gen. Gegenstände (Zeichnen und Naturkunde) den Kulturfortschritt nach der ästhetischen und nach der materiellen

---

*) Jahrbuch des Vereins für wissenschaftl. Pädagogik, 1887.

**) H. Spencer, Die Erziehung u. s. w. Übersetzt von Schulze. Jena, S. 119.

Seite innerhalb derselben Epoche nachweisen. Hierdurch ist von vornherein die Gefahr ausgeschlossen, dafs jedes Fach im Unterricht wie sonst seine eigenen Wege gehe. Allerdings mufs die Kunst des Pädagogen nun hinzutreten, welche darin besteht, die einzelnen Fächer auf ein Tempo zu stimmen, damit nicht das eine dem andern voraufeile und die Reinheit der Stimmung, die Geschlossenheit des Gedankenkreises authebe. Denn nicht eine Zickzacklinie darf der Gang der einzelnen Fächer darstellen, sondern der ideale Durchschnitt mufs sich immer auf einer geraden Linie bewegen, auf der die einzelnen Bildungselemente neben einander liegend in gleicher Richtung geeint sind. Die Arbeiten von Beyer und Menard sind daher freudig zu begrüfsen und es ist nur zu wünschen, dafs die übrigen Fächer, Geographie u. s. w., ebenfalls in gleicher Weise monographisch bearbeitet werden. Auf Grund solcher Arbeiten wird sich der Lehrplan der Zukunft auferbauen. Je reiner derselbe die kulturhistorische Idee nach allen ihren Beziehungen widerspiegelt, desto gesunder, desto naturgemäfser wird sich unsere Erziehung gestalten. Ziller ging, wie schon hervorgehoben, nur einer Seite der Entwicklung nach, nämlich der ethisch-sozialen. Und sofern diese Reihe die tonangebende, die bestimmende in der Erziehung sein mufs, hatte er gewifs Recht, sie zu erst ins Auge zu fassen. Überdies dürfte hier ein Widerspruch gegen die Parallelisierung i. a. nicht erhoben werden. Denn es ist unbestritten, dafs wie in dem geschichtlichen Verlauf die sittlichen Ideale sich wandeln und steigern — wie weit stehen z. B. die Ideale, welche in den Tagen der Kreuzzüge und die im Jahrhundert der Reformation und die im Zeitalter Rousseaus von einander ab — so auch im einzelnen Menschen sich seine Ideale mit den Stufen seiner sittlichen Entwicklung wandeln und steigern.*) Inbezug nun auf die Ausarbeitung im einzelnen, auf die Anwendung dieser Thatsachen im Lehrplan der verschiedenen Schulen läfst sich gewifs verschiedener Meinung sein. Und so wird auch gegen die Zillersche Darlegung der Stufen innerhalb der Volksschule manches sich einwenden lassen. Es ist leicht ersichtlich, dafs Ziller bei Aufstellung dieser Reihe (vom 3.—8. Schuljahr) ausging von der historischen Entwicklung des Christentums, indem er die alttestamentliche Stufe (Patriarchen, Richter, Königszeit) dem Leben Jesu voranschickte, die Apostelgeschichte und die weitere Ausgestaltung der christlichen Lehre im luth. Katechismus aber nachfolgen liefs. Den Fortschritt der ethisch-sozialen Entwicklung, welche die religiöse zugleich in sich schliefst, glaubte er nun in der Einzelentwicklung wiederzufinden. Darnach kehrte er die Reihenfolge um und befolgte denselben Gang der Betrach-

*) Gerok, Illusionen und Ideale. Stuttgart 1886, Seite 23 f. Ziller, Ethik S. 4. Das ethische Evidenzurteil wird selbstverständlich von dieser Entwicklung nicht berührt.

tung, wie er ihn bei der Begründung der Stoffe für das erste und zweite Schuljahr für richtig befunden hatte. An die Spitze stellte er den Nachweis der kindlichen Apperzeptionsstufen hinsichtlich ihrer ethischen Bestimmtheit und meinte nun, dafs dieser normalen Entwicklung des kindlichen Geistes die angegebenen historischen Entwicklungsstufen zu entsprechen schienen.*) Während er die Stoffe der beiden ersten Schuljahre mit wissenschaftlicher Exaktheit bestimmen wollte und hinsichtlich der Märchenstufe unstreitig bestimmt hat,**) wollte er also vom 3. Schuljahre ab den Parallelismus beider Reihen mit absoluter Gewifsheit nicht festsetzen. Seine Ausführungen erscheinen mehr wie ein kurz skizziertes Programm, das zu näherer Untersuchung auffordert. Und in der That erheben sich bei eingehenderer Betrachtung mancherlei Zweifel, nicht sowohl gegen die Feststellung der historischen Stufen — obwohl wir auch hier des Geschichtsphilosophen Zustimmung nicht von vornherein sicher sein können — als gegen die Feststellung der Entwicklungsstufen des kindlichen Geistes. Was hier von Ziller als nach einander folgend und mit der Volksentwicklung zusammenstimmend betrachtet wird, zeigt sich vielmehr als ein Nebeneinander und als ein nicht nur auf eine bestimmte Stufe Beschränktes. Am auffälligsten tritt dieses hervor bei der Begründung der vorletzten Stufe, auf welcher nach Ziller das Kind im Geiste der höchsten Autorität arbeiten lernen soll, zunächst in seinem eigenen Innern zum Zweck vollständiger, für die Erziehungszeit abschliefsender Durchbildung seines Gedankenkreises in sittlich-religiösem Geiste. Soll aber diese eigene Arbeit an sich nicht schon am Anfang der kunstvollen, erzieherischen Thätigkeit beginnen? Ja, ist letztere nicht in erster Linie darauf berechnet, von Anfang an die Ahnung einer höchsten sittlichen Autorität im Kinde wachzurufen und dahin zu arbeiten, dafs das Kind sich derselben durch freien Entschlufs unterordnen lerne, um das eigene Innere nach ihr zu gestalten und später auch dazu

---

*) Jahrb. d. V. f. w. P. 1881.

**) Zillers Begründung der Märchenstufe, die er im 1. Jahrb. d. V. gegeben hat, ist geradezu eine klassische zu nennen und bis jetzt unwiderlegt geblieben. Es ist eine wissenschaftliche Klarlegung des Jean Paulschen Satzes: »Wifst ihr denn nicht, dafs es eine Zeit giebt, wo die Phantasie noch stärker als im Jünglingsalter schafft, nämlich in der Kindheit, worin auch Völker ihre Götter schaffen und nur durch Dichtkunst reden.« Zillers Beweisführung beginnt mit der Feststellung der kindlichen Apperzeptionsstufe. Auf Grund dieser Feststellung erhebt er dann seine Forderungen an einen dem Kinde kongenialen Erzählungsstoff, um endlich die Erfüllung derselben durch den in den Märchen verkörperten Niederschlag der allgemein menschlichen, bez. volkstümlichen Kindheitsstufe nachzuweisen. In gleicher Weise hatte Herbart dargethan, dafs mit der Odyssee, der klassischen Darstellung eines idealischen Knabenalters, des Knaben Geist genährt werden müsse. Auf eine pädagogisch richtigere Weise kann ein Schulstoff überhaupt nicht festgestellt werden.

beizutragen, dafs die gröfsere Gemeinschaft, der es angehören wird, mit dem religiös-sittlichen Geiste durchdrungen werde? Die Schwierigkeit, die Reihe der Einzelentwicklung nach der religiösen und ethisch-sozialen Seite hin gleichsam im Durchschnitt festzustellen, liegt in dem Mangel eingehender Beobachtungen der kindlichen Natur. Ehe wir hier mit einiger Sicherheit den idealen Durchschnitt ziehen können, mufs eine Fülle konkreten Materials herbeigeschafft werden.*) Hier eröffnet sich für den Psychologen ein weites Feld fruchtbarer Thätigkeit, die der Erziehung grofse Dienste leisten könnte. Aber ebenso bietet sich hier auch eine umfassende Aufgabe für den Geschichtsphilosophen. Freilich drückt ihn die gleiche Schwierigkeit. Gäbe es eine vergleichende Geschichtsforschung, so wie es eine vergleichende Sprachforschung giebt, würden die menschheitlichen Entwicklungsstufen klar gelegt werden können. Auf Grund der komparativen Geschichtsforschung würde man die Durchschnittstypen, welche bei den verschiedenen Völkern wohl das Ansehen, aber nicht ihr Wesen ändern können, deutlich erkennen. Allerdings scheint bei der grofsen Differenzierung der Wissenschaften überhaupt wie der Geschichtswissenschaft im besondern für jetzt wenigstens keine Aussicht vorhanden zu sein. Ist deshalb die erste der grundlegenden didaktischen Ideen aufzugeben und auf spätere Zeiten zurückzuschieben? Eines solchen Kleinmutes wollen wir uns nicht schuldig machen, sondern vielmehr fortfahren, auf Grund der gegenwärtigen Einsicht und Beherrschung dieser Idee unser Lehrplansystem auszubauen. Inwieweit dieselbe herbartisch oder zillerisch ist, berührt uns dabei gar nicht**) — genug, wenn sie eine genügend feste Grundlage für den wissenschaftlichen Aufbau der Didaktik gewähren kann. Den Bau in seiner Vollendung zu schauen, wird keinem Sterblichen so bald zufallen; sind doch erst die untersten Fundamente gelegt, an denen man freilich schon bedenkliche Senkungen und Risse bemerkt haben will. Wir können dieselben nicht entdecken; aber wir wünschen, dafs mit Benutzung der schon gelegten Fundamente die Grundlagen breitere und damit auch sicherere werden. Auf welche Weise dies geschehen könne, dürfte aus dem Vorhergehenden mit genügender Klarheit hervorgehen.

Aber indem wir nach dem Vorgang des Herrn v. Sallwürk die historische Betrachtung aufnehmen und der Idee noch einmal nachgehen, wie sie in verschiedenen Stimmen aus der Vergangenheit zu uns tönt, wird neue Beleuchtung auf sie fallen und neuer Anreiz, sie trotz Herrn von Sallwürk und anderer Gegner weiter zu ver-

---

*) Dankenswerte Vorarbeiten hierzu lieferten bekanntlich Siegismund, Preyer, Grabs u. a.

**) Vergl. hierzu den Schlufs im nachstehenden Brief des Herrn Prof. Kármán in Pest. »Mitteilungen« No. 3.

folgen. Mit den Kategorieen, wie sie die Einleitung der vorl. Schrift entwickelt, können wir allerdings nicht übereinstimmen. Abgesehen davon, dafs die Benennungen derselben, wie der Herr Verf. selbst fühlt, recht unglücklich — weil durchaus irreführend — gewählt sind, so ist vor allem inhaltlich die gegebene Klassifizierung unhaltbar. Der moralisierende Standpunkt Luthers, der auch bei den Philanthropisten wieder stark hervorbricht, wo die Geschichte als eine magistra vitae zu moralischen Gemeinplätzen die Exempel abgiebt, mag richtig geschildert sein; aber wenn weiterhin gesagt wird (S. 3), dafs der organische Gesinnungsunterricht (Seite 12 wird der »Lehrplan« des Comenius organisch genannt) sich bei Mitteilung des Stoffes von der Entwicklung der Vorstellungswelt des Zöglings leiten liefse und der genetische darin bestände, dafs die sittliche Entwicklung des einzelnen Menschen den Gang der kulturgeschichtlichen Entwicklung der Menschheit in kürzerem Verlauf nachbilde, so können wir einen Unterschied zwischen den letztgenannten Standpunkten nicht herausfinden. Oder läfst sich der genetische nicht auch von der Beobachtung der Entwicklung des einzelnen leiten? Und könnte die Goethesche Stelle, Seite 19, nicht ebensogut auf das, was der Herr Verf. organischen Gesinnungsunterricht nennt, angewendet werden? Ist aber ein prinzipieller Unterschied zwischen den beiden letztgenannten Kategorieen nicht aufzufinden, so wird dann die folgende Einreihung der historischen Persönlichkeiten eine unrichtige.

Dafs Pestalozzi hierbei übergangen wird (S. 19), ist umsomehr zu verwundern, als der Einflufs Rousseauscher Ideen auf ihn allgemein bekannt ist. Pestalozzis Schrift »Meine Nachforschungen über den Gang der Natur in der Entwicklung des Menschengeschlechts« spiegelt in deutlichster Weise diesen Einflufs wieder. Sie macht den Versuch, die Rousseauschen Ideen weiter zu entwickeln und zu berichtigen. Die Voraussetzung, von welcher Pestalozzi ausgeht, ist die: Der psychologische Gang des Individuums und derjenige des Menschengeschlechts stimmen mit einander überein.*) Sollte diese Schrift, die von einem seiner Schüler als eine der wichtigsten bezeichnet wird, durch welche man die Pestalozzische Methode in ihrem ganzen Umfang erfassen und in die Tiefe ihrer Grundsätze eindringen könne — bei der vorliegenden Untersuchung wirklich übergangen werden dürfen? Es wäre dies schon nicht gestattet mit Rücksicht auf Herbart, der hier vor allem in Betracht kommt und der selbst seine volle Übereinstimmung mit Pestalozzi in der Grundfrage der Didaktik ausgesprochen hat: »Eine vollkommene, allen Rücksichten entsprechende Regelmäfsigkeit der Reihenfolge war mir das grofse Ideal, worin ich das

*) Vergl. Just, Pestalozzis Unterrichtsmethode. Jahrbuch d. V. 1882, S. 10 f.

durchgreifende Mittel sah, allem Unterricht seine rechte Wirkung zu sichern. Gerade diese Reihenfolge, diese Anordnung und Zusammenfügunng dessen, was zugleich und was nacheinader gelehrt werden mufs, richtig aufzufinden: das war, wie ich vernahm, auch Pestalozzis Hauptbestreben.*)« Das grofse Ideal, das Herbart zu verwirklichen suchte, ist kein anderes, als, nach dem Goetheschen Wort, alles Empfindungswerte in dem Moment den Schülern zuzubringen, wo es kulminiert und sie höchst empfänglich sind.**) Er strebte darnach, dafs »der gesamte Unterricht in Litteratur und Geschichte sich so gestalten möge, dafs er einem jeden der für Erziehung empfänglichen Alter die angemessenste Erregung gewähre.« (I, 573.) Aber ist damit auch eine vollkommene, allen Rücksichten entsprechende Regelmäfsigkeit der Reihenfolge gegeben? Gewifs nicht. Letztere mufste noch durch eine andere Rücksicht bestimmt werden. Wo man die Jugend, sagt Herbart, zu irgend einer Erhebung des Geistes vorbereiten wolle, da sähe man nur nach, welchen Weg die natürliche Entwicklung des menschlichen Geistes von selbst genommen habe. Die Dokumente der alten Litteratur würden, fährt er fort, zugleich die Anweisung und die Mittel zur Ausführung an die Hand geben. Beides, die geistige Entwicklung des einzelnen und die menschheitliche, wie sie in den Litteraturdenkmälern niedergelegt sei, müsse vom gleichen Punkte ausgehen und im Fortgange immer gleichen Schritt halten.***) Der Anfang soll bekanntlich mit Homers Odyssee gemacht werden. Und warum? Die heroischen Regungen des Knabenalters bedürfen, um nicht zwecklos zu entschwinden, noch zu verwildern, um vielmehr die Periode der Vernunft heranzunähern, idealischer Darstellungen solcher Männer, welche vollbringen, was der Knabe möchte, aber an denen sich auch desto eher der Übergang zu einer höheren Ordnung verrät.†) Herbart fixiert also zunächst die Apperzeptionsstufe des Knabenalters; zu ihr stimmt die Knabenzeit des Volkes. Das Glück hat uns nach seinen Worten (I, 77) ein redendes Gemälde dieser Zeit aufbewahrt in der Odyssee. Darum wird dieses Buch die geeignetste Nahrung zur Bildung der Teilnahme in dieser Zeit sein; von hier wird die synthetische Bildung anheben müssen, will sie naturgemäfs verfahren. »Es ist

*) Willmann, Herbarts päd. Schriften, I, S. 89 u. II, 464. Hiermit vergleiche man vorl. Schrift, S. 29, wo der Herr Verf. meint, Herbart verlange allerlei interessante Bilder, in denen der Zögling herumgeleitet werden müsse. Das ist nicht wahr. Herbart verlangt »allmähliches Umherleiten in allerlei Empfindungen«. Die Nahrung solle dafür durch eine »grofse, fortlaufende Reihe von allerlei interessanten Bildern« geboten werden. I, 54 u. 55.

**) Willmann, P. Schr. I, S. 78. »Jetzt pflegen Homer u. Plato« u. s. w.

***) Willmann, P. Schr. I, S. 78 u. 79.

†) Willmann, P. Schr. I, S. 293. Vergl. I, 77.

Pflicht des Erziehers zu sorgen, dafs diese und jene Modifikationen stets richtig auf einander treffen. Darum ein chronologisches Aufsteigen von den Alten zu den Neueren.« (I, 441 u. 446.) Über den weiteren Fortgang hat sich Herbart an vielen Stellen weniger eingehend als nur mehr andeutend geäufsert. Dafs aber der Gedanke vom Aufbau der kulturhistorischen Welt im Zögling allerdings in seinem Gesichtskreis gelegen hat, geht auf das klarste für denjenigen hervor, der ohne Vorurteile an die Lektüre Herbarts herantritt. Wir führen einige der prägnantesten Stellen an: »Das ganze Aufsteigen durch die Stufen der in Bildung begriffenen Menschheit, von den Alten zu den Neuern, gehört zum synthetischen Unterricht.« (I, 421; vergl. S. 427: Die Teilnahme mufs an der Reihe der menschlichen Zustände fortgehen bis auf den gegenwärtigen u. s. w.) Ferner: »Hingegen fordern die pädagogischen Zwecke, dafs der Hauptstamm aller europäischen Kultur, der im hellenischen Lande erwuchs, in seiner geraden und natürlichen Richtung in den Gemütern aller derer sich erhebe, welche die Gebildeten der Nation zu heifsen und die öffentliche Meinung vorzugsweise zu bestimmen Anspruch machen. Diese alle, so viele ihrer sind, müssen gehütet werden, dafs sie nicht von der jedesmaligen Gegenwart, oder auch von Trugbildern einer entstellten Vergangenheit, ja selbst an einzelnen glänzenden Phänomenen der Vorzeit sich fortreifsen lassen. Früh mufs ihre Seele wurzeln in derjenigen Vorwelt, von der es einen kontinuierlichen Fortschritt giebt bis zur Gegenwart; allmählich aufwachsend mit der Vorwelt müssen sie an bestimmten Stellen auch dasjenige Fremdartige (z. B. einiges Orientalische und einiges Altdeutsche) antreffen, was hinzugekommen ist, ohne die Hauptrichtung des Fortgangs zu bestimmen, und was eben deshalb nicht die Hülfsmittel einer kontinuierlichen Bildung hergeben kann. Wie aber nie der Mensch in die Zeit einsinken soll, so soll auch das Urteil des Knaben und des Jünglings über den Zeiten schweben, mit denen er fortschreitet; eben zum Fortschreiten soll er sich getrieben fühlen durch das Urteil, welches ihm bei jedem Punkte sagt, hier könne die Menschheit nicht stehen bleiben. Damit dies Urteil möglich sei, mufs der Gegenstand weder zu hoch, noch zu tief stehen« u. s. w. (I, 577.) Will jemand noch zweifeln, dafs Herbart inbezug auf die Bildung der Teilnahme wirklich einen die Entwicklung des Knaben und die Entwicklung der nationalen Kultur zugleich nachahmenden synthetischen Gang empfiehlt, so dürfte der letzte Zweifel genommen werden durch die ausdrückliche Hervorhebung, dafs er das historische Vorgehen von dem Unterrichte in den Naturwissenschaften fern gehalten wissen will: »Es wäre ungereimt, den Jugendunterricht auch in Rücksicht auf diese von dem allmählichen Fortschritte der Entdeckungen abhängig zu machen.« (I, 81.)*) Der Herr Verf. führt selbst noch eine Reihe von Stellen an, die den Grundgedanken Herbarts, durch die Parallelisierung der Entwicklung des jugendlichen Geistes mit der menschheitlichen den Weg der Charakterbildung in feste Bahnen zu lenken, hinreichend deutlich aussprechen, wenn man nur ohne vorgefafste Meinung an dieselben herantritt. Dafs er dabei vorzüglich über die Anfänge sich verbreitet, namentlich über Homer, über die Römer aber und die Neueren nur andeutungsweise spricht, beweist noch lange nicht das, was der Herr Verf. aus Herbart herauslesen will**): Einseitige Bevorzugung der Griechen, grofse Gleichgültigkeit gegen historische Studien, ausschliefsliche Benutzung der alten Schriftsteller, Verachtung des Modernen u. s. w. Dagegen lese man ohne Voreingenommenheit die Stelle, welche Herr v. Sallwürk S. 36 seiner Schrift anführt, ferner Willmann, I, S. 80 u. 81: »In den beiden obersten Klassen würden die römischen Schriftsteller und die Universal- sowohl als Staatengeschichte nebst den neuen Sprachen recht eigentlich ihre Stelle finden und alsdann hoffentlich mit beträchtlich vermehrtem Interesse getrieben werden. Nur dafs die frühere Jugend in der Geschichte nur in dem Mafs würde fortrücken dürfen, als ihre Fähigkeiten es ihr möglich machen, sich in die verschiedenen Zeitalter lebhaft hinein zu versetzen.« Vergl. I, 55 u. I, 43: »Auch das Neuere wird seine Zeit finden, wo es Hauptsache ist, wo die Alten zwar aus Neigung fortgelesen werden mögen, aber nicht mehr das Übergewicht haben.« (Vergl. die sehr interessante Stelle II, 472 f. II, 637. II, 619.) Endlich II, 169: »Und wenn ich hier blofs den mathematisch-physikalischen Teil des Unterrichts betrachtete, so möchte ich dadurch nicht gern den Schein auf mich ziehen, als ob dies Folge irgend einer Vorliebe wäre, indem ich vielmehr das Übrige stillschweigend voraussetze, auch noch besonders bemerke, dafs eine Schule, welche neuere Sprachen sorgfältig lehren soll, nicht unterlassen kann, der neueren

---

*) Ziller folgte hierin Herbart; aber die neuere Richtung in der Didaktik findet es durchaus nicht »ungereimt« und durchaus nicht »lächerlich« (S. 60), den Unterricht in den Naturwissenschaften erst recht von den Entdeckungen abhängig zu machen, zumal hier der Gang viel deutlicher vorliegt und viel eher nachzuahmen ist als auf der Seite, welche Herbart a. a. O. »die wichtigere Hälfte« des Unterrichts nennt. Vergl. hierzu II, 294. Warum soll auch nicht die ganze »Breite und Fülle der Erscheinungen«, welche eine bestimmte Kulturstufe darstellen, vor das Auge des Zöglings gestellt werden, zumal wenn der Nachweis geliefert wird, dafs dieselbe in einem inneren, notwendigen Zusammenhang zu einander stehen?

**) Vergl. I, 577, wo Herbart warnt, in der frühen Lektüre des Homer etwa ein pädagogisches Universalmittel zu verstehen. Die grofse Masse urteilsloser Köpfe ist nur zu leicht geneigt, dies zu thun, gerade wie sie in den Zillerschen Bestrebungen die Märchenfrage als Angelpunkt des Ganzen zu betrachten liebt.

Geschichte auf ihren obersten Klassen eine grofse Bedeutung zu geben und überhaupt den abgehenden Schüler so vollständig, wie nur immer sein Alter es erlaubt, in die heutige wirkliche Welt einzuführen.« Und wenn Herbart an einer andern Stelle (II, 292) die neueren Zeiten einem anhaltenden Studium des reifenden Jünglings zuweist, wie stimmt hierzu der Satz des Herrn v. Sallwürk S. 35: »Das Moderne ist ihm immer schwächlich und verworren, für eine gesunde Erziehung wenig tauglich erschienen?« —

Auch darin hat der Herr Verf. Unrecht, wenn er meint, dafs alle, welche zunächst in Herbarts Fufstapfen getreten sind, bis auf Ziller darin einig gewesen seien, dafs die Idee von der Übereinstimmung der individuellen und generellen Menschenentwicklung nicht in Herbarts Gesichtskreise gelegen habe. Einer der eifrigsten und begeistertsten Schüler Herbarts, welcher längere Zeit Senior und Assistent an dessen päd. Seminar in Königsberg gewesen war, Brzoska, vertritt in seinem Buche: Über die Notwendigkeit pädagog. Seminare u. s. w. Leipzig. 1. Aufl. 1836*), 2. Aufl. 1887, den Grundsatz: Die Geschichte bildet die Grundlage des erziehenden Unterrichts. (S. § 6.) Hauptsatz der Pädagogik ist: »Der aus der Wiege erwachsende Mensch giebt ein vollkommen analoges Bild zu der Entwicklung des ganzen Menschengeschlechts.«**) Würde Herbart in seiner Rezension es verschwiegen haben, wenn er das, was sein Schüler, der lange nahen Umgang mit ihm gepflegt, als »Hauptsatz der Pädagogik« mit gesperrtem Druck auszeichnete, nicht auch als Grundlage des erz. Unterrichts anerkannt hätte? Waitz und Stoy sind an diesem »Hauptsatze der Pädagogik« vorübergegangen; Ziller hat ihn aufgegriffen, weiter ausgestaltet und auch für die Volksschule wirksam zu machen versucht. Wie viel an dieser Arbeit nicht genügend begründet, fehlerhaft und unbrauchbar ist, das mufs weitergehende Forschung nachweisen und ausscheiden. Auf keinen Fall trifft ihn der Sallwürksche Vorwurf, dafs er Herbarts Gedanken weniger nachgeprüft, als schematisiert habe. (S. 68.) Dieser Vorwurf ist weit eher auf andere Schüler Herbarts anwendbar, wie ein vorurteilsfreier Blick und eine objektive Betrachtungsweise leicht findet.***)

---

*) Herbart erklärt sich in seiner Rezension (Willmann, II, 270 u. 285) mit dem Inhalt des Buchs einverstanden. Nur an den praktischen Vorschlägen Brzoskas, die Seminareinrichtungen betr., nimmt er Anstofs.

**) S. Inhaltsverzeichnis, 5; 1. Aufl. Seite 32, wozu Brzoska Herbarts Pädagogik S. 25 u. 26 in einer Anmerkung anzieht; 2. Aufl. Seite 16 u. Anmerkung 12 u. 31.

***) Wenn Seite 84 von Ziller als dem »alten Hexenmeister in nicht sehr geschmackvoller Wendung die Rede ist, so liegt auch hier eine falsche Auffassung zu Grunde. Als ob es in der wissenschaftlichen Bearbeitung der Didaktik auf eine »Geisterbannung« ankäme! — Ebenso schief ist es, wenn S. 72 von Ziller gesagt wird: »Das Geplänkel ermüdete ihn und brachte ihm doch weder Sieg noch Ruhm.« Als ob es Ziller jemals

Wie Brzoska und Ziller vertritt auch Willmann den Herbartschen Standpunkt der Parallelisierung der generischen mit der individuellen Entwicklung. Herr von Sallwürk behauptet zwar, S. 66, dafs bei Willmann von kulturgeschichtlichen Stufen nirgends die Rede sei. Doch irrt er hierin, wie in so manchem anderen.*) Man lese nur in Willmanns Didaktik, Band 1 Seite 72—74, wobei auch die Stellung Herbarts zu der angeregten Frage in unserem Sinne kurz besprochen wird, und vergleiche damit (Lilienfeld) »Gedanken über die Sozialwissenschaft der Zukunft.« Mitau 1873, namentlich I, 251 und 274. Auch hätte die wichtige Zusammenstellung Vogts in den Erläuterungen zum XVI. Jahrbuch S. 40 f. (Leipzig 1885) nicht übergangen werden dürfen. Vogt setzt hier auseinander, dafs die Aufeinanderfolge der Lehrstoffe von prinzipieller Bedeutung für die Methodik sei, da die Anwendung der Formalstufen ohne Rücksicht auf die Entwicklung des kindlichen Geistes zu einem mechanischen Verfahren herabzusinken drohe.**) »Auch darf, fährt Vogt a. a. O. fort, die Aufeinanderfolge der Gegenstände vom Standpunkt der Pädagogik als Wissenschaft niemals von der Willkür, sei es der offenen, sei es der versteckten, abhängig gemacht werden, sondern sie mufs sich auf Gründe stützen, weil nur auf diese Weise Notwendigkeit des Zusammenhangs herbeigeführt wird. Obwohl nun in dieser Frage noch manches dunkel sein mag und bei dem weiten Felde, welches hier noch der Untersuchung offen steht, nicht leicht auf allgemeine Zustimmung gerechnet werden kann, so möchte ich doch einige Worte darüber sagen, auf welche Weise die Aufeinanderfolge der Lehrstoffe nach meiner Meinung reguliert sein müsse, wenn sie kein willkürliches Nacheinander, sondern ein notwendiges Auseinander darstellen soll. Im allgemeinen nun so, dafs sie den Entwicklungsstufen des kindlichen Geistes entsprechen und Kulturstufen der Menschheit repräsentieren. Im einzelnen jedoch ist erstens zu beachten, dafs es individuelle Entwicklungsstufen des kindlichen Geistes giebt und solche einer bestimmten Menschheit oder eines Volks, welche den ersteren homolog sind, und zweitens dafs beide, das Individuum und ein Volk, sich teils betreffs ihrer

hierauf angekommen wäre! — Vergl. Capesius, die hauptsächl. Forderungen des erz. Unt. Langensalza 1887. Vorrede VIII f. Wenn es wahr wäre, dafs Ziller nur »schematisiert« habe, so ist es doch ganz unerklärlich, dafs, wie der Herr Verf. »Handel und Wandel« S. 61 sagt: »Zur Zeit alles, was für Herbart arbeitet, nach der Zillerschen Schule gravitiert.«

*) So empfehlen wir z. B. für eine neue Auflage die Korrektur des Satzes S. 65. »Auch der Robinson scheint ihm (Willmann) u. s. w.« Siehe Pädagog. Studien, 1887, 2. Heft: Professor Willmann und die Robinsonstufe. Herr v. S. hat zwar die 2. Aufl. der Willmannschen Vorträge citiert, aber die Anmerkung 17, S. 122 übersehen.

**) Ein sehr wichtiger Gesichtspunkt und recht beherzigenswert für diejenigen, welche es lieben, die Formalstufen anzuerkennen, die Idee der kulturhistorischen Stufen und die Konzentrationsidee aber abzuweisen.

Intelligenz, teils in praktischer Hinsicht entwickeln. Hieraus ergeben sich vier verschiedene Entwicklungsreihen, von denen ich, um die Unterscheidung distinkter zu machen, nur die drei Hauptstadien angeben will: 1. Das Individuum in theoretischer Hinsicht besitzt zuerst eine phantasiemäfsige, dann eine thatsächliche und zuletzt eine reflektierende Denkweise, so dafs der Zusammenhang der Gedanken wie nach den Kategorieen der Möglichkeit, Wirklichkeit und Notwendigkeit fortschreitet.*) 2. Das Volk hat in theoretischer Hinsicht zuerst eine mythische, dann eine historische und zuletzt eine philosophische Anschauungsweise, von welcher die geistigen Erzeugnisse nach einander Kunde geben, so dafs nach Herbarts Ausdruck Dichter (und zwar epische), Historiker und Denker den Fortgang bezeichnen. 3. In praktischer Hinsicht treten folgende drei Entwicklungsstufen des Individuums auf: zuerst blinde Unterwerfung, dann willige und zuletzt moralische Unterwerfung des Willens.**) Statt dessen kann man auch sagen: Gebundenheit an eine fremde Autorität oder Herrschaft der fremden Autorität, freie Bewegung unter der Autorität des Gesetzes und Selbstautorität oder Herrschaft der Ideen. 4. Die entsprechenden Entwicklungsstufen eines Volks in praktischer Hinsicht endlich sind nach Ziller: Heldenzeitalter, Staatenbildung und Durchbildung des Lebens. Statt dessen wird man vielleicht besser sagen: a) patriarchalisch geordneter, b) gesetzlich geordneter, c) zweckmäfsig organisierter Zustand der Gesellschaft. In Wirklichkeit entspricht der ersten Entwicklungsstufe die Zeit der Patriarchen bei den Juden und die Königszeit bei den Griechen und Römern, der zweiten die Zeit der Richter und zum Teil der Könige bei den Juden und die Zeit der Republik bei den Griechen und Römern, der dritten Entwicklungsstufe endlich die erste christliche Gemeinde u. s. w.« —

Endlich sei aus der vorl. Schrift noch ein Punkt kurz hervorgehoben. Der Herr Verf. hat an mehreren Stellen auch Bedenken gegen die Forderung des »Durchlebens«, »Durchmachens« der Kulturstufen erhoben. Es ist dies eine ernstlich erwogene Forderung, nicht nur ein Wort, nicht nur ein Bild. (S. 86.) Aber selbstverständlich ist sie nur in gewissem Sinne, nur cum grano salis zu verstehen. Nicht dies kann ihr Sinn sein, dafs es sich um ein völliges Eintauchen des Kindes in die jeweilige Kulturstufe, um ein gänzliches Vergessen alles dessen handeln könne, was an Kulturerwerb der Zögling in die Schule schon mitbringt. Das dürfte ein eitles Bemühen sein. Auch wollen wir nicht dem Irrtum Rousseaus verfallen, der seinen Zögling der Welt und der Gesellschaft entrücken will, um den Erzieher in die einfachsten

*) Vergl. 12. Jahrbuch S. 114 f.

**) Jahrbuch d. V. XIII, S. 117 f.

und voraussetzungslosesten Verhältnisse zu bringen. Denn immer ist ja daran zu denken, dafs der Zögling von einer aufdringlichen Gegenwart umgeben ist, dafs er in der Familie und in der Umgebung eine Menge von Vorstellungen sich aneignet, welche dem kulturgeschichtlichen Gang weit voraufeilen, dafs er von Anfang an in eine bestimmte Kirchengemeinschaft hineingestellt ist u. s. w. So können wir also nicht sagen, dafs wir unsere Kinder etwa erst zu Heiden, dann zu Juden, dann zu Christen; erst zu Jägern, dann zu Nomaden, dann zu Ackerbauern u. s. w. machen wollen, sondern so, dafs wir ihnen die Kulturstufen in möglichster Breite und Anschaulichkeit nach allen Beziehungen hin, welche für die Erziehung in Betracht kommen, vorführen, sie dieselben begreifen lehren und nach Herbarts Worten das Bewufstsein in ihnen wecken: »Hier konnte die Menschheit nicht stehen bleiben.« Dazu ist allerdings nötig, dafs der Zögling in das jeweilige Kulturbild möglichst tief eindringe, dasselbe möglichst klar vor Augen habe. Je mehr der Kunst des Unterrichts dies gelingt, unter sorgfältiger Benutzung des aus Umgang und Erfahrung gewonnenen analytischen Materials, um so mehr wird der Erfolg desselben gesichert sein. —

Vieles andere übergehe ich, da es mir darauf ankam, nur das Hauptsächlichste hervorzuheben, worin die Beweisführung des Herrn Verf. mifsglückt ist. Das Verdienst der Schrift besteht m. E. darin, dafs durch sie die Überzeugung gefestigt wird, dafs die Idee der kulturhistorischen Stufen als bestimmendes Prinzip für die Auswahl und Anordnung des Lehrstoffes eine durchaus herbartische ist*) und dafs dieses Prinzip sich vorzüglich eignet, festen Boden für die Didaktik zu gewähren und, sofern es nur weiter verfolgt und unter engem Zusammenschlufs rüstiger Kräfte weiter ausgebaut wird, unsere Erziehung vor allem nach der Seite der Stoffauswahl hin in naturgemäfse Bahnen zu weisen.**) Was dagegen der Herr Verf. selbst an positiven Vorschlägen vorzubringen weifs, erscheint dagegen gehalten dürftig und hinfällig. Sein Programm ist S. 91 ausgesprochen: »Wir werden zugestehen, dafs die Kulturarbeit der Schule es nur mit verhältnismäfsig neuen und fertigen Zuständen unserer Kultur zu thun habe, welche sie sorgfältig analysieren, nicht aber so, wie

*) Herr v. Sallwürk sagte in seiner Schrift »Handel u. Wandel« 2. Aufl. S. 47: »Nicht tragfähiger ist der Grund, den Ziller mit seinen kulturhistor. Stufen gelegt hat. D i e I d e e , v o n d e r Z i l l e r d a b e i a u s g e h t , i s t g a n z h e r b a r t i s c h u. s. w. Es gab übrigens auch eine Zeit, wo Herr v. S. in dieser Beziehung ganz auf Zillers Boden stand. Vergl. Jahrbuch d. V. 1877, Seite 219—221.

**) Wenn es wahr ist, dafs man nach Stoy »bei allem Festhalten an dem unerschütterlichen Fundamente der Herbartschen Pädagogik die Freiheit in der Fortbildung des pädagogischen Systems wahren müsse,« warum ereifert man sich dann so sehr gegen die Fortbildung, wie sie bei Ziller vorliegt? Kürzlich hat man sogar sich nicht gescheut zu sagen, dafs die neuesten Reformbewegungen sich mit dem Namen Herbarts decken wollten, um mehr zu bedeuten. (A. Richter, Der Anschauungsunterricht, 3. Aufl. Vorrede.)

sie im Laufe der menschlichen Entwicklung sich nach einander herausgestellt haben, im Zögling wieder aufbauen mufs.« Das heifst den Grundgedanken des Herbartischen Lehrplans nicht nur »zum Teil«, sondern ganz und gar verneinen. Daher ist uns auch der Satz Seite 98 ganz unverständlich. Herr v. S. fragt hier: Was soll von Zillers Kulturstufen übrig bleiben? Und antwortet: »Wir denken: recht viel und recht Wertvolles. Ein geschichtlich angeordneter Gesinnungsunterricht scheint auch uns ein Bedürfnis für jede Art von Schulen zu sein; aber er mufs befreit werden von der Künstelei, von der dogmatischen Illusion der Zillerschen Schule.« Gewifs ist es Aufgabe der Wissenschaft, mit Illusionen aufzuräumen, namentlich wenn dieselben schon »dogmatisch« geworden sind. Dazu gehört aber vor allem der klare, unumstöfsliche Nachweis, dafs es Illusionen, nicht Ideale sind, denen wir nachlaufen. Wer uns diese Arbeit erleichtert, dem müssen wir von Herzen dankbar sein. Sehen wir dann doch die Illusionen hinter uns liegen wie abgestreifte Schlangenhäute. Durch Illusionen zu Idealen — dies der Gang der Menschheit, aller wie des einzelnen. Aber vielleicht sind auch ihre Ideale Täuschungen und das »protestantische deutsche Kaisertum« und »der lutherische Katechismus« blofse Illusionen? (S. 99.)*) Wunderbar, dafs jemand, der solchem Pessimismus huldigt, wie er in dem Schlufsabschnitt der vorliegenden Schrift zum Ausdruck kommt, doch in Sachen des erziehenden Unterrichts sich abmüht! Wer schreiben kann S. 103: »Wir formen Beweisstücke aus ihr (der Geschichte) für eine windige Theorie, wir richten sie zu ad usum Delphini; sie aber wird einst ihr Urteil auch über uns sprechen und das unsrige kurzsichtig und engherzig nennen,« — wer damit offen eingesteht, dafs aus der eigenen Arbeit nichts weiter hervorgehen kann, als eine »windige Theorie«, und trotzdem von der Arbeit nicht abläfst, dem dürfte die Welt mit Recht den Namen eines Schwärmers beilegen, wenn sie nicht zu noch kräftigeren Ausdrücken greift. Wir allerdings halten das protestantische Kaisertum für die höchste, bis jetzt erklommene Stufe national-politischer Machtentfaltung, und den evangelischen Standpunkt, welcher sich bestrebt, das Christentum in seiner reinsten Gestaltung zur Wirksamkeit zu bringen, für die höchste, bis jetzt erklommene Stufe religiöser Entwicklung.**) Führen wir unsere Zöglinge in beide ein, indem

*) Ein harter Vorwurf gegen den »Zillerschen Lehrplan« findet sich noch auf Seite 102. Millionen deutscher Kinder seien in ihm vergessen, die in einem anderen relig. Bekenntnis erzogen würden, und »da (die Schule Zillers) es mit sehr überflüssigem Nachdruck immer wieder behauptet (wo denn?), dafs alle anderen Erziehungssysteme verderblich seien u. s. w., so mufs sie jene Millionen für unerziehbar halten.« Merkwürdiger Schlufs: Weil der Zillersche Lehrplan zunächst für evangelische Schulen entworfen ist, so sind Millionen Katholiken, Juden, Heiden dem Verderben preisgegeben.

**) Die höchste Thatsache des Wesens und des Ganges der sittlichen Entwicklung des Menschengeschlechts, welche die Geschichte der Mensch-

wir sorgsam den Fäden nachgehen, von wo sie ausgegangen, und den mannigfachen Verbindungen, unter denen sie gewachsen sind, so sind wir sicher, das richtige Verständnis für die gegenwärtigen Zustände zu wecken, die Kraft und die Lust zu stählen, an der Entwicklung und Verbesserung derselben mitzuarbeiten und das Reich Gottes auf Erden mit verwirklichen zu helfen. Und das alles, um mit den Worten des Herrn von Sallwürk zu schliefsen, wollen wir erreichen, »ohne dafs der psychologischen Entwicklung des Zöglings Gewalt geschieht, oder eines der natürlichen Interessen desselben ohne Nahrung bleibt; ohne dafs die der Wissenschaft innewohnende Kraft, geistiges Leben anzuregen, verkümmert oder der Schatz der überkommenen Bildung beeinträchtigt wird; ohne dafs die Bildung eines sichern und überzeugten Urteils in natürlichen und geistigen Dingen durch eine zu rasche oder zu massenhafte Vorführung der dem Urteil des Zöglings vorzulegenden Fälle erdrückt oder vielleicht durch die Ungunst der wissenschaftlichen Fächer hintangehalten wird.«

Litteratur zu vorstehender Abhandlung.

I. Herbarts Pädagog. Schrift. ed. Willmann I, 284 f., 291 f., 302, 337, 344 f., 426 f., 441 f., 577 u. a. a. O. Brzoska, Über die Notwendigkeit pädagog. Seminare auf der Universität u. s. w. 1. Aufl. 1836, S. 32; 2. Aufl. S. 16 u. Anmerkung 12 u. 31. Ziller, Grundlegung S. 427 u. Allgem. Pädagogik, S. 180. Ziller-Bergner, Materialien S. 20. Willmann, Didaktik als Bildungslehre. Braunschweig 1882. I, S. 72f. Willmann, Die Odyssee i. erz. Unterr. Willmann, Der elementare Geschichtsunterricht S. 1 ff. Zillig, Der element. Geschichtsunterricht, Jahrbuch d. V. 1882. Lazarus, Erziehung und Geschichte. Breslau 1881. Vogt, Erläuterungen zum XVI. Jahrbuch für wiss. Päd. S. 40 f. Leipzig 1885; XII. Jahrb. S. 114 f., XIII. Jahrb. S. 117 f. Staude, Die kulturhistor. Stufen im Unterricht. Pädag. Studien. Dresden 1880. 2. Heft; 1881; u. 2. Heft 1884. Beyer, Die Naturwissenschaften in der Erziehungsschule. Leipzig

heit aufweist, ist keine andere, als die des Christentums. Diese Thatsache ist der Inbegriff und der Erkenntnisgrund aller übrigen sittlichen Thatsachen unserer Natur. Die Sittlichkeit selbst, sowie sie in der unwandelbaren und ewigen Beschaffenheit des Menschen liegt, hat sich in der Person und dem Geiste seines Stifters geoffenbart; und der diesfällige Zweck seines Daseins, die Menschheit in allen ihren Individuen auf eine ihr ganzes Dasein umfassende Weise zu versittlichen, d. h. sittlich zu erziehen, erhebt das Christentum selbst zum unwandelbaren und ewigen Prüfstein jeder sittlichen That, zum Prüfstein des sittlichen Wertes jedes Erziehungsversuches in seinem Wesen.« Pestalozzi.

1885. Rolle, O. W. Beyer über naturwissenschaftl. Unterricht. XIX. Jahrbuch. Menard, Die Stellung des Zeichenunterrichts in der Erziehungsschule. XIX. Jahrb. Rein, Pickel, Scheller, Theorie und Praxis des Volksschulunterrichts. 1.—8. Band. Dresden 1878—1886. Dörpfeld, Grundlinien etc. 3 Gebrechen etc. 2 dringl. Ref. Ed. Röhrich, Théorie de l'éducation d'après les principes d'Herbart. Paris 1886, S. 83.

II. Rousseau, discours sur l'origine et les fondements de l'inégalité parmi les hommes. Pestalozzi, Meine Nachforschungen über den Gang der Natur und die Entwicklung des Menschengeschlechts. Kant, Pädagogik. Ausgabe von Vogt, S. 64. Goethe, Gespräche mit Eckermann. 4. Aufl. I, S. 206. Joh. G. Müller, Briefe über das Studium der Wissenschaften. VI. Br. S. 113—121. Petersen, Drei Reden u. s. w. Hamburg 1833, S. 23. Lessing, Über die Erziehung des Menschengeschlechts. Clemens Alexandrinus. *Παιδαγωγός*. Herder, Ideen zur Philos. der Gesch. d. Menschheit. Ausgabe von Kurz, S. 155, 292, 498. Graser, Divinität I, S. 18 ff. Lotze, Mikrokosmus. 3. Bd. S. 22, 26, 87. (Lilienfeld) Gedanken über die Sozialwissenschaft der Zukunft. Mitau 1873. Spencer, Die Erziehung u. s. w. Übersetzt von Fr. Schulze. Jena. S. 119. Diesterweg, Grundsätze etc. von Engel. 1887. S. 54. S. 64 f. S. 67 u. 88. Froebel, H. Ponsche, Fr. Kindergartenbrief. Wien 1887. Benfey, Erinnerungen an Fr. Froebel. S. 61. Rhein. Bl. für Erz. u. Unt. 2. Heft, 1887; Kindergarten 1884, No. 7. Comte als Pädagog von Sterzel, Leipzig 1886, S. 17 f.

B. Mitteilungen.

I. Zu Dr. E. v. Sallwürks Schrift:

Gesinnungsunterricht und Kulturgeschichte.

Von O. W. Beyer in Jena.

Herr Oberschulrat v. Sallwürk hat mir in seiner oben genannten Schrift die Ehre erwiesen, meine Auffassung des Konzentraticnsgedankens und der Stellung, die ich dem naturwissenschaftlichen Unterricht innerhalb desselben zugedacht habe, kritisch zu beleuchten. Ich würde der Wahrheit — welche wir ja beide zu fördern bestrebt sind — wenig zu dienen glauben, wenn ich die sachlichen Bedenken, welche mir bei seinen Ausführungen aufgestiegen sind, zaghaft verschweigen wollte; vielmehr halte ich mich seiner vollen Zustimmung versichert, wenn ich im nachfolgenden so schlicht, sauber und unpersönlich wie möglich vortrage, was ich denselben entgegenzustellen habe, indem ich zugleich bei Seite lasse, was nicht unmittelbar mich angeht, und mir vorbehalte, auch manches von dem, was allerdings meine Auffassung berührt, bei späterer Gelegenheit ausführlicher zu behandeln, als dies in einer kurzen Entgegnung zu geschehen vermag.

Herr v. Sallwürk äufsert auf S. 74 »das Bedenken, ob ein sachlich zusammenhängender naturwissenschaftlicher Unterricht möglich sei, wenn die Gegenstände nur in der Ordnung, Folge und Bedeutung in den Lehrplan eintreten können, welche ihre Beziehung zum Fortschritte der menschlichen Lebenskultur ihnen anweist.« Dieses Bedenken teile ich vollständig; ich behaupte sogar — entgegen der Meinung, welche Hr. v. S. unmittelbar darauf äufsert — dafs mein Standpunkt als unhaltbar verurteilt sein würde, wenn in meinen Lehrplan die Gegenstände nur in der Ordnung, Folge und Bedeutung eintreten würden, welche ihre Beziehung zum Fortschritte der menschlichen »Lebenskultur« ihnen anwiese; denn damit wäre gegen eine Forderung gefehlt, die auch Herr v. Sallwürk wird anerkennen müssen: die Forderung nämlich, dafs auch der naturwissenschaftliche Unterricht der Vielseitigkeit des Interesse zu dienen habe. Gerade dieser Forderung zu genügen, ist für mich Gegenstand ernster Sorge gewesen. Zum Erweise dessen sei mir gestattet, folgende Stelle meines Buches anzuführen. S. 92: »So bestimmt man nun sagen darf, dafs der naturwissenschaftliche Unterricht einen andern Ausgangspunkt gar nicht nehmen darf, als den der menschlichen Arbeit, ebenso bestimmt darf andererseits auch ausgesprochen werden, dafs der Bildungsgehalt des Stoffes noch bei weitem nicht vollständig gehoben ist, wenn der Stoff nur nach dem hier angenommenen Gesichtspunkte behandelt wird. Er mufs vielmehr nach allen wichtigen Beziehungen, die er darbietet, gruppiert und so zunächst den verschiedenen Interessen der Teilnahme und der Erkenntnis dienstbar gemacht werden.« Und weiterhin ist dann auf S. 92—100 ausführlicher nachgewiesen, welche Anregung die verschiedenen Interessen aus der Naturbetrachtung zu schöpfen vermögen.

Auf S. 76 nennt Hr. v. S. es eine »Einseitigkeit«, dafs die Schule Zillers dem naturwissenschaftlichen Unterrichte eine andere Bedeutung gar nicht zuweise, als die, dem sittlichen Wollen des Zöglings ein Feld der Bethätigung anzuweisen. Aber Hr. v. S. scheint dabei zu vergessen, dafs ein Wollen, welches sittlich genannt werden will, doch offenbar allen sittlichen Ideen, alfo auch der Idee der Vollkommenheit entsprechen und dafs der Unterricht, wenn er dieser letzten Idee entsprechen will, vor allem auf Vielseitigkeit des Interesse bedacht nehmen mufs; denn Vielseitigkeit des Interesse ist eben eine Art der Vollkommenheit. Also weit entfernt als eine Einseitigkeit bezeichnet werden zu dürfen, sorgt vielmehr gerade dieser Standpunkt am besten für Vielseitigkeit, und zwar für die rechte.

S. 77 sagt Hr. v. S.: »Der naturwissenschaftliche Unterricht kann daher auf den verwandten Inhalt des Gesinnungsunterrichts nur Rücksicht nehmen, wenn sein eigener Inhalt es erlaubt; der historische Gang des Unterrichts darf ihn aber in keiner Weise binden.«

Dafs der historische Gang des Gesinnungsunterrichtes den naturwissenschaftlichen Unterricht nicht binden darf, ist meine Ansicht auch; denn ich halte es für eine sehr engherzige Auffassung der Konzentration, wenn aus ihr abgeleitet wird, dafs der naturwissenschaftliche Unterricht für jede seiner fachwissenschaftlichen Einzelbetrachtungen jedesmal wieder einen frischen Anstoss durch den Gesinnungsunterricht erhalten müsse, etwa wie ein Uhrwerk, das schlecht geht, auch immer von Zeit zu Zeit wieder angestossen werden muss; und ich kann auch nicht finden, dafs ein klarer Begriff von der Sache dadurch gewonnen wird, wenn sich zur rechten Zeit das Wort »anknüpfen« dafür einstellt. Aber andererseits wird man nicht vergessen dürfen, dafs der naturwissenschaftliche Unterricht auf dem Gebiete, welches ihm zur Bearbeituug zugewiesen ist, den Fortschritt der Menschheit ebenso deutlich aufweisen soll, wie der Gesinnungsunterricht auf ethischem Gebiete. Das allgemeine Thema, das er zu bearbeiten hat, ist dem des Gesinnungsunterrichts in hervorragendem Sinne symphronistisch, und diese Kraft symphronistischer Betrachtung, die freilich für den naturwissenschaftlichen Unterricht nur dann frei wird, wenn auch er seinerseits nach Kulturstufen fortschreitet, kann reichlich entschädigen für das dürftige Rezeptenwerk der sog. Anknüpfungen von Fall zu Fall.

Darf also der historische Gang des Gesinnungsunterrichts den naturwissenschaftlichen Unterricht soweit auch in keiner Weise binden, so werden doch beide wohl thun, sich daran zu erinnern, dafs sie, wenn auch getrennt zu marschieren, so doch vereint zu schlagen haben.

S. 78: »Er (sc. der Erzieher) ..... lasse durch die künstlichen Schranken der Kulturstufen sich nicht einengen; Geist und Natur seines Zöglings werden ihn auf unzählige Anknüpfungen hinweisen.« Auf Anknüpfungspunkte sicherlich; aber auch auf weiter nichts, vor allem nicht auf das Ziel, dem die Entwickelung des Zöglings entgegenzuführen ist. Es war der verhängnisvolle Irrtum der Nachpestalozzianer, zu meinen, dafs lediglich aus dem blofsen analytischen Material heraus, welches »Geist und Natur des Zöglings« dem Erzieher darbieten, die unfehlbaren Richtlinien für Auswahl und Anordnung des Lehrstoffes zu gewinnen seien. Daher ihre ganz einseitig psychologisch erwogenen Anweisungen: Vom Nahen zum Fernen! Vom Bekannten zum Unbekannten! Vom Einfachen zum Zusammengesetzten! Seit Ziller aber weifs man, dafs solche psychologische Erwägungen allein den Lehrplan nicht bestimmen dürfen, sondern dafs auch die Wissenschaft vom Ziel der Erziehung befragt sein will, ja dafs die letztere sogar das entscheidende Wort bei der Auswahl und Anordnung des Lehrgutes zu sprechen hat. Was auf Grund von Voraussetzungen, welche aus Ethik und Religionsphilosophie abgeleitet werden, dem Zöglinge zu vermitteln ist, das hat die Psychologie nur apperzipierbar zu machen und weiter dafür zu sorgen, dafs aus dem apperzipierten Material jederzeit auch der allgemeine Lehrgehalt an Begriffen gewonnen, sowie dafs von diesen Begriffen auch die rechte Anwendung gemacht werde. Hier finden die Anknüpfungen ihre Stelle, die »Geist und Natur des Zöglings« dem Erzieher darbieten.

S. 78 u. 79: Was bei diesen Versuchen des Menschen, der materiellen Welt sich zu bemächtigen, entwickelt wird, ist geistige Kraft und sittliche Gesinnung.« Ganz recht; nur wird man diese geistige Kraft und sittliche Gesinnung erst dann recht würdigen lernen, wenn eine verweilende Betrachtung sorgfältig und planvoll die Schwierigkeiten zerlegt hat, welche der Mensch auf der Bahn seiner Entwickelung vorfand, wenn von Stufe zu Stufe gezeigt wird, was der Mensch errang und was noch zu erringen bleibt. Eine solche Zerlegung aber ist nur möglich, wenn der Unterricht nach Kulturstufen fortschreitet, d. h. wenn alle Stoffe unter dem Gesichtspunkte menschheitlichen Fortschrittes betrachtet werden, und dies nicht blofs beiläufig, etwa in einer raschen enzyklopädischen Übersicht am Ende der Schulzeit, sondern durch die ganze Schulzeit hindurch mit aller Kunst unterrichtlicher Zergliederung.

S. 78 u. 79 behauptet Herr v. Sallwürk, die Auffindung des Feuers lasse im Wesen des Menschen keinen Merkstein, keine bewufste Spur, keine »Stufe« zurück; die Natur des Menschen sei damit nicht entwickelt worden. Nun giebt aber Hr. v. S. kurz vorher selbst zu, dafs das Feuer für den Menschen ein »wesentlicher Träger seiner Kultur« geworden sei. Was heifst denn nun »Kultur«? Ich will hier von einer eigentlichen Definition absehen; soviel aber wird mir Herr v. Sallwürk auch einräumen, dafs im Begriffe der Kultur vor allem das Merkmal der Entwickelung, der Vervollkommnung liegt. Wenn aber das Wesen des Menschen nicht einmal durch einen so wesentlichen »Kulturträger« vervollkommnet werden konnte, so wird das noch viel weniger durch die unwesentlicheren »Kulturträger« geschehen sein. Wir kommen also auf dem Wege des Herrn v. S. einerseits zu dem Schlusse, dafs der Mensch wahrscheinlich überhaupt nicht vervollkommnet worden ist, während andrerseits Herr v. Sallwürk selbst von menschlicher Kultur als einer feststehenden Thatsache redet. Dafs sich der Mensch aber trotz des durch Herrn v. S. uns nahe gelegten Schlusses doch vervollkommnet habe, wird wohl das richtige sein; und nun ist darauf aufmerksam zu machen, dafs eine solche Vervollkommnung in der geistigen Leistung, als welche sich doch die Kultur darstellt, nach allgemein naturwissenschaftlichen Grundsätzen gar nicht begriffen werden kann, wenn man nicht gleichzeitig eine Vervollkommnung des leiblichen Substrates oder Werkzeugs annimmt. Da hätten wir also doch den Merkstein, die Spur, welche die Auffindung des Feuers im Menschen zurückgelassen haben mufs. Der Mensch, der vor Erfindung des Feuers auf der Erde lebte, war auch körperlich ein anderer, als der moderne Kulturmensch.

Hier ist Gelegenheit, auf eine weitere Bemerkung Herrn v. Sallwürks einzugehen, die sich durch eine ähnliche Überlegung beleuchten läfst.

Hr. v. S. sagt auf S. 79—80: »Man weise uns nur eine einzige Veränderung des menschlichen Organismus auf, welche Folge einer Anpassung an gewisse Kulturverhältnisse wäre. Man zeige uns, dafs die Zustände des Jägers, des Hirten, des Bürgers eine derartige Veränderung der leiblichen Natur überhaupt bedingt hätten.«

Allerdings habe ich das behauptet; woraus nun Hr. v. S. Veranlassung nimmt, von einem »übereiligen Schlufs« zu reden; aber ich fürchte nur, wenn jemand hier einen »übereiligen Schlufs« begangen hat, so ist es Hr. v. S. selbst gewesen.

Denn eine ganze Reihe von Veränderungen des menschlichen Organismus sind ohne Zweifel Anpassungen an gewisse Kulturzustände, veranlafst durch die Art der Ernährung, Bekleidung, Wohnung und die wechselnden Formen der Beschäftigung. Was in dieser Beziehung für die Tierwelt gilt, gilt unbedingt auch für den Menschen. So haben die Forschungen der Völkerkunde unzweifelhaft festgestellt, dafs Jägervölker sich durch eine besondere scharfe Ausbildung aller Sinne, durch körperliche Kraft und Gewandtheit auszeichnen. Wir hochmütigen Kulturmenschen sind z. B. an Schärfe der Gesichts- und Gehörswahrnehmungen, an Feinheit des Geruchs u. s. w. gegen einen nordamerikanischen Indianer wahre Stümper. Einer ähnlichen trefflichen Beschaffenheit ihres leiblichen Organismus erfreuen sich die Hirtenvölker, und es ist nicht zufällig, dafs sie in der Geschichte so oft höherstehende Kulturvölker unterjocht haben. Auch die Arbeit des Landbaues giebt dem Menschen ein ganz bestimmtes körperliches Gepräge; der Bauer ist unter Städtern nicht blofs durch seine Sprache kenntlich. Eine bestimmte Art der Arbeit übt eben auch bestimmte Muskelgruppen vorwiegend, und wenn diese Übung das ganze Leben hindurch fortgesetzt wird, so kann das nicht anders als in gewissem Sinne umbildend auf den Organismus einwirken. Ebenso bestimmt lassen sich Veränderungen nachweisen, die durch handwerkliche Beschäftigung verschiedner Art im Organismus hervorgerufen werden; auch das ungeschulte Auge unterscheidet noch den Schneider vom Schmiede; das geübtere erkennt wohl auch den Bäcker, den Fleischer, den Gerber, den Zimmermann an der Art, wie er sich bewegt und wie er hantiert. Was ich hier angebe, sind nur ganz aphoristische Andeutungen. Ohne Zweifel liefse sich zur Verteidigung der von Hrn. v. S. angegriffenen Behauptung noch sehr vieles beibringen; aber das Vorstehende genügt wohl schon, um meine Behauptung nicht so ganz unbegründet erscheinen zu lassen.

S. 79: »Sofern also der Fortschritt der menschlichen Arbeit einen Fortschritt in der Entwickelung des menschlichen Wesens darstellt, welcher in der Entwickelung des einzelnen Menschen sich wiederholen könnte, ist er Gegenstand des Gesinnungsunterrichts und bedarf einer besondern stufenmässigen Behandlung im Unterrichte nicht.«

Allerdings ist im Gesinnungsunterrichte der Platz, von der Bedeutung der menschlichen Arbeit für die sittliche Entwickelung des Individuums zu reden; wenn es aber nicht beim blofsen Reden bleiben soll, so mufs eben der Unterricht dafür gesorgt haben, dafs der Zögling auch weifs, was denn auf den verschiedenen Gebieten Arbeit und Arbeiten selbst eigentlich bedeutet. Das wird nicht durch einige beiläufige Bemerkungen über diesen Gegenstand verdeutlicht; das mufs vielmehr das Hauptthema des Unterrichts selbst sein.

S. 80: »Man versuche es nur, auf Grund historischer Berichte oder gegenständlicher Beweisstücke diese Kulturstufen klar von einander abzuscheiden, den Hirten zu suchen, der nicht auch Jäger war, den Landmann zu charakterisieren, der nicht auch Hirte und Jäger gewesen, und den Bürger uns vorzuführen, dem Landbau, Viehzucht und Jagd vollständig überlebte Phasen einer früheren Kultur gewesen wären: man wird finden, dafs der Mensch aller früheren Zeiten in seinem leiblichen und geistigen

Wesen, abgesehen von gröfserer oder geringerer Ausbildung in dieser oder jener Richtung, der nämliche war, der er noch heute ist.« Selbstverständlich hat es zwischen den einzelnen Arbeitsformen Übergänge und Kombinationen immer gegeben und giebt es noch; aber für die Schule kommt es zunächst darauf an, in idealen Durchschnitten das für die einzelnen Arbeitsformen Unterscheidende und Typische zu bieten. Wenn diese Typen für sich recht schlicht zur Klarheit gebracht sind, so wird es leicht sein, daraus die Übergänge und Kombinationen zu gewinnen, welche man für das Verständnis gegenwärtiger Kulturformen nötig findet. Die Behauptung aber, dafs »der Mensch aller früheren Zeiten in seinem leiblichen und geistigen Wesen . . . der nämliche war, der er noch heute ist«, mufs, wenn sie beim Wort genommen werden soll, als geradezu ungeheuerlich bezeichnet werden; denn sie widerspricht allem, was die Kulturgeschichte über menschliche Entwicklung lehrt, auf das entschiedenste. Glücklicherweise scheint Hr. v. Sallwürk selbst sie nicht ernsthaft nehmen zu wollen; denn er fügt einschränkend sogleich hinzu: »abgesehen von gröfserer oder geringerer Ausbildung in dieser oder jener Richtung«. Aber damit wird das, was im Hauptsatze gesagt war, geradezu verneint. Welches ist nun Hrn. v. Sallwürks eigentliche Ansicht?

S. 81 scheint Hr. v. S. anzunehmen, ich wolle mein »Kulturstufensystem« in die acht Volksschuljahre »einzwängen«. Das ist mir nun gar nicht eingefallen; im Gegenteil erkläre ich auf S. 5 meiner Schrift ausdrücklich, dafs ich »weder die Aufstellung eines Lehrplans für den naturwissenschaftlichen Unterricht an irgend einer der bestehenden Schulkategorieen, noch auch die Verteilung des Materials nach Schuljahren oder Klassenpensen beabsichtigt« habe.

Um die Behauptung Hrn. v. S. (S. 89), dafs die Heranziehung des naturwissenschaftlichen Satzes von der »Kongruenz« der Ontogenese und Phylogenese für die Frage nach der Berechtigung der Kulturstufentheorie nicht einmal einen Analogiebeweis abgäbe, gründlich zu widerlegen, müfste ich weiter ausholen, als ich mir gegenwärtig gestatten darf. Ich mufs mir also diese interessante Erörterung für eine spätere Gelegenheit aufsparen.

---

2. Zusammenkunft der „Zweigvereine für wissenschaftliche Pädagogik“ von Altenburg, Halle a. S., Jena und Leipzig.

Von Hugo Grosse in Halle a. S.

I.*)

Am 29. Oktober a. c. fand in Weissenfels eine Zusammenkunft der »Zweigvereine f. wiss. Päd.« von Altenburg, Halle a. S., Leipzig und Jena statt, nachdem bereits früher auf Anregung von Halle aus die drei zuerst genannten Vereine gemeinschaftliche Sitzungen in Schkeuditz (im Sept. 1886) und Leipzig (wo eine Arbeit von Flügel über »Herbart

*) Ein zweiter Artikel soll im nächsten Heft der Studien folgen.

u. Lotze« zur Mitteilung gelangte) abgehalten hatten. Auf dieser letzten Versammlung, im Februar d. J., wurde die Mitteilung mit Freuden begrüsst, dafs der Zweigverein zu Jena sich der Vereinigung anschliefsen wolle; man wählte deshalb Weissenfels als diesjährigen Versammlungsort.

Die Versammlung in Weissenfels, welche von ca. 80 Mitgliedern und Gästen besucht war, nahm um 4 Uhr ihren Anfang und endete gegen 8 Uhr. Da dem Altenburger Zweigverein diesmal der Vorsitz zustand, so leitete Herr Schuldirektor Dr. Just als Bevollmächtigter des dortigen Vereins die Versammlung. Zuerst sprach Herr Univers.-Professor Dr. Cornelius-Halle a. S. über den wichtigen Begriff der »Apperzeption«. Einen Bericht darüber sowie über die sich anschliessende Besprechung werden wir in Hinsicht auf den zur Verfügung stehenden Raum im nächsten (3.) Heft der »Päd. Studien« geben. Als zweiten Punkt der Tagesordnung bestimmte die Versammlung den Vortrag des Herrn Universitäts-Professors Dr. Rein-Jena über die neueste Schrift von Sallwürks: »Gesinnungsunterricht und Kulturgeschichte« (s. vorstehende Abhandlung). . An den Vortrag knüpfte sich eine sehr lebhafte und auch wertvolle Besprechung an, aus der hier folgendes hervorgehoben sein mag.

Herr Univ.-Prof. Dr. Vaihinger-Halle bemerkte zunächst*): Die Idee der kulturhistorischen Stufen sei ohne Zweifel eine der bedeutsamsten, ja wohl die bedeutsamste pädagogische Entdeckung des ganzen Jahrhunderts. Diese Idee, mit der er vor vielen Jahren durch Kehrbach bekannt gemacht worden sei, habe ihn für die Herbart-Zillersche Pädagogik gewonnen; er halte zwar vieles in der letzteren, bes. in der Zillerschen Darstellung für einseitig und für prinzipiell verfehlt, aber dafs Ziller die Wichtigkeit dieser Idee erkannt und den Versuch gemacht habe, dieselbe praktisch fruchtbar zu machen, sei ihm ein Beweis dafür, dafs Ziller trotz aller Einseitigkeiten ein genialer Pädagoge sei. Die Schrift von v. Sallwürk verkenne gänzlich die Bedeutung des kulturhistorischen Prinzips, vor allem weil er trotz der Notizen über die Vorgänger Zillers die Entstehung jenes Prinzips nicht hinreichend kenne. Dies beweise schon der Umstand, dafs er nicht einmal wisse, dafs bei Pestalozzi dieses Prinzip eine Hauptrolle spiele, bes. in dessen Schrift: »Nachforschungen über den Gang der Natur in der Entwicklung des Menschengeschlechts (1798).« Pestalozzi sei hierzu wohl von Rousseau angeregt worden, vielleicht auch von Fichte. Das Prinzip sei um jene Zeit auf verschiedenen Punkten entstanden und sei allmählich zu immer gröfserer Klarheit ausgearbeitet worden. Unabhängig von Rousseau habe Lessing dasselbe Prinzip gefunden und, wenn auch nur aphoristisch, dargestellt in der »Erziehung des Menschengeschlechts.« Übrigens sei Lessing auf die Grundgedanken dieser Schrift höchst wahrscheinlich durch das Studium der Kirchenväter gekommen, mit denen er sich bekanntlich viel beschäftigt habe. Ganz dieselbe Idee finde sich nämlich schon bei dem Patristiker Clemens von Alexandrien († 220 n. Chr. G.) in dessen Schrift: »Der Pädagoge« (ὁ παιδαγωγός). Clemens habe nämlich

*) Diese Darlegungen können als authentisch gelten.

im Gegensatz gegen diejenigen Kirchenväter, welche ganz mit dem klassischen Heidentum brechen wollten, die Idee vertreten, das klassische Heidentum sowie das Judentum seien Vorstufen des Christentums, durch welche hindurch Gott selbst, der Erzieher der Menschheit, diese absichtlich hindurch geführt habe; es sei deshalb auch das Studium des klassischen Heidentums der notwendige Durchgangspunkt für die Bildung des einzelnen Christen; man müsse in der Erziehung den göttlichen Erzieher nachahmen. Offenbar habe Lessing aus dieser Schrift seine Gedanken entnommen, welche dann durch Herders Vermittlung in die deutsche Philosophie übergegangen sind. Der Gedanke der Entwicklung ist der beherrschende Mittelpunkt in der Philosophie von Fichte-Schelling-Hegel, und speziell der letztere habe den Parallelismus der allgemeinen Kulturgeschichte und der individuellen Entwicklung und Erziehung auf Schritt und Tritt gelehrt. Es sei also diese Idee eine der wesentlichsten und wichtigsten Ideen der deutschen Philosophie. Aus Schelling habe Krause, aus Krause habe Fröbel diese Idee entnommen, welche sich auch sonst in Schriften jener Zeit vielfach finde. Herbart habe diese Idee wahrscheinlich aus Pestalozzi entnommen; die Idee passe eigentlich nicht recht in sein sonstiges System hinein, da bei ihm das Prinzip der Entwicklung und überhaupt die geschichtliche Betrachtung bekanntlich zu kurz gekommen sei. (? Red.) Dadurch erkläre sich auch, dafs die Idee bei Herbart später immer mehr zurücktrete, und in der letzten und reifsten Darstellung seiner pädagogischen Ansichten, im »Umrifs« von 1841, ganz fehle. Dies sei somit v. Sallwürk zuzugeben, dafs Herbart mit der Idee nicht recht Ernst gemacht habe; dagegen sei es eine mangelhafte und willkürliche Interpretation, wenn v. Sallwürk die betreffenden Stellen aus Herbarts früheren Schriften so umdeute, als ob die Idee bei Herbart ganz fehle; Herbart habe das Prinzip deutlich erkannt, aber nicht genügend gewürdigt. Um so gröfser sei eben das Verdienst von Ziller, dafs derselbe, der sich sonst so eng an Herbart angeschlossen habe, trotzdem diese von Herbart selbst vernachlässigte Idee in ihrer Wichtigkeit erkannt und damit eine der herrlichsten Errungenschaften der deutschen Philosophie in die Gegenwart herüber gerettet habe. Dafs der Versuch Zillers, diese Idee praktisch zu verwerten, noch sehr unvollkommen sei, liege für jeden Einsichtigen auf der Hand, aber aus den Fehlern grofser Männer sei immer viel zu lernen. Mit den kulturhistorischen Stufen Zillers sei, wenn auch nur ein Anfang, doch ein viel versprechender Anfang gemacht.

Auf das Prinzip der kulturhistorischen Stufen könne man, bemerkte Herr Prof. Vaihinger weiterhin, wie man historisch zu demselben auf verschiedene Weise gekommen sei, so auch systematisch auf verschiedenen Wegen gelangen, welche alle zu demselben Ziel führen.

1. Auf dem religiös-theologischen Wege, wie Clemens und Lessing: Dieselben Stufen der Entwicklung, welche Gott in der Erziehung des Menschengeschlechts eingeschlagen hat, hat auch der menschliche Erzieher nachzuahmen.

2. Auf dem inductiven Wege: a) das Studium der Kindesseele durch die Psychologie zeigt gewisse Entwicklungsstufen, welche die ein-

fache vergleichende Beobachtung der Kindesnatur lehrt; b) unabhängig davon findet die Kulturgeschichte in der Entwicklung des Menschengeschlechts, sowie der einzelnen Völker gewisse Fortschrittsgesetze, und Entwicklungsstadien; c) durch einfache Vergleichung fand man heraus, dafs in diesen beiden Fällen die Entwicklungsstufen sich im wesentlichen decken; diesen Weg schlugen z. B. ein: Herder, Jean Paul u. a.

3. Auf dem deductiven Wege: man geht aus von der Erziehungsidee: die Erziehung bezweckt Erhebung des Kindes auf die erreichte Culturhöhe; die unmittelbare Einführung des Kindes in die von uns heute erreichte Kulturhöhe ist aber nicht möglich, da dem Kinde die betreffenden Apperzeptionsstützen fehlen; um dieselben zu schaffen, mufs das Kind von seinem eigenen Standpunkt aus allmählich auf jene Höhe hinauf gehoben werden; dies wird aber am zweckmäfsigsten so geschehen, dafs man das Kind den typischen Gang der Kultur selbst nachgehen läfst. Dieser Gedankengang findet sich u. a. annähernd bei Herbart.

4. Der philosophische Weg; dieser ist nur für denjenigen einzuschlagen, der sich, wenigstens in den Prinzipien auf den Standpunkt der Entwicklungsphilosophie von Hegel u. s. w. stellt: aus diesem allgemeinen Entwicklungsprinzip fliefst jene pädagogische Idee als Folgerung sofort, da eben jenes allgemeine Entwicklungsprinzip besagt, dafs alle Dinge in der Welt im wesentlichen demselben Entwicklungsgesetze folgen. Diesen Weg schlugen Hegel und seine Schüler, auch Krause und Fröbel ein.

5. Der naturwissenschaftliche Weg. Diesen Weg kann nur derjenige einschlagen, der auf dem Standpunkt des Darwinismus steht. Das Darwinistische Prinzip, dafs die ontogenetische Entwicklung die phylogenetische Entwicklung rekapituliert, wird vom Leiblichen auf das Geistige übertragen. Diesen Weg schlägt u. A. der Engländer Spencer ein. Man gelangt also auf ganz verschiedenen Wegen auf dieselbe Idee, die sich daher als ein centrales und allgemein gültiges Prinzip bezeichnen läfst.

Ganz verkehrt sei somit die Forderung vieler Gegner, so auch von v. Sallwürk, die Herbartianer sollen doch erst dieses Prinzip des Parallelismus der menschheitlichen resp. nationalen und der individuellen Entwicklung beweisen; denn erstens sei dasselbe hinreichend bewiesen; und sodann sei es gar nicht Aufgabe der Pädagogik als solcher, das Prinzip zu beweisen; sie nehme dasselbe vielmehr als Lehnsatz, als Lemma herüber aus der Psychologie und Kulturgeschichte, wie sie ja auch Lehnsätze aus der Ethik, Biologie u. s. w. herübernehme, ohne sie selbst erst beweisen zu müssen.

Herr Gymnasial-Oberlehrer Prof. Dr. Menge-Halle sagte Folgendes: »Mit den kulturhistorischen Stufen Zillers habe ich mich noch nicht voll befreunden können. Sie sind mir wider mein historisches Gewissen, da sie der thatsächlichen Weltgeschichte sich zu wenig anpassen. Zur historischen Betrachtungsweise, die so wichtig ist, werden bei diesen Stufen die Kinder zu wenig angeleitet. Es scheint auch unnatürlich, dafs man den Zögling nicht Entwicklungsstufen durchmachen läfst, die thatsächlich irgendwer in der Welt vor uns geradeso durchlaufen hat, sondern die blofs durch Abstraktion gewonnen sind. Diesen Bedenken gegenüber erscheint mir die von Herrn Prof. Rein aufgestellte Idee der nationalen Kulturstufen befreiend. Die Nation stellt ein gereifteres Individuum dar, von dem der Zögling einst ein Teil sein wird. Ein Franzose mufs eine andere Erziehung geniefsen als ein Deutscher. Die kosmopolitische Erziehung, welche eigentlich den Zillerschen Stufen zu Grunde liegt, ist jedenfalls nicht das Ziel unserer Erziehung. Bei Annahme der nationalen Kulturstufen gewinnen wir wenigstens für unsere höheren Sehulen einen klaren Plan, der bis jetzt bei Ziller nicht zu entdecken war, denn Herodotstufen, Liviusstufen u. s. w. sind keine Kulturstufen. Die oberste Schicht unseres Volkes mufs mit allen Kulturelementen vertraut sein, welche auf die Entwicklung des Volkes stark eingewirkt haben, und soll mit ihnen vertraut werden in der Reihenfolge, die die Geschichte vorschreibt. Die ersten Kulturstufen sind allerdings international und dürften von Ziller richtig erfafst sein als die Märchenstufe und die Robinsonstufe, vielleicht auch noch die Patriarchenstufe. Dann kommen die deutschen Kulturstufen. Wir sehen das Volk zunächst als Heiden in seiner ursprünglichen Verfassung. Dann tritt das christliche Element hinzu, durchdringt und läutert das Germanentum. Etwas später strömt römische Bildung ein, die vertraut macht mit Grammatik und mit Rechtsnormen. Aus sich heraus gebiert das deutsche Volk die Reformation, um dann durch griechische Bildung sich befruchten zu lassen. Auf dieser Stufe stehen wir jetzt noch. So würde der Schüler nach den allgemein menschlichen Vorstufen der Kultur eingeführt der Reihe nach ins Deutschtum, die christliche Religion, die römische Bildung, das evangelische Christentum (insbesondere zur Zeit der Konfirmation), dann ins Griechentum und in die nationale Kulturstufe der Gegenwart. Aus jedem dieser Bildungsstoffe würde natürlich das zu entnehmen sein, was am kräftigsten auf die Jugendbildung einzuwirken scheint und harmonische Bildung erzielen hilft. Wie gesagt, ist diese höchste Bildung eben nur für die höchste Volksschicht. Die zwei andern Schichten entsprechen früheren geschichtlichen Perioden unsers Volkstums. Die gewöhnliche Volksbildung hat sich zu begnügen mit Deutschtum und evangelischem Christentum und bleibt andern Bildungselementen gegenüber stehn, ähnlich wie das Kind im ersten Schuljahre der Religion gegenüber steht. Es lernt die Thatsachen als solche kennen, ohne den historischen Zusammenhang zu begreifen. Die mittlere Volksschicht dagegen lernt noch römische Litteratur und Sprache kennen, um grammatisch und begrifflich tüchtiger geschult zu werden. Was ich Ihnen da vorgetragen habe, ist freilich noch sehr roh, aber der Plan ist eben auch erst unter dem Einflufs des Reinschen Vortrags in mir entstanden; er scheint aber des Nachdenkens wert zu sein, weil er zu einem naturgemäfsen Bildungsgang führt, der obendrein dem thatsächlich jetzt befolgten recht nahe kommt.«

Herr Schuldirektor z. D. Beyer-Jena wies darauf hin, dafs der von Sallwürk sehr gern gebrauchte Ausdruck »Kongruenz« in Hinsicht auf die Entwicklung des Menschengeschlechts und des Individuums nicht richtig sei, weil der Sprachgebrauch ihn zu einem genau begrenzten Begriffe der

Mathematik ausgeprägt habe; von diesem aber könne hier nicht die Rede sein. Es bezeichne der dafür von andern gebrauchte Ausdruck »Kongenialität« das der Sache zu grunde liegende Verhältnis viel besser. Seine Bemerkungen zu demjenigen Teil der Sallwürkschen Schrift, welcher über sein Buch handelt, wird er, da in der Versammlung sich keine Zeit fand, im Druck vorlegen.*) Herr Lehrer Ufer-Altenburg sagte: Die kulturhistorischen Stufen werden u. a. auch erforderlich, wenn man die Lehre von der Konzentration, an der wir doch festhalen müssen, verwirklichen will. Ein Lehrplansystem für die ganze Schulzeit ist mir ohne Zugrundelegung von Kulturstufen nicht denkbar, so daſs man von letzteren unter Abänderung eines berühmten Wortes sagen kann: Wenn wir die Kulturstufen noch nicht hätten, so müſsten sie erfunden werden. Aus diesem und andern Gründen halte ich, gleich Rein, an den Kulturstufen fest, muſs aber widersprechen, wenn Rein behauptet, wir seien im Begriff, in einem sehr wichtigen Punkte über Zillers Bestrebungen hinauszugehen und dabei die Namen Beyer und Menard nennt. Wohl wird uns die historische Erforschung der Einzelfächer, wie sie von den genannten Männern begonnen worden ist, einzelnes wertvolle Material zum Ausbau des Lehrplans geben, und auch an wertvollen Hinweisen hinsichtlich der Behandlung wird es nicht fehlen; darin liegt aber kein wesentliches Hinausgehen über Ziller. Ein solches würde nur in dem Falle vorhanden sein, daſs die historischen Reihen der Einzelfächer untereinander kongruent wären. Auf ein derartiges Ergebnis ist aber angesichts der unbestreitbaren Ungleichmäſsigkeit in der Entwicklung der einzelnen Seiten der Kultur nicht zu hoffen. Wenn man die Bestrebungen Beyers und Menards prinzipiell anerkennt, so giebt man die Konzentration preis. Sollte es sich aber herausstellen, daſs ein Fach, wie z. B. das Zeichnen, im Lehrplansystem nicht unterzubringen wäre, so würde allerdings am besten der historische Entwicklungsgang maſsgebend sein. Das würde aber kein Hinausgehen über Ziller, sondern eine Entfernung von ihm bedeuten. Worin man in der Gegenwart über Ziller wirklich hinauszugehen scheint, das ist das Bestreben, den nicht gesinnungsunterrichtlichen Fächern eine gröſsere Selbständigkeit einzuräumen, als es Ziller z. B. im „Leipziger Seminarbuch“ gethan hat, so daſs der Bildungsgehalt der sog. Nebenfächer mehr zur Geltung kommt. In diese Bestrebungen müssen die Bemühungen Beyers und Menards nicht notwendig eingerechnet werden. Herr Prof. Rein-Jena bezeichnete darauf die Konzentrationsidee als eine abgeleitete; der Gedanke der kulturhistorischen Stufen erscheine ihm als das oberste, wertvollste Prinzip, aus welchem erst die richtige Auffassung der Konzentrationsidee herausspringe. Die Arbeiten von Beyer und Menard, welche den kulturhistorischen Gesichtspunkt verfolgten, seien darum sehr schätzenswert, wenn sie auch der Ausführung der Konzentrationsidee zunächst Steine in den Weg zu legen schienen. Nach einer weiteren Auseinandersetzung zwischen Ufer und Beyer warnte Herr Prof. Vaihinger davor, die Idee der kulturhistorischen Stufen in ein Abhängigkeitsverhältnis zu bringen von der Konzentrations-

*) Siehe »Mitteilungen«, d. h. No. 1.

idee; diesen Fehler habe Ziller selbst gemacht, und seine Schüler machen ihn meist nach; daher wenden sich die Angriffe der Gegner auch ungetrennt gegen beides, anstatt beides zu trennen. Das sei auch bei Sallwürk der Fall. Man kann aber die kulturhistorischen Stufen ganz wohl im Unterricht durchführen, ohne zu konzentrieren; man kann umgekehrt die Konzentrations-Idee durchführen, ohne von den kulturhistorischen Stufen eine Ahnung zu haben; die Idee der Konzentration ist ja auch historisch oft ohne jene Idee der Kulturstufen aufgetreten; so habe ja auch z. B. A. H. Francke seinen Unterricht nach der Idee der Konzentration in der Religion gegeben. Es seien daher die Einwände extremer Zillerianer gegen die Bestrebungen von Beyer und Menard verkehrt. Wenn diese Bestrebungen dazu führen, die von Ziller übertriebene Konzentrationsidee einzuschränken, so sei dies nur zu begrüfsen; und wenn selbst die berechtigte Konzentration dadurch vorläufig erschwert werde, so seien jene Einzeluntersuchungen doch sehr wertvoll; man müsse zunächst einmal zeigen, wie jedes Gebiet sich in der Kulturgeschichte selbständig entwickelt habe, und darnach den Unterricht des betreffenden Faches für sich einrichten; die Entwicklung des Zeichnens z. B. sei zunächst für sich zu verfolgen. Es sei auch gar nicht einzusehen, wie man dieses in das Prokrustesbett der Zillerschen 8 Stufen einreihen könne. Welche Stufe des Zeichnens entspricht denn z. B. der Richterstufe? oder der Apostelgeschichte? oder dem Lutherischen Katechismus? Hier wäre eine Konzentration absurd. Wie in der Kulturgeschichte selbst die verschiedenen Seiten des menschlichen Geistes nicht denselben Schritt eingehalten haben, so kann das auch im Unterricht nicht sein. Selbst wenn durch die Schriften von Menard und Beyer die Konzentrationsidee vorläufig gesprengt werde, so sei das nicht gefährlich. Was an der Idee berechtigt sei, werde sich doch erhalten, und es werde dann gewiss einmal einem Zukunfts-Ziller gelingen, Konzentrationsidee und kulturhistorische Stufen in einen neuen und tiefer begründeten Zusammenhang zu bringen.

Herr Direktor Dr. Frick-Halle erklärte, in den verschlungenen Pfaden der modernen Didaktik seien ihm als ein sicherer Kompafs oftmals folgende drei Forderungen von O. Willmann erschienen: 1. sorge dafür, dafs der Unterrichtsstoff der jedesmaligen Schüler-Individualität und -Stufe möglichst angepafst werde (Rücksicht auf das Subjekt des Schülers). 2. sorge dafür, dafs der eigentümliche Bildungsgehalt jedes Stoffes recht und voll zu seiner Geltung komme (Rücksicht auf das Objekt). 3. sorge dafür, dafs dieser Bildungsgehalt mit den übrigen in eine rechte Gesamtwirkung eingehe (Rücksicht auf Subjekt und Objekt; Konzentration). Nur scheine ihm die Herbartsche Schule in dem berechtigten Streben, der bedeutsamen Idee der kulturhistorischen Stufen gerecht zu werden, etwas einseitig das Gewicht auf diese zu legen und das Recht des Objekts nicht genügend zu berücksichtigen. Aufgabe der Zukunft werde es sein müssen, das Recht beider Gesichtspunkte auszugleichen. In den Gymnasien und höhern Schulen jedenfalls werde bei der Vielheit der Objekte und dem bedeutsamen Bildungsgehalt derselben der kulturhistorische Gesichtspunkt nicht ausreichend, allen Anforderungen entsprechende Gesinnungsstoffe herzustellen. Sodann sei zu bedenken, dafs es auch »mit schwingende« Vorstellungen gebe, und dafs die ganze Umgebung und Atmosphäre, in welcher ein Kind des 19. Jahrhunderts aufwachse, den Bildungsgehalt der voraufgegangenen Kulturstufen in sich schliefse. So sei es fraglich, ob ein Kind der Gegenwart wirklich alle Hauptstufen der voraufgegangenen Kultur ausführlich von neuem zu durchleben habe, und ob nicht ein Durchmessen der Wege der nationalen Kultur genügend sei, zumal sich in denselben die Hauptkulturstufen der Menschheit wiederholten. Aus diesem Grunde seien ihm die ebengehörten Ausführungen des Prof. Menge sehr sympathisch; nur werde derselbe selbst seine Schüler nicht mit dem Griechentum abschliefsen, sondern entsprechend der Zillerschen Weisung die religiöse Bildung von Anfang an begleitend nebenher gehen und schliefslich auch die letzte Frucht bilden lassen wollen. Am Schlufs hoben die Herren Direktor Dr. Just-Altenburg und Rektor Dr. Wohlrabe-Halle die Bedeutung der deutschen Märchen für die erste Lernstufe rühmend hervor, die nicht an Stelle der biblischen Geschichte zu setzen seien. Herr Schulinspektor Trebst-Halle wies zum Schlufs u. a. auf das Werk von Bräutigam: »Der Vorbereitungskurs im 1. Schuljahr« hin.

---

3. Das pädagog. Universitäts-Seminar zu Budapest.

Der Bericht, welchen die »Päd. Studien« 1887, 4. Heft, S. 219 f. über das Päd. Universitäts-Seminar zu Budapest brachten, hat Herrn Professor Dr. Kármán veranlasst, dem Herausgeber d. Z. nachstehende Bemerkungen zu schicken. Da dieselben von allgemeinem Interesse sind, so seien dieselben hier mitgeteilt.

Herr Professor Dr. Kármán schreibt: „In dem »Bericht« ist das pädagogische Seminar und das allgemeine, auch der fachwissenschaftlichen Vorbildung gewidmete Seminar fortwährend verwechselt, wodurch eine ziemlich grosse Verwirrung und Verschiebung der Thatsachen entstanden. (Selbst die mitgeteilten Benennungen sind falsch. »Tanárképezde« bedeutet Professoren-Bildungsanstalt und ist der gekürzte Name des allgemeinen Seminars für Lehrer — wie man bei uns und in Österreich sagt: Professoren — an Gymnasien und Realschulen. »Mintagymnasium«, d. i. Mustergymnasium, nennt man zuweilen im Gespräch unsere Seminarübungsschule, anfangs wohl nicht ohne einige Ironie gebraucht; doch ist der Name keine offizielle Benennung; diese lautet einfach: Übungs-gymnasium der Professorenbildungsanstalt. (A tanárképző intézet gyakorló gymnasiuma). Näheres kann man ersehen aus dem »Statut und Studienordnung des Seminars für Lehrer an Mittelschulen an der k. ung. Universität zu Budapest. (Budapest 1874.) Einige Bemerkungen will ich noch zur Erklärung beifügen.

Das pädagogische Seminar bildet nur eine Abteilung (früher die 5., gegenwärtig die 3te.) eines Institutes zur Heranbildung der Lehrer an Mittelschulen (Gymn. u. Realsch.). Dieses wurde 1870 ganz nach dem Muster

deutscher Universitätsseminare anfangs nur für Gymnasien organisiert; man ging nur in dem einen Punkte über deutsche Einrichtungen hinaus, darin, dafs die Leiter der einzelnen Fachseminare zu einem Körper vereinigt wurden, um so das Bewufstsein einer gemeinsamen Aufgabe rege zu halten. An die Spitze ward daher auch ein Direktor gestellt, vom Lehrkörper vorgeschlagen und vom Ministerium auf 3 Jahre ernannt. (Seit 1873, da die Vereinigung der früher abgesondert, an der Universität und dem Polytechnikum bestandenen Seminare für Gymnasial- und Realschullehrer erfolgte — vergl. Regulativ S. 17 — steht ein ständiger Direktor an der Spitze; es ist dies Dr. Josef Stoczek, Prof. d. Physik an dem Polytechnikum, Vicepräsident der k. ungar. Akademie der Wissenschaften und Mitglied des Magnatenhauses). Die pädagogische Abteilung war ursprünglich auch nur für eingehendere theoret. Vorbildung berechnet, die Seminaristen sollten nebenbei an den verschiedenen Gymnasien Budapests Gelegenheit finden, sich auch praktisch einzuüben. (Es ist ja auch dies eine an deutschen Universitäten heimische Einrichtung.) Glücklichen Umständen — auf die näher einzugehen wohl nicht nötig sein mag — ist es zu danken, dafs der damalige Direktor des Gesammtseminars — der gegenwärtige Direktor unserer Übungsschule: Anton Bartal, ein tüchtiger Philologe und eifriger Schulmann — für die Idee eines wahren pädagogischen Seminars gewonnen wurde. Derselbe unterbreitete ein Memorandum sammt Statut dem Seminarlehrkörper, wufste die Angelegenheit bei der Universität und dem Ministerium recht zu vertreten und so wurde im Mai 1872 das Statut der pädagogischen Abteilung in diesem Sinne abgeändert und letztere als pädagogisches Seminar mit Übungsschule organisiert. (Das Seminarstatut wurde am 16. Mai 1872 veröffentlicht.) Ich habe seiner Zeit, den Entwurf des Statuts auch Herrn Prof. Ziller in Leipzig zugesandt und seine Meinungsäufserung darüber erbeten. Ich teile letztere hier mit, sie wird wohl die Freunde der guten Sache interessieren; zugleich benutze ich die Gelegenheit, um zu erklären, dafs unsere Schule es Zillern zu Danke rechnet, hiemit zu ihrer Gründung beigetragen zu haben. Ziller äufsert sich (Leipzig, 24. April 1872) über das Statut folgendermafsen: »Ich habe mich sehr gefreut über den mir vorgelegten Plan, nach welchem zum ersten Male eine öffentliche Lehranstalt nach den Anforderungen der neueren Pädagogik in Angemessenheit zu den gegebenen eigentümlichen Verhältnissen gestaltet werden soll. Bei der Übungsschule sowohl, wie bei den Konferenzen sind die Traditionen der wahren pädagogischen Seminare sorgfältig beachtet worden. Die Verbindung der Übungsschule mit einem vollständigen Gymnasium wird zwar ihre Schwierigkeiten haben, auch bei beschränkter Klassenzahl. Aber die pädagogische Einsicht des Leiters und die Unterstützung, die er in so dankenswerter Weise bei einer erleuchteten Regierung findet, läfst das Beste hoffen.« — Die Bedenken Zillers kann erklärlich finden, wer die theoretische Besorglichkeit kennt, welche eine feste Organisation selbst des Leipziger Seminars so lange verzögerte. Mitglieder des Seminars mögen sich nur an die Zeit der ersten Fertigstellung des Seminarbuches erinnern. Mir war es aber von Beginn an klar, dafs ein pädagogisches

Seminar nur dann fruchtbar auch an der Fortbildung der Pädagogik arbeiten kann, wenn es sich in den Dienst des bestehenden Schulwesens stellt, als Glied desselben sich fühlt und auch an der Tagesarbeit redlich Teil nimmt. Es waren übrigens auch hierzulande Stimmen, die für eine Volkschule als Übungsschule sich aussprachen; die meisten Schulmänner denken ja nur an eine technische Ausbildung der künftigen Lehrer und da mag es ja wahr sein, dafs hiezu die Volksschulpraxis genügen kann; wir wissen selbst, was wir der Arbeit an Elementarklassen zu danken haben. Ein pädagogisches Seminar hat aber meines Erachtens die künftigen Lehrer vor allem in die methodische Durcharbeitung der Lehrstoffe, in die rechte Gestaltung des Schullebens einzuführen, und wirkt nur dann kräftig auf das öffentliche Schulwesen ein, wenn es jene für diese Arbeit zu gewinnen, sie theoretisch und praktisch tüchtig vorzubilden vermag. Wie hätten wir mit einer Volksschule die vielen Vorurteile, die vor allem Gymnasiallehrer gegen jede Übungsschule hegten, überwinden sollen? Auch hierzulande hatte die Übungsschule zumeist in den Gymnasien ihre entschiedensten Gegner; es galt ja vielfach als Anklage gegen die herrschende Praxis, wenn man von nun an den jungen Lehrernachwuchs nicht ohne methodische Vorbereitung in die Schule lassen und an die Erfahrung der älteren Kollegen weisen wollte. Auch sonst tüchtige Lehrkräfte sprachen sich entschieden gegen die Errichtung der Übungsschule aus. Heute ist unsere Sache hierzulande gewonnen. Ein früherer, entschiedener Gegner derselben, zu jener Zeit Gymnasialprofessor zu Budapest, gegenwärtig Professor der klass. Philologie und 1885/86 Rektor an der Klausenburger Universität, hat gerade in seiner Rektoratsrede, welche die Vorbildung der Gymnasiallehrer behandelte, offen und redlich seine frühere Meinung als irrtümlich erklärt und warm und eingehend für die Errichtung einer Übungsschule auch an unserer zweiten Universität gesprochen. So wurde auch vor zwei Jahren in der Generalversammlung des Mittelschullehrervereins, dem der gröfsere Teil der Lehrer an Gymnasien und Realschulen angehört, bei einer recht gründlichen Behandlung der Frage der Vorbildung, die Übungsschule als der festeste Punkt unserer Organisation anerkannt und keine einzige Stimme hatte etwas dagegen einzuwenden. Gegenwärtig verkündet bereits ein stattliches Heim, welches die nie mangelnde Fürsorge der Regierung mit Einwilligung des Reichstages uns erbaut, dafs die Übungsschule zu den gesicherten, begründeten Institutionen unseres Schulwesens gehört. Unser Schulgebäude wurde soeben am 2. Oktober mit einer öffentlichen Feier eingeweiht, wobei unser Unterrichtsminister Trefort, dessen Thätigkeit ja auch aufserhalb Ungarn vielfach Anerkennung findet, ferner der Staatssekretär und die Sektionsräte des Ministeriums, die Professoren der Universität, Reichstagsabgeordnete und die Spitzen der städt. Behörden durch ihr persönliches Erscheinen eine Würdigung unserer Aufgaben und vielleicht auch der bisherigen Erfolge bekunden wollten.

Die Einrichtung unseres Seminars, ihre äufsere Gestaltung, beruht noch heute auf denselben Grundlagen, welche das Statut vom Jahre 1872 gelegt hat (s. das Statut § 79—98. S. 13—16). Es war an denselben im

Laufe der Jahre nichts zu ändern; nur hat das Leben einzelne Bestimmungen genauer ausgebildet. Es hat einen ständigen Direktor, wie erwähnt A. Bartal, der zugleich Vorstand der philolog. historischen und der pädag. Abteilung des ganzen Seminars ist (vergl. Übergangsregulativ S. 18. § 8); sodann einen ständigen Lehrkörper, aufser dem Direktor, der selbst klass. Philologe ist, noch zwei leitende Professoren für klass. Philologie, je einen für moderne Sprachen, für Geschichte und Geographie, für Naturgeschichte, für Mathematik und Physik und zwei Hülfsprofessoren für geometrisches Zeichnen und Rechnen, frühere Mitglieder des Seminars. Auch unter den ordentlichen leitenden Professoren sind drei als Kandidaten Mitglieder des Seminars gewesen. Ich selbst bin für die pädagogische Abteilung als Professor der Philosophie und Pädagogik bestellt, leite die theoretisch-pädagogische Fortbildung der Kandidaten, unterrichte aber auch selbst an der Übungsschule, schon des praktischen Beispiels halber, und nehme an allen Konferenzen der Schule Teil.

Mitglieder des Seminars können nur solche Lehramtskandidaten werden, welche bereits die Universitätsstudien, die jetzt gesetzmäfsig auf vier Jahre ausgedehnt wurden, hinter sich haben; die meisten unter ihnen haben auch die wissenschaftliche Fachprüfung bestanden, der bei uns erst nach einem Jahre Schulpraxis die philosophisch-pädagogische Prüfung, mit der eigentlichen facultas docendi, folgt. So können die Kandidaten während der Übungsschularbeit sich ganz ihrer pädagogischen Ausbildung widmen und in die Schule recht einleben. Zumeist verbleiben sie auch volle zwei Jahre als Mitglieder und finden somit genugsam Gelegenheit, um ein volles Bild vom Gymnasialleben zu gewinnen. Ich bemerke noch, dafs jährlich zehn Kandidaten ein Staatsstipendium von je 300 Gulden haben.

Während der 15 Jahre seines Bestandes waren bei 340 Kandidaten Mitglieder des pädagogischen Seminars; davon sind nun die gröfsere Mehrheit an Gymnasien und Realschulen, einige auch an Lehrerseminaren und Bürgerschulen als Professoren angestellt; 9 sind bereits Gymnasialdirektoren; ja auch an der Universität finden wir als Professoren und Docenten ehemalige Seminarmitglieder. Es besteht auch unter früheren und gegenwärtigen Mitgliedern eine traditionelle Gemeinsamkeit, ein Bewufstsein der Zusammengehörigkeit, als der echteste Beweis geistiger Wirksamkeit. Ich überlasse es jedoch andern, von dem Einflusse unser Schularbeit auf Schule und Wissenschaft historisch treu Bericht zu erstatten. Nur erwähnen will ich, dafs eben die tüchtigsten Lehrkräfte es offen und gern eingestehen, wie erst die Mitarbeit an der Übungsschule ihnen den Sinn für die Aufgaben und das Wesen ihrer Fachwissenschaft geöffnet, und daher nicht allein zur methodischen Vorübung für die Schulpraxis diente, sondern geradezu als Einführung in eine rechte wissenschaftliche Thätigkeit galt. Das Verhältnifs unserer Übungsschule zur Organisation unserer Mittelschulen, insbesondere der Gymnasien, betreffend, worauf es bei der Frage doch zumeist ankommt, sei es erlaubt, einfach den Referenten des Mittelschulprofessorenvereins, — gegenwärtig Gymnasial-Direktor in Prefsburg — sprechen zu lassen. Derselbe steht sonst ganz aufserhalb unserer Übungs-

schule und äufsert sich in seinem Referate über die Vorbildung der Mittelschullehrer unter andern folgendermafsen: »Die Übungsschule hat sich im ganzen Lande teils warme Freunde erworben, teils heftige Gegnerschaft zugezogen; der beste Beweis, dafs ihr Einflufs tiefgreifend ist. Wie man auch über die durch sie in Kurs gebrachte Methoden urteilen mag, soviel mufs zugestanden werden, dafs dieselbe Bewegung und Leben in eine hinsiechende Praxis gebracht, dafs sie alle Lehrer zur Besinnung über ihre eigenen Methoden erweckte und so manche allgemein anerkannte heilsame Reformen eingeführt hat. Unser Lehrplan und unsere Instruktionen zeigen auf Schritt und Tritt den Einflufs der Übungsschule. Diese hat somit, wenn sie auch in einzelnen Dingen noch so sehr im Irrtum wäre, in der Geschichte des ungarischen Schulwesens einen ewigen Platz sich gesichert.« (Organ des Landes-Mittelschulprofessoren-Vereins, September 1886. S. 55.)

Ob es der Geist Herbarts ist, oder nicht, der in unserer Schule lebt, darüber möchte ich mit Niemanden rechten. Wer für wissenschaftliche Bestimmtheit, für Konsequenz des Denkens Verständnis hat, wo würde er in pädagogischen Kreisen Beachtenswerteres finden, als in den Arbeiten, die an die Herbartsche Fassung der pädagogischen Begriffe anknüpfen? Doch eben deshalb glaube ich, im Interesse der wissenschaftlichen Pädagogik bedauern zu müssen, dafs Unterscheidungen, die sonst nur in theologischen Kreisen herrschend waren, wie die etwa zwischen Herbartianern und Zillerianern von strikter und laxer Observanz, einen ganz unwissenschaftlichen Geist der dogmatischen Intoleranz in die sonst löblichsten Bestrebungen einschmuggeln. Auch praktische Wissenschaften, ja vielleicht diese mehr als die rein theoretischen, verlangen nicht nur Sorgfalt und Konsequenz in der empirischen Weiterbildung, sondern bedürfen auch einer stets erneuerten, durch die Erfahrungen erweckten Kritik ihrer Grundlagen. Es gilt auf uns anzuwenden, was Herbart so treffend von sich in Bezug auf Kant sagte: wir müssen Herbartianer sein vom Jahre 1887. —

---

4. Bericht über den Zweig-Verein für Herbart-Zillersche Pädagogik zu Dresden.

Unser Verein ist 1881 von Dr. Just gegründet und erst von ihm, nach seinem Weggange von Dresden aber durch Oberlehrer Bahnert in gleichem Geiste geleitet worden. Der Verein hat seinem Zwecke gemäfs (Förderung der Mitglieder auf dem Gebiete der wissenschaftlichen Pädagogik) sich fern gehalten von jeder agitatorischen Thätigkeit wie von Angriffen auf bestehende Verhältnisse. Das Wirken war ein friedliches, nach innen gerichtetes. Die Arbeiten der Mitglieder wurden hauptsächlich der Praxis und ihren Bedürfnissen entlehnt. Es kamen im verflossenen Jahre (in den aller 14 Tage stattfindenden Zusammenkünften) zum Vortrage P r ä p a r a t i o n e n, welche entweder unmittelbar vorher dem Unterrichte zu Grunde gelegen hatten oder die bald danach benutzt werden sollten. So aus dem Gesinnungsunterrichte: die ersten Mosesgeschichten, ein andermal: Jesus in der Schule zu Nazareth, ferner ein Geschichts-Vortrag über Elisabeth Charlotte von der Pfalz. Im Anschlusse an das Leben Luthers war als geographische Lektion bearbeitet sein Heimatland: Thüringen. Aus der Sternkunde wurde vorgebracht: Präparation über die Planeten. Aus dem Gebiete der unmittelbaren Charakterbildung kamen zur Besprechung zwei Kinderbilder. Durch ausführliche Referate wurden die Mitglieder von neuen litterarischen Erscheinungen in Kenntnis gesetzt. Es wurde berichtet über die neue Auflage des didaktischen Materialismus von Dörpfeld, über das geographische Kartenzeichnen von Heiland, über Beyers Schrift die Naturwissenschaft in der Erziehungsschule, über Junges »Dorfteich.« Es wurde der Angriff Ostermanns auf die Psychologie Herbarts einer Besprechung unterworfen und weiterhin die Aufmerksamkeit der Mitglieder gelenkt auf die neue Altenburger Zeitschrift »Praxis der Erziehungsschule.« Ein Mitglied erstatte Bericht über einen Besuch der nach Herbart Zillerschen Grundsätzen eingerichteten Schulen der Stadt Altenburg. Eine interessante und anregende Debatte veranlafsten zwei Mitglieder durch theoretische Untersuchungen über dasselbe Thema: »Der Lese-Unterricht aui der Oberstufe der einfachen Volksschule nach Ziel und Methode.« Auf Wunsch besonders der jüngeren Lehrer wurde begonnen mit gemeinsamer Lektüre grundlegender Werke und sonst bedeutender Erscheinungen der Erziehungswissenschaft. Zunächst waren es die pädagogischen Vorträge von Willmann, welche wertvollen Stoff boten. Die letzte Sitzung des Vereinsjahres wurde zur Besprechung der beiden naturwissenschaftlichen Arbeiten des Jahrbuches unter lebhaftem Meinungsaustausch verwendet. Mehrere Mitglieder besuchten die Hauptversammlung des Vereins in Leipzig und es wurde über den Gang der Verhandlungen daselbst Bericht gegeben in der ersten Versammlung nach den Ferien, zugleich aber auch über einen Besuch der 6. Bürgerschule in Leipzig, sowie über nachahmenswerte Einrichtungen an derselben, besonders über die mustergiltige Lehrmittelsammlung. Von den in der Pfingstversammlung angeregten Fragen sollen einzelne im Laufe dieses Jahres zur Untersuchung und Besprechung kommen in unserm kleinen Kreise, der damit sich Zusammenhang wahren und Fühlung behalten will mit den Arbeiten und Fortschritten der grofsen Gemeinschaft. So gestaltete sich im verflossenen Jahre Leben und Thätigkeit unsers Vereins. Die Arbeit ist zu bezeichnen als eine anregende und gewinnbringende, bestimmt und dazu angethan, die Weiterbildung zu fördern, den Einzelnen in Kenntnis zu erhalten von den Erscheinungen, die einen Fortschritt auf pädagogischem Gebiete bedeuten und das Gefühl der Zusammengehörigkeit zu stärken in dem einen grofsen Bestreben: der rechten Sorge für die sittliche Charakterbildung der Jugend.

Fritz Lehmensick.

5. Die Herbartsche Pädagogik in Altenburg.

Von Dr. V. Müller.

In neuester Zeit hat die Bewegung, die für die pädagogischen Ideeen Herbarts in Altenburg zu Tage getreten ist, die Aufmerksamkeit weiterer Kreise erregt. Es erscheint daher angezeigt, die Entstehung, den Fortgang und den gegenwärtigen Stand der Bewegung möglichst objektiv darzulegen.

Ungefähr zwei Jahre haben genügt, die Frage nach der Berechtigung und Durchführbarkeit der Herbartschen Pädagogik hier zur geradezu brennenden zu machen und das lebhafteste Interesse, sei es nun ein freundliches oder ein feindliches, nicht nur der Lehrerschaft, sondern auch des gröfseren Publikums zu erregen. Referent kann aus eigener Erfahrung bezeugen, dafs gar mancher Vater bereits zu der Einsicht gekommen ist, es gelte nicht blofs, seinem Sohne in möglichst kurzer Zeit gewisse Berechtigungen zu verschaffen, sondern es sei für die Zukunft des Zöglings von höchster Bedeutung, schon in früher Jugend durch den Unterricht planmäfsig in Rücksicht auf Geist und Gemüt gebildet zu werden.

Bis Ostern 1885 herrschte in Altenburg sozusagen ein pädagogisches Stillleben. Die Leitung der städtischen Schulen, an denen gegen 60 Lehrer thätig waren, lag in der Hand eines jungen Theologen, der nach nicht ganz dreijähriger Thätigkeit als Schuldirektor in das geistliche Amt zurücktrat. Von einer wissenschaftlich-pädagogischen Thätigkeit des hiesigen Lehrerseminars drang wenigstens nichts in die Öffentlichkeit. Die beiden höheren Töchterschulen, sowie das Gymnasium und die Realschule gingen ihre gesonderten Wege.

Da wurde Ostern 1885 Dr. Just zur Leitung der städtischen Schulen hierher berufen. Derselbe, bekannt als Herausgeber der Pädagogik Zillers und als Mitarbeiter am Jahrbuche des Vereines für wissenschaftliche Pädagogik, rief sofort einen pädagogischen Verein ins Leben, in welchem Zillers Pädagogik durchgearbeitet, psychologische Werke besprochen und praktische Arbeiten aus den verschiedenen Unterrichtsgebieten angefertigt und beurteilt wurden. Der Verein zählt jetzt gegen 70 Mitglieder und hält wöchentlich eine Sitzung ab. Ostern 1886 wurde Dr. Just auch zur Oberleitung der höheren Töchterschule »Karolinum« berufen. Das Konrektorat an dieser Anstalt wurde dem von Elberfeld hierher anzogenen Lehrer Ufer übertragen, dem Herausgeber des »Französischen Lesebuchs zur Geschichte der deutschen Befreiungskriege«, das Dr. Frick-Halle in seinen Lehrplan der Gymnasien aufgenommen und anerkennend beurteilt hat.*)

Als Organ für seine Bestrebungen gründete Dr. Just Ostern 1886 die »Praxis der Erziehungsschule«, die bereits gegen 500 Abonnenten zählt. Für die pädagogische Fort- und Ausbildung sorgen sowohl an den Bürgerschulen, als am Karolinum aufser den angeführten Veranstaltungen noch regelmäfsige Konferenzen, besondere Beratungen mit den Konrektoren, sowie Lehrproben mit anschliefsender Kritik.

Zu diesen Bestrebungen haben sich die Lehrer der übrigen Anstalten

*) Lehrproben u. Lehrg. 12. H. Sept. 1887. S. 16 u. 34.

bisher ziemlich indifferent verhalten. Nur einige jüngere Lehrer der Realschule gehören dem pädagogischen Vereine als Mitglieder an.

Zur näheren Bekanntmachung mit der Herbart-Ziller-Stoyschen Pädagogik regte in diesem Kreise der Geheime Regierungsrat, Provinzialschulrat Dr. Todt zuerst an. Der Direklor der Anstalt, Professor Flemming, ein Freund Fricks und Mitarbeiter an den Lehrproben und Lehrgängen, wies auf die Frickschen Schriften hin; es wurden die schon früher an der Realschule üblich gewesenen Lehrproben wieder eingeführt; in besonderen Beratungen wurde das von Herbartschem Geiste durchwehte Referat des Dr. Holzweifsig-Burg über die Arbeiten besprochen, welche zu dem vom Königl. Provinzial-Schulkollegium für die Provinz Sachsen gestellten Thema eingeliefert worden waren: »Wie ist entsprechend der didaktischen Forderung, dafs die häusliche Beschäftigung in keinem Falle als Ersatz dessen benutzt werden darf, was die Lehrstunden bieten können und sollen, sondern als Fortsetzung und ergänzender Abschlufs des Erfolges der Lehrstunden, in den einzelnen Fächern und auf den verschiedenen Stufen im Unterricht zu verfahren?« S. 23 f. heifst es darin: »In freier, nach den verschiedenen Klassenstufen und Unterrichtsfächern zu modifizierenden Weise wird jede gesunde Pädagogik die Herbartschen Maximen und auch die Formalstufen anwenden müssen.«

Zu den S. 39—41 aufgestellten Thesen verpflichtete sich das Kollegium in aller Form.

Ferner wurde beschlossen, in Fachberatungen die Lehrpläne der einzelnen Unterrichtsgegenstände mit Berücksichtigung der in dem erwähnten Referate gegebenen Anregungen umzuarbeiten und mit der Geschichte begonnen.

Der lateinische Unterricht wurde durch Beseitigung des Beckschen und Einführung des Holzweifsigschen Übungsbuches neu belebt und für die Schüler Interesse weckender gestaltet.*)

Von den Lehrern des Gymnasiums hat sich nur einer, ein Schüler Stoys, hier und da an den Versammlungen des pädagogischen Vereines beteiligt, auch von den Lehrern des Seminars gehört nur einer dem Vereine als Mitglied an. Von höchster Bedeutung für die praktische Durchführung der Herbartschen Ideeen an den hiesigen Bürgerschulen und am Karolinum ist das tiefe Verständnis und rege Interesse, welches der Bezirksschulinspektor der Stadt Altenburg, Generalsuperintendent D. Rogge, denselben entgegenbringt. Seinen Bemühungen ist es zu danken, dafs die höhere Töchterschule »Karolinum« dem Direktor Dr. Just unterstellt und auf diese Weise dem fortwährenden Wechsel im Direktorium ein Ende gemacht wurde. D. Rogge nimmt an den Sitzungen des pädagogischen Vereines, an den Beratungen und Lehrproben im Karolinum den lebendigsten Anteil.

Das anerkennende Urteil, welches er am Schlusse der Osterprüfung v. J. im Karolinum aussprach**), ist der psychologische Ausgangspunkt des ersten Angriffes seitens der Gegner.

---

*) Vergl. des Referenten Beilage zum Jahresberichte über die Herzogl. Realschule für das Schuljahr Ostern 1886 u. 87: »Über die Reform des höheren Unterrichtes mit besonderer Berücksichtigung des lateinischen Unterrichtes.«

**) Vergl. Praxis der Erziehungsschule. 1. Bd. 3. Heft S. 108.

Von einem früheren Direktor des Karolinums nämlich — in der Regel verwaltete früher dieses Amt ein Kandidat der Theologie — Pastor Dr. Kühn, erschien Anfang Juli v. J. eine Broschüre*), in welcher der Verfasser, veranlafst durch das Probeheft der Praxis der Erziehungsschule, es für seine Pflicht erklärt, die Urheber agitatorischen Treibens, welche die Kollegialität verletzen, in die gebührenden Schranken zurückzuweisen (S. 9 f.).

Als solcher wird »ein Herr Ufer« ausdrücklich bezeichnet (S. 10).

Der Verfasser gelangt zu folgenden Resultaten seiner Untersuchung (S. 29 ff.): Die Anhänger Zillers arbeiten tüchtig und bereiten sich insonderheit mit grofsem Fleifs auf ihre Lektionen vor.

Auf eine sofortige Verbindung der einzelnen Lehrfächer, wie sie die Zillerianer erstreben, mufs man verzichten, weil sie zur Zeit unmöglich ist.

Uneingeschränkte Anerkennung verdient die hohe Wertschätzung, welche von der ganzen Zillerschen Schule der christlichen Religion entgegengebracht wird.

Freilich schränkt der Verfasser selbst diese Anerkennung sofort durch den Zusatz ein: »Die kleine Festung der Zillerschen Richtung wäre längst den Bomben der Satire erlegen, wenn nicht stets an der gefährdeten Stelle die Flagge mit dem Kreuz aufgezogen würde.« (S. 32.)

Die direkte Hinübertragung der Gesinnungsbildung auf das profane Gebiet mufs am allerentschiedensten bekämpft werden. Die Benutzung unserer Profanlitteratur zu religiösen Zwecken ist durchaus unstatthaft.

Weiter spricht der Verfasser seine Freude aus über viele kleinere pädagogische Mitteilungen und Winke in der Praxis d. E., die meist auf dem Boden einer tüchtigen pädagogischen Erfahrung entstanden seien und die »Zillerei« bei Seite lassen.

Schliefslich empfiehlt der Verfasser, diejenigen Leute im Lande zu gewinnen zu suchen, welche die Feder zu pädagogischer Schriftstellerei doch noch anders zu führen verständen, als die bisher vorgeführten.

Die Antwort auf diese Broschüre gab bald darauf der persönlich angegriffene Konrektor an der Karolinenschule zu Altenburg, Christian Ufer, ebenfalls in einer Broschüre.**)

Die Resultate seiner Untersuchung fafst er in neun Sätzen zusammen (S. 42 f.):

1. Herr Dr. Kühn bekundet einen höchst auffallenden Mangel an Kenntnis der Herbart-Zillerschen Litteratur.
2. Herr Dr. Kühn nimmt sich trotz dieses Mangels die bedenkliche Freiheit, zu entscheiden, was Ziller gemäfs sei und was ihm widerspreche.
3. Herr Dr. Kühn stellt Ansichten auf, die den Gedanken nahe legen, dafs er die Litteratur der herkömmlichen Pädagogik eben so wenig kennt, wie diejenige der Herbart-Zillerschen Schule.
4. Herr Dr. Kühn erspart sich in sehr vielen Fällen die Mühe, seine

*) »Die Zillerianer striktester Observanz nach ihren neuesten litterarischen Produktionen beurteilt.« Altenburg 1887. Verlag v. Victor Dies. 8°. 35 S. Preis 60 Pf.

**) »Herr Pastor Dr. Kühn und die Zillerianer. Eine Abwehr.« Altenburg. Verlagshandlung H. A. Pierer. 1887. 8°. 44 S. Preis 60 Pf.

Behauptungen zu begründen, ohne darum an seinem Selbstgefühl irre zu werden.

5. Wo Herr Dr. Kühn Beweise versucht, da sind seine Ausführungen häufig so voll der offenbarsten Widersprüche, dafs man sieht: er bewegt sich hier auf einem Gebiete, auf welchem er ein arger Dilettant ist.
6. Die Schrift bekundet nach Inhalt und Ton sehr deutlich eine Geringschätzung pädagogischer Arbeit und damit auch des Lehrerstandes.
7. Herr Dr. Kühn ignoriert in drei Fällen wichtige Punkte der zu kritisierenden Arbeiten in einer Weise, die eine schlimme Deutung zuläfst.
8. Herr Dr. Kühn verschmäht es nicht, falsche Mitteilungen zu machen (Vorwort).
9. Es fehlt in der Kühnschen Broschüre nicht an offenen und versteckten persönlichen Angriffen gehässigster Natur.

Die durch beide Broschüren hervorgerufene Bewegung machte sich auch geltend auf der am 9. u. 10. August v. J. in der Residenz tagenden IX. Altenburger Landeslehrerversammlung, auf welcher Seminarlehrer Heimerdinger »Über die Herbart-Zillerschen Ideeen und ihr Verhältnis zur einfachen Volksschule« sprach. Der Vortragende erkannte die Berechtigung der formalen Stufen, ebenso die Notwendigkeit einer einheitlichen Gestaltung des kindlichen Gedankenkreises und das Bedürfnis einer reicheren Verknüpfung der Lehrfächer und Lehrstoffe an, wies aber die kulturhistorischen Stufen zurück.*)

Auch die Geistlichkeit des Altenburger Landes nahm Stellung zu der alles beherrschenden Frage. Auf der am 23. August d. J. in Klosterlausnitz abgehaltenen Pastoralkonferenz gab, nicht ein Geistlicher, sondern Rektor Bräger-Ronneburg als Referat einen bereits früher in Ronneburg gehaltenen Vortrag: »Über die Herbart-Zillersche Unterrichtsmethode.«

Erst am 11. September erschien in der »Altenburger Zeitung für Stadt und Land« (Nr. 213 u. 214) ein ausführliches anonymes Referat über die Versammlung. Aus dem den Vortrag betreffenden Abschnitte heben wir folgendes hervor:

Herbart gebührt das Verdienst, die Pädagogik durch philosophische Durcharbeitung zu einer Wissenschaft erhoben zu haben. Die biblischen Forderungen übertreffen die ethischen Grundsätze Herbarts an Tiefe des Inhaltes und an Kraft der Forderung. Das strenge Festhalten des Herbartschen Seelenbegriffs stimmt mit der christlichen Lehre nicht überein: Wird der Seele keine Neigung zum Guten oder zum Bösen zugeschrieben, dann giebt es auch keine Erlösung.

Die sich ergebenden praktischen Forderungen der Herbart-Zillerschen Schule erkennt der Referent im allgemeinen an, verwirft aber die scharfe und enge Fassung, welche Ziller dem Begriffe der Konzentration gegeben: »Was Gott (!) geschieden hat, soll der Mensch nicht konzentrieren!«

*) Vergl. hierzu die von Dr. Just gemachten Ausstellungen, Praxis d. E. 1. Bd. 5. H. S. 177 f.

Namentlich erklärt er sich gegen die kulturhistorischen Stufen, wenngleich einige Vorteile dieser Zillerschen Stoffverteilung nicht zu verkennen seien.

Das Resultat des Vortrags lautet: »Die Herbart-Zillersche Methode hat bedeutende Vorzüge, giebt aber daneben zu schweren Bedenken Anlafs. Es ist nicht im Geiste Herbarts, wenn Zillerianer striktester Observanz sich als die allein wahren und allein wissenschaftlichen Pädagogen preisen und sich gerieren, als ob mit den Zillerschen Kulturstufen die Pädagogik überhaupt abgeschlossen sei. Der von Herbart ausgehende Strom wird in das Bett der allgemeinen Pädagogik geleitet werden, und das wird schlichter und einfacher sein, als bei Ziller.«

Zunächst beleuchtete Seminardirektor Oberschulrat Runkwitz-Altenburg die Grundlagen der Herbartschen Pädagogik lediglich vom christlichen Standpunkte aus: Bei Herbart sei Gott ein so entferntes Wesen, dafs man von ihm garnichts aussagen könne. Ein Herbartianer striktester Observanz brauche sich um den ersten Artikel des zweiten Hauptstückes nicht zu kümmern.

Da sich ferner mit den Herbartschen Grundsätzen die Lehre von der Erbsünde nicht vertrage, habe der Herbartianer striktester Observanz auch mit dem zweiten und dritten Artikel nichts zu thun. Thue er's, so sei das ein Bruch mit der Theorie. Redner kommt zu dem Schlusse: »Die Herbartsche Pädagogik ist in ihren Grundzügen verfehlt und wird ihren psychologischen Voraussetzungen untreu, sobald sie der Wahrheit nahe kommt. Sie ist also keineswegs der Abschlufs der Pädagogik.«

Als sehr beachtenswert hebt das Zeitungsreferat noch das Urteil des Schuldirektors Dr. Bartels-Gera hervor, dafs die Anordnung des Stoffes nach den Kulturstufen aus eigner Erfahrung als vollständig unbrauchbar für die Volksschule sich erweise und dafs für die Beibehaltung der konzentrischen Kreise einzutreten sei. —

Da auf der Versammlung den Vertretern der Herbart-Zillerschen Pädagogik: Dr. Just-Altenburg, Ufer-Altenburg, Pastor Müller-Oberlödla nur je zehn Minuten Zeit und nicht einmal diese zu ihren Ausführungen gegönnt wurde, hielt Dr. Just am 16. Sept. im pädagogischen Vereine zu Altenburg auf Grund des Zeitungsreferates, das er für eine urkundliche, authentische Darstellung hielt, als Widerlegung einen Vortrag: »Die Herbart-Zillersche Pädagogik auf der Klosterlausnitzer Pastoralkonferenz«, der auf Wunsch der Versammlung gedruckt wurde und unter gleichem Titel im H. A. Piererschen Verlage als Broschüre erschienen ist (8. 28 S. Preis 40 Pf.).

Nach einer geschichtlichen Vorbemerkung weist der Verfasser, dem Zeitungsreferate folgend, Schritt für Schritt die Einwände Brägers zurück.

Mit besonderer Schärfe wendet er sich gegen die den Herbartianern den christlichen Glauben absprechende Runkwitzsche Rede.

Das Schlufswort lautet (S. 27 f.): »So lange unsere Gegner unsere Arbeit nur vom Hörensagen kennen, oder aus halb verstandenen Büchern,

so lange sie nicht in unsere Schulen kommen und da unsere Praxis beobachten, so lange sie ferner an ihren eigenen Anstalten nichts thun für ein einheitliches Zusammenarbeiten, und

so lange sie uns keine Proben zeigen, wie sie die von ihnen selbst gefordete Verbindung der Unterrichtsfächer und -Stoffe betreiben, und wie sie einen Stoff in psychologisch-methodischer Weise bearbeiten;

so lange sprechen wir ihnen das Recht und die Fähigkeit ab, an unseren Bestrebungen Kritik zu üben, und werden sie in Zukunft auch weiter nicht beachten.

Dessen können sie aber samt der Klosterlausnitzer Konferenz gewifs sein, dafs sie die Fortschritte der Erziehung und des Unterrichts nicht aufhalten werden, und wir in Altenburg sind am wenigsten geneigt, uns irre machen oder ungestraft Steine in den Weg werfen zu lassen, zumal wir nach verhältnismäfsig kurzem Wirken in unserer Weise auf Erfolge hinweisen können, wie sie z. B. der Bericht des Herrn Seminardirektor Dr. Öser-Karlsruhe, der in unseren Schulen mehrere Tage lang hospitiert hat, an das Badensische Ministerium darstellt.«

So ist der gegenwärtige Stand der Frage, in der unstreitig das persönliche Moment eine Hauptrolle spielt.

In nächster Aussicht steht nun eine Broschüre, welche eine vollständige, authentische Darstellung der Klosterlausnitzer Reden bringen soll. Es wird dann zu prüfen sein, ob das erwähnte Zeitungsreferat als wahrheitsgetreuer Bericht auch fernerhin gelten darf.

Altenburg, den 6. November 1887.

---

6. Bericht über die Seminarkonferenz zu Soest.

Am 4. Oktober 1887 fand im Königlichen Seminar zu Soest die diesjährige Lehrerkonferenz statt. Zu derselben waren etwa 500 Teilnehmer erschienen.

Herr Direktor Fix erinnerte in seiner Begrüfsungsrede daran, wie vor wenigen Monaten bei der Göttinger Jubelfeier durch berufene Vertreter der höheren Schulen wie der Volksschulen Hannovers anerkannt worden sei, welch grofse Verdienste sich Herbart um das Erziehungswesen erworben habe. Er hob ferner hervor, dafs Herbarts Ideen in weiten Kreisen die Lehrerschaft beschäftigten, und darum habe auch das Seminar nicht länger an ihnen vorübergehen können; deshalb solle auch für die diesmalige Konferenz der Vortrag über »Theorie und Praxis in der Volksschule mit Bezug auf die Herbart-Zillersche Erziehungsschule« den Hauptgegenstand der Verhandlungen bilden.

Dieser Vortrag war auf der vorjährigen Seminarkonferenz von Rektor Fund-Soest gehalten worden; zu der beabsichtigten eingehenden Erörterung des Inhaltes innerhalb der Versammlung hatte es indessen an der nötigen Zeit gefehlt. Jetzt lag er gedruckt vor, und jeder Teilnehmer, der sich rechtzeitig anmeldete, hatte ihn kostenfrei zugeschickt erhalten. Genannte Abhandlung verbreitet sich über vier Punkte der Herbartschen Pädagogik: das Interesse, die Konzentration, die kulturhistorischen Stufen und die methodische Durcharbeitung des Lehrstoffs. Das Korreferat hatte Lehrer Krebber-Langendreer übernommen.

Im Anschlufs an die von dem Herrn Seminardirektor entwickelten Gedanken wies derselbe darauf hin, wie gegenwärtig auf dem Schulgebiet, sobald es sich um eingehende Besprechung praktischer Mafsnahmen handle, die Frage sich regelmäfsig dahin zuspitze, ob für oder wider Herbart. Dankbar sei es daher anzuerkennen, dafs das Seminar in zwei aufeinanderfolgenden Konferenzen den Lehrern der Mark Gelegenheit biete, sich gemeinsam in den Gedankenreichtum Herbarts zu vertiefen.

Redner versucht hierauf, auf induktivem Wege die Zuhörer von dem Werte zu überzeugen, den das Interesse sowohl für den Vorstellungserwerb als auch für die eigentliche Charakterbildung hat.

Einige Sätze mögen den eingeschlagenen Gedankengang darthun.

An die alte, geschichtliche Forderung anknüpfend: »Unterrichte interessant!« zeigt Korreferent die Entwicklung dieser Forderung bis zur Herbartschen Lehre, welche das Interesse von seiner dienenden Stellung befreit und es als Ziel aller unterrichtlichen Thätigkeit aufgefafst sehen will. Nachdem weiter der Unterschied zwischen dem mittelbaren und unmittelbaren Interesse klargestellt und die Gliederung des Interesse begründet worden war, wurden die einzelnen Arten des Interesse geschildert und die Begriffe »vielseitig« und »gleichschwebend« erklärt. Dieser Gedankengang führte zu dem Resultat, dafs die sechs Interessen in ihrem richtigen Verhältnis zu einander die Merkmale des sittlich-religiösen Charakters abgeben. Da die Schule die Bildung des Charakters nicht zum Abschlufs zu bringen vermag, so wurde das als ihre Aufgabe erkannt, einen Prozefs in dem Zögling zu veranlassen, der zu diesem Ziele hinführen mufs. Zu dem Zwecke ist für den Ausbau eines reichen und in sich wohl verbundenen Gedankenkreises zu sorgen. Dabei sieht sich der Erzieher an bestimmte Bedingungen gebunden. Vor allen Dingen hat er darauf zu achten, dafs er zum Anknüpfungs- und Ausgangspunkt für den Unterricht den kindlichen Vorstellungskreis wählt. Den Unterbau haben demnach die Vorstellungen zu bilden, an denen das Familien- oder Heimatsinteresse haftet, weshalb in den Schulen Westfalens der Unterricht jederzeit »nach roter Erde schmecken« soll. Unterbleibt dieser Anschlufs, so ist ein Dualismus unvermeidlich, der für die Erziehung die gröfsten Gefahren in sich birgt.

Über den Eindruck, den diese Ausführungen auf die Versammlung machten, schrieb am Tage nach der Konferenz die »Westdeutsche Zeitung«: »Wie sehr der von warmer Überzeugung getragene Vortrag gewirkt, zeigte der am Schlufs dem Redner gezollte reiche Beifall, und wir hörten nachher von mehr als einem der Teilnehmer die Absicht kundgeben, sich doch nun auch einmal mit Herbart zu befassen.«

Bei der nun folgenden Besprechung erklärte ein Gegner, ihm erscheine das Herbartsche System als eine Künstelei; er begreife nicht, wozu die vielen Fremdwörter nötig seien und warum es denn gerade sechs Interessen sein müfsten. Er wolle lieber den Sternen folgen, die nun schon so lange der Lehrerwelt geleuchtet hätten. (Als letzten unter ihnen, vielleicht weil er ihn für den hellsten hielt, nannte er Dittes.) Ihm wurde von dem Lehrer Handke-Soest erwidert, dafs seine Bedenken wohl schwinden würden, wenn er sich einmal gründlich in die Sache vertiefe. Rektor Gräve-Hamm beantragte einen Zusatz zu einer von dem Referenten aufgestellten These, die durch Annahme desselben folgende Fassung erhielt: »Die Herbartsche Lehre von der Pflege des vielseitigen, gleichschwebenden Interesse als Ziel des Unterrichts ist für die Schule von hoher Bedeutung, denn sie stellt das Wissen und Können in den Dienst der Erziehung und fordert, dafs der Lehrer vor Einseitigkeit sich hüte und Geist und Gemüt seiner Schüler gleichmäfsig pflege zur Ausgestaltung eines sittlich-religiösen Charakters.«

Den zweiten Vortrag, behandelnd die Konzentration, begann der Korreferent mit einem geschichtlichen Überblick über die früheren Konzentrationsbestrebungen. Auf dieselben führte er den Mifskredit zurück, in dem das Wort Konzentration gegenwärtig bei vielen Lehrern steht. Den weiteren Auslassungen über diesen Gegenstand lagen die folgenden Gedanken zu grunde: Der kindliche Geist trennt ursprünglich den ihm durch Erfahrungen an Personen und Sachen gewordenen Vorstellungskreis nicht. Die Schule darf daher eine solche Trennung auch dann erst eintreten lassen, wenn bei dem Kinde durch Vergleichen das Verlangen darnach sich bemerkbar macht, und auch später müssen die einzelnen Fächer so viel wie möglich als Sprosse eines Stammes zusammengehalten werden. Die Hauptvorteile der Konzentration sind: Die Schüler lernen leichter und und freudiger und ihr Interesse läfst sich dadurch von einer Vorstellungsmasse zur andern überleiten; sie reproduzieren den Stoff leicht und sicher, und sie stehen fortwährend unter dem Banne verwandter Gedanken. Eine achtjährige Gewöhnung aber, sich von den im Gedankenkenkreise stehenden guten Gedanken leiten zu lassen, mufs notwendig Vorstellungsreihen erzeugen, die später in kritischen Lagen den Ausschlag nach der guten Seite hin geben werden.

Aus Anlafs einiger Bedenken des Referenten gegen die strenge Durchführung des Konzentrationsprinzips betonte Korreferent, dafs die Unvollkommenheiten der gemachten Konzentrationsversuche nicht die Veranlassung sein dürften, das Prinzip aufzugeben. Korreferent schlofs mit Rückerts Worten: »Wenn die Wässerlein kämen zu Hauf, gäb es wohl einen Flufs! Weil jedes nimmt seinen eigenen Lauf, eines ohne das andre vertrocknen mufs.«

Die nun folgenden Verhandlungen über die Konzentration wurden mit einer kurzen Erwiderung seitens des Referenten gegenüber den Ausführungen des Korreferenten eröffnet, in der er sich merklich dem Standpunkte des letzteren annäherte.

Von gegnerischer Seite wurde bestritten, dafs der Wille des Menschen im Gedankreise wurzele, mit dem Hinweis darauf, dafs recht gelehrte Leute oft ganz böse Menschen sind.

Rektor Gräve-Hamm legte den Unterschied klar zwischen dem materiellen und mehr formalen Prinzip der Konzentration und hob hervor, dafs in ersterer Beziehung die vorliegenden Versuche noch nicht als Normen zu betrachten seien, was auch von den Herbartianern nicht behauptet werde. Seine weiteren Darlegungen galten dem Nachweise, dafs wir nach der andern Seite, wonach die wechselzeitige Beziehung zwischen den verschiedenen Lehrgegenständen aufzusuchen und zu pflegen sei, viel, sehr viel von den Herbartianern lernen können.

Er stimmte also in seinen Ausführungen vollständig überein mit den nachfolgenden, vom Korreferentea vorgebrachten Thesen, die jedoch der vorgerückten Zeit wegen nicht zur speziellen Verhandlung kommen konnten.

I. Die Konzentration bildet die Vorstellungsmasse zu einem einheitlichen festen Gefüge und ermöglicht dadurch Konsequenz des Wollens, den Charakter.

II. Es ist Sache der unterrichtlichen Behandlung, die einzelnen Lehrgegenstände als einheitlichen Unterrichtsstoff in möglichst enge und naturgemäfse Beziehung zu einander zu halten.

III. Die Konzentration als materielles Prinzip ist eine noch nicht vollständig gelöste Aufgabe. Doch gilt als festsehend:

a) dafs durch Anpassung an das Volksinteresse der Dualismus der Interessen verhütet werde,

b) dafs jedes der drei Wissensgebiete — Gott, Menschenleben, Natur — möglichst als etwas Einheitliches geboten werde,

c) dafs die Wissensfächer zusammen die Basis des gesamten Unterrichts bilden müssen, so dafs die Sprachbildung ihrem Kerne nach in und mit dem Sachunterricht erworben wird und auch das Rechnen und die Kunstfertigkeiten in enger Beziehung zu demselben stehen.

Bemerkt sei noch, dafs These II dasjenige aus den Fundschen Thesen enthält, dem der Korreferent glaubte zustimmen zu können; b und c von These III sind Dörpfelds »Theorie des Lehrplans« entnommen.

Den Schlufs der Konferenzverhandlungen bildete der Vortrag von Herrn Seminaroberlehrer Weise »über die Ausführung der in dem Ministerial-Erlasse vom 24. Juni 1884 enthaltenen Anordnung hinsichtlich des Bibellesens«. Die Seminarkonferenz hat die Freunde der Herbartischen Pädagogik einen Hoffnungsblick thun lassen, indem dort offenbar wurde, wie an vielen Stellen seit längerer oder kürzerer Zeit recht fleifsig gearbeitet wird. Selbstverständlich haben sie die Mitteilung des Seminardirektors, nach welcher die diesmal nicht zur Besprechung gelangten beiden Punkte (die kulturhistorischen Stufen und die methodische Durcharbeitung des Lehrstoffes) in einer späteren Konferenz zur Verhandlung kommen sollen, freudig begrüfst.

7. Frick und Richter (Meier), Lehrproben und Lehrgänge, Heft 7—12.

Von Prof. Dr. Rud. Menge-Halle, Saale.

Obgleich in zwanglosen Heften, erscheinen die Lehrproben doch ziemlich regelmäfsig als Vierteljahresschrift. Seit dem 9. Hefte hat ein Redaktionswechsel stattgefunden, indem Richter-Jena aus Gesundheitsrücksichten von der Leitung zurückgetreten und für ihn Meier-Schleiz eingetreten ist. Eine Änderung in der Haltung der Zeitschrift ist nicht bemerkbar; sie ist weder mehr noch weniger herbartisch geworden, als sie früher war. Für die Verbreitung herbartischer Ideen scheint es nicht unzweckmäfsig zu sein, dafs die meisten Aufsätze in den »Lehrproben« nicht so streng schulmäfsig sind, als z. B. die in den »Jahrbüchern«. Denn vor dem Namen Herbart scheuen noch immer gar viele zurück, die seine Ideen durch die »Lehrproben« fast unmerklich einsaugen. Jedenfalls läfst sich feststellen, dafs durch die bisherige Haltung der »Lehrproben«, die jetzt in einer Auflage von 1500 Exemplaren erscheinen, ein grofser Erfolg erreicht ist. Das beweist nicht nur der Zuwachs an Mitarbeitern, sondern auch der Widerhall in andern Zeitschriften. Ja auch auf Nachbargebieten finden die herbartischen Bestrebungen durch Vermittelung der »Lehrproben« schätzenswerte Beachtung. Die »Positive Union«, welche früher sich gegen Herbart gänzlich ablehnend verhielt, enthält in ihrer »Kirchlichen Monatsschrift« VI, 7 (vom 4. April 1887) einen sehr wohlwollenden Bericht und hat sich in der Herbstversammlung der Provinz Sachsen in Halle von Zange-Erfurt ein Referat über die neueren Bestrebungen auf dem Gebiete der höheren Schulen geben lassen, in dem die »Lehrproben« eine Hauptrolle spielten.

Über Heft 7—12 derselben erstatten wir Bericht, indem wir wieder erst nach Gruppen geordnet die einzelnen Aufsätze anführen, dann einigen Abhandlungen allgemeineren Inhalts näher treten.

I. **Allgemeineren Inhalt** haben: a) Frick-Richter, „Noch ein Wort zur Verständigung" (VII, 1). b) Frick, „Die praktische Bedeutung des Apperceptionsbegriffes für den Unterricht" (VIII, 1). c) Frick, „Rohmaterial didaktischer Richtlinien zur ersten Handreichung für Anfänger: α) Zur Behandlung der Odysseesage in Sexta; β) Archenholtz, Geschichte des siebenjährigen und Schillers Geschichte des dreifsigjährigen Krieges als deutsche Lesestoffe; γ) der allgemeine Gang einer Interpretation", (VIII, 5). d) Frick, „Zur Charakteristik des elementaren und typischen Unterrichtsprinzips" (IX, 1). e) O. Altenburg-Ohlau, „Parallele Behandlung verwandter Stoffgebiete. Grundzüge einer Lehrplanorganisation für die oberen Gymnasialklassen" (X, 1). f) Willmann-Prag, „Der subjektive und der objektive Faktor des Bildungserwerbs" (XI, 1). g) Meier-Schleiz, „Der analytische Unterricht und die philosophische Propädeutik" (X, 2). h) Frick „Allgemeine Gesichtspunkte für eine didaktische Stoffauswahl. Anhänge: Beispiel einer Stoffauswahl: α) für die griechische Geschichte in Quarta, β) für den Lehrplan der Gymnasien, γ) ein Stoffplan für den naturkundlichen Unterricht in einer Volksschule (XII, 1).

II. **Religion**: a) Freybe-Parchim, „Was kann die Schule zur Erhaltung christlicher Volkssitte beitragen?“ (X, 9). b) Zange-Erfurt, „Wie ist der Religionsunterricht auf den unteren Stufen der höheren Schulen zu ordnen und zu gestalten, damit einerseits dem organischen Zusammenhange zwischen biblischer Geschichte, Spruch, Lied und Katechismus Rechnung getragen, anderseits der Vorarbeit in den Elementar- und Vorschulen die gebührende Beachtung zu teil wird?“ (XII, 6). c. Frick, „Die Mission in der Schule“ (XII, 7).

III. **Latein**: a) Lattmann-Clausthal, „Die ersten Lektionen des Lateinischen und der Geschichte. Stenographisch nachgeschrieben“ (VII, 2). b) Dettweiler-Giefsen, „Die Tacituslektüre“ (VII, 3). c) Hachez-Eutin, „Zwei Lhomondstunden in Quarta“ (VIII, 3). d) Menge-Halle, „Einige Horazstunden in Unterprima“ (IX, 6). e) Ihm-Bensheim, „Entwurf zu einer Behandlung von Caesar, B. Gall. II, 25 in der Untertertia“ (XI, 3). f) Göbel-Soest, „Über lateinische Kompositionsübungen“ (XII, 3). g) Böhme-Schleiz, „Eine Neposstunde in Quarta“ (XII, 4).

IV. **Griechisch**: a) Richter-Jena, „Die Behandlung der Antigone des Sophokles“ (VII, 5). b) Frick, „Zur elementaren Behandlung des Thukydides VII, 70 und 71 mit Anhang: Zwei Primaneraufsätze“ (IX, 2). c) Frick, „Aus dem Homerheft meiner Primaner“ (IX, 3). d) Richter-Jena, „Zur Einführung in den griechischen Tragiker“ (X, 2). e) Heussner-Kassel, „Zur homerischen Psychologie. Die Thersitesscene im Unterricht“ (X, 4). f) Dettweiler-Giefsen, „Eine Demosthenesstunde in Unterprima“ (X, 8). g) Schmuhl-Halle, „Eine Lektion in griechischer Grammatik.“

V. **Französisch**: a) Rieger-Halle, „Behandlung einer Lektion aus Plötz Elementargrammatik“ (VII, 8). b) Rambeau-Hamburg, „Das erste Lesestück und Überleitung von der Lektüre zur Grammatik im Anfangsunterrichte“ (IX, 8).

VI. **Englisch**: Münch-Barmen, „Der Unterricht in der englischen Synonymik“ (XII, 2).

VII. **Deutsch**: a) Frick, „Die Lektüre der deutschen Lyriker in den oberen Klassen der höheren Schulen“ (VII, 4). b) Rausch-Halle, „Ein Wort zur Pflege der Muttersprache im Unterricht“ (VIII, 7). c) Heidingsfeld-Liegnitz, „Lessings Fabel vom alten Löwen. Vorbereitung eines Aufsatzes in Quarta“ (X, 3). d) Matthias-Düsseldorf, „Orests Heilung in Goethes Iphigenie“ (XI, 4).

VIII. **Geschichte und Geographie**: a) Lattmann-Clausthal, s. unter Latein a) (VII, 1). b) Frick, s. unter Allgemeines c) α) (VIII, 5). c) Frick, „Aus dem Geschichtsheft (röm. Geschichte) meiner Obersekundaner“ (VIII, 8 und XI, 7). d) Dondorff-Berlin, „Materialien zum Geschichtsunterricht auf der höheren Lehrstufe. Gustav-Adolf. Ferdinand und Isabella von Spanien (IX, 7).

IX. **Mathematik**: a) Schuster-Oldenburg, „Zur Einführung in die Arithmetik“ (VIII, 4 und XI, 5). b) Böttcher-Leipzig, „Vorbesprechung zur Aufgabe der Kreismessung" (IX, 5). c) Lackemann-Düsseldorf, „Die Sätze von den Parallelen. Ein Beitrag zur Methodik des Elementarunterrichts in der Planimetrie" (X, 6). d) Böttcher-Leipzig, „Wie lang ist unser Meter" (X, 7)?

X. **Naturwissenschaften:** a) Fischer-Strafsburg, „Der Bär. Eine Lehrstunde in Sexta nebst Repetition in der folgenden Stunde" (VII, 6). b) Willmann-Prag, „Sternkundliches bei der Autorenlektüre" (VIII, 2). c) Schickhelm-Ohlau, „Lamium maculatum (die gefleckte Taubnessel). Zwei Lektionen in Sexta" (X, 5). d) Fischer-Strafsburg, „Zum Lehrplan der Naturgeschichte" (XI, 6). e) Arendt-Leipzig, „Lehrgang der Chemie" (VII, 7 und VIII, 6).

XI. **Zeichnen:** Lehmann-Halle, „Das Epheublatt. Lektion in Quinta" (IX, 4).

Man sieht, die Hefte bieten reiche Abwechselung. Auch Englisch und Zeichnen sind jetzt bedacht; für Geographie vermissen wir freilich in den vorliegenden sechs Heften einen besondren Aufsatz, doch findet sie Beachtung in Fricks Aufsatz Ih (Heft XII, 1).

Wo hätten die Lehrer der höheren Schulen eine Zeitschrift, die ähnliche Anregung gewährte? Die in gleicher Weise Auskunft böte für eine grofse Zahl didaktischer Fragen, und zwar Auskunft nicht durch blofse Worte, sondern durch Beispiele? Gewifs sind nicht alle diese Beispiele gleich wertvoll, oder richtiger gesagt, nachahmungswert; aber die Hauptsache ist doch, dafs man — und zwar in aller Mufse, nicht wie bei wirklichen Musterlektionen im Fluge — sich betrachten kann, wie ein Amtsgenosse, der auch ernstlich nachgedacht hat, die Sache anfängt. Es wäre gewifs recht gut, wenn dann ein anderer, der solch ein Beispiel nachgeahmt hat, seine eigenen Erfahrungen gelegentlich mitteilen wollte. Solch ein Bezugnehmen der Verfasser auf einander ist noch wenig wahrnehmbar und dürfte doch am sichersten zum Ziele führen.

Von den Abhandlungen allgemeineren Inhalts sparen wir uns die beiden von Frick und Altenburg, welche über die Gestaltung des Lehrplans handeln, für eine andre Besprechung auf, in der wir auch Meier „der analytische Unterricht und die philosophische Propädeutik" zu erwähnen haben werden. Willmann (s. o. I d) Heft XII, 1) giebt in seinem Aufsatze eine gröfsere Anzahl scharfsinniger Begriffsbestimmungen aus dem Gebiete der Pädagogik und leitet aus denselben Forderungen für den Unterricht her. Die Sprache ist aber so knapp und auszugsartig, dafs sich ein Auszug kaum machen läfst. Beherzigenswert ist besonders der sich ergebende Grundsatz: Lehre so, dafs 1) das Gegebene gelernt werde, dafs 2) dessen Bildungsgehalt zur Geltung komme, dafs 3) dieser seine rechte Stelle in dem Gesamtwachstum einnehme und in der Förderung der ganzen geistigen Kraft seinen endgiltigen Beziehungspunkt suche."

Näher eingehen wollen wir auf zwei Aufsätze von Frick, die nicht so wie einige andre desselben Verfassers hauptsächlich die Absicht verfolgen, dem Anfänger Fingerzeige zu geben, sondern die teils Neues bringen, teils Altes in nachdrücklicher Weise hervorheben und es fruchtbarer zu machen suchen. Hierher gehört der Aufsatz „Über die praktische Bedeutung des Apperceptionsbegriffs“ (IX, 1). Apperception wird von Frick etwas weiter gefafst als sonst in der Regel; nämlich als „Aneignung geistigen Inhalts jeder Art durch die bereits vorhandenen Bestände desselben; sie ist der Vorgang des Wachstums der Seele unter dem Gesichtspunkt betrachtet, dafs man die dem Zuwachs entgegenkommenden Organe und ihr Verhalten dabei vorzugsweise ins Auge fafst.“ Die Apperception setzt sich zusammen aus 1) Erwartung, 2) eigentlicher Aneignung des Neuen, 3) dem dadurch gewonnenen geistigen Zustand des Wohlgefühls. Hieraus leitet Frick die Forderungen ab, die sich für den Gang des Unterrichts ergeben, d. h. er entwickelt die fünf Formelstufen.

Um der Seele einen grofsen Reichtum an appercipierenden Vorstellungen zuzuführen, ist die Anschauung möglichst zu pflegen. Hätten sich die Gymnasien nicht zu sehr von diesem Unterrichtsprinzip entfernt gehabt, so wäre (S. 9) eine besondre Realbildung nicht so gebieterisch verlangt worden. Neben der Apperception der Vorstellungen durch Vorstellungen betont der Verf. aber noch besonders die durch jene „Mächte (S. 16), welche in der geheimnisvollen Tiefe auch der jugendlichen Seele schon wirksam sind, aus ihr wie Quellen ursprünglichen Lebens hervorbrechen“ u. s. w. — „Wenn die Naturbeobachtung mit dem Naturgefühl sich verbindet, das Schauen und Denken des Kindes zu dem Heimatsgefühl in Beziehung gesetzt wird, wenn der geheimnisvolle Zauber der Muttersprache und die bannende Macht der heimischen Volkssitte —, wenn endlich das der Seele untilgbar angeborene Ewigkeits- und Gottesgefühl —, wenn alles dies in berechneter Geschlossenheit für den Unterricht und die Erziehung fruchtbar gemacht würde, dann erst wäre der ganze Schatz von fruchtbaren Apperceptionskräften gehoben.“ So unzweifelhaft richtig dieser Satz ist, so schwierig dürfte seine Ausführung sein. Denn über den in einer Klasse vorhandenen Kreis von Apperceptionsvorstellungen kann sich der Lehrer verhältnismäfsig rasch Klarheit verschaffen, jene Gefühle aber liegen in so geheimnisvoller Tiefe und sind bei den Schülern selbst so ganz verschieden von Natur vorhanden oder durch Umgang und Erfahrung entwickelt, dafs ich noch nicht absehe, wie sie „in berechneter Geschlossenheit“ fruchtbar gemacht werden können, während ich bereitwillig zugestehe, dafs der Unterricht zielbewufst Natur-, Heimat-, Gottesgefühl u. s. w. stärken mufs. Es ist bedauerlich, dafs der Verf. nicht in späteren Heften auf den so wertvollen Gedanken zurückgekommen ist.

Ein anderer Gedanke, der in diesem Aufsatz gestreift ist, nämlich wie notwendig es sei, im Unterrichte besonders das Typische hervorzuheben, findet weitere Ausführung im 9. Hefte: »Zur Charakteristik des „elementaren“ und „typischen“ Unterrichtsprinzips«. Der Lehrer wird sein Unterrichtsziel am sichersten erreichen, heifst es S. 2, „wenn er in den Bildungsstoffen diejenigen Elemente erkannt hat, welche ebenso das innere Wesen der Erscheinungen aufdecken, als dem Aneignungsprozefs in dem Geiste des Schülers entgegenkommen. Beides ist in noch höherem Grade bei allem demjenigen der Fall, was wir das Typische oder Typen nennen. Was als typisch in seiner betreffenden Gattung gilt, geht allemal auf das Wesen derselben zurück, zeigt es befreit von dem Unwesentlichen, Zufälligen in der Reinheit seiner Erscheinung, stellt die allgemeine Norm, das Gesetzmäfsige in derselben am deutlichsten vor Augen und wird dadurch auch am geeignetsten, den Prozefs der Angliederung und geistigen Krystallisierung, der das Wesen einer naturgemäfsen Aneignung (Apperception) ausmacht, entgegenkommend zu befördern." Der Verf. bezieht sich hierbei auf Pestalozzi, der „elementarische Anschauung zum Hauptfundament des Unterrichts" macht, der auch empfiehlt, dafs zuerst immer solche Gegenstände der Anschauung dargeboten werden, welche die wesentlichen Kennzeichen der Species sichtbar ausgezeichnet an sich tragen; „solche Gegenstände nennen wir doch Typen (S. 4)." Was aber von sinnlichen Anschauungen gelte, gelte mit demselben Recht von geistigen (innern) Anschauungen. Durch den Zusammenschlufs solcher typischen Formen bilden wir schliefslich einen ganzen Kosmos derselben. Hierfür hat der gesamte Unterricht thätig zu sein. Nicht nur um Mathematik, Naturwissenschaften, Zeichnen handelt es sich, und nicht nur um Darstellung einzelner typischer Individuen, sondern auch um Gesamtbilder (Lebensgemeinschaften) aus der Natur sowohl wie aus der geschichtlichen Welt. Dieser Gedanke wird von Frick in einer für alle Schulgattungen so fruchtbaren Weise ausgeführt, dafs wir glauben, den Inhalt des folgenden etwas ausführlicher wiedergeben zu sollen. Schon in der biblischen Geschichte kann das Kind im Nilthal den Typus potamischer Kulturstätten auffassen, den es dann wiederfindet im Euphrat- und Tigrisland. Typisch ist die Muschelgestalt der gröfseren und kleineren Kulturebenen am Mittelmeer. Typisch sind die Wohnstätten, die der Mensch unter gewissen Umständen stets sich selbst schafft: Zelt und Hütte; Bauernhaus und Bürgerhaus; Edelhof, Ritterburg und Fürstensitz; Dorf und Stadt; Grofsstadt und Seestadt. Typisch sind die Lebensgemeinschaften Familie, Gemeinde, Volk, Staat, Reich; typisch die Kulturformen: patriarchalische Kultur im Leben der Hirten, Jäger, Ackerbauer, entwickelte Kultur in den Städtesiedelungen, in der binnenländischen, potamischen, thalassischen, kolonialen Kultur. Typisch sind die Volkspersönlichkeiten, die wir im Geschichtsunterrichte herkömmlicher Weise ausführlich behandeln, das griechische, römische, deutsche Volk; typisch sind auch Reihen wie folgende: Spartiaten, Perioken, Heloten — Vollbürger, Metöken, Sklaven — Patricier, Plebejer, Klienten, Sklaven — Adelige, Freie, Freigelassene, Unfreie u. s. w. — Aber auch in den einzelnen Persönlichkeiten mufs das Typische aufgesucht werden. „Als Typus des patriarchalischen Herrschers, sagt Willmann Päd. Vortr. 93, mufs der ehrwürdige Abraham, der milde und strenge Odysseus festgehalten werden; als Typus des selbstlosen treuen Bürgers und Staatsmannes Aristides der Gerechte, des genialen Eroberers Alexander der Grofse, und vielfach mufs, wenn verwandte Züge auftreten, an jene erinnert werden." Typisch sind die grofsen Grundformen des staatlichen Lebens: Monarchie, Oligarchie, Aristokratie, Demokratie und der Kreislauf innerhalb derselben, typisch ihre Zusammensetzung aus den Elementen König, Rat, Volksversammlung. Typisch sind gewisse historische Erscheinungen, wie z. B. Freiheitskämpfe, typisch ganze geschichtliche Epochen. Aber es giebt auch Typen des Innenlebens. Homer, Sophokles, Thukydides, Demosthenes und Plato sind die Typen des Epikers, Dramatikers, Geschichtsschreibers, Redners, Philosophen. Ebenso müssen eine Anzahl fundamentaler Begriffe kennen gelernt werden, die so häufig wiederkehren, dafs sie typisch genannt werden können, z. B. das Einfach-schöne, das Erhabene, das Tragische; Ehre, Recht, Freiheit, Treue. Verwandter Art sind die religiösen Begriffe Sünde, Bufse, Gnade, Glaube, Erlösung u. s. w.

Dafs bei solchem Unterricht nicht nur der Schüler gröfseren Nutzen hat, insofern er besser sehen und begreifen lernt, und so einen klareren Willen und festeren Charakter erhält, sondern auch der Lehrer, weil er genötigt wird, tiefer in das Wesen der Dinge und Erscheinungen hinabzusteigen als jener, der einfach einem Geschichtsbuch nacherzählt, das wird schon jeder, der den Unterricht ähnlich betreibt, an sich selbst erfahren haben.

Was in diesem Aufsatz allgemein ausgeführt ist, findet besondre Anwendung in dem Beispiel einer „Stoffauswahl für die griechische Geschichte in Quarta, Heft XII, 7—16. Nur halte sich der Lehrer immer gegenwärtig, dafs er diese Gesichtspunkte eben bei der Stoffauswahl haben soll, nicht dafs er sie etwa bei den einzelnen Einheiten als Ziele hinstellen soll. Dafs etwas typisch ist, dafür hat der jüngere Schüler zunächst weder Verständnis noch Interesse. Er interessiert sich für das Individuum, d. h. das Konkrete. Der Typus aber hat Verwandtschaft mit dem Abstrakten; er entspricht dem Beispiel, das wie auf der vierten Stufe dem System gern beigeben, um das Abstraktum wieder anschaulicher zu gestalten.

In seinem Streben, möglichst viele Typen zu gewinnen, geht meines Erachtens Frick zu weit, wenn er z. B. alles Anekdotenhafte zurückweist (XII, 14). Spiegeln doch solche Anekdoten so oft, wenn auch nicht die Wirklichkeit *οἷα ἐγένετο*, so doch die Wahrheit *οἷα ἂν γένοιτο*, aufs getreueste wieder, so dafs sie die Persönlichkeit, welche später als Typus erkannt werden soll, zu einer um so lebensvolleren gestalten. Allzugrofses Zurückdrängen des Individuellen kann noch eine andre mifsliche Folge haben. Geht der Unterricht zu sehr aus auf Hervorhebung des Allgemeingiltigen, so tritt hinter der Schilderung leicht die Erzählung zu weit zurück, d. h. die Erzählung von Handlungen, während doch umgekehrt diese in den Vordergrung treten soll und das Bild der Zustände sich aus derselben ergeben soll. Tritt die Handlung aber nicht mit ihren Willensverhältnissen erkennbar hervor, so wird das sittliche Urteil der Schüler nicht zur Genüge ausgebildet, und so ein Hauptziel des Geschichtsunterrichtes nicht erreicht. Wie ich mir die Behandlung einer geschichtlichen Einheit denke, habe ich gezeigt in meinem Aufsatz »Die Schlacht bei Thermopylä« in der Zeitschr. für Gymnasialwesen XXXVIII, S. 417 ff. Sie steht nicht im Gegensatze zu den Frickschen Forderungen, sondern es findet eine gegenseitige Ergänzung statt. Hätte Fricks Aufsatz bei Abfassung meiner Arbeit schon vorgelegen, so würde ich auf S 431 hinter den Sätzen des Systems eine Anzahl Typen beigefügt haben, eine prinzipielle

Änderung der Durcharbeitung hätte ich nicht für nötig befunden. Umgekehrt läfst sich aus Fricks Ausführungen nicht entnehmen, dafs er die von mir durchgeführte Behandlungsweise grundsätzlich verwirft; er beleuchtet nur das Neue an der seinigen so scharf, dafs das Alte in einen Schatten tritt, der freilich für den Anfänger im Lehrfach leicht undurchdringlich sein kann. Wo der Verf. selbst Ausschreitungen verhindern kann, wie in seinem Seminarium praeceptorum, für das fast alle die Aufsätze in erster Linie berechnet sind, da ist diese Darstellungsweise nicht bedenklich, in andern Kreisen halte ich die Möglichkeit von Mifsverständnissen nicht für ausgeschlossen.

Es ist das die natürlich Folge der Beleuchtung eines gröfseren Gebietes von einem einseitigen Standpunkt aus, wie ihn Frick abwechselnd in seinen Aufsätzen einnimmt, aber solche Beleuchtung pflegt auch Neues zu zeigen, wie diese Aufsätze beweisen, und deshalb gebührt dem Fackelträger aufrichtiger Dank.

---

8. Conrad Rethwisch, Jahresberichte über das höhere Schulwesen.

I. Jahrgang 1886. Gärtners Verlag, Berlin. VIII u. 368 Lex. 8°. = 8 Mark.

In dem Prospekt heifst es: »Die Lebhaftigkeit, mit welcher gegenwärtig die Förderung der Angelegenheiten des höheren Schulwesens betrieben wird, zeitigt alljährlich eine Fülle von Erzeugnissen in Wort, Schrift und Werk, die im einzelnen zu verfolgen selbst dem Fachmann nicht mehr möglich ist. Und doch liefse sich erst aus dem Inbegriff der auf die Schule gerichteten Gedankenbewegung unserer Tage in Verbindung mit der Erforschung ihres geschichtlichen Entwicklungsgangs die Richtung sicherer erkennen, in welcher der Fortschritt gesucht werden mufs. So reifte der Wunsch heran, ein Hilfsmittel zu besitzen, welches Rechenschaft gäbe von dem Ertrage, den die Lebensthätigkeit der höheren Schule und ihre Wissenschaft in jedem Jahre aufzuweisen hat.

Diesem Zweck sollen die »Jahresberichte über das höhere Schulwesen« entsprechen.

Sie tragen ein unparteiisch wissenschaftliches Gepräge und folgen ihrer Bestimmung gemäfs den Gesetzen objektiver Geschichtschreibung, denn sie sollen aus der Masse der Erscheinungen die diesen innewohnenden Charakterzüge herausheben und zu einem wohlgeordneten Gesamtbilde vereinigen. Den Anfang machen Abschnitte über die allgemeinen Angelegenheiten der Schule, während die folgenden sich auf die einzelnen Lehrgegenstände beziehen. Hierbei sind nur die in allgemeinerer Verbreitung auf den höheren Schulen verschiedener Gattung gelehrten Gegenstände berücksichtigt worden. Für die Religionslehre ist kein besonderer Abschnitt bestimmt, weil in anbetracht der grofsen Mannigfaltigkeit in den bestehenden Glaubensauffassungen der Bericht, wie auch immer er geartet wäre, eine zu objektive Färbung behalten müfste.

Jeder einzelne Abschnitt ist in sich wieder nach Sachverhältnissen geordnet, so dafs das gesamte Schulsystem in seiner vollständigen Gliederung den Grundrifs des ganzen Werkes bildet. Indem jedoch die Behandlung der einzelnen Teile in einem Jahresbericht davon abhängig ist, was für Material hierzu gerade vorliegt, so können nicht jedesmal alle Seiten der Schulthätigkeit eine gleichmäfsige Berücksichtigung finden. Das eine Jahr wird diese Seite, das andere jene zu einer eingehenderen Besprechung gelangen. Da das Unternehmen kein bibliographisches Repertorium sein will, die litterarischen Erzeugnisse vielmehr für die »Jahresberichte« nur als Belege für die hier darzustellenden Charakterzüge aus dem Schulleben in Betracht kommen, so wird für die Vollständigkeit in der Beibringung des Materials keine Gewähr übernommen. Nur solches darf nicht fehlen, welches einen wesentlichen Einflufs auf den Ausfall des Gesamtbildes ausgeübt haben würde.«

Das vorl. Werk ist freudig zu begrüfsen. Während das Volksschulwesen sich schon lange ähnlicher Werke erfreut (von dem »Lübenschen Jahresberichte« erschien vor kurzem der 39. Band), erhält das höhere Schulwesen jetzt erst durch das Unternehmen des Herrn Dr. Rethwisch eine Förderung nach der pädagogisch-didaktischen Seite hin, welche gewifs allen Fachgenossen willkommen ist.

Der vorliegende 1. Band enthält folgende Abschnitte:

Schulgeschichte — Schulgewalt — Schulbetrieb — Oberlehrer Dr. C. Rethwisch in Berlin. Deutsch und Philosophische Propädeutik — Professor Dr. R. Jonas in Posen. Latein — Oberlehrer Dr. H. Ziemer in Kolberg und Gymnasiallehrer Dr. F. Müller in Salzwedel. Griechisch — Oberschulrat Dr. von Bamberg in Gotha. Französisch — Realgymnasiallehrer (berufen an das Königl. Lehrerinnenseminar in Berlin) Dr. H. Löschhorn in Berlin. Englisch — Derselbe. Geographie — Realgymnasiallehrer Dr. O. Bohn in Berlin. Beschreibende Naturwissenschaften und Chemie — Oberlehrer Dr. E. Loew in Berlin. Zeichnen — Zeicheninspektor F. Flinzer in Leipzig. Gesang — Professor Dr. H. Bellermann in Berlin. Turnen und Gesundheitspflege — Professor Dr. C. Euler in Berlin. Geschichte, Mathematik und Physik sollen im Jahrgang 1887 folgen.

Wiget-Florin, Vaterländisches Lesebuch. III. u. IV. T.

(Davos, Hugo Richter.)

Hierdurch machen wir unsere Leser auf ein Unternehmen aufmerksam, welches den Schweizer Schulen ein sich streng an die Konzentrationsidee haltendes Lesebuch schaffen will. Die beiden ersten Bände sind erschienen und gegenüber den encyklopädisch angelegten Lesebüchern als vortreffliche

Leistungen hervorzuheben. Liegt das Werk in allen seinen Teilen vollendet vor, dann hat die Schweiz einen grofsen Vorsprung vor dem Reich voraus. Möge sie ihn nur im Interesse ihrer Schulen und der Erziehung ihrer Kinder recht tüchtig ausnutzen! Es war ein guter Gedanke von den Herausgebern, unter den nötigen Lehrmitteln zuerst ein Lesebuch zu schaffen, welches den Ideen des erziehenden Unterrichts dient. Denn ohne dies stöfst der Lehrer, welcher diese Ideen in seiner Praxis verwirklichen will, fortwährend auf Schwierigkeiten, die ihm schier den Mut rauben wollen. Andererseits wird das Buch manche Freunde der herbartischen Pädagogik zuführen, wenn sie gewahr werden, wie schön da alles in einander greift und reift, wie da dem Interesse der Kinder nachgegangen wird, wie eng der Unterrichtsbetrieb in allen seinen Stadien dem geistigen Wachstum der Kinder sich anschmiegt, wie aufmerksam die Hygiene des Unterrichts beobachtet wird. Möge das Werk aber auch den Antrieb geben, trotz der bestehenden Lesebuch-Monopole, für die einzelnen Teile des Reichs Lesebücher zu schaffen, die, auf den gleichen Grundsätzen beruhend, wie die Wiget-Florinschen, die Idee des erziehenden Unterrichts ein Stück wenigstens der Verwirklichung näher bringen können! —

---

10. Herbartiana.

Unter den neueren Erscheinungen weisen wir hin auf

1) Dr. Schiller, Lehrbuch der Geschichte der Pädagogik. Leipzig, Fues' Verl. (Reisland) 1887.

Der Herr Verfasser, Professor der Pädagogik an der Universität Giefsen und Direktor des pädagogischen Seminars daselbst, bekannt in unseren Kreisen durch das vortreffliche »Handbuch der praktischen Pädagogik für höhere Lehranstalten«, will in dem vorl. Werke dem Bedürfnis der Studierenden und der jungen Lehrer höherer Schulen entgegen kommen, den derzeitigen Stand der Kenntnisse auf dem Gebiet der Geschichte der Pädagogik in knapper und doch ausreichender Weise sich anzueignen. Es ist hervorgegangen aus langjährigen Erfahrungen, welche der Herr Verf. bei seinen Vorlesungen über dies Gebiet gemacht hat. Über Herbart spricht derselbe von Seite 321—347. Mit den kritischen Bemerkungen, wie sie auf S. 345 gegeben werden, können wir uns nicht immer einverstanden erklären, wenn wir auch dem Schlufssatz in dem Sinne beistimmen, dafs eine Stagnation, d. h. Tod des wissenschaftlichen Lebens auf dem Erziehungsgebiet eintreten würde, falls man das herbartische System als ein Dogma betrachten wollte, an dem nicht gerüttelt werden dürfe.

2) Bräutigam, Der Vorbereitungskurs im 1. Schuljahr. Weimar, Krüger 1887.

Das Buch nimmt Bezug auf die Herbart-Zillerschen Bestrebungen hinsichtlich des Elementar-Unterrichts, aber mehrfach in ganz irreleitender Weise. Durch eine Besprechung soll dies demnächst in dies. Bl. dargelegt werden.

3) K. Richter, Der Anschauungsunterricht. 3. Aufl. Leipzig 1887. Das viel genannte Buch bringt in seiner 3. Aufl. auch eine Auseinandersetzung mit der Auffassung Herbart-Zillers i. d. P., welcher es an Schärfe nicht fehlt. Vergl. Vorrede und Seite 155 ff. Erwünscht wäre, mit Rücksicht auf das Ansehen, welches das Richtersche Buch in weiten Kreisen geniefst, eine objektive Klarlegung der beiderseitigen Standpunkte.

II. Brzoska, Über die Notwendigkeit pädagogischer Seminare

auf der Universität u. s. w. Leipzig 1887.

Die in No. 3 1887 d. Z. angekündigte neue Auflage ist nunmehr erschienen und bietet allen denen, welche sich mit der Reform des höheren Schulwesens beschäftigen, eine Seite dieser Bewegung zum eindringenden Nachdenken dar, welche in derselben nur zu oft gänzlich übersehen zu werden pflegt. Das angef. Buch bespricht nämlich die Vorbildung der Lehrer für höhere Schulen und legt in ausführlicher Weise dar, wie dieselbe am zweckmäfsigsten zu erfolgen habe.. Wir bitten die Freunde dieser Darlegung, welche auf Herbart zurückweist, für die ausgesprochenen Ideen einzutreten und sie nach Kräften zu verbreiten. Es ist eine gute Sache, welche in dem Brzoskaschen Buch vertreten wird. Jetzt kommt es darauf an, sie als solche in den beteiligten Kreisen überall im Reich, wo die Reform der höheren Schulen besprochen wird, darzulegen und darauf hinzuwirken, dafs die Wirklichkeit nach jenen Ideen gestaltet werde. Wenn es geschieht, wird der Segen für unsere Jugend sicher nicht ausbleiben. Im Hinblick auf die Erziehung des heranwachsenden Lehrer-Geschlechts tritt das vorl. Buch nach fünfzig Jahren noch einmal seine Wanderung an, hoffentlich mit besserer Wirkung als damals. —

C. Beurteilungen.

I.

Nicola Fornelli: Il nostro ideale nell' educazione. Roma 1887.

Auch drüben über den Alpen geht es erfreulich vorwärts mit der Würdigung und Anerkennung Herbarts und seiner Pädagogik. Einzelne Kenner und Anhänger seiner Philosophie hat es in Italien schon längst gegeben und die »Zeitschrift für exakte Philosophie« z. B. hat in Professor Ant. Labriola in Rom einen fleifsigen Mitarbeiter gehabt. Nun wird auch der Pädagogik Herbarts Beachtung geschenkt. Die »Bündner Seminarblätter« gedachten schon in ihrem ersten Jahrgange S. 55 unter der Überschrift »Herbart in Italien« der Verdienste des Professors Z. Marcello und der Herausgeber der »Bündner

Seminarblätter«, Seminardirektor Th. Wiget in Chur trägt selber durch die Fortbildungskurse, die er im italienischen Landesteile seiner Diözese abhält, nicht wenig dazu bei, dafs Herbarts Pädagogik von unsern Colleghi italiani verstanden und hochgeschätzt wird; seine Monographie: »Die formalen Stufen« ist auch bereits ins Italienische übersetzt worden.

Heute liegt uns eine zweite Schrift vor, die aufs neue beweist, wie Herbarts pädagogische Grundgedanken sauerteigartig die italienische Pädagogik zu durchdringen beginnen, die Antrittsrede nämlich, womit Prof. Nicola Fornelli seine pädagogischen Vorlesungen an der Universität Bologna vorigen Herbst eröffnet hat. Fornelli ist ein selfmade man, aus eigener Kraft hat er sich (1876) durch Fleifs und Strebsamkeit vom Elementarlehrer zum Professor der Geschichte und Geographie am Lyceum zu Foggia und nun zum Professor der Pädagogik aufgeschwungen. Schon als Elementarlehrer übte er durch sein Beispiel und durch sein überlegenes pädagogisches Wissen einen heilsamen Einflufs auf die Kollegen in seinem Distrikte aus und wurde bald ein angesehener pädag. Schriftsteller. Seine pädag. Schriften beschlagen vorzugsweise schulpolitische Materien, z. B. Dell' istruzione obligatoria e del modo di applicarla in Italia (1870) — Il libro del padre Curci ed partiti politici in Italia — Il Giacobinismo dell' istruzione — neuerdings aber hat er sich auch in die Herbartsche Pädagogik vertieft und eine Darstellung derselben und ihrer ethischen Grundlage 1886 veröffentlicht.

Beide Schriften: La Pädagogia secondo Herbart e la sua scuola und Il Fondamento morale della Pedagogia di Herbart sind nach einem Jahr schon vergriffen und so können wir den Lesern der Studien nicht berichten, wie sich die Herbartsche Pädagogik in italienischem Gewande ausnimmt, wozu uns die Antrittsvorlesung gereizt hat.

»Il nostro ideale nell' educazione«, unser Erziehungsideal, so lautet der Titel derselben und wir wollen nun in kürze über deren Inhalt referieren.

Dafs wir fürs Leben erziehen sollen, sei ein triviales Wort und doch werde kein anderes so verschiedenartig aufgefafst und so vielfach mifsverstanden, wie dieses. Die Erziehung fürs Leben sei eine andere, je nachdem man den Zweck des Lebens ins Diesseits oder ins Jenseits verlege, je nachdem man sich um das Heil der Seele mehr kümmere, als um die Güter dieser Welt, je nachdem man einen Soldaten oder einen Landmann, oder einen Künstler, einen Bürger einer Republik oder einen loyalen Unterthanen einer Monarchie erziehen wolle.

Erziehung fürs Leben sei also ein zu vages Ziel und doch sollte man sich erst über den obersten Zweck aller Erziehung klar sein, ehe man über deren Mittel und Methoden raisonniere. Auch die Pestalozzische Formel: harmonische Ausbildung aller Seelenkräfte, sei eine viel zu allgemeine, um als ein konkretes Ziel gelten zu können.

Wenn z. B. ein Staat seine Jugend militärisch erziehen wollte mit Rücksicht auf einen künftigen, unabwendbaren Krieg, so werde die »harmonische Ausbildung aller Seelenkräfte« eben im Hinblick auf den vollkommenen Soldaten sich vollziehen. So verhalte es sich auch mit der Herbartschen Formel: Vielseitiges Interesse (Multilateralità di sirluppo e di coltura, Seite 6), oder mit der italienischen Zweckbestimmung: Erziehung zur Humanität. Allen diesen Zweckbestimmungen fehle der konkrete Typus, auf welchen sie bezogen werden können. Das sei bei den Alten, bei den Kirchenvätern, bei den Pädagogen von Port royal, bei den Jesuiten und Reformatoren nicht der Fall gewesen.

Diese hätten sich nicht ein abstraktes Ziel für die Erziehung gesteckt, sondern bei ihrem Erziehungsgeschäfte einen ganz konkreten Menschen im Auge gehabt. Es mag befremden, dafs der Verfasser Herbarts »vielseitiges, gleichschwebendes Interesse« und Pestalozzis »harmonische Ausbildung aller Seelenkräfte« in eine Linie stellt; aber offenbar ist ihm entgangen, dafs das vielseitige, gleichschwebende Interesse bei Herbart nicht der oberste Zweck der Erziehung, sondern ein Teilziel, das Ziel des erziehenden Unterrichts ist; denn gerade was Herbart als obersten Zweck der Erziehung hinstellt: Charakterstärke der Sittlichkeit, das will auch Fornelli. Wir müſsten uns fragen, so fährt er fort, was dem Leben einen absoluten Wert verleihe, und dieses Absolute müsse als Ziel der Erziehung gesteckt werden. Dieses Absolute aber ist auch nach Fornelli nichts anderes als der sittliche Charakter, so nämlich verstehen wir seine Auseinandersetzung auf Seite 8, wo er von der innern Freiheit, der Übereinstimmung der Handlung mit der Einsicht und von der Gebundenheit des Willens an diese Einsicht redet und diese innere Freiheit als die Grundlage der äuſsern hinstellt. Fornelli weicht also von Herbart nur insoweit ab, als er zwar dasselbe will, aber es nicht so scharf und klar zu entwickeln vermag wie dieser »gran pensatore tedesco«. Der Einfluſs Herbarts ist auch unverkennbar, wenn Fornelli fortfährt: dell' educazione, die stärkste erzieherische Macht (il mezzo essenziale) sei der Unterricht; freilich nicht der Unterricht, der dem Zögling nur ein gewisses Maſs von Kenntnissen (un numero di cognizioni) beibringen wolle, sondern der Unterricht, der den Geist des Zöglings determiniere mit Rücksicht auf das Ziel der Erziehung (l'istruzione diretta a produrre un determinato indirizzo et abito della mente Seite 10) und müsse hier Herbart und seiner Schule im Gegensatz zu Herbart Spencer zustimmen.

Herbartisch ist auch die Unterscheidung der zwei Hauptstämme des erziehenden Unterrichtes, des historischen und naturwissenschaftlichen; nur stellt Fornelli den zweiten voraus und führt den Gedanken nicht mit seiner Vollständigkeit und Schärfe durch, wie das Ziller in § 21 seiner »Allg. Pädagogik« gethan hat.

Vor allem, führt er aus, müsse das Kind gewöhnt werden, die Dinge der äuſsern Natur zu sehen, wie sie sind, und die Erscheinungen in ihrem natürlichen Zusammenhang aufzufassen, das sei aber gewöhnlich nicht der Fall bei seinem Volke, auſsergewöhnliche Naturereignisse und Erscheinungen suche man in erster Linie auf übernatürliche Ursachen zurückzuführen und mit übernatürlichen Mitteln zu bekämpfen. Da müsse nun der Unterricht einsetzen und den praktischen Blick des Zöglings in der Beobachtung der Natur schärfen u. s. w.

Wer De Amicis »Il colera del 1867« gelesen hat, oder weiſs, wie neuerdings in Neapel unten das unwissende, bigotte Volk bis hinauf in die bessern Klassen die Bemühungen und Maſsregeln der Ärzte und Behörden zur Bekämpfung der Cholera vereitelt, der begreift es, wenn Fornelli hier mit Nachdruck und Schärfe für eine naturwissenschaftliche Natur- und Lebensauffassung sich ereifert. Der zweite Hauptstamm ist der historische. Es berührt uns sympathisch, wenn Fornelli sagt, man könne im Geschichtsunterricht verschiedene Zwecke im Auge haben; für ihn habe er vor allem deswegen einen so hohen Wert, weil er wie der Unterricht in der Moral für die sittliche Wertschätzung (valutazione almeno approssimativa degli atti compiti dalla volontà umana) geeignet sei, und darnach müsse man auch die Geschichtsstoffe auswählen.

Aber nicht nur den erziehenden Unterricht im Sinne Herbarts kennt Fornelli, er hat auch die Herbartschen Begriffe der Regierung und der Zucht (reggimento ed educazione in senso ristretto) adoptiert. Es habe ihn gefreut, schreibt er, in den Schriften eines Denkers wie Herbart die Bestätigung einer Unterscheidung zu finden, welche durch eine 20jährige Praxis sich ihm immer deutlicher aufgedrängt habe, nämlich daſs man erst daran denken müsse, die Kinder zu regieren, ehe man sie erziehen könne. Hierin und hierin allein sei er Herbartianer ohne Rückhalt, und Dittes habe nach seiner Meinung gewaltig unrecht (grave torto, Seite 20), wenn er auch in diesem Punkte die Herbartsche Pädagogik bekämpfe; begrifflich könne man doch wohl Regierung und Zucht auseinander halten, wenn sie auch in der Praxis vielfach ineinandergreifen u. s. w.

Neben diesen Herbartschen Goldadern findet sich hie und da auch etwas Messing, aber das Ganze ist von einem idealen Hauch durchweht und von einer nationalen Gesinnung getragen, die unwillkürlich den Leser hinreifst; besonders wirkungsvoll ist der Schlufs, in welchem er den Gedanken ausführt, dafs aller Fortschritt zur sittlichen Freiheit, der Grundlage der äufsern Freiheit, von der Erziehung ausgehen müsse, und gelobt, nach Kräften an der Fortbildung der Erziehungswissenschaft zu arbeiten.

Ohne Zweifel haben die Studenten auf diese Versicherung mit lautem Beifallsruf geantwortet; wir schliefsen uns ihnen an in der frohen Erwartung, dafs es dem Herrn Professor gelingen werde, noch Vieles und Grofses für die Förderung der wissenschaftlichen Pädagogik im herrlichen Lande Italien zu thun.

Rorschach. G. Wiget.

II.

Die höheren Mädchenschulen und deren künftige Gestaltung. Wünsche und Vorschläge von einem Hannoverschen Lehrer. Hannover, C. Meyer. 1886. 20 S. 8°. Preis 40 Pf.

Es giebt wohl kaum ein Gebiet des Unterrichtswesens, welches in der Gegenwart gleich umstritten wäre, wie die Frage über die Einrichtung der höheren Mädchenschule. Seltsamerweise haben die kleineren deutschen Staaten dieselbe meist bereits entschieden, indem sie das höhere Mädchenschulwesen im Anschlufs an die Berliner Beschlüsse des Jahres 1873 fertig ausgestalteten; Preufsen selbst dagegen, der gröfste deutsche Staat und als solcher vor allem berufen, auch auf dem Gebiete des höheren Mädchenschulwesens an der Spitze der Bewegung zu gehen, hat zwölf Jahre lang sich zuwartend verhalten und erst im Jahre 1886 einen Normalplan für die h. Mädchenschulen Berlins empfangen, dessen Gliederung und Ziele nach dem so gut wie einstimmigen Urteil der Sachkundigen von vielen Dutzend Anstalten der Provinzen schon seit Jahren überholt sind; von Danzig bis Trier besitzen eine ganze lange Reihe von Städten voll ausgebaute zehnklassige höhere Mädchenschulen gemäfs den Forderungen der Konferenz von 1873, während der Berliner Normal-Lehrplan, wohl aus örtlichen Gründen, sich mit neun aufsteigenden Jahrgängen begnügt. Es ist daher nicht zu verwundern, dafs dieser Berliner Normal-Lehrplan eine lebhafte Bewegung der Geister im Gefolge gehabt hat. Zu den zahlreichen Aufsätzen und Schriften, welche durch das Erscheinen des Berliner Normal-Lehrplans hervorgerufen worden sind, gehört auch das vorliegende Heftchen, welches trotz des bescheidenen Umfanges doch manches Treffende über die vielbesprochene Frage vorbringt.

Das Büchlein geht davon aus, dafs eine heillose Verwirrung der Begriffe bei einem grofsen Teile des besseren Publikums über das Wesen und die Ziele der weiblichen Bildung herrsche. Die grofse Mehrzahl der Eltern pflegen die Ausbildung ihrer Töchter nicht als eine sittliche, sondern als eine gesellschaftliche Pflicht anzusehen. Eine Folge dieser Gleichgiltigkeit und Einsichtslosigkeit des Publikums sei die unbeschreibliche Zerfahrenheit und Verwahrlosung, welche in unserem höheren Mädchenschulwesen herrsche. »Höhere Töchterschule« heifse jede Anstalt, deren Besitzer oder Patron es für gut befinde, diesen Namen zu wählen. Diese wirklichen und sogenannten höheren Töchterschulen besäfsen eine solche Ungleichmäfsigkeit der Lehrziele, Lehrwege, Lehrkräfte und Einrichtungen, dafs das Gemeinsame, was den übereinstimmenden Namen aller jener Anstalten rechtfertigt, oft schwer zu entdecken sei. Staatliche Regelung scheine hier unbedingt geboten, wenn auch nicht in der strengen Weise wie für den Knabenunterricht; aber es seien einige allgemeine feste Normen aufzustellen für alle Schulen, die sish den Charakter der »Höheren Mädchenschule« beilegen wollen, einerlei, ob dieselben aus öffentlichen oder privaten Mitteln erhalten werden. Der einzige mafsgebende Gesichtspunkt dabei mufs der sein: Was kann und mufs von einer Schule verlangt werden, welche verspricht, Mädchen eine allgemeine höhere Geistesbildung zu geben?

Da nun das preufsische Unterrichtsministerium in seiner Herbst 1886 erschienenen Statistik des preufsischen öffentlichen Mädchenbildungswesens eine Begriffsbestimmung der höheren Mädchenschule nicht aufgestellt, sondern gar verwunderliche Anstalten unter dieselben inbegriffen hat, so will der Verfasser Lehrplan, Lehrkräfte und Einrichtung des ganzen Mädchenschulwesens in Betracht ziehen; das Büchlein gliedert sich demgemäfs in drei Teile.

Bezüglich des Lehrplanes betrachtet der ungenannte Verfasser die Beschlüsse der Augustkonferenz von 1873 im allgemeinen als Muster. Eine Beurteilung des Berliner Normal-Lehrplanes giebt er nicht, wohl aber äufsert er sich dahin, dafs eine grofse Anzahl mindestens ebenso vorzüglicher Lehrpläne an höheren Mädchenschulen der Provinz in Kraft sei, es eines solchen ministeriellen Musterlehrplans also eigentlich nicht bedurft habe. Dagegen erscheine eine amtliche Festsetzung der Lehrziele der höheren Mädchenschule erforderlich. Es erklärt sich mit denjenigen des Berliner Normal-Lehrplans einverstanden, wünscht dagegen, dafs den einzelnen Lehranstalten Freiheit der Bewegung in Bezug auf Eintreten, Stundenzahl, Lehrgang der verschiedenen Fächer erhalten bleibe; er fafst zum Schlusse seine Forderungen folgendermafsen zusammen: »Kein aufgezwungener Lehrplan, sondern Feststellung der Grenzen, innerhalb deren die einzelnen Schulwesen den vorhandenen Verhältnissen, Bedürfnissen und Wünschen entsprechend ihre Lehrpläne ausgestalten mögen.« Man wird damit ganz einverstanden sein.

Bezüglich der Lehrkräfte hat die Berliner Augustkonferenz sehr allgemein gehaltene, der Berliner Normal-Lehrplan keine Feststellungen gemacht. »Mit was für Lehrkräften die höheren Privat-Töchterschulen arbeiten, darum bekümmert sich kein Mensch; aber auch in den öffentlichen sieht es oft bunt genug aus. Weder über die Zahl noch über die Vorbildung der Lehrenden herrschen feste Grundsätze.« Der Verfasser verlangt für die Oberstufe durchaus die Beschäftigung akademisch gebildeter Lehrer; den Lehrerinnen will er hier nur den Unterricht in Turnen, Handarbeit und Konversation belassen. Diese Einrichtung ist allerdings auf einer Anzahl norddeutscher Schulen vorhanden, wo fast der gesamte Unterricht der Oberklassen in Männerhänden liegt. Man kann darüber verschiedener Ansicht sein; meines Erachtens ist zu einem guten Mädchenunterricht in den Fremdsprachen weniger die akademische Schulung eines Neuphilologen als die praktische Sprachkenntnis einer Lehrerin förderlich, welche längere Zeit im Auslande war; ich habe in Oberklassen mit Lehrerinnen sehr gute Erfahrungen gemacht; das ist meines Ermessens sehr unerheblich, ob der oder die Unterrichtende Chancer und die Troubadours im Urtext lesen kann. Häufig genug fehlt unsern gelehrt gebildeten Neuphilologen die nächste praktische Sprachfertigkeit im mündlichen und schriftlichen Ausdruck. Mit Universitätsstudium und Probejahr ist es nicht gethan, um Philolog und zugleich Pädagog zu werden. Wenn daher der hannoversche Lehrer im Anschlufs an seine heimischen Verhältnisse verlangt, dafs wenigstens ein Drittel der Kräfte einer vollständigen höheren Mädchenschule aus den vollberechtigten akademisch gebildeten Lehrern zu nehmen seien, so wird er wohl bei gar manchem, der mit Lehrerinnen der Neusprachen die besten Erfahrungen gemacht hat, Widerspruch finden. Dafs der deutsche, geschichtliche, geographische, naturkundliche und Religionsunterricht der Oberstufe in die Hände wissenschaftlich gebildeter Männer zu legen sei, dagegen ist nichts zu bemerken. Um nun der h. Mädchenschule wissenschaftlich gut vorgebildete Lehrkräfte zuzuführen und zu erhalten, verlangt der Verfasser im Interesse der Schulen selber eine Gleichstellung der akademisch gebildeten Lehrer an h. Mädchenschulen und an h. Knabenschulen. Sehr wünschenswert, wenn man nur wüfste, wie das zu erreichen wäre! Die h. Mädchenschulen stehen so gut wie alle unter dem Patronat der Stadtgemeinden, und diese haben bisher wohl selten genug Pflicht und Bedürfnis empfunden, eine solche Gleichstellung freiwillig einzurichten, und es sieht auch gar nicht darnach aus, als ob sobald der Lehrer einer h. Mädchenschule, an der Goethe, Shakespeare und Racine gelesen wird, dem Lehrer auch nur einer lateinlosen Realschule gleichgestellt werde; der Regierung aber mangelt völlig die Macht, eine solche Gleichstellung herbeizuführen. Was über die von der h. Mädchenschule anderwärts geborgten Hilfskräfte, die »Renommier-Oberlehrer und Renommier-Pastoren« gesagt wird, ist durchaus zutreffend; aber auch grofse öffentliche Schulen sind nicht selten auf solche Hülfskräfte angewiesen, wenn nicht etwa ein Theologe sich im Kollegium befindet, oder ein akademisch gebildeter Naturwissenschaftler und Mathematiker. Wenn daher der Verfasser seine Wünsche dahin zusammenfafst:

Es ist eine genügende Anzahl von Lehrern und Lehrerinnen anzustellen, so dafs keiner mehr als die normale Anzahl Stunden zu geben hat. Ein Drittel der Lehrkräfte ist aus den akademisch gebildeten, für Knabenschulen wohl berechtigten Lehrern zu nehmen; der Unterricht in den oberen Klassen ist ihnen zu übertragen; sie sind in Gehalt, Wohnungsgeld, Pension, Hinterbliebenen-Versorgung den Lehrern höherer Knabenschulen gleichzustellen. Lehrerinnen sind aufser im Handarbeits-, Turn- und Konversations-Unterricht in den oberen Klassen gar nicht, in den mittleren und unteren Klassen nur dann zu verwenden, wenn diese nicht zu stark besetzt sind; auch die Lehrerinnen sind definitiv und mit Pensions-Berechtigung anzustellen. Der Unterricht ist im allgemeinen vollbeschäftigten Lehrkräften, nur im Notfalle Hilfslehrern und -Lehrerinnen anzuvertrauen, so wird man wohl vielfach sagen: Einverstanden! aber auch manchmal: Ich bin anderer Meinung! wohl auch: Es ginge wohl, aber es geht nicht!

Bezüglich der Schulverfassung geht der Verfasser hinter die Forderungen der Augustkonferenz zurück, indem er für die h. Mädchenschule vom vierten Schuljahre an mindestens einen sechsjährigen Kursus mit mindestens drei aufsteigenden Klassen verlangt. Das ist freilich ein sehr bedeutendes, schwerlich berechtigtes Zugeständnis an die zahlreichen unfertigen Anstalten, die sich h. Mädchenschulen nennen. Er eifert gegen die nicht selten mangelhaften und überfüllten Schulräume, besonders in Privatanstalten, gegen die Vereinigung h. Mädchenschulen mit Seminarien; was er in dieser letzteren Hinsicht gegenüber dem heutzutage so gesteigerten Bemühen um Abschlufs einer h. Mädchenschule durch eine Lehrerinnenbildungsanstalt sagt, erscheint durchaus zutreffend. Es erhellt aus dem Mitgeteilten, dafs das Heftlein über eine grofse Anzahl vielumstrittener Zeitfragen frisch und kenntnisreich spricht; ist man vielleicht nicht in allen Dingen einverstanden, so wird doch auch der Kundige Anziehendes und Anregendes finden.

Crefeld. Buchner.

Druck von G. Pätz in Naumburg a. S.

A. Abhandlungen.

Kritische Bemerkungen zu den Hauptpunkten der v. Sallwürkschen Schrift „Gesinnungsunterricht und Kulturgeschichte.*)

Von

Dr. R. Staude, Eisenach.

1. Zur Einleitung.**)

Mit der Unterscheidung und Bestimmung der einem historischen Gesinnungsunterricht gegenüber möglichen und wirklich vorhandenen methodischen Standpunkte bin ich nicht einverstanden. Ich sehe ab von dem »pragmatischen« Standpunkt, weil er unmethodisch und für unsere Hauptfrage belanglos ist. Nach meiner Ansicht giebt es in dieser Sache nur einen methodischen Stand-

---

*) »Wenn Günther überhaupt von der Darstellung des kulturhistorischen Ganges in jedem Einzelnen nichts wissen will, so mufste er, denke ich, selbst eine Kritik der Richtung in unsrer Schule geben, die daran seit langer Zeit festhält, und etwas anderes an die Stelle setzen. Für mich ist ein guter Teil der Herbartschen Pädagogik ohne dieses Prinzip wertlos.«
von Sallwürk. (Erläuterungen 1877, S. 74.)

**) Nachstehende Bemerkungen verdanken ihre Entstehung einem doppelten Zwecke. Einmal wollte der Verfasser dem Herbartverein in Eisenach eine Unterlage zur Besprechung der v. Sallwürkschen Schrift und der ganzen darin erörterten Frage geben, und dann beabsichtigt er zugleich, seinen eigenen jetzigen Standpunkt in dieser Frage, über welche er sich schon zweimal in den »Pädagogischen Studien« (1880, 2. H.; 1881, 2. H.) ausgesprochen, in der Kürze darzulegen. Eine Förderung der Frage als solcher lag nicht in der Absicht des Verfassers; auch konnte das zweite Heft der »Pädagog. Studien« von 1888 mit seinen zahlreichen beherzigenswerten Gedanken noch nicht bei der Arbeit berücksichtigt werden. Eine im Manuskript den kritischen Bemerkungen vorangehende Inhaltsskizze der Sallwürkschen Schrift mufste wegen Raummangels wegfallen.

punkt, der aber verschiedener Modifikationen fähig ist. Es ist das der Standpunkt, welcher sich bei der Auswahl und Anordnung des historischen Stoffes allein nach der Apperzeptionsstufe des Schülers richtet. Für mein Denken fällt daher der sogenannte »organische« und der »genetische« Standpunkt in einen zusammen.

Wie jeder Unterricht so hat auch der historische Gesinnungsunterricht zur unumgänglichen Voraussetzung, dafs die Apperzeptionsstufe des Schülers, d. h. der Standpunkt seines geistigen Besitzes und Lebens zum Erfassen, Verstehen und Aneignen des Lehrstoffes fähig und geschickt sei. Welcher Inhalt wird nun von dem Begriff »Apperzeptionsstufe« umfasst? Beantworten wir diese Frage in der Kürze und mit Rücksicht auf den historischen Unterricht.

Da der historische Unterricht dem Schüler räumlich und zeitlich entfernte Personen, Handlungen, Ereignisse und Zustände vorführt und als einziges bez. als Hauptmittel hierzu das Wort benutzen muss, so muss er vor allem darauf rechnen, dafs der nötige Wortvorrat und die mit den Worten bezeichneten Sachvorstellungen und Begriffe sich im geistigen Besitz des Schülers befinden, damit die mitgeteilten Worte die bezeichneten Vorstellungen und die gewünschten Verbindungen derselben hervorrufen. Dieser Besitz (Worte und die damit bezeichneten Sachvorstellungen und -Begriffe) bildet in erster Linie den Inhalt der Apperzeptionsstufe, den unentbehrlichen eisernen Bestand derselben. Natürlich wächst dieser Grundstock durch den Einfluss von Erfahrung und Unterricht fortwährend an Umfang, Klarheit, und man kann daher von einem Wachstum der Apperzeptionsstufe, ja von einer Aufeinanderfolge verschiedener Apperzeptionsstufen reden. Mit diesem Wachstum des Grundstockes der Apperzeptionsstufe muss natürlich jeder Unterricht rechnen.

Richtet nun der Methodiker sein Augenmerk auf die Auswahl und Anordnung der dem Schüler darzubietenden historischen Bilderreihen, so zeigt ihm ein Blick auf die hier in Frage kommenden Stoffe, dafs den früheren Zeiten, besonders in der Darstellung der zeitgenössischen Dichter und Schriftsteller, eine gröfsere Einfachheit der Handlungen, Übersichtlichkeit der Ereignisse, Durchsichtigkeit der Personen, Schlichtheit der Zustände und Einrichtungen eigen ist als den späteren, und dafs diese Kindlichkeit des Inhaltes und der Form der geschichtlichen Darstellung mit dem chronologischen Fortschritt abnimmt. Betrachtet der Methodiker dann weiter die zur Erfassung dieser Geschichtsstoffe berufene Apperzeptionsstufe der Kinder, so findet er hier abgesehen von dem stetigen Wachstum des oben genannten Grundstockes, gleichfalls ein Wachstum, welches sich zeigt in der wachsenden Weite des Bewusstseins, in der steigenden Fähigkeit zum Erfassen gröfserer und verwickelterer Vorstellungsreihen und zum Unterscheiden des Hauptsächlichen und Nebensächlichen, ferner in der Entwickelung der begrifflichen Seite des geistigen Lebens, in der Klärung, Vertiefung und Spezialisierung der einzelnen Begriffe und in dem Fortschreiten vom Anschauen und Vorstellen zum Denken, Urteilen und Schliefsen. Daraus ergiebt sich nun, dafs die fortschreitende Apperzeptionsstufe im allgemeinen einen chronologischen Gang des historischen Unterrichts empfiehlt, weil die früheren Zeiten und Zeitbilder dem Schüler psychologisch näher liegen als die späteren, und dafs die jeweilige Apperzeptionsstufe erst durch Verarbeiten der früheren Zeitbilder genährt und gekräftigt werden muss, ehe sie die späteren in der rechten Weise bewältigen und apperzipieren kann. Diese späteren werden eben durch die Apperzeption der früheren in die rechte psychologische Nähe gerückt und somit vom Schüler verstanden. Es leuchtet ein, dafs die eben charakterisierte neue Seite der Apperzeptionsstufe fast durchweg auf das formale Gebiet des geistigen Lebens fällt, weil sie zusammenfällt mit den feineren und höheren Gebilden, die der fortschreitende kindliche Geist aus dem Rohmaterial seiner Vorstellungen erzeugt. Und wir können deshalb mit Reeht von einer formalen Seite der kindlichen Apperzeptionsstufe reden, die in ihrem Fortschreiten das Kind zu einem wachsenden Verständnis der chronologisch fortschreitenden Geschichtsstufen fähig macht.

Bedenkt nun der Methodiker weiter, dafs er mit seinen chronologisch geordneten Bilderreihen aus dem geschichtlichen Menschenleben in erster Linie das religiös-sittliche Leben des Zöglings wecken und bilden will, so ergiebt sich — zunächst rein theoretisch genommen — von selbst, dafs dieser historische Gesinnungsunterricht sein Ziel am leichtesten und vollkommensten erreichen würde, wenn die einer jeden historischen Entwickelungsstufe eigentümliche religiös-sittliche Anschauungs- und Denkweise auch in der Seele des Zöglings möglichst gleichzeitig, wenigstens keimweise und stückweise vorhanden wäre, und wenn nun jemand auf Grund des Satzes von der Übereinstimmung der Einzelentwickelung und der Gesamtentwickelung ein solches von der Natur geschaffenes Verwandtschaftsverhältnis zwischen den Entwickelungsstufen des zu unterrichtenden Individuums und den unterrichtlich zu behandelnden Stufen der Gesamtentwickelung (auf ethisch-religiösem Gebiet) annimmt, so hätte er die denkbar günstigste Apperzeptionsstufe gerade für den wesentlichen ethisch-religiösen Gehalt seiner Geschichtsbilder gebildet und — wenn sich seine Annahme als richtig bewährt — eine wesentliche und erzieherisch wertvolle Bereicherung des Begriffes »Apperzeptionsstufe« geschaffen. Diese Bereicherung bezöge sich dann nicht blofs auf die formale Seite der einander entsprechenden Entwickelungsreihen, sondern ganz vorwiegend auf die inhaltliche, materielle Seite, und zwar gerade auf dem wichtigsten, auf dem religiös-sittlichen Gebiet des geistigen Lebens. Denn es würde sich hier vor allem um ganz bestimmte, gleichartige, religiöse Anschauungen, sittliche Urteile, ja um kongeniale Auffassungen des Menschenlebens, der Welt und Gottes handeln. Ferner würde die jedesmalige kindliche Apperzeptionsstufe nicht blofs zum richtigen Verstehen, teilnehmenden Erfassen und phantasierenden Miterleben der vorgeführten Geschichtsbilder führen, sondern viel weiter zu einem wirklichen Durchleben und Durchmachen der jeweilig dargestellten religiös-sittlichen Bildungsstufe.

Wenden wir das Gesagte auf die Sallwürksche Unterscheidung eines »organischen« und eines »genetischen« Standpunktes an, so ergiebt sich, dafs diese Bezeichnungen sich decken mit dem, was wir die Berücksichtigung der formalen und der materialen Seite der Apperzeptionsstufe genannt haben, und dafs also die beiden Standpunkte ihrem inneren Wesen nach zusammenfallen, da in dem zweiten (dem »genetischen«) nur eine Erweiterung nach der materialen Seite der Apperzeptionsstufe, eine Ergänzung des vorhin genannten unumgänglichen Apperzeptionsgrundstockes, gegeben ist. Wer also auf dem sogenannten »genetischen« Standpunkt steht, wird immer zugleich auch auf dem organischen Standpunkt stehen, zumal ihn ja beide Standpunkte zu einer chronologischen Anordnung seiner kulturhistorischen Gesinnungsstoffe auffordern.

Und wer auf dem sogenannten »organischen« Standpunkte steht, wird durch seinen chronologisch aufsteigenden Gesinnungsunterricht (falls er nur die Stoffe in grofsen, möglichst einheitlichen und zeitlich gegliederten Massen auftreten lässt) faktisch den religiös-sittlichen Kerngehalt seiner Stoffgruppen zum geistigen Eigentum des Schülers machen, wenn er auch nicht daran denkt und darauf rechnet, dafs er mit jedem Hauptstoff ein entgegenkommendes, materielles Apperzeptionsbedürfnis des Schülers befriedigt.

Daraus folgt aber auch, dafs das, was Sallwürk als Merkmal des organischen Standpunkts geltend macht, dafs er sich nämlich von dem »organischen Wachstum des inneren Menschen« bestimmen lässt, sich ebenso gut als Merkmal des »genetischen« Standpunktes (in unserem Sinne) auffassen lässt, und dafs umgekehrt die Sallwürksche Charakteristik des genetischen Gesinnungsunterrichtes (»er lässt das, was er im grossen darstellt, zugleich im Zögling im kleinen entstehen«) ebenso gut auf den organischen Gesinnungsunterricht passt.

Der Unterschied zwischen den beiden von Sallwürk angegebenen Standpunkten besteht eben nur in einem Minus bezüglich Plus in den von dem Methodiker angenommenen Apperzeptionshilfen des Zöglings. Natürlich ist es dann auch Aufgabe des betreffenden Methodikers, dafs er das von ihm angenommene Plus, welches also in dem thatsächlichen Gesinnungsleben des Zöglings liegt, auch als wirklich vorhanden nachweist und in seiner Eigenart näher bestimmt.

---

2. Zu Punkt I (Der Gesinnungsunterricht vor Herbart).*)

Der an sich ganz interessante Exkurs zu den Methodikern alter und neuer Zeit ist für die Entscheidung unserer Hauptfrage von keinem Belang. Er beweist nur, dafs man von jeher diejenige Kulturgeschichte, in welcher die derzeitige Volksbildung, besonders in religiös-sittlicher Hinsicht, wurzelt, für einen Hauptfaktor des erziehenden Unterrichtes angesehen hat, weil man mit ihrer Hilfe den Zögling am leichtesten und sichersten zum gegenwärtigen Kulturstandpunkte seines Volkes emporzuheben glaubte. Die von Sallwürk vorgenommene Verteilung der Pädagogen auf die verschiedenen Standpunkte fällt für uns gemäfs unserer obigen Darstellung als gegenstandslos zusammen; höchstens lässt sich sagen, dafs die verschiedenen Pädagogen bald mehr die materiale, bald mehr die formale Seite der Apperzeptionsstufe, oder auch beide zugleich berücksichtigt haben. Auch ist ersichtlich, dafs nach dem Vorgange Rousseaus, Goethes und Fröbels der Kongruenzgedanke auch ohne Herbart für Ziller nahe genug lag.

---

3. Zu Punkt II (Herbart).

Der ziemlich umfangreiche Abschnitt bespricht eine grofse Zahl von Citaten aus Herbart und gipfelt in dem Nachweis, dafs Herbart durchaus auf dem »organischen« Standpunkte stehe, und dafs daher Ziller sich mit Unrecht und aus Mifsverständnis auf ihn berufe. Ich kann diesem Punkt keine grofse Bedeutung beilegen, da weder Herbarts Schweigen, noch sein ausdrücklicher Widerspruch ein Grund für die Unrichtigkeit des Zillerschen Gedankens wäre. Darum will ich mich auch nicht in die weitschichtige philologische Erörterung der Herbartschen Sätze einlassen, welche nötig wäre, um die Sallwürksche Auffassung der Citate zu widerlegen oder zu modifizieren. Ich erkläre nur, dass sich nach meiner Ansicht in den von Sallwürk (S. 28/29, 33, 34, 37/38, 39/40, 42) citierten Hauptstellen sehr bestimmte Andeutungen des

---

*) Als Nachtrag zu der im 2. Heft 1888 angegebenen Litteratur möge hier noch angeführt werden: Dr. A. Wittstock, Lessings Erziehung des Menschengeschlechts als pädagog. System. Leipzig 1888. Ferner: Emerton, Essays. 1. History. Boston 1887, S. 15, 26, 29 u. s. w. (Der Herausgeber.)

Zillerschen Kongruenzgedankens finden, und glaube, dafs Herbart durch seine ausschliefsliche Berücksichtigung der Gymnasialbildung, wobei ihm die Vorbereitung der christlichen Stufe durch das Alte Testament besonders ferne lag*), von der weiteren Ausgestaltung des auch ihm naheliegenden Kongruenzgedankens abgehalten wurde.

Daraus folgt für mich: Ziller hat Herbart nicht mifsverstanden und fälschlich als Stütze herangezogen, sondern er hat nur die von Herbart weniger (d. h. weniger als die formale Seite) betonte materielle Seite der Apperzeptionsstufe (den »genetischen« Standpunkt) stärker betont und unter Beschränkung auf den ethisch-religiösen Gehalt der parallelen Stufen für die Bedürfnisse der christlichen Volksschulbildung spezialisiert und planmäfsig ausgestaltet. Ziller hat ferner entschieden im methodischen Geiste Herbarts gedacht und gehandelt, wenn er nach stärkeren Apperzeptionshilfen für die Aneignung der kulturhistorischen Hauptstoffe suchte (die ihm zugleich wertvolle Weisungen für die Anordnung des Stoffes geben konnten) und sich so auch des sachlichen Interesses der Schüler für den wichtigsten Gehalt der historischen Gesinnungsstoffe zu versichern strebte.

Falls sich daher die Zillerschen Bestrebungen und Ausführungen als richtig erweisen, so liegt in ihnen eine bedeutsame und erzieherisch verheifsungsvolle Fortbildung Herbarts in Herbartschem Sinne vor, die durchaus keine Stützen in Gestalt von ausdrücklich zustimmenden Aussprüchen Herbarts nötig hat.

Demnach haben die Sallwürkschen Ausführungen dem Zillerschen Gedanken nicht einmal den Boden des Herbartschen Wortes, aber ganz gewifs nicht den geistigen Boden der Herbartschen Psychologie und Methodik entzogen.

---

4. Zu Punkt III (Ziller).

Die kulturgeschichtlichen Stoffe aus der Profangeschichte sind nach Zillers Meinung nicht immanente Bestandteile der eigentlichen »kulturgeschichtlichen Stufen« sondern einerseits »Konzentrationstoffe« zweiter Ordnung, andrerseits wertvolle Ergänzungen des kulturgeschichtlichen Inhaltes jener Stufen, da sie »das Gedankenbild der Gesellschaft und das Verhältnis der Zöglinge dazu im Geiste einer jeden Stufe weiter gestalten« (Ziller, Jahrbuch 1881, S. 119). Dafs dieser anderweitige kulturgeschichtliche Stoff kein orga-

*) Darum führt er die Schüler von Sokrates zu Christus, nicht von Moses und den Propheten und hält »den Gebrauch des A. T. für sehr erwünscht für diejenigen Stände, in Hinsicht deren die Bildung durch klassisches Altertum nur ein frommer Wunsch wäre«.

nisches Glied der Zillerschen Hauptstoffe sein soll, zeigt auch die (ebendas. S. 119) folgende Stelle: »Er kann aber, weil er viel zu heterogen ist, durchaus nicht in blofs symphronistischer Weise zu den der Entwickelung des kindlichen Geistes entsprechenden Kulturstufen in Beziehung gesetzt werden. Für den einheitlichen Zusammenhang des Geistes genügt es auch unter Voraussetzung der übrigen unterrichtlichen Assoziationen vollkommen, wenn nur von bestimmten Stellen jener Stufen Gedankenreihen auslaufen, die den anderweitigen kulturgeschichtlichen Stoff . . . in sich aufnehmen.«

Die Märchen- und Robinsonstufe sind auch für Ziller keine eigentlichen kulturgeschichtlichen Stufen, da sie einerseits nur auf der formalen Seite der kindlichen Apperzeptionsstufe beruhen und andrerseits nicht eine wirkliche, im geschichtlichen Völkerleben dagewesene Kulturstufe darstellen. Die eigentlichen »kulturgeschichtlichen Stufen« sollen nach Ziller (eod. S. 119) die »allgemeine soziale Entwickelung« darstellen und zugleich der »Entwickelung des einzelnen in seinen Beziehungen zu einem gröfseren Gemeinwesen . . . entsprechen«. Sie beginnen deshalb mit dem dritten Konzentrationsstoff (Patriarchengeschichte), wo die allgemeine erzieherische Aufgabe der Kulturstufen, den Zögling »in das rechte Verhältnis zu einer gröfseren Gemeinschaft« zu setzen, zum ersten Male in Angriff genommen wird.

Die Sallwürksche Ableitung der Kulturstufentheorie aus einer von Ziller vorgenommenen Zusammenschiebung der primären und abgeleiteten Ideen der Herbartschen Ethik entbehrt jeglicher Unterlage, sowohl in den Zillerschen Hauptschriften, als auch in der von Ziller im Jahrbuch von 1881 gegebenen Begründung der Kulturstufen. Denn auf keiner der hier charakterisierten individuellen und allgemeinen Stufen wird die von Sallwürk damit in Beziehung gebrachte primäre oder abgeleitete Idee als Hauptgehalt oder herrschendes Zentrum der betreffenden Stufen hingestellt. Wir kommen später bei der kritischen Beleuchtung dieser angeblich Zillerschen Ableitungsweise (V, 3, 4, 5) auf diesen Punkt zurück.

Dafs Ziller bei der Bezeichnung »Kulturstufe« den Begriff »Kultur« in ungewöhnlich engem Sinne fafst (nämlich in der Beschränkung auf die ethisch soziale und auf die religiöse Entwickelung), gebe ich zu; doch thut hier der Name nichts zur Sache.

Dafs die Zillerschen Kulturstufen — absolut betrachtet — nur einen schmalen Durchschnitt durch die gesellschaftliche und religiöse Entwickelung des jüdischen und des deutschen Volkes geben, ist ja richtig. Aber der dadurch bestimmte Stoff ist für den Volksschüler (also relativ) reich genug und genügt in seiner konkreten Ausbreitung vollauf, um die sittlichen und religiösen Ideen für die Anschauung und die Teilnahme des Schülers in »Wirklichkeit« (Wirksamkeit?) zu setzen.

Auch die Behauptung, dafs Ziller bei jeder Stufe sich begnüge, einen an derselben besonders hervorragenden ethischen Zug herauszuheben, während doch keiner dieser Stufen das Ethische in der ganzen Ausdehnung und Ausbildung, deren er fähig ist, mangle, halte ich nicht für richtig.

Dagegen spricht sowohl die theoretische Forderung Zillers, dass an jedem Gesinnungsstoff alle darin enthaltenen oder darauf anwendbaren ethischen Ideen zu pflegen seien, als auch die praktische Ausführung dieser Forderung bei Ziller und seinen Schülern.

Ziller hat nie und nirgends gesagt, dafs die sittliche Bildung des Kindes ohne dessen Einleben in die verschiedenen zeitlichen Stufen der sittlichen Entwickelung undenkbar und unmöglich sei, aber er hält dieses Einleben für den besten und sichersten methodischen Weg zu dem Ziele der sittlichen Bildung.

Dafs Ziller nirgends einen giltigen wissenschaftlichen Beweis für den Kongruenzgedanken und die darauf gegründete Kulturstufentheorie geliefert hat, habe auch ich schon früher ausgesprochen (Pädag. Studien, 1881, II, S. 37).

Wenn Sallwürk aus einigen Ausdrücken des Jahrbuches von 1881 folgert, dafs Ziller zuletzt selbst nicht mehr recht an seinen Kongruenzgedanken geglaubt habe, so ist das wohl zuviel gesagt; doch könnte immerhin in dem erwähnten Aufsatz eine wesentliche Modifikation der Kulturstufentheorie gefunden werden. (Vergl. meinen obengenannten Artikel, S. 36 f.) Hiervon später.

---

5. Zu Punkt IV (Der Gesinnungsunterricht in der Zillerschen Schule).

Aus dem Standpunkte Willmanns, der allerdings mehr die formale Seite der Apperzeptionsstufen und die materiale Wirkung der kulturgeschichtlichen Hauptstoffe auf den Schüler betont, folgt nichts, was gegen die Richtigkeit der Zillerschen Theorie spräche.

Meinen persönlichen Standpunkt zu der ganzen Frage, der sich seit meinem Aufsatz über »die kulturhistorischen Stufen . . .« (»Pädag. Studien«, 1880, II. Heft) erheblich geändert hat, und der von Sallwürk auch nicht ganz richtig aufgefafst wird, will ich nach Schlufs meiner kritischen Bemerkungen, in denen er sich ja schon stückweise kund giebt, im Zusammenhang kurz darstellen.

---

6. Zu Punkt V (Die wissenschaftlichen Grundlagen der Kulturstufentheorie).

Die Beyersche Begründung giebt allerdings für unsere Frage nicht einmal einen Analogiebeweis ab, da physische und ethische Entwickelung heterogener Art sind.

Dafs die Zillerschen Kulturstufen durch Weglassung der kulturgeschichtlichen Rückbildungen und der wechselseitigen Bedingtheit der Völkerkulturen ein schiefes und lückenhaftes Bild der wirklichen »menschheitlichen Kulturentwickelung« geben, ist richtig. Doch ist diese Beschränkung den Zwecken der Volksschulbildung völlig angemessen, und insbesondere ist die Heraushebung der christlichen Kulturentwichelung, welche von Ziller in korrekter Weise auf der jüdischen aufgebaut und in der germanischen wieder gefunden und weiter verfolgt wird, durchaus zweckentsprechend.

Gewifs liegen in den kulturhistorischen Stoffen und Perioden, die für die Bildung des christlichen Volksschülers in Betracht kommen, z. B. in der Patriarchengeschichte, sämtliche sittliche Ideen schon entwickelt vor. Aber eben deshalb kann Ziller gar nicht an eine Ideenreihe denken, deren einzelne Glieder in Jahreskursen behandelt und dem Schüler unter Ausschlufs der anderen zu eigen gemacht werden müfsten. Das mufs ihm ja auch schon die Rücksicht auf die Apperzeptionsstufe des 10jährigen Christenkindes wehren, in welcher doch schon sämtliche Ideen mehr oder minder entwickelt vorliegen. Vielmehr will Ziller, wie uns die vorliegende Theorie und Praxis des Meisters und der Schüler zeigt, an jedem konkreten Stoff einer jeden Kulturstufe alle darin gegebenen oder darauf anwendbaren sittlichen Ideen zur wirklichen Anschauung oder Anwendung bringen. Höchstens ergiebt sich hierbei für Ziller aus der natürlichen Sachlage (falls nämlich eine der Kulturstufen eine gewisse Vorherrschaft einer einzelnen Idee zeigt, die sich zugleich auf der entsprechenden Einzelentwickelungs-Stufe besonders bemerkbar macht), dafs in gewissen Schuljahren gewisse Ideen thatsächlich besonders reichlich gepflegt werden und auch gepflegt werden müssen. Demnach kann bei den Zöglingen Zillers von einer »zerstückten Sittlichkeit« oder von einem jahrelangen Dahinleben derselben »ohne positive Sittlichkeit« gar nicht die Rede sein.

Da Ziller nicht an eine Ideenreihe denkt, die gliedweise in zeitlicher Aufeinanderfolge im Zögling aufzubauen wäre, und da er auch in Hinsicht der gesellschaftlichen Ideen nicht an eine solche gliedweise Entwickelung derselben denkt, sondern nur an eine dem kindlichen Verständnis angemessene, stets wachsende Einsicht in die Organisationen und Verpflichtungen der gesellschaftlichen Sittlichkeit, so erledigt sich auch der Sallwürksche Einwurf, dafs das, was Ziller in ethischer Hinsicht im Zögling entwickeln möchte, zum Teil vor, zum Teil nach dem liege, was Gegenstand der Erziehung sein könne.

Wie schon mehrfach erwähnt, hat Sallwürk die Zillersche Kulturstufenreihe aus der Zusammenschiebung der beiden Ideenreihen der Herbartschen Ethik abgeleitet, und er nennt diese Ableitung eine mystische Schematierung und phantastische Schwärmerei. Dies scharfe Urteil wäre aber viel zu mild, wenn es sich mit der Genesis der Kulturstufenreihe wirklich so verhielte.

Denn wenn ein Pädagog, um einen ethisch bildenden Gesinnungsunterricht zu organisieren, einfach irgend eine wissenschaftliche Ethik nähme und deren Grundbegriffe bez. Ideen, wie sie logisch geordnet im System vorliegen, zugleich für die Marksteine der sittlichen Entwickelung im Einzel- und Gesellschaftsleben erklärte, und dann diese Ideen nach mechanischer Reduktion derselben auf die den zufälligen Schulverhältnissen entsprechende Achtzahl in der fachwissenschaftlichen Reihenfolge Stück für Stück je einem Schuljahre zur Behandlung zuwiese und dabei noch behauptete, dafs nunmehr jede dieser Ideen einer bestimmten Einzelentwickelungsstufe und zugleich einer geschichtlichen Kulturstufe entspräche, so würde er sich damit so grober Verstöfse gegen die einfachsten Gesetze der Apperzeption, des Interesses, der Individualität und der Geschichtswissenschaft schuldig machen, dafs man billig an seiner pädagogischen Zurechnungsfähigkeit zweifeln dürfte. Eines solches Unsinnes wäre nur fähig, wer noch durchaus in den Kinderschuhen der Psychologie, Ethik und Geschichtswissenschaft steckt. Wie kann man nun einem Manne wie Ziller eine solche Verirrung zutrauen ohne die Unterlage einer ausdrücklichen Erklärung desselben, dafs er wirklich durch Zusammenschiebung der beiden Ideenreihen seine Kulturstufen gewonnen habe. Eine solche Erklärung liegt aber nicht nur nicht vor, sondern alles, was vorliegt, widerspricht dieser Annahme. Wo Ziller von der Begründung seiner Stufen spricht (auch im Jahrbuch von 1881), beruft er sich immer nur auf die jeweilige Apperzeptionsstufe, aber nicht auf einen Zwang der Ideenreihe, der ihm geböte jeder Altersstufe je eine der Ideen als herrschendes Zentrum zuzuweisen. Ferner widerspricht der Annahme Sallwürks die faktische Genesis der Kulturstufenreihe, die darin bestand, dafs Ziller mit intuitivem Überblick über die methodische Brauchbarkeit eines vorliegenden Gesinnungsstoffes sich desselben bemächtigte, ihn in der Seminarschule durcharbeiten liefs und hernach auf Grund der gemachten Erfahrungen der theoretischen Begründung näher trat, so dafs wir also die Kulturstufen in erster Linie nicht mühsamen Studien und Grübeleien des Theoretikers, sondern kühnen Griffen und genialen Würfen des Praktikers verdanken. Es widerspricht auch die theoretische Forderung Zillers, wonach bei allen Gesinnungsstoffen alle dazu gehörigen Ideen in möglichster Ausbreitung und Vertiefung gepflegt werden sollen, und die praktische Ausführung dieser Forderung in den vorliegenden Lehrproben Zillers und seiner Schüler.

Wenn Ziller überhaupt in seiner Lehrplantheorie einer von der Ethik mitbestimmten Ordnung folgte, so kann diese nur darin bestehen, dafs seine Untersuchungen ihn lehrten, dafs die ethische Entwickelung der historischen Menschheit und des Individuums — trotz des Vorhandenseins aller ethischen Ideen — unter mäfsiger Vorherrschaft einer einzelnen Idee ihrem Ausgleich und Abschlufs entgegengeht, und dafs daher die Pädagogik wohl daran thut, dieses parallele Verhältnis zu beachten.

So kämpft denn der Kritiker Zillers hier mit einem selbstkonstruierten Phantom, das ihm zwar viele und bequeme Angriffspunkte bietet, das sich aber im Lichte des wirklichen Sachverhaltes in nichts auflöst.

---

7. Zu VI (Schlufsurteil).

Wenn mit der gerügten oberflächlichen Anschauung Zillers in kulturgeschichtlichen Dingen der allerdings richtige Gedanke angedeutet werden soll, dafs vergangene kulturgeschichtliche Zustände niemals in der ursprünglichen Gestalt und Färbung wiederkehren und auch nur in veränderter Gestalt im Bewufstsein der späteren Kulturträger fortleben, so ist diesem Einwurf entgegenzuhalten, dass das von Ziller geforderte »Durchleben« und »Durchmachen« der Kulturstufen sich nicht auf die tausend zufälligen Dinge der äufseren Kultur und auf längst überwundene Eigentümlichkeiten der einstmaligen Denkweise, sondern nur auf gewisse elementare Anschauungen, Erfahrungen und Grundsätze des religiös-sittlichen Lebens beziehen. Und zwar meine ich solche, die als berechtigte Bestandteile der derzeitigen christlichen Welt- und Lebensanschauung noch fortdauern oder auch in ihrer Verknüpfung als faktische Kulturstufe aller derjenigen anzusehen sind, die — obgleich in der Christenheit lebend — doch nicht die Höhe der christlichen Stufe zu erreichen vermögen und darum wesentlich in den überwundenen Formen früherer Religiosität und Sittlichkeit (z. B. der alt-testamentlichen) fühlen und denken. Alle diese wertvollen Bestandteile früherer Kulturstufen können und sollen auch von den Schülern der Gegenwart, denen sie ja kongenial sind, durchgemacht werden, während alles dasjenige, was der Schüler von seinem jetzigen Standpunkte aus als falsch und unrecht empfindet oder empfinden soll, auch wirklich von dem gegebenen Standpunkte aus beleuchtet, verurteilt, beseitigt und demnach vom Schüler nicht durchgemacht wird.

Hierdurch erledigt sich auch der zweite Einwurf, wonach das

»Durchmachen« gerade vom Standpunkte der Herbartschen Analyse aus unmöglich sein soll. Denn der Standpunkt der Gegenwart (d. h. so weit der Schüler davon berührt ist), auf den sich das Kind durch Anregung der Analyse besinnt, soll ja dem kulturhistorischen Stoff gegenüber durchaus zu seinem Rechte kommen, indem er eben nur die assimilierbaren Teile des Stoffes, von denen die religlös-sittliche Entwickelung des Kindes weitergeführt werden kann, assimiliert, das Widersprechende aber abstöfst.

Dafs die kulturgeschichtlichen Stoffe — und wir setzen hinzu, auch die ihm entsprechenden Apperzeptionsstufen — noch einer sehr gründlichen wissenschaftlichen Durchforschung bedürfen, haben wir schon oben zugegeben und schon früher als unsere eigene Ansicht ausgesprochen. Der von Sallwürk als unberechtigt angezweifelten Parallelisierung der heilsgeschichtlichen und der kulturhistorischen (d. h. wohl profangeschichtlichen) Stoffe wohnt nach der oben angeführten Äufserung Zillers eine grundlegend-Bedeutung für den Kulturstufen-Unterricht nicht bei, und es besteht deshalb auf diesem Gebiete freie Bahn für mannigfaltige Ause führung des symphronistischen Gedankens.

Dafs diese Frage in der spezielleren gipfeln solle, ob das »protestantische« deutsche Kaisertum und der lutherische Katechismus die höchste bis jetzt erklommene Stufe menschlicher Bildung darstellen können, kann ich nicht einsehen; denn es handelt sich doch für Ziller nur um die nationale Kultur des deutschen Volkes. Hierbei repräsentiert aber der Katechismus nicht einen Kulturhöhepunkt, sondern nur den formalen Abschlufs des aus dem Gesinnungsunterricht gewonnenen ethisch-religiösen Systems, und das Kaisertum, welches übrigens von Ziller niemals als ein protestantisches definiert wird, ist nur der sachliche Abschlufs der deutschen Geschichte, mittels dessen der Schüler in der politischen Gegenwart seines Volkes völlig heimisch gemacht werden soll.

In bezug auf die von Sallwürk hier hervorgehobenen Einzelheiten ist zu bemerken, dafs ich selbst schon früher die Zusammenziehung des alt-testamentlichen Stoffes (auf 2 Schuljahre) und die Ausdehnung des neu-testamentlichen Stoffes (Leben Jesu, 2 Schuljahre) befürwortet habe, und dafs die Urgeschichte auch meiner Meinung nach*) schon vor der Patriarchengeschichte, bezügl. vor dem dritten Schuljahre auftreten könnte.

Dafs das Kind mit dem Eintritt in die Schule den Sinn für Märchen zu Hause lasse, widerspricht meiner Erfahrung und Ansicht; es ist nur für einzelne frühreife Kinder, nicht für die Durchschnittsmasse der Volksschüler zuzugeben. Übrigens entspricht gerade die Zillersche Begründung der Märchenstufe (Jahrbuch von

*) Vergl. Pädag. Stud. 1880, S. 41.

1869) allen Anforderungen, die man an die wissenschaftliche Feststellung eines Lehrstoffes stellen kann.

Dafs Ziller bei der Fixierung seiner Kulturstufen und dementsprechend wohl auch im Unterricht den Faktor der sozialen Bildung zu stark, ja einseitig betont, ist auch für mich noch heute*) ein Hauptanstofs an seiner Kulturstufentheorie; doch möchte ich immerhin eine mäfsige Erweiterung der von Sallwürk allzueng begrenzten Erziehungsaufgabe nach der sozialen Seite hin befürworten, schon um das in den älteren Schülern wirklich vorhandene soziale Interesse nicht unausgebildet und unbeeinflufst zu lassen.

Den Vorwurf, dafs die Zillersche Schule durch die Betonung des protestantisch-christlichen Erziehungszieles den Frieden nicht gefördert, halte ich für gänzlich unbegründet. Denn die getadelten Pädagogen können doch weder als Jünger Luthers (Rechtfertigung durch den Glauben), noch als Jünger Herbarts (Bedeutung und Pflege der Schülerindividualität) sich zur künstlichen Konstruktion einer interkonfessionellen christlichen Kulturstufe verpflichtet fühlen, für welches Produkt übrigens gerade die katholische Kirche am wenigsten schwärmen dürfte.

Noch ungerechter ist der mit dem ersten zusammenhängende zweite Vorwurf, dafs die Zillersche Schule durch das Festhalten an der alleinigen Wahrheit ihres Erziehungssystems die Millionen katholischer Kinder für unerziehbar erkläre. Denn fürs erste ist mir wenigstens kein Schüler Zillers bekannt, der ausgesprochenermafsen einem solchen pädagogischen Unfehlbarkeitsschwindel huldigte und nicht vielmehr zu seiner pädagogischen Überzeugung in demselben Verhältnisse stände wie jeder entschiedene und vernünftige Mann zu der seinigen, und fürs zweite ist es doch für einen jeden protestantischen Pädagogen selbstverständlich, dafs er nicht berufen ist, ein Erziehungsideal für katholische Kinder zu erdenken und in Verwirklichung zu setzen. Dafür sorgt die katholische Kirche, und zwar mehr als uns Protestanten lieb sein kann.

Für die katholische Kirche giebt es ihrem Wesen nach nur eine, höchste, alleinwahre, alleingute und alleinseligmachende Kulturstufe, die Stufe des katholischen Christentums, zu welcher sie ihre Kinder mit allen Mitteln des Unterrichtes, der Zucht und der kirchlichen Sitte emporzuheben sucht, um sie dann zeitlebens in der seligmachenden Kirchlichkeit festzuhalten. Alle übrigen Kulturelemente resp. Stufen, mögen sie nun zeitlich vor der katholischen Stufe, oder innerhalb der christlichen Geschichte liegen, haben für die katholische Volkserziehung nur so viel Wert, als sie Beitrag geben zur Pflege und Befestigung der katholischen Denkweise und

*) Vergl. Pädag. Stud. 1881, S. 33f., 37.

Gesinnung, und werden deshalb auch nur in diesem Sinne unterrichtlich verwertet. Dafs hierbei übrigens bei weitem mehr alttestamentliche Kulturelemente gewonnen und erzieherisch festgehalten werden, als nach dem protestantischen Erziehungsprinzip, ist bei der Eigentümlichkeit der katholischen Kirche sehr natürlich.

Fasse ich nun mein Urteil über die Sallwürksche Arbeit zusammen, so mufs ich sagen, dafs sie in positiver Hinsicht keine Förderung der grofsen Frage des historischen Gesinnungsunterrichtes gebracht hat. Aber die Arbeit sucht ihre Hauptaufgabe in der negierenden Kritik; denn sie will ja den Gesinnungsunterricht befreien »von der Künstelei, von der dogmatischen Illusion der Zillerschen Schule«.*) Doch auch diese Kritik hat meiner Ansicht nach nichts neues Stichhaltiges gegen das Prinzip der kulturhistorischen Stufen vorgebracht. Vielmehr giebt sie sich in einem Hauptpunkte ihrer Beweisführung selber der Illusion und Künstelei hin, indem sie fälschlich annimmt, dafs Ziller seine acht Stufen durch die Künstelei der Ideen-Zusammenschiebung gewonnen habe.

---

8. Mein persönlicher Standpunkt.

An der Sallwürkschen Kritik Zillers kann ich nach dem oben Dargelegten — abgesehen von nebensächlichen Dingen — nur zwei Punkte als berechtigt anerkennen.

Erstens: Die Zillersche Kulturstufentheorie bedarf noch einer wissenschaftlichen Prüfung und eventueller Korrektur durch dieselbe. Eine solche Kritik ist übrigens in dem Sallwürkschen Buche nicht gegeben, da dessen Beweisführung viel zu dürftig, unzutreffend und dogmatisch ist, um den Zillerschen Gedanken als abgethan aus der pädagogischen Welt zu schaffen. Denn der Zillersche Gedanke bezeichnet das Ideal des stoffgebenden Prinzips, und ein solches Ideal darf nicht so leichthin aufgegeben werden, wenn sich seiner Verwirklichung Schwierigkeiten in den Weg stellen und wenn seine ersten Ausführungen allerlei Schwächen und Mängel zeigen.

Zweitens: Ziller betont bei der Aufstellung seiner Stufen sowohl in der Reihe der Einzelentwickelung als auch in der Reihe der Gesamtentwickelung viel zu stark und einseitig die soziale Bildung und das soziale Interesse.

In bezug auf die Sallwürksche Kritik meiner Arbeit »über die kulturhistorischen Stufen« von 1880 habe ich folgendes zu bemerken.

---

*) Dies Wort ist kürzlich in einer Lehrerzeitung als das »erlösende Wort« gegenüber den Zillerschen Forderungen gefeiert worden.

Dafs ich damals Herbart gegen Ziller ausgespielt, hat darin seinen Grund, dafs ich nur an die religiös-sittliche — nicht soziale — Entwickelung gedacht, (Zillers bezügliche Ausführung erschien erst 1881) innerhalb deren mir die scharfe Abgrenzung von 2 achtstufigen Parallelreihen sehr verwegen erscheinen konnte. Deshalb mufste mir die Allgemeinheit und Unbestimmtheit des Herbartschen Gedankens sehr zusagen.

Nach dem oben Ausgeführten finde ich jetzt den Kongruenzgedanken bei Herbart in seinen Grundzügen, bei Ziller in bedeutsamer Ausgestaltung und Specialisierung für die Volksschule. Ich bin natürlich auch für scharfe Abgrenzung der wirklich vorhandenen und von der Wissenschaft nachgewiesenen Stufen, hege aber den bescheidenen Zweifel, ob sich wirklich eine so grofse Zahl von Stufen herausstellen wird. Dafs Ziller wirklich an Stufen gedacht hat, die nach der Natur des geistigen Lebens sich mit Notwendigkeit im Zögling entwickeln und die am kräftigsten durch das »Durchmachen« der allgemeinen Stufen gefördert werden, bezweifle ich nach der mir von Ziller gewordenen Antwort nicht mehr.

An der von mir aufgestellten Reihe von kulturhistorischen Stoffen und an deren freilich sehr nngenügender Begründung mufs ich bis zum Eintritt einer weiteren Förderung der Frage durch berufene Hand festhalten.*)

Wenn Sallwürk mich auf Grund meines Wortes von „einer gewissen Prädisposition der kindlichen Geistesentwickelung für diesen Gang" zu den Vertretern des „organischen" Standpunktes rechnet und daraus schliefst, dass ich mich dann nicht zum Kongruenzgedanken bekenne, obgleich ich im Widerspruch hierzu schliefslich doch Kulturstufen aufstellte, so mufs ich diesen angeblichen Selbstwiderspruch für nicht vorhanden erklären. Sallwürk hat übersehen, dafs ich in meiner Arbeit des öfteren von einer formalen und einer materialen Seite der Apperzeptionsstufen sprach und dafs ich auch am Schlusse der Besprechung jedes einzelnen Stoffes das, was meiner Ansicht nach Kongruentes zwischen der Einzel- und der Gesamtstufe vorlag, ausdrücklich hervorgehoben habe. Auch scheint Sallwürk meine Erwiderung gegen Ziller („Pädag. Studien, 1881, II) nicht zu kennen, wo ich (S. 37) ausdrücklich mein Einverständnis mit dem Grundgedanken der Zillerschen Kulturstufentheorie erklärt habe. Der Sallwürksche Irrtum erklärt sich aus seiner Unterscheidung des organischen und genetischen Standpunktes, die für mich schon damals als Rücksichtnahme auf die formale und die materielle Seite der Apperzeptionsstufe zusammenfielen.

---

*) Dies bezieht sich aber nicht auf die profangeschichtliche Reihe. Hier bin ich z. B. von dem Gedanken einer selbständigen Behandlung der alten Geschichte und Sage in der deutschen Volksschule längst abgekommen und beschränke mich auf deutsche Sage und Geschichte.

In bezug auf Ziller selber nehme ich folgenden Standpunkt ein: Ich denke wie Ziller an eine gewisse Kongruenz der sittlich religiösen Entwickelung des Einzelnen und der Gesamtheit, welch letztere ich wie Ziller auf die christliche Menschheit und ihre alt-testamentliche Vorstufe beschränke. Ich nehme daher gleichfalls eine aufsteigende Reihe von Apperzeptionsstufen (formaler und materialer Art) innerhalb der kindlichen Geistesentwickelung an, welche den parallelen Kulturstoff fordern, dessen Erfassung mächtig fördern, und dadurch selbst in ihrem Heraufwachsen zur nächst höheren Apperzeptions-stufe gefördert werden. Diese Stufen der Einzelentwickelung sind als naturnotwendige anzusehen, d. h. als solche, die auch ohne künstlichen Unterricht, nach den Gesetzen des geistigen Lebens und auf Anregung der in Form von Erfahrung und Umgang auf den wachsenden Geist eindringenden Natur und Kultur entstehen; sie erstrecken sich natürlich auf die gesamte Zeit der jugendlichen Geistesentwickelung, nicht etwa auf das 8—14. Lebensjahr; sie werden aber bei einem das wachsende Apperzeptionsvermögen und Bedürfnis berücksichtigenden Unterricht rascher, vielleicht schon innerhalb der gegebenen Schulzeit, durchlaufen.

Bei aller Übereinstimmung mit diesen grundlegenden Gedanken Zillers habe ich aber schwere Bedenken gegenüber der vorliegenden Zillerschen Ausführung bez. näheren Begründung dieser Gedanken. Da ich mich über diese Bedenken schon im 2. Heft der »Pädag. Studien« von 1881 ausführlich ausgesprochen, so will ich dieselben hier nur kurz skizzieren.

Ich halte die alleinige Rücksichtnahme auf den sozialen Fortschritt bei der Auswahl und Anordnung der kulturhistorischen Hauptstoffe für unberechtigt. Ich glaube vielmehr, dafs hierbei der Fortschritt der Einzelpersönlichkeit als solcher, die Entfaltung des religiösen und des sympathetischen Interesses, die Entwickelung des rechten ethischen Verhältnisses zu Gott und dem Nebenmenschen in erster Linie mafsgebend sind. Denn sie geben erst die ethisch religiöse Grundlage, auf der das soziale Interesse ruht und sich entfaltet. Natürlich soll und mufs auch das letztere zu seinem Rechte kommen. Ich kann mir nicht denken, dafs sich innerhalb des Gebietes des sozialen Interesses, welches erfahrungsgemäfs sich bei Kindern sehr schwach und spät regt, sechs naturnotwendig auf einander folgende Einzel-Entwickelungstufen bestimmen und abgrenzen lassen, und ich kann auch nicht zugeben, dafs die von Ziller angegebenen Merkmale den charakteristischen und ausschliefslichen Inhalt der jeweiligen Altersstufen ausmachen, vielmehr beziehen sich die meisten derselben zugleich auf mehrere Altersstufen. Ich glaube auch, dafs Ziller bei der Aufstellung seiner sechs sozialen Stufen nicht von der Betrachtung und Gliederung der Einzelentwickelung ausgegangen ist, sondern dafs er in allzugrofsen

Vertrauen auf die Bewährung des Kongruenzgedankens erst die allgemeinen, historischen Stufen nach sozialen Gesichtspunkten gliederte und dann einfach auf ebenso viele ihnen angeblich entsprechen sollende individuelle Stufen übertrug. Aber die hochwichtige, ja grundlegende Thatsache einer bestimmten Qualität und Aufeinanderfolge dieser psychologischen Individualstufen darf nicht so leichthin aus jenem allgemeinen Kongruenzsatz erschlossen werden, sondern sie mufs als die Grundlage des Lehrplansystems mittels gründlicher, psychologlischer Forschungen erst als Thatsache festgestellt werden, um dann für die Betrachtung und Auswahl der unleugbar vorhandenen allgemein-geschichtlichen Stufen angewandt zu werden.

Die von Ziller aufgestellten Individualstufen erscheinen mir deshalb nicht als naturgemäfse, sondern als künstlich gemachte und konstruierte; sie sind nicht von der Natur angelegt, sondern von dem Methodiker erdacht, der aus guten Gründen und guter Absicht seine Schüler mittels des Durchmachenlassens derselben zur Höhe des sozialen Interesses erheben will und dies Ziel wesentlich durch den Unterricht, ohne Unterstützung durch eine parallele Naturstufe, erreichen will. (Vergl. a. a. O. S. 36 f.)

Ziller scheint zwar durch die im Jahrbuch von 1881 gegebene Begründung seiner sozialen Kulturstufen von dem Grundprinzip seines Kongruenzgedanken abzuweichen, aber seine Äufserungen in der »Grundlegung« und in der »Allgemeinen Pädagogik« (vergl. Pädag. Stud. 1880, S. 12—14) nötigen wohl doch zu der Annahme, dafs der im Jahrbuch ausgesprochene Gedanke: Der Zögling mufs, um in das rechte Verhältnis zu einer gröfseren Gemeinschaft zu treten, erstens sich einer Autorität unterwerfen, zweitens seine eigenen Gedanken frei regen u. s. w. anders zu deuten ist. Nämlich so: Ich will den Zögling den von mir aus guten (sozialwissenschaftlichen) Gründen bestimmten Weg der sozialen Bildung führen, weil die Natur der geistigen Entwickelung dasselbe will; sie fordert meine sechs Stoffe und ich fördere sie durch deren Verarbeitung.

Doch hierfür hat eben Ziller nirgends den überzeugenden Beweis geführt. Vielmehr leidet seine Beweisführung an erheblichen Mängeln. Denn sie berücksichtigt in einseitiger Weise nur das soziale Interesse, sie schreitet von den Allgemeinstufen zurück statt umgekehrt vorwärts, und sie bewegt sich mehr in Behauptungen als in Begründungen. Trotzdem ist und bleibt mir, wie schon oben gesagt, der Zillersche Grundgedanke und dessen Ausgestaltung in der vorliegenden Stoffauswahl sehr sympathisch; aber die Begründung denke ich mir meist anders, nämlich so, wie ich sie freilich in dürftiger Weise in meinem Aufsatz versucht habe.

Ich nehme Märchen und Robinson für das erste und

zweite Schuljahr an, weil diese Stoffe der betreffenden kindlichen Apperzeptionsstufe (mehr im formalen Sinne) entsprechen, weil sie ausgezeichnete Konzentrationsstoffe sind und weil sie in vorzüglicher Weise die normale Apperzeption der wertvolleren biblischen und profangeschichtlichen Stoffe vorbereiten. Von einer Verdrängung der biblischen Geschichte durch diese Stoffe kann nicht gut die Rede sein, da meines Wissens noch niemand die bibl. Geschichte als einzigen, gesinnungbildenden, konzentrierenden Hauptstoff für die beiden ersten Schuljahre hingestellt hat. Es kann sich meines Erachtens hier nur um ein Plus oder Minus von biblischer Geschichte in den betr. Schuljahren handeln, und es besteht für mich kein prinzipielles Bedenken dagegen, dafs man die erstrebenswerte Apperceptionsfähigkeit für die im dritten Schuljahr machtvoll auftretende biblische Geschichte in den vorausgehenden Schuljahren — trotz und neben Märchen und Robinson — auch noch durch Behandlung einiger verständig ausgewählten biblischen Geschichten (besonders aus dem Leben Jesu und aus der Urgeschichte, aber nicht aus den grofsen Zusammenhängen der alt-testamentlichen Geschichte) anstrebt.

Die folgenden drei Stoffe Zillers fasse ich als Repräsentanten der einen alt-testamentlichen Stufe auf, die sich auf Grund einer gewissen Kongruenz mit dem individuellen religiös-sittlichen Leben eines normalen Kindes aufbaut und dem Zwecke dient, dafs durch Kennenlernen und Durchmachen der historischen Vorbereitungsstufe des Christentums die im Leben Jesu repräsentierte christliche Stufe möglichst klar, tief, und fest erfafst und erlebt werde. Die noch folgenden Stoffe (Apostelgeschichte, Reformation) sind als Darstellungen der Ausgestaltung und Ausbreitung der christlichen Idee organische Bestandteile der christlichen Stufe und entsprechen der Individualstufe der fortschreitenden Christianisierung.

---

9. Die kulturgeschichtlichen Stufen als wissenschaftliches Problem.

Von der im allgemeinen leicht zuzugebenden Behauptung eines Parallelismus der Einzel- und der Gesamtentwickelung bis zu einer theoretisch unanfechtbaren und unterrichtlich brauchbaren Fixierung, Begrenzung und Anordnung der einzelnen Stufen der Individualentwickelung und der ihnen kongruenten Kulturstufen der menschlichen Entwickelung ist ein langer Weg. Diesen weiten Weg hat Ziller noch nicht durchschritten, er hat nur Schritte auf ihm gethan, und überhaupt kann wohl die völlige Durchschreitung dieses Weges nicht das Werk eines Einzelnen sein. Denn welche

Einsicht und Arbeit erfordert schon die psychologische Fixierung der Entwickelungsstufen des Einzelgeistes, wie sie bedingt ist von den Gesetzen des geistigen Lebens, von der Erfahrung an der Natur und von der in Form des Umganges auf den werdenden Einzelgeist eindringenden Kulturstufe der Gegenwart, die doch alle früheren in sich vereint! Und eben so schwierig ist die geschichtliche und geschichtsphilosophische Feststellung derjenigen Hauptkulturstufen, aus denen die Bildungsstufe der Gegenwart und insbesondere unseres Volkes resultiert. Und dann erst, wenn dies alles geschehen ist, kann die pädagogische Erwägung beginnen, ob und wie die gefundenen beiden Reihen in gedeihliche Wechselwirkung nach dem Erziehungsziele hin gebracht werden können, und wie die kulturhistorische Reihe den Schuljahren anzupassen ist. Darum ist der Zillersche Lehrplan mit seinen Kulturstufen noch nicht als gesichertes Ergebnis der wissenschaftlichen Pädagogik zu betrachten, sondern als genialer Wurf nach dem scharf und richtig gefafsten Ideale des stoffgebenden Prinzips hin, als ein Wurf, der voraussichtlich vieles Richtige getroffen hat, das dereinst die langsam schreitende wissenschaftliche Gründlichkeit beifällig als solches anerkennen wird.

So hat denn Ziller mit seinen Kulturstufen der wissenschaftlichen Pädagogik Herbartscher Richtung zwar ein Problem gestellt, aber noch keine endgiltige Lösung dieses Problems gegeben. Den Weg dieser Lösung denke ich mir etwa so.

An Stelle des dogmatischen Verfahrens Zillers mufs das wissenschaftliche Verfahren treten, welches, wie ich oben angedeutet, in einer gründlichen psychologischen, geschichtlichen und geschichtsphilosophischen Analyse und Prüfung des individuellen und menscheitlichen Entwickelungsganges zu bestehen hätte.

Auf Grund hiervon wäre dann die behauptete Kongruenz der beiden Reihen zu prüfen und nach Qualität und Quantität festzustellen, zunächst in ihrer Allgemeingiltigkeit für die gesamte menschheitliche Geistesentwickelung, und hierauf in ihrer Modifikation für die Entwickelung des deutschen Volksgeistes und des deutschen Kindes. Ausgangspunkt müfste hierbei stets die Untersuchung und Feststellung der Stufen der Individualentwickelung sein, und nach Mafsgabe derselben müssten dann die Stufen der Allgemeinentwickelung bestimmt und angeordnet werden. Die Bestimmung dieser Individualstufen denke ich mir beschränkt auf die Feststelluug der Apperzeptionsstufen nach ihrer formalen und ihrer materiellen Seite; hierbei müfste aber in erster Linie das religiöse und sympathetische Interesse, die Entwickelung des sittlich-religiösen Verhältnisses zu Gott und des sittlichen Verhältnisses zu den Personen des nächsten Umgangskreises berücksichtigt werden, und in zweiter Linie erst das soziale Interesse und das soziale Verhältnis des Zöglings.

Wenn sich hierbei zeigen sollte, dafs Ziller den Begriff »Kultur« zu eng gefafst, und dafs der Parallelismus sich nicht blofs auf die Entwickelung des Gesinnungslebens, sondern auch auf die des allgemein geistigen Lebens erstreckt, also auf Erkenntnis, Kunst, Naturauffassung und Naturbeherrschung (Arbeit), so ist natürlich diese Kongruenz gebührend im Lehrplan zu berücksichtigen und besonders für die Stoffauswahl der sprachlichen und naturwissenschaftlichen Unterrichtsfächer im Sinne der Konzentration zu verwenden. Auf keinen Fall kann es sich bei der Bestimmung der Einzel- und Allgemeinstufen um zufällige Einzelheiten, sondern nur um typische Ausdrucksformen des Denkens, Wollens und Wirkens handeln.

Selbstverständlich wird auch das aus solchen wissenschaftlichen Spezial-Untersuchungen und Forschungen hervorgegangene Resultat bei seiner Anwendung auf die wirklichen Schulverhältnisse bedeutende Modifikation durch die verschiedenen Eigentümlichkeiten und Zwecke unserer Schulgattungen erfahren.

Hoffen wir, dafs unsere grofse Frage in diesem Sinne recht bald eine Förderung erfahren möge.

---

10. Die „kulturhistorischen Stufen“ in der Praxis der Erziehungsschule.

Wir können natürlich mit der unterrichtlichen Bearbeitung kulturhistorischer Gesinnungsstoffe, und speziell der biblischen, nicht warten, bis das eben skizzierte Ideal der Kulturstufentheorie von der Wissenschaft erreicht sein wird. Doch wir haben das auch gar nicht nötig, sondern können auch ohne den Besitz der idealen Stofftheorie an die Arbeit der Erziehungsschule herantreten. Denn es ist aus naheliegenden Gründen anzunehmen, dafs auch diese ideale Stofftheorie für die Erziehung christlicher Kinder dieselben biblischen Stoffe in ausgiebigster Weise heranziehen wird, die auch Ziller seinen Kulturstufen zu Grunde gelegt hat. Nun sind aber eben diese biblischen Stoffe als erziehende Stoffe ersten Ranges schon längst durch ganz andere Gründe der christlichen Volksschule gesichert. Ich meine besonders die völlig berechtigte Forderung der Kirche, und die eben so unabweisbare Forderung der Psychologie, die uns lehrt, dafs sittlich-religiöse Bildung auf keine bessere Weise als durch Versenkung in das religiös-sittliche Leben der in der heiligen Schrift dargestellten Menschen angebahnt und gepflegt werden kann.

Aber auch die unterrichtliche Anordnung der historischen Bibelstoffe ist schon bestimmt durch dieselbe Psychologie, welche

uns gebietet, mit der Reihenfolge dieser Stoffe Rücksicht auf die wachsenden Apperzeptionsstufen (in formaler Hinsicht) zu nehmen und deshalb chronologisch fortzuschreiten, und die uns weiter veranlafst, die chronologisch geordneten Stoffe in grofsen, zusammenhängenden, möglichst einheitlichen Massen darzubieten, weil nur hierdurch das volle Mafs sympathetischen Interesses und warmer Teilnahme auf Seiten des Schülers erweckt werden kann.

Demnach kann die Kulturstufentheorie nur einen Grund mehr für die schon anderweitig wohlbegründete Stoffauswahl und Stoffanordnung liefern. Dieser eine Grund ist freilich recht wichtig für die spezielle Auswahl und Anordnung des Stoffes und wird auch wichtige Weisungen für die Durcharbeitung des Stoffes im einzelnen geben (ich denke hier an die kongruenten Stücke der beiden Entwickelungsreihen, die dann besonders eingehend und fruchtbar behandelt werden könnten); aber wir können einstweilen auch ohne diesen Grund und ohne dessen Weisungen auskommen. Wir nehmen die biblischen Stoffe als Haupt-Gesinnungsstoffe, lassen ihnen zur Sicherung ihrer vollen Apperzeption einen Vorkursus vorausgehen, der minderwertige, aber dem Schüler kongeniale Stoffe behandelt, und lassen die biblischen Stoffe in chronologischer Reihenfolge und in grofsen, zusammenhängenden, möglichst einheitlichen Massen auftreten. Freilich sind dann unsere biblischen Jahrespensen keine »Kulturstufen« im strengen Sinne des Zillerschen Begriffes, insbesondere des Kongruenzgedankens, und können darum auch nicht als »kulturhistorische Stufen« der Volksschule zur praktischen Einführung empfohlen werden, woran wohl auch Ziller nicht gedacht hat, der sich gewifs des problematischen Charakters seiner Stufen bewufst war. Aber unsere Jahrespensen sind dann wenigstens Gesinnungsstoffe ersten Ranges, und zwar in einer von der Psychologie gebotenen, verheifsungsvollen Auswahl und Anordnung. Und wenn diese Stoffe im Geiste der Herbartschen Methodik und in der Ausprägung durch eine echt christliche Lehrerpersönlichkeit dem geistigen Leben der Schüler zu eigen gemacht werden, so hat die Erziehungsschule für die religiös-sittliche Bildung ihrer Zöglinge das Wesentlichste gethan und kann ruhig auf die langsam fortschreitende Lösung der theoretischen Kulturstufenfrage warten.

B. Mitteilungen.

I. Zur Frage des Handfertigkeitsunterrichts.*)

Der am 25. September 1887 in Magdeburg abgehaltene »VII. deutsche Kongreſs für erziehliche Knabenhandarbeit« hat über seine Verhandlungen einen Bericht erscheinen lassen, auf den an dieser Stelle aufmerksam zu machen wir nicht verfehlen wollen. Der Bericht giebt zuerst Auskunft übe den allgemeinen Verlauf des Kongresses, dann über die Thätigkeit, welche der deutsche Verein für Knabenhandarbeit im letzten Jahre auf deutschem und österreichischem Gebiete entfaltet hat, enthält ferner den Text der auf dem Kongreſs gehaltenen Reden (Die Bedeutung der Knabenhandarbeit für höhere Unterrichtsanstalten — von dem Oberrealschuldirektor Nöggerath-Brieg, Die Knabenhandarbeit vom ärztlichen Standpunkte — von dem Geh. Sanitätsrat Prof. Dr. Kristeller-Berlin, Erziehliche Knabenhandarbeit und Handwerk — von dem Direktor des Kunstgewerbemuseums Grunow-Berlin, Die Knabenhandarbeit, was sie will und was sie nicht will — von E. v. Schenckendorff-Görlitz), sodann die Kongreſsdebatten und endlich die Rechenschaft über die Kassenverhältnisse des genannten Vereins, sowie des Deutschen »Handfertigkeits-Seminars« zu Leipzig. Die Reden sind sämtlich lesenswert, insbesondere faſst und beurteilt die des Herrn v. Schenckendorff sehr geschickt alles, was bisher für und gegen den »Handfertigkeitsunterricht« vorgebracht worden ist. Auch die Debatten des Kongresses machten einen sehr erfreulichen Eindruck, sowohl durch die urwüchsige Art des Debattierens — man stand im Halbring vor dem auf erhöhtem Podium sitzenden Vorstande, und von hier aus wurde auch gesprochen — als durch die Sachlichkeit alles dessen, was vorgebracht wurde. Der tiefere Zusammenhang des Arbeitsunterrichtes mit dem Problem der Erziehung überhaupt hätte freilich den Anwesenden besser gegenwärtig sein sollen, als dies der Fall zu sein schien. Vom politischen Gesichtspunkte aus, von Rücksichten auf das Gemeinwohl kann man zwar wohl auch Eingang in die Frage gewinnen, ihre rechte Beleuchtung aber erhält sie nur dann, wenn man sie direkt mit der Aufgabe der Erziehung in Verbindung setzt, und insbesondere gleich mit ganz bestimmten Schulen und ganz bestimmten Lehrplänen, vorausgesetzt, daſs diese selbst theoretisch richtig erwogen sind. Dann erst wird sich erweisen, welche einzigartige Unterstützung sie der Aufgabe des erziehenden Unterrichts, wie auch der unmittelbaren Charakterbildung, gewährt. Das wird vorläufig nur von wenigen geahnt, die meisten sehen in der Bethätigung der Hand eher alles andere, als ein unersetzliches Erziehungsmittel.

Da der Bericht gedruckt vorliegt, haben wir bezüglich des Verlaufs der Verhandlungen lediglich auf denselben zu verweisen. Dagegen vermissen

---

*) Unlieb verspätet. D. R.

wir darin eine kritische Würdigung der mit dem Kongresse verbundenen Ausstellung erläuternder Handerzeugnisse, wie sie in verschiedenen Lehrerkursen von Lehrern und in einer Anzahl von Schülerwerkstätten von Schülern gefertigt worden waren. Auf sie gehen wir daher näher ein. Vertreten waren auf dieser Ausstellung: Schülerarbeiten aus Strafsburg i. E., Görlitz, Berlin, Wien, Bremen, Posen und Wüstegiersdorf b. Waldenburg i. Schl., Lehrerarbeiten aus Berlin, Nääs, Wien (Neubau), Wien (Neulerchenfeld) und Leipzig. Die ausgestellten Arbeiten, auf deren Durchsicht der Unterzeichnete den ganzen Vormittag des Kongrefstages bis zum Beginne der Verhandlungen, im ganzen 3½ Stunden ununterbrochen, verwenden konnte, ergaben zunächst den Eindruck, dafs überall rüstig geschaffen worden sei. Allein einen Überblick über die Bestrebungen aller derjenigen Stätten, die sich gegenwärtig in Deutschland um die Ausgestaltung des Arbeitsunterrichts bemühen, gewann man durch die Ausstellung nicht. Ref. ist nun weit entfernt, damit gegen irgend jemanden einen Vorwurf erheben zu wollen, im Gegenteil zollt er dem uneigennützigen Eifer, der sich an den verschiedensten Stellen und in den verschiedensten Kreisen für die Idee regt, und namentlich der aufopfernden Hingabe, mit welcher der Vorstand für die Sache arbeitet, warme Anerkennung; auch glaubt er zu wissen, dafs von seiten der Vorstandes nicht versäumt worden ist, rechtzeitig zum Beschicken der Ausstellung aufzufordern; allein Thatsache bleibt eben doch, dafs die Ausstellung eigentlich recht mangelhaft beschickt war, und so von der Ausdehnung, welche die Bewegung inzwischen gewonnen hat, nur ein sehr unvollständiges Bild gab. Bereits 1883 erwähnt Hugo Elm in seinem Buche: »Der deutsche Handfertigkeitsunterricht in Theorie und Praxis« (S. 71), dafs an 60 Orten, von denen er 30 namentlich aufführt, unter verschiedenen Benennungen, wie Arbeitsschule, Schülerwerkstatt, Bästelschule u. s. w. Arbeitsstätten für Schüler entstanden seien. Es ist Grund anzunehmen, dafs die Zahl derjenigen Orte, wo in gröfserer und geringerer Ausdehnung und im Anschlufs an Schulen oder geschlossne Erziehungsanstalten verschiedenster Art Schülern Unterweisung in Handarbeiten erteilt wird, sich gegenwärtig auf weit über 100, wenn nicht schon über 200, beläuft. Davon waren auf der Ausstellung ganze 7 vertreten. Namentlich war es dadurch auch unmöglich gemacht, festzustellen, wie weit die Verwendbarkeit der erziehenden Handarbeit in Schulen und Erziehungsanstalten der verschiedensten Art reiche. Von geschlossenen Erziehungsanstalten aber hatte nur das Waisenhaus zu Bremen ausgestellt, keines der übrigen Waisenhäuser, keine Blindenanstalt, kein Taubstummeninstitut, keine Idiotenanstalt, kein Rettungshaus, keines der deutschen Erziehungsinstitute, in welchen Handarbeit getrieben wird, keine der norddeutschen Klüterschulen u. s. w. Wir berichten zunächst über die Schülerarbeiten. Dieselben umfafsten folgende Gruppen: Holzarbeit, Eisenarbeit, Thonmodellieren, Papparbeit, Korbflechterei, Buchbinderei, Netzflechterei; die letzten 3 nur vertreten durch die Arbeiten des Bremer Waisenhauses. Holzarbeiten hatten alle Werkstätten geliefert, Papparbeiten Görlitz, Berlin und Bremen; Eisenarbeiten brachte nur Strafsburg, dafür aber treffliche (gefeilter und mit Smirgel polierter Metallgufs, auch Eisendreharbeiten); Thonarbeiten nur Strafsburg und Wien (Neubau).

Die Holzarbeit gliederte sich in Tischlerei, Dreharbeit und Modellieren, letzteres wieder als Kerbschnitt und Flachschnitt vertreten. Die Tischlerei lieferte vorwiegend Haushaltungsgegenstände, worin namentlich Görlitz sehr gut vertreten war, doch hatte Wüstegiersdorf hier und bei der Dreharbeit — welche es mit Wien (Neubau) allein vertrat — je noch eine Sammlung von sehr instruktiven Modellen beigefügt, aus welcher der für dergleichen Arbeiten angenommene Lehrgang vollständig zu ersehen war. Der Kerbschnitt war mehrfach gut vertreten, namentlich durch Görlitz, im Flachschnitt hatte vor allem Strafsburg in seinen 54 ausgestellten Stücken schönes geleistet. Hier konnte man schon von einer selbständigen Fortbildung des Flachschnittes reden. Unter den Flachschnitzereien erwähnen wir eine Serie von Mustertafeln für Flächenschnitt, zum Teil auf Goldgrund, welche Berlin ausgestellt hatte, sowie eine andere Serie von Wien (Neubau); letzteres hatte zu den Modellen auch die Zeichnungen vorgelegt, welche für Anfertigung derselben als Vorlage gedient hatten. Die Papparbeiten umfafsten: Modelle geometrischer Körper, Haushaltungsgegenstände, Veranschaulichungsmittel für den physikalischen Unterricht und eigentliche Buchbindereien. Zur Herstellung von Veranschaulichungsmitteln für den Unterricht war allerdings die Papparbeit nur in Görlitz benutzt worden, sowie im Lehrerkurse Wien (Neubau), dessen Ausstellung überhaupt von grofsem Fleifse und grofser Vielseitigkeit zeugte. So hatte derselbe auch im Thonmodellieren (stylisierte Pflanzenformen) recht gutes geliefert.

Die Lehrerarbeiten präsentierten sich durchweg recht stattlich.

Berlin hatte Flachschnitzereien und Tischlerarbeiten eingesandt, Nääs in Schweden seine bekannten originellen Holzgeräte in trefflicher Ausführung, Wien (Neubau) legte vor: Papparbeiten, Kerbschnitte verbunden mit Hochrelief, Tischlereien (darunter auch hübsche Modelle landwirtschaftlicher Geräte) und Dreharbeiten. Es war dabei offenbar nach dem Buche von Bruhns, die Schulwerkstätte, gearbeitet worden. Wien (Neulerchenfeld), wo bekanntlich durch Direktor Urban das Nääser System Eingang gefunden hat, brachte nur Holzarbeiten, diese aber in grofser Reichhaltigkeit: geometrische Körper, zahlreiche Haushaltungsgegenstände und eine Serie von Holzverbindungen mit den dazu gehörigen Zeichnungen.

Im Kongrefssaale hatte die Ausstellung des Leipziger »Handfertigkeitsseminars« Platz gefunden. Sie umfafste nach dem von Leipzig immer festgehaltenen Programme: Tischlereien, Papparbeiten, Holzschnitzereien. Besondere Erwähnung verdienen unseres Erachtens die von ihr vorgelegten schönen Muster für Kerbschnitte.

Die Durchsicht der Arbeiten hat uns zu folgenden Bemerkungen Veranlassung gegeben.

1. Jeder Arbeit der Knaben hätte, am besten gleich an passender Stelle angeklebt, ein Zettel beigefügt sein sollen, auf dem Alter und Herkunft des Knaben, die von ihm besuchte öffentliche Schule, die auf die Arbeit verwandte Zeit und die Werkzeuge, mit welchen, sowie das Rohmate-

rial, aus welchem die Arbeit gefertigt war, zu ersehen gewesen wäre. Es dürfte sich empfehlen, für diesen Zweck besondere Formulare herstellen und sie vielleicht von den Knaben, wenigstens von den gröfseren selbst ausfüllen zu lassen, damit man sieht, wie weit der kleine Arbeiter auch mit der Feder umzugehen versteht.

2. Auch hätte ein jeder Aussteller ein Verzeichnis seiner Arbeiten, nach Nummern geordnet, beizufügen; mehrfach war dies geschehen, aber nicht durchgängig.

3. Die Verwendbarkeit der Erzeugnisse trat nicht überall so deutlich hervor, wie z. B. in den Strafsburger Modellen und den Görlitzer Arbeiten.

4. Grofse Plakate erinnerten daran, dafs die Arbeiten nicht angerührt werden dürften. Das ist philiströs. Wir hätten im Gegenteil Plakate folgenden Inhalts gewünscht: »Die Arbeiten dürfen zum Zwecke einer genauen Besichtigung in die Hand genommen werden; doch wird dabei um schonende Handhabung gebeten.« So wäre es jedenfalls richtiger gewesen; denn wenn ich mir über die Vorzüge und Nachteile einer Arbeit ein begründetes Urteil bilden will — und es mufste der Ausstellungskommission geradezu daran liegen, dafs dies durchweg geschah — so mufs es mir auch erlaubt sein, die Arbeit anzufassen, ja sie unter Umständen zu drehen, zu wenden, zu öffnen u. s. w., um event. zu sehen, was dahinter steckt. Es kann dann getrost dem Takte des Publikums überlassen werden, dafs es diese Erlaubnis nicht mifsbraucht; und mifsbraucht sie ja der eine oder andere, so ist der Schade lange nicht so grofs, als wenn der Besucher — bei dem man ja Interesse für die Gegenstände der Ausstellung und für die Sache der erziehenden Handarbeit voraussetzen darf — verhindert wird, sich die Arbeiten gründlich anzusehen.

5. Wer erwartet hatte, in den ausgestellten Arbeiten (auch den Schülerarbeiten) speziell das Bedürfnis der Schule berücksichtigt zu sehen, der wird, wie es dem Ref. ging, enttäuscht gewesen sein. Die Ausstellung der Holzarbeiten z. B. machte stellenweise den Eindruck, als wären es Auslagen eines Holzwarenhändlers. Es fehlt eben gar oft noch an der pädagogischen Auffassung des Arbeitsunterrichts. Am nächsten noch stehen vielleicht einer solchen Auffassung die Österreicher. Es hat uns sehr wohl gefallen, dafs sie z. B. die Herstellung von physikalischen Veranschaulichungsmitteln, von Holzarbeiten, welche dem Schulgarten Handreichung thun: Blumenstäbe, Aufschriftentäfelchen, Blumentopfuntersetzer u. s. w. mit in ihr Programm aufgenommen haben. Das verrät pädagogischen Blick, und es ist recht schade, dafs dergleichen nicht auch anderwärts vertreten war. Nur Görlitz hatte in seinem Pappkursus auf Herstellung von Veranschaulichungsmitteln Rücksicht genommen.

6. Zu bedauern bleibt, dafs das Thonmodellieren und die Dreharbeit so wenig gewürdigt worden waren. Das Gestalten im Raume (das Modellieren) ist urwüchsiger und liegt trotz der technischen Schwierigkeiten dem kindlichen Bedürfnisse näher, als das Gestalten auf der Fläche (das Schreiben, Zeichnen, Flechten u. s. w.). Kinder bauen in Stein, Sand und Schlamm viel früher, als sie zum Schreiben und Zeichnen ein Bedürfnis em-

pfinden. Auch in der Entwickelung der Menschheit tritt das Gestalten im Raume früher auf, als das Gestalten in der Fläche. Und was die Dreharbeit anbelangt, so sollte man doch bedenken, welches ausgezeichnete Mittel sie für ganz elementare Veranschaulichung der nicht nur geometrisch, sondern auch für die Zwecke der menschlichen Wirtschaft so wichtigen Rotationskörper darbietet. Wenn die Dreharbeit nicht existierte, so müfste sie für solche Veranschaulichung eigens erfunden werden. Auch die Metallarbeit scheint, wenn man von Strafsburg absieht, noch vernachlässigt zu werden.

7. Eine Ausstellung, welche von der Wichtigkeit der erziehenden Handarbeit überzeugen will, hätte auch Erzeugnisse des ganz naturalistischen Klüterns und Bästelns enthalten sollen, also dessen, was man lediglich mit dem Taschenmesser fertig bringen kann. Darauf hat auch ein Berliner Redner während der Verhandlungen ganz richtig aufmerksam gemacht. Ja wir würden sogar nichts dagegen einzuwenden haben, wenn zu einem Wettbewerbe für Erzeugnisse gerade dieser Kunst angeregt und den besten Erzeugnissen dieser Richtung dann eine Anerkennung zuteil würde. Es ist ein pädagogisch ungemein wichtiges Prinzip, dafs der Zögling veranlafst wird, einmal zu versuchen, was er gerade mit den einfachsten Hilfsmitteln fertig zu bringen vermag; und auch neben der Ausbildung in den technischen Formen der Holzarbeit sollten jederzeit solche naturalistische Übungen einhergehen.

8. Es sind unter den Arbeiten diejenigen, welche das Wesentliche des Lehrgangs darstellen, genau unterscheidbar zu machen von denjenigen, welche als episodische Übungen aufzutreten haben. Ob sie zu der einen oder andern Art gehören sollen, kann man ihnen freilich nicht ansehen, wenn nicht jede von ihnen eine entsprechende Bezeichnung erhält. Einzelne Aussteller hatten die zweckmäfsige Einrichtung getroffen, den Lehrgang für einzelne Arbeiten schriftlich oder in Modellen gleichzeitig mit den Arbeiten vorzulegen. So Wien (Neulerchenfeld), Berlin und Wüstegiersdorf für Holzarbeit; auch Pläne für den gesamten Arbeitsunterricht, nach Schuljahren gegliedert, lagen vor, so aus Posen und Berlin.

9. Interessant und fördernd wäre es gewesen, wenn die Entwickelungsgeschichte eines jeden vorliegenden Arbeitsstückes vom Rohmaterial bis zum fertigen Erzeugnisse in den einzelnen Hauptstadien vorgelegen hätte In dieser Beziehung hatte Nääs wohl das Beste geliefert. Auch eine Serie vou Modellen für die verschiedenen Stadien des Flachschnittes erinnern wir uns gesehen zu haben.

10. Die ganze Ausstellung machte den Eindruck, als sei man in bezug auf die rechte Auswahl der zu arbeitenden Gegenstände und ihre Verwertung im Systeme der Frziehung noch nicht über ein ungewisses Tasten herausgekommen. Dafür spricht auch die bunte Verschiedenheit dessen, was gearbeitet worden war und wovon vieles zur Schule offenbar in gar keiner Beziehung stand (Schüsselbretter, Löffelbretter, Messerkasten, Salzladen, Schaufeln für Zucker, Eiergestelle, Servierbretter u. s. w.). Unseres Erachtens aber mufs für jeden Gegenstand, der gearbeitet werden soll, die Berechtigung dazu aus einem richtig entworfenen und ausführlich vorliegenden

Lehrplane in Verbindung mit dem Schulleben abgeleitet werden. Der Gegenstand mufs seine organische Zugehörigkeit zu diesem Lehrplane ausweisen, gleichviel ob er zur Bestätigung gewisser Unterrichtsvorstellungen zu dienen, also dem Unterricht zu folgen, oder ob aus dem Arbeitsprobleme, der Aufgabe, einen bestimmten Gegenstand anzufertigen, sich das Erkenntnisproblem, also eine Unterrichtsaufgabe, herzuleiten hat. Eine solche Forderung zu verwirklichen ist ganz unmöglich an einem von jeglicher Beziehung zu einem bestimmten Lehrplane losgelösten »Handfertigkeitsseminare«; es wäre aber auch dann unmöglich, wenn sich das Seminar einer der bestehenden Schulen oder dem dort vertretenen Lehrplane anschlösse, so lange für die Auswahl und Anordnung der Lehrstoffe noch nicht das Prinzip des kulturhistorischen Fortschritts mafsgebend ist. Denn erst dieses Prinzip ermöglicht es, genau zu sagen, was für die Erziehung wichtig ist und was nicht, welche Auswahl von Arbeiten also der erziehenden Handarbeit zu Grunde zu legen ist, wenn man nicht kostbare Zeit an Nichtigkeiten (beispielsweise Eiergestelle und Schaufeln für Zucker) verschwenden will. Uns scheint, dafs sich das Leipziger »Handfertigkeitsseminar« einer argen Selbsttäuschung hingiebt, wenn es glaubt, die Theorie des erziehenden Arbeitsunterrichts auf dem jetzt eingeschlagenen Wege wesentlich fördern zu können; natürlich kann auch in einem solchen von der Fühlung mit der Erziehungswissenschaft losgelösten Seminar eine Menge wertvoller technischer Einzelerfahrungen gesammelt werden, und wir sind weit entfernt zu bezweifeln, dafs dies im Leipziger »Handfertigkeitsseminar« wirklich der Fall ist; aber erst eine Schule, welche an die gesetzlichen Bestimmungen des geltenden Lehrplanes nicht gebunden ist, sondern sich einen solchen rein aus den Forderungen der pädagogischen Wissenschaft heraus gestalten kann, wird befähigt sein, die Aufgabe, wie eine rechte Verbindung des Arbeitsunterrichts mit dem Schulunterrichte herzustellen sei, ihrer Lösung entgegenzuführen; auch sie wahrscheinlich erst nach mancherlei vergeblichen Versuchen, wobei die Erfahrungen, welche inzwischen in einem »Handfertigkeitsseminare«, wie das Leipziger, gemacht worden sind, dankbar zu verwerten sein werden. Eine solche Schule ist aber nur denkbar unter dem Schutze akademischer Lehrfreiheit, als Bestandteil eines pädagogischen Seminars an einer Universität. Nur hier kann in aller Freiheit und mit aller Gründlichkeit das Lehrgut durchgeprüft, nur hier können, uneingeengt von allen Kompromissen, zu denen die gewöhnliche Praxis zwingt, Gedanken rein in Gemäfsheit der ihnen innewohnenden Impulse verfolgt und durchgebildet werden. Das mit aller Schärfe und Be-

*) Über die Bedeutung solcher Anstalten vgl. Brzoska, Die Notwendigkeit pädagogischer Seminare auf der Universität und ihre zweckmäfsige Einrichtung. Neu herausgegeben von Prof. Dr. W. Rein. Leipzig, Ambrosius Barth, 1887. Hier ist zwar von der Beziehung der Handarbeit zum Wesen der Erziehung und ihrer Verwertbarkeit innerhalb pädagogischer Seminarien noch nicht die Rede; aber doch wird in diesem Buche das Problem der Erziehung und das der Lehrerbildung in einer Weise gefasst, dafs in solchem Rahmen die erziehende Handarbeit sehr wohl einen Platz zu beanspruchen hat.

stimmtheit hervorzuheben hält Ref. aus echtem Wohlwollen für die edle Sache und zugleich als Mitglied des deutschen Vereins für erziehende Handarbeit sich für verpflichtet.

Jena. Otto W. Beyer.

2. Foltz gegen Ostermann.

(Eine Entgegnung.)

In dem »Pädagogischen Jahresbericht« (Bd. 39. Leipzig, Fr. Brandstetter) hat Herr Direktor Ostermann meine Schrift: »Die metaphysische Grundlage der Herbartschen Psychologie« einer Kritik unterzogen, die mich zu einer Erwiderung nötigt.

Herr O. billigt (in diesem Punkte von Dittes abweichend) die Herbartsche Ansicht, dafs Einheit des Bewufstseins nur denkbar sei unter der Voraussetzung der Einfachheit der Seele. Dennoch soll Herbart ebenso wenig wie Dittes im stande sein, die Einheit des Bewufstseins zu erklären. Herr O. sagt: »Nach Herbart hat nämlich jede einzelne Vorstellung neben ihrem eigentümlichen Inhalt zugleich auch ihre besondere, nur diesem Inhalt zugehörige Vorstellungs-Thätigkeit, welche zwar hemmend oder begünstigend auf die nebenlaufenden Vorstellungskräfte einwirkt, aber niemals in deren Inhalt vorstellend übergreift. Was die vorstellende Thätigkeit a vorstellt, das ist ein für allemal nur ihr eigener Inhalt a, was die Thätigkeit b vorstellt, nur ihr eigener Inhalt b u. s. w. keine weifs um die anderen und um ihr Verhältnis zu ihnen, jede weifs nur ihr eigenes Bild. So giebt es also in der Seele nur ein vielfaches Vorstellen eines Vielen, kein einheitliches Beziehen des Vielen aufeinander. Die Annahme einer zu den einzelnen Vorstellungen aus der Seele selbst etwa noch hinzukommenden Thätigkeit (einheitlichen Beziehens) verbietet sich vom Herbartschen Standpunkte ganz von selbst, sofern hier alles geistige Geschehen sich eben nur aus den einzelnen Vorstellungen mechanisch aufbauen soll, wie der Leib aus Fibern.« — Da die hier angeregte interessante und bedeutsame Frage in meinem Schriftchen gar nicht aufgeworfen, also auch weder in diesem, noch in jenem Sinn beantwortet wird, so könnte ich an der vorstehenden Auseinandersetzung ganz stillschweigend vorübergehen; auch begnüge ich mich an dieser Stelle mit einigen Andeutungen. Herbart erkannte die durchgreifende Abhängigkeit alles Denkens, Fühlens und Strebens von dem Vorstellen; darum sucht er die drei erstgenannten Thatsachen des Bewufstseins auf Vorstellungen und Vorstellungsverbindungen zurückzuführen. Man kann sich etwas vorstellen, ohne zu denken, zu fühlen, zu wollen; aber jeder Akt des Denkens und Wollens, jeder Schmerz, den wir empfinden, jede Freude, die uns durchzuckt, setzt die vorstellende Thätigkeit der Seele voraus. Wie es eigentlich zugeht, dafs die Seele bestimmte Spannungsverhältnisse unter den Vorstellungen nicht gleichgültig erträgt, sondern als Wohl oder Wehe empfindet; woran es im letzten Grunde liegt, dafs sie unter gewissen Umständen genötigt ist, von dem Wissen, das in den einzelnen Vorstellungs-Inhalten liegt, zu der Auffassung der Beziehungen zwischen denselben fortzuschreiten: das werden wir niemals erfahren, da wir die Qualität der Seele nicht kennen. Die Vorbedingungen jedoch, welche das Vorstellen zum Zustandekommen alles Denkens, Fühlens und Strebens herleihen mufs, sind nachweisbar, und man könnte die Aufgabe, welche Herbart in seiner Psychologie sich gestellt hat, kurz so bezeichnen: Er will klarstellen, was unter den Vorstellungen geschehen mufs, damit wir urteilen, fühlen und wollen können.

Indem aber Herbart die Abhängigkeit der Intelligenz und des Gemütes von dem Vorstellungsleben so nachdrücklich betonte, konnte es nicht seine Absicht sein, das Denken, Fühlen und Streben auf ein blofses Vorstellen zu reduzieren, die Eigenart des Denkens, Fühlens u. s. w. dem Vorstellen gegenüber zu leugnen. Manche glauben Herbart so verstehen zu sollen, und in der That lassen einzelne Äufserungen des Meisters eine solche Deutung zu. Herbart sagt z. B. (Lehrbuch zur Psychologie, § 33): »Das Gemüt hat seinen Sitz im Geiste, oder Fühlen und Begehren sind zunächst Zustände der Vorstellungen.« Mit Recht ist dagegen eingewendet worden (vgl. Strümpell, Psych. Päd. S. 110): »Gefühl und Begehrung sind nicht etwas, das den dabei zu grunde liegenden Vorstellungen selbst widerfährt.« Aber ich kann mich nicht davon überzeugen, dafs Herbart in allem Ernste daran gedacht habe, die Gefühle mit Zuständen der Vorstellungen zu identifizieren. Sagt er doch an einer Stelle (W. V, S. 193): »Dem zweiten Teile dieses Werkes ist es vorbehalten, zu zeigen, dafs die Spannung in den Vorstellungsreihen ebensowohl der Grund der Gemütszustände, als die Ordnung, in welcher jede Vorstellung auf die mit ihr verbundenen wirkt, der Grund aller Formen ist, welche wir in unserem Anschauen und Denken bemerken.« Hier weise er die Gleichung: Gefühl = Spannung in den Vorstellungsreihen — entschieden zurück. Wer das Fühlen und Denken erklären will, mufs den Spuren Herbarts folgen: das ist nach wie vor meine Überzeugung.

Herr O. behauptet, es sei mir in keinem Punkte wirklich geglückt, die von Dittes gegen Herbarts Lehre vom Sein und Seienden erhobenen Einwände zu entkräften. Das ist ein wenig stark, aber ich will mich nicht dabei aufhalten; nichtbewiesenen Behauptungen kann ich keinen Wert beilegen.

Herr O. berichtet weiterhin: »Wie Herbart selbst, geht auch Herr Foltz von der Voraussetzung aus, dafs alles Sein selbstverständlich als ein absolutes zu betrachten sei.« Die Sache liegt doch ein wenig anders. Ich habe nicht behauptet, alles Sein sei selbstverständlich ein absolutes, sondern nur nachzuweisen versucht, dafs der Begriff der absoluten Position keine willkürliche Erfindung der Herbartschen Metaphysik ist, da man auch im gemeinen Leben darauf ausgeht, mit dem Worte Sein etwas Selbständiges, von unserm Denken nicht allein, sondern auch von anderem Seienden Unabhängiges zu bezeichnen. Es ist mir aber gar nicht eingefallen, alles bedingte Sein zu leugnen. Auf Seite 39 meiner Schrift steht der Satz: »Die Dinge haben nur ein relatives Sein, eine geliehene Realität. Nun aber ist das Absolute die Voraussetzung alles Relativen.« Das räumt selbst Herr O. ein, indem er sagt: »Dem Gedanken, dafs als Halt der gesamten Wirklichkeit doch irgend etwas Unbedingtes, selbst nicht wieder von anderem Abhängiges vorausgesetzt werden müsse, wohnt ohne Frage eine gewisse Berechtigung inne.« Sind wir wirklich berechtigt, oder vielmehr genötigt, irgend etwas wahrhaft Unbedingtes vorauszusetzen, so kann nur philosophischer Leichtsinn an der Frage vorübergehen: »Wie ist das Seiende zu denken oder nicht zu denken, damit es wirklich als etwas Absolutes aufgefafst werde?« — Wer über diese Frage ernstlich nachdenkt, der wird die Herbartschen Beweise für die Einfachheit und Unveränderlichkeit des Absoluten durchaus zwingend finden.

Herr O. sagt am Schlufs seiner Rezension: »Wer die Philosophie eines J. G. Fichte mir nichts, dir nichts als »sinnigen Unsinn« zu bezeichnen beliebt, dem steht es wahrlich recht häfslich zu Gesichte, wenn er andere zur Bescheidenheit ermahnt, zumal wenn seine eigenen Arbeiten den Beweis liefern, dafs er nicht einmal das System seines eigenen Meisters begriffen hat.« Also ich habe nicht einmal das System meines eigenen Meisters begriffen? Woraus geht das hervor? Habe ich den Begriff der absoluten Position falsch aufgefafst? Ist meine Deduktion der »Lehre vom wirklichen Geschehen« inhaltlich von der Herbartschen verschieden? Davon sagt Herr O. kein Wort. Er greift nur zwei einzelne Stellen aus dem letzten Teile meiner Schrift heraus, um an ihnen klar zu legen, dafs ich mich (wie er sich anfangs ausdrückt) stellenweis mit dem wahren Sinn der Herbartschen Metaphysik wenig vertraut zeige. Sehen wir uns die beiden Stellen etwas näher an.

Ich habe in meiner Schrift (S. 74) den Gedanken ausgesprochen, die Seele müsse von den drohenden Störungen etwas merken, denn sie selbst sei es doch, die den Angriff erleide, sie selbst reagiere gegen die Störung. Auf Seite 78 wird darauf aufmerksam gemacht, dafs Lotze in ganz ungerechtfertigter Weise das »Davonmerken« sofort als »Leiden« fasse und das »Leiden« ohne weiteres mit einer »Veränderung« des Leidenden zusammenfallen lasse. Die Ansicht also, die Seele verändere sich, indem sie einen Angriff erleide, ist von mir ausdrücklich zurückgewiesen worden. Sobald die Seele einen Angriff erleidet, geht sie ihrerseits sofort selbst zum Angriffe über, sie begegnet der drohenden Störung« durch einen Akt der Selbsterhaltung. Wenn ich demnach sagte, die Seele erleide einen Angriff, so meinte ich gewifs nicht, dafs sie sich verändere, sondern nur, dafs sie zur Thätigkeit herausgefordert und genötigt werde, sich selbst zu erhalten. Herr O., aber ruft mir zu: »Die Seele erleidet nach Herbart keinen Angriff,

Herr Foltz!« — Er beruft sich zum Beweise auf folgenden Ausspruch Herbarts (Metaphysik, § 235): »Mit dem, was man gewöhnlich Kraft nennt, hat der Gegensatz (in den Qualitäten je zweier Wesen) keine Ähnlichkeit; denn hier ist kein Angriff von einer Seite, kein Leidendes gegenüber dem Thätigen, nichts, was darauf ausginge, Veränderungen hervorzubringen. Der Gegensatz ist zwischen beiden, nicht aber in einem von beiden.« — Diese Sätze hatte schon Dittes für sich in Anspruch genommen, um zu zeigen, dafs Kraft nach Herbarts Lehre eine blofse Vorstellungsweise sei, die im Reiche des Seienden nichts zu bedeuten habe. Zur Erklärung des Herbartschen Ausspruchs ist in meiner Schrift (S. 88) gesagt: »Wenn das Wort Kraft genannt wird, denkt man »gewöhnlich« ein Thätiges gegenüber einem Leidenden. Jenes geht aus sich heraus und greift in dieses ein, um darin eine Veränderung hervorzurufen. Alle diese Begriffe sind ungereimt, und darum bemühte sich Herbart, den »gewöhnlichen« Begriff von Kausalität durch einen besseren zu ersetzen. Er lehrt uns, dafs die realen Wesen Kräfte werden, indem sie einander durchdringen. Jedes wirkt gegen das andere, beide sind thätig und leidend zugleich: alles Wirken ist Wechselwirkung.« Diese Erklärung halte ich noch heute für die einzig und allein den Gedanken Herbarts entsprechende. So wenig ich behaupte, dafs die Seele Veränderungen erleide, so wenig leugnet Herbart, dafs sie Angriffen ausgesetzt sei. Er lehrt nur, die Seele nehme keinen Angriff ruhig hin, sie widersetze sich vielmehr der drohenden Störung, verhalte sich einem Angriffe gegenüber niemals »blofs« leidend. So findet er (Metaphysik, § 238) eine richtige Ahnung in dem Satze der Leibnitzischen Schule, das Leiden sei zugleich ein Handeln der leidenden Substanz. An einer anderen Stelle (W. I, S. 263) sagt er: »Der Erfolg (der Durchdringung mehrerer Wesen von entgegengesetzter Qualität) ist Leiden und Thätigkeit zugleich, ohne Übergang irgend einer Kraft aus dem einen ins andere.« Herbart sagt nicht ohne Grund: »Hier ist kein Angriff von einer Seite.« Man vergl. den § 127 des Lehrbuchs zur Einleitung.

Fassen wir nun die zweite Stelle ins Auge. Herbart sagt an einer Stelle (Met., § 235): »Dafs es im Reiche des Sein gar keine Ereignisse giebt, noch geben kann; dafs alle Triebe und Tendenzen, alle realen und idealen Thätigkeiten, alle Einbildungen und Rückbildungen, wodurch das Reale Formen annehmen soll, die es nicht hat, immer nur den am Sinnlichen festklebenden Geist verraten, der sich noch nicht im metaphysischen Denken orientiert hat: dies wird vermutlich noch lange paradox klingen.« Dittes findet in diesen Worten den Ausdruck der Negation alles realen und idealen Geschehens. Er fragt ausdrücklich (Päd. 531): »Wenn das Denken kein ideales Geschehen ist, was ist es dann? Und wenn es kein ideales Geschehen giebt, wie kann es ein Denken geben?« — Um nun zu zeigen, dafs Herbart durchaus nicht die Absicht gehabt habe, das reale und ideale Geschehen zu negieren, teilte ich in meiner Schrift (S. 83) einige Stellen aus J. G. Fichtes Sittenlehre und aus Schellings System des transcendentalen Idealismus mit und knüpfte daran folgende Bemerkungen (S. 84): »Diese wenigen Proben sinnigen Unsinns werden für den unbefangenen Leser völlig ausreichen zur richtigen Deutung der rätselhaft klingenden Worte Herbarts.*) Im Reiche des Seins giebt es keine Ereignisse d. h. das Seiende ist kein Prozefs, kein Geschehen . . . In dem Seienden und für das Seiende kann wohl ein Ereignis stattfinden, aber die Gleichung: Sein = Denken = Geschehen — ist unbedingt zurückzuweisen.« Herr O. bemerkt dazu: »Das ist in der That eine geradezu bodenlose Exegese, in welche Verfasser sich nur unter der Voraussetzung verirren konnte, dafs er den ganzen Gang der Herbartschen Metaphysik gar nicht gründlich verfolgte, ihren Sinn und Zusammenhang nicht begriffen hat.« Mein Gegner meint, Herbart habe a. a. O. nur dies untersuchen wollen, in welchem Verhältnis das Geschehen zu der längst bekannten Qualität des Seienden stehe; da gelange er denn zu dem Resultate, dafs das Seiende von dem Geschehen in keiner Weise berührt werden und in keiner Weise an ihm teilnehmen dürfe. Diese Exegese scheint mir nun als gänzlich verfehlt. Sie hätte allenfalls noch einen Sinn, wenn Herbart a. a. O. nur gesagt hätte: »Im Reiche des Seins giebt es keine Ereignisse.« Aber wie kommen die Triebe und Tendenzen, die realen und idealen Thätigkeiten, die Einbildungen und Rückbildungen hierher? Was in aller Welt haben sie zu thun mit der Lehre Herbarts, das Seiende dürfe von dem Geschehen in keiner Weise berührt werden?

Wer den Zusammenhang beachtet, kann die Meinung Herbarts gar nicht verkennen. Nachdem Herbart seine Deduktion der Lehre vom wirklichen Geschehen vorgetragen, erwartete er zu hören: »Aber so geschieht ja nichts! Wie kann denn da etwas geschehen, wo das Reale lediglich sich selbst gleichbleibt?« — Statt sich nun auf solche Einwürfe weiter einzulassen, will

---

*) Wie aus dem Zusammenhang unzweideutig hervorgeht, ist es mir nicht in den Sinn gekommen, die Philosophie Fichtes »mir nichts, dir nichts« als sinnigen Unsinn zu bezeichnen; der Ausdruck bezieht sich lediglich und allein auf die Meinung Fichtes, das Reale als solches sei reine Thätigkeit. Die Fichtesche Lehre ist falsch, aber höchst beachtenswert als Ergebnis eines Denkens, das von dem Gegebenen ausgegangen ist. Ich weifs Fichtes Scharfsinn und Wahrheitsliebe zu schätzen und halte insbesondere seine Sittenlehre für ein Werk, das noch heute gelesen zu werden verdient. Der Ausdruck »Unsinn«, der Herrn O. so anstöfsig erscheint, würde mir wahrscheinlich gar nicht entschlüpft sein, wenn ich nicht neben Fichte auch noch Schelling zitiert hätte.

Herbart die Quelle angeben, woraus sie fliefsen. Da sagt er denn u. a.: »Der Mensch lebt in unaufhörlicher Verwechslung der beiden verschiedenen Gebiete des Seins und Geschehens ... Vom eigentlichen Realen weifs der gewöhnliche Mensch nichts. Er hat keinen anderen Erfahrungsbegriff vom Geschehen, als diesen, es sei eine Abänderung in dem, was ist ... Dafs es nun im Reiche des Seins gar keine Ereignisse giebt, noch geben kann, dafs alle Triebe und Tendenzen« u. s. f. Was ist nun der Sinn dieser ganzen Rede? Kein anderer als dieser: So lange der Mensch sich noch nicht im metaphysischen Denken orientiert hat, verwechselt er leicht das Sein mit dem Geschehen. Aus dieser Verwechslung ist u. a. die Lehre von den idealen und realen Thätigkeiten, den Trieben und Tendenzen, den Einbildungen und Rückbildungen (Fichte, Schelling) entstanden. Wer nun in dieser Verwechslung befangen ist, wer sich mit dem Gedanken vertraut gemacht hat, das Sein sei ein Geschehen, das Geschehen eine Abänderung in dem, was ist, der mufs natürlich Anstofs nehmen an einer Lehre, die das Geschehen in dem unveränderlichen Realen sich ereignen läfst. Herbart warnt a. a. O. nicht eigentlich vor der Verwechslung des Seins mit dem Geschehen, er erklärt vielmehr die Thatsache, dafs so viele Menschen glauben, es sei nichts geschehen, wenn nicht das Reale sich änderte. Diese Thatsache führt er auf die genannte Verwechslung zurück, und diese Verwechslung wieder läfst ihn auf ungenügende Orientierung im metaphysischen Denken schliefsen. Möge nun der Leser sich selbst die Frage beantworten, ob Herr O. auf Grund meiner Auffassung der mitgeteilten Worte Herbarts berechtigt war, mich als einen Mann hinzustellen, der den ganzen Gang der Herbartschen Metaphysik gar nicht gründlich verfolgt, ihren Sinn und Zusammenhang nicht begriffen hat.

Herr O. fährt nach einigen Zwischenreden fort: »Es bleibt also trotz Herrn Foltz dabei, dafs Herbart in seiner Metaphysik das Geschehen vom Sein völlig getrennt und ersteres auf einen blofsen »Beziehungswechsel« zwischen den Realen reduziert wissen wollte.« Nein, Herr Direktor: dabei bleibt es nicht! Alle die Sätze, auf die Sie da bezug nehmen, beweisen nur, dafs Herbart mit unerschütterlicher Konsequenz den Gedanken festhält, das Geschehen sei keine Abänderung in dem, was ist. Herbart denkt aber nicht entfernt daran, das Geschehen von dem Sein zu trennen und auf blofsen »Beziehungswechsel« zwischen den Realen zu reduzieren. Sagt er doch ausdrücklich (W. III, S. 209): »Das wirkliche Geschehen kann nicht losgerissen vom Realen gleichsam in der Luft hängen; vielmehr in ihm geschieht es und ist mit ihm wenigstens so genau verknüpft, wie eine Oberfläche mit einem Körper, dessen Oberfläche sie ist.« Ferner lehrt er (W. I, S. 263): »Die Gegensätze sind nun an sich nicht reale Prädikate der Wesen, daher mufs noch eine formale Bestimmung, das

Zusammen mehrerer Wesen, dazu kommen, damit die Gegensätze einen realen Erfolg haben können.« Ist ein »Beziehungswechsel« zwischen den Wesen ein realer Erfolg? Wie kann nun Herr O. behaupten, Herbart wolle das Geschehen vom Sein getrennt und auf einen blofsen Beziehungswechsel reduziert wissen?

Eisenach, im November 1887. O. Foltz.

---

3. Zusammenkunft der „Zweigvereine für wissenschaftl. Pädagogik" von Altenburg, Halle a. S., Iena und Leipzig.*)

Von Hugo Grosse in Halle a. S.

II.

Wir ergänzen mit Nachstehendem unsern Bericht über die am 29. Okt. 1887 in Weifsenfels abgehaltene Versammlung der gen. vier »Zweigvereine f. wiss. Päd.«, indem wir über den ersten Teil der Sitzung referieren.

Nach einer kurzen Begrüfsung der Versammlung durch den Vorsitzenden, Herrn Direktor Dr. Just-Altenburg, hielt, wie bereits bemerkt, Herr Universitäts-Professor Dr. Cornelius-Halle einen knappen und klaren Vortrag über »Apperzeption« unter Bezugnahme auf eine von Wundt aufgestellte Ansicht, wie sie von Otto Staude in den von Wundt herausgegebenen »Philos. Studien, Bd. I.« etwas näher dargelegt ist. Die Hauptpunkte des Vortrags bestehen in Folgendem. Die eben erwähnte Ansicht von Wundt weist auf eine spontane Thätigkeit hin, welche die Apperzeption besorgen soll. Diese Thätigkeit wird mit dem menschlichen Willen identifiziert, so dafs die Apperzeption die Grundform einer jeden Äufserung des Willens ist, und zwar ist es im wesentlichen immer ein Wille, der sich in allen Formen der Apperzeption bethätigt. Dieser Wille bietet indefs, als ursprüngliche Eigenheit des Geistes gedacht, die nämlichen Unzulänglichkeiten und Ungereimtheiten dar, wie irgend eins der im Sinne der alten Vermögentheorie angenommenen Seelenvermögen. Hier wie dort bleibt das Kausalverhältnis zwischen dem Willen und den übrigen Seelenvermögen insbesondere zwischen dem Willen und den Vorstellungen völlig im Dunkeln. Der Wille erscheint nach dieser Ansicht als eine besondere, gewissermafsen über den Vorstellungen schwebende Kraft, die in das Getriebe der Vorstellungen eingreift, die eine oder andere erfafst, um sie in den Blickpunkt des Bewufstseins zu heben. Andererseits erscheint derselbe Wille ungeachtet der ihm zugeschriebenen Spontaneität als durchaus träge. Derselbe ist an und für sich genommen ein Wille, der nichts bestimmtes, also

*) Vgl. den 1. Bericht in Heft II der »Päd. Studien« (1888).

eigentlich nichts will. Er bedarf der Erregung von Seiten der Vorstellungen. Die Apperzeption soll nämlich als eine Willenshandlung durch Motive bebestimmt werden, welche in den Vorstellungen der Seele begründet sind. Nachdem eine Vorstellung, mag sie ein Anschauungs- oder Erinnerungsbild sein, perzipiert ist, gewinnt sie die Bedeutung eines Motivs, d. h. sie vermag durch die mit ihr verknüpften Gefühle einen Reiz auf den Willen auszuüben. Der Erfolg dieser Reizung des Willens durch die perzipierte Vorstellung ist die Apperzeption der Vorstellung, so dafs die Apperzeption ihrem Wesen nach in einer Einwirkung des Willens auf die Vorstellung besteht. Durch den Einflufs des Willens wird die Vorstellung in den Blickpunkt des Bewufstseins erhoben, während umgekehrt, wie es heifst, jeder elementare Einfluls des Willens auf die Vorstellungen als eine Kraft erscheint, welche die Vorstellungen in den Blickpunkt des Bewufstseins zu heben strebt.

Nach der eben charakterisierten Ansicht erfordert also die Reizung des Willens durch eine Vorstellung, dafs diese sich bereits im Bewufstsein befindet, d. h., dafs derselben bereits ein gewisser Klarheitsgrad und dem ihr etwa anhaftenden Gefühl eine bestimmte Intensität eignet. In diesem Falle ist aber zum Behuf der Apperzeption ein besonderer Willensakt nicht mehr erforderlich. Erheben sich mehrere Vorstellungen gleichzeitig über die Schwelle des Bewufstseins, so wird unter ihnen diejenige eine dominierende Stellung gewinnen, welcher die relativ höchste Klarheit zukommt oder welche mit dem relativ stärksten Gefühl verknüpft ist. Dieselbe erhebt sich dann ganz von selbst, d. h. vermöge ihrer eigenen Energie in den Blickpunkt des Bewufstseins, gar häufig auch gegen den Willen. Die betreffende Ansicht vermengt, wie der Vortragende bereits anderwärts hervorgehoben hat, in einer völlig unzulässigen Weise die Phänomene der unwillkürlichen, erzwungenen Aufmerksamkeit mit denen des willkürlichen Aufmerkens. Es giebt eine primäre, nicht selten mit Reflexbewegungen verknüpfte Aufmerksamkeit, die namentlich bei Kindern auffällig hervortritt, aber auch bei Erwachsenen noch gar oft wahrzunehmen ist. Diese Aufmerksamkeit ist völlig unabhängig von dem, was der Erwachsene auf Grund seiner inneren Wahrnehmung als Wille bezeichnet.

Unwillkürlich ereignet sich auch meist die apperzipierende oder aneignende Aufmerksamkeit. In allen Fällen, wo eben ins Bewufstsein tretenden Eindrücken ältere gleichartige Vorstellungen entgegen kommen, findet eine apperzipierende Aufmerksamkeit statt, die ebenso wie die zuvor erwähnte primäre Aufmerksamkeit nicht allein unabhängig vom Willen, sondern auch gar oft gegen denselben sich geltend macht. In ihren niedrigsten Formen ist diese Aufmerksamkeit schon wahrnehmbar bei Kindern im ersten Lebensjahre, auch bei Tieren, so im Gebahren eines Jagdhundes, wenn er seinen Herrn Handlungen vornehmen sieht, welche auf die Jagd bezügliche Vorstellungen erwecken.

Die Apperzeption und die damit zusammenhängende Aufmerksamkeit geschieht nicht allein gar häufig unabhängig vom Willen, sondern nicht selten auch ohne Bewufstsein der Wechselwirkung zwischen den apperzipierenden und apperzipierten Vorstellungen. Das Bewufstwerden dieser

Wechselwirkung erfordert innere Wahrnehmung, d. h. eine Apperzeption durch die Vorstellungsgruppe, in welcher das eigene Ich seinen Sitz hat. Wir haben es hier mit einer höheren Apperzeptionsstufe zu thun. Eine Vorstellung kann sich im Bewufstsein befinden, d. h. einen gewissen Klarheitsgrad besitzen, ohne dafs man sich derselben als der unsrigen bewufst ist. Um sich ihrer bewufst zu werden, mufs sie selbst Objekt eines neuen Vorstellens werden, was niemals durch sie selbst, sondern allemal nur durch eine andere Vorstellung oder Vorstellungsgruppe geschehen kann, Das Bewufstwerden einer Vorstellung in dem hervorgehobenen Sinne beruht also auf einer Apperzeption der Vorstellung von Seiten der Vorstellungsgruppe des Ich und spricht sich in dsm Urteil aus: Ich habe die Vorstellung.

Nimmt man den Begriff der Apperzeption nach Art der älteren Psychologie in einem engeren Sinne, indem man die Apperzeption mit der inneren Wahrnehmung identifiziert und dem gemäfs die erstere in dem Bewufstwerden irgend einer Vorstellung als der unserigen bestehen läfst, so hat man zu beachten, dafs dieses Bewufstwerden mit dem Willen als solchem keineswegs unmittelbar zusammenhängt. Wie einer Vorstellung, so wird man sich auch irgend eines Willensaktes bewufst. Diese Apperzeption des Willens von seiten des Ich läfst sich nicht ohne Weiteres als ein Werk des Willens selbst ansehen.

Was nun ferner das willkürliche, also vom Willen abhängige Aufmerken anlangt, so tritt uns dasselbe bei Kindern keineswegs als eine Fertigkeit entgegen. Das willkürliche Aufmerken hängt innig mit der Selbstbeherrschung zusammen, welche bekanntlich der Übung bedarf. Dieselbe mufs gelernt werden, ebenso auch das willkürliche Aufmerken. Der dem Aufmerken zu grunde liegende Wille bedarf mancherlei Stützen, wenn er nicht alsbald dem weichen soll, was unsere Aufmerksamkeit unwillkürlich fesselt. So ist es ja auch ein bekanntes Faktum, dafs selbst der Erwachsene das willkürliche Aufmerken nicht mit gleicher Stärke auf jeden beliebigen Gegenstand konzentrieren kann, sei derselbe nun eine von aufsen her ausgelöste Sinnesempfindung oder eine reproduzierte Vorstellung bez. Vorstellungsgruppe. Man hat hier zu bedenken, dafs mit der stärkeren Spannung des Aufmerkens nicht selten auch die ihm entgegen stehenden Kräfte zu stärkerem Widerstande gespannt werden, so dafs das hochgespannte Aufmerken häufig genug zum vollen Rückzug genötigt wird, falls ihm nicht ein starkes Interesse, das seinen Sitz in einer Verbindung bestimmter apperzipierender Vorstellungen hat, zu Hilfe kommt. Dies gilt allgemein für alle Arten des willkürlichen Aufmerkens. .

Der Wille nun, der im willkürlichen Aufmerken sich thätig erweist, ist keineswegs eine ursprüngliche Spontaneität, sondern vielmehr das Resultat eines apperzeptiven Vorganges. Die Apperzeption ist anfänglich nicht ein Werk des Willens, sondern umgekehrt: der Wille ist Folge der Apperzeption, oder genauer gesprochen, die Entwickelung des Willens ist teilweise bedingt durch einen apperzeptiven Vorgang. Ohne Zweifel gehören die Wollungen, deren wir uns in innerer Erfahrung bewufst sind, in den weiten Bereich der Begehrungen, die mit den Vorstellungen und Gefühlen in enger

Verbindung stehen, da das Begehrte zugleich auch mehr oder weniger deutlich vorgestellt und gefühlt wird. Das Begehren besteht, wie man im allgemeinen sagen kann, in einem bestimmten Emporstreben irgend welcher Vorstellungen und damit verknüpfter Gefühle zu einem gewissen Maximum der Klarheit und Lebhaftigkeit.

Das Wollen ist nun ein Begehren, das von einem Wissen des Könnens oder von einem Wissen der Erreichbarkeit des Begehrten begleitet ist. Das Wollen ist thatsächlich ein dauerndes, von mehreren anderen Vorstellungen unterstütztes Begehren, dessen Befriedigung der Begehrende ungeachtet der Hindernisse als erreichbar annimmt. Wird nämlich ein und derselbe Gegenstand öfter begehrt, und findet diese Begehrung immer Befriedigung, so assoziiert sich mit dem Anfange einer solchen Begehrung die Vorstellung eines zeitlichen Verlaufs von Ereignissen, durch welche die Befriedigung hervorgebracht wird. Es ist dann mit der Erneuerung desselben oder eines ähnlichen Begehrens die Erwartung des nämlichen Erfolges verknüpft. Indem die zwischen dem Anfang der Begehrung und ihrer Befriedigung liegenden vermittelnden Vorstellungen durchlaufen werden, finden sich einerseits Vorstellungen, die der Begehrung widerstreiten, also Hindernisse ihrer Befriedigung sind, andererseits hingegen Vorstellungen, die als Begünstigungen, Hilfen oder Mittel zur Erreichung des Begehrten dienen. Ist nun die begünstigende Vorstellungsreihe mächtiger als die widerstreitende, so gewinnt dadurch die Begehrung einen solchen Zuwachs an Energie und Dauer, dafs sie eine Wollung oder ein Wille wird. Unter solchen Bedingungen kann jedes Begehren zu einem mehr oder weniger entschiedenen Wollen werden. Dabei ist wohl zu beachten, dafs die Begehrung, die zu einer Wollung wird, innerhalb des Bewufstseins anfänglich als ein Objektives, einer apperzipierenden Vorstellungsgruppe, als dem Subjektiven, gegenüber steht. Diese apperzipierende Vorstellungsgruppe ist es, welche die Fördernisse und Hindernisse der Begehrung gewissermafsen betrachtet. Indem die Begehrung zur Wollung wird, findet also eine Apperzeption statt, eine Aneignung des Begehrten und seiner Mittel von Seiten des bezeichneten Subjekts.

Es wird nun ferner darauf hingewiesen, wie aus den Wollungen, die auf Einzelnes gerichtet sind, Gesamt- oder allgemeine Wollungen entstehen, die namentlich durch hinzukommende Urteile eine nähere Bestimmung empfangen. Werden solche allgemeine Wollungen, die zuvörderst im objektiven Teile des Bewufstseins auftauchen, von der Vorstellungsgruppe des eigenen Ich apperzipiert, so entstehen Vorsätze, Maximen, praktische Grundsätze, die nun ihrerseits auf die nachfolgenden einzelnen Wollungen apperzipierend wirken, auf analoge Weise, wie die allgemeinen Begriffe das ihnen Untergeordnete apperzipieren. — Insgemein geht der Bildung dieser Maximen ein Besinnen, Erwägen, Wählen und Beschliefsen voraus, d. h. ein psychischer Prozefs, der in der Wechselwirkung zwischen den Vorstellungsreihen der Fördernisse und Hindernisse des Begehrens oder Wollens unter dem Einflufs einer apperzipierenden Vorstellungsgruppe besteht. Hat sich der Wille auf die bezeichnete Weise aus dem Begehren erzeugt, so wird er auch bald ein integrierender Bestandteil des Ich und dieses dadurch zu einer positiven, aktiven Macht. Der Wille wird dann zu dem eigentlichen Mittel- oder Kernpunkt der Persönlichkeit, der somit auch eine bestimmte Spontaneität eignet, freilich nicht als ein ursprüngliches Besitztum der Seele, sondern als Resultat einer psychischen Entwickelung. Das Ich als psychisches Phänomen durchläuft verschiedene Entwickelungsstufen, bezüglich deren der Vortragende auf die betr. §§ der Volkmannschen Psychologie (3. Aufl.) verweist. Da nun das Ich seine Entwickelungsgeschichte nicht ohne weiteres dem Wahrnehmenden darbietet, so kann dasselbe leicht als ursprüngliche Spontaneität erscheinen. Es liegt denn auch nahe, eine rein psychologische Frage in eine metaphysische umzusetzen, indem man als metaphysisches Prinzip nimmt, was eigentlich als Problem zu lösen ist. Indessen ergiebt sich schon aus rein empirischen Erwägungen, namentlich auch aus den Erfahrungen, welche die ersten Lebensjahre des Kindes betreffen, dafs aus keinem, ein für allemal fertigen Ich das Wollen fertig hervorspringt, sondern, dafs beide sich nebeneinander entwickeln, und zwar infolge verschiedener Apperzeptionen, die anfänglich vom Willen unabhängig sind. Weiterhin, nachdem das Wollen sich aus dem Begehren erzeugt hat, vollziehen sich denn freilich gar mannigfache Apperzeptionen unter dem Einflufs des Willens, so namentlich bei der absichtlichen Lenkung des Denkens, Phantasierens und Handelns.

Betrachtet man dagegen den Willen als eine ursprüngliche spontane Thätigkeit, die als ein und derselbe Wille in allen Formen der Apperzeption sich ausspricht, so kann es nicht ausbleiben, dafs ein solches Vermögen häufig mit sich selbst in Widerstreit gerät, indem es Vieles und Verschiedenes, ja in manchen Fällen sogar dasselbe will und zugleich nicht will. Der Begriff einer solchen Thätigkeit ist widersinnig. Anders gestaltet sich die Sache, wenn man das Begehren und Wollen im Sinne der Herbartschen Psychologie als einen Zustand der Vorstellungen selbst betrachtet, in welchen dieselben unter bestimmten Umständen geraten. Es kann denn im Hinblick auf die Vielheit und Verschiedenheit der Vorstellungen resp. Vorstellungsgruppen nicht befremden, dafs ein und derselbe Mensch ein mehrfaches und verschiedenes, beharrliches und vorübergehendes, besseres und schlechteres Wollen in sich trägt, dafs der Mensch oftmals ungern will und oft in seinem Wollen mit sich selbst zerfallen ist.

Herr Univ.-Professor Dr. Vaihinger-Halle bemerkte hierzu folgendes: Der Streit zwischen den Herbartianern und Wundt sei zunächst nur auf eine verschiedene Verwendung des Terminus »Apperzeption« zurückzuführen und sei somit zunächst blofs ein terminologischer und formeller. Der Terminus »Apperzeption«, der von Leibniz in die Philosophie eingeführt worden, sei wegen der ihm im Laufe der Zeit gegebenen verschiedenen Bedeutungen einer der mifsverständlichsten Termini geworden. Leibniz bezeichne, im Unterschied von der blofsen Empfindung als »Perzeption«, mit »Apperzeption« die Aufnahme dieser Empfindung ins Selbstbewufstsein durch die spontane Thätigkeit des Ich. Kant setze »Apperzeption« einfach identisch mit Selbstbewufstsein, Ich; dieses einheitliche spontane Ich (= »transscendentale Einheit der Apperzeption«) sei nach ihm mit ursprünglichen, apriorischen Funktionen (Raum, Zeit, Kategorien) ausgestattet, durch welche das empirische Material bearbeitet und umgeformt wird. Diese beiden Gebrauchsweisen des Ausdruckes vereinigt die Verwendung des Terminus bei Herbart in sofern in sich, als Apperzeption bei ihm eine Doppelfunktion bezeichnet: a) die Verknüpfung einer Vorstellung mit dem Selbstbewufstsein (= formelle Aneignung); b) den damit verbundenen Umformungsprozefs der neuen Vorstellung durch die älteren Vorstellungsgruppen (= materielle Aneignung). Die Herbartianer, bes. Steinthal und Lazarus, schieden erst diese beiden bei Herbart selbst noch nicht genügend getrennten Funktionen. Für die erstere wurde der Ausdruck »innere Wahrnehmung« geläufig. »Apperzeption« dagegen bedeutet ihnen nur jene zweite Funktion: d. h. die Aufnahme einer neuen Vorstellung in den schon vorhandenen Vorstellungskreis und die damit verbundene Reaktion dieses älteren Seeleninhalts auf die neue Anregung. Diese Reaktion besteht zumeist in einer assimilierenden Umformung, in einer chemischen Veränderung des Neuen durch das Alte, kann aber auch gelegentlich in einer Umgestaltung des Alten selbst durch das Neue bestehen. Bei diesen Prozessen kommt das Bewufstsein zunächst gar nicht in Frage, da dieselben sich vielfach auch unbewufst abspielen. Die ausschliefsliche Verwendung des Terminus Apperzeption für diese Prozesse hatte schon beinahe allgemeine Verwendung gefunden, als Wundt dem Terminus wiederum seine alte Leibnizsche Bedeutung wiedergab und zugleich den Ausdruck erweiterte, teilweise im Anschlufs an die Herbartsche Verwendung desselben: 1. während ihm Perzeption Eintritt einer Vorstellung in das Blickfeld des Bewufstseins ist, ist ihm dagegen Apperzeption Erhebung einer Vorstellung in den Blickpunkt des Bewufstseins, und diese beruhe auf einer Thätigkeit des Willens; und damit seien nun 2. verschiedene Prozesse der Verbindung jener in den Blickpunkt eingetretenen Vorstellung mit den übrigen Vorstellungen verknüpft; Wundt bezeichnet diese Prozesse im Unterschied von den blofs »associativen« als »apperzeptive«, und bei letzteren sei wiederum der Einflufs des Willens ausschlaggebend. Diese Wundtschen »apperzeptiven« Prozesse decken sich nun sachlich teilweise mit jenen »Apperzeptionsprozessen« der Herbartianer: nämlich eben mit den bewufsten; die unbewufsten »Apperzeptionsprozesse« der Herbartianer dagegen behandle Wundt teils unter dem Namen der »assoziativen« Verbindungen, teils lasse er sie bei Seite. — Bis hierher sei somit der Unterschied zwischen Wundt und den Herbartianern ein blofs terminologischer; es sei jedoch nicht zu verkennen, dafs die Terminologie der Herbartianer in diesem Falle den Vorzug verdiene; es sei zweckmäfsiger, den Prozefs der Aufnahme einer Vorstellung in den Mittelpunkt des Bewufstseins mit einem eigenen Terminus, etwa = »innere Wahrnehmung« zu bezeichnen, und loszulösen von den etwa damit verknüpften Verbindungsprozessen jener Vorstellung mit den älteren Vorstellungen, weil diese Verbindungen eine von der Aufnahme ins Bewufstsein als solcher sehr wohl zu unterscheidende besondere Gattung von seelischen Vorgängen darstellen, nicht notwendig mit dem Bewufstsein verknüpft seien, und sich im Gegenteil vielfach ohne Bewufstsein vollziehen'; der Ausdruck »Apperzeption« für diese Verbindungsprozesse, ganz abgesehen davon, ob sie sich mit oder ohne Bewufstsein vollziehen, sei ein ganz geeigneter.

Sei somit die Differenz bis hierher eine blofse terminologische, so werde dieselbe allerdings zu einer sachlichen durch die Aufstellung Wundts, bei jenen bewufsten »apperzeptiven« Verbindungen der Vorstellungen spiele der spontane Wille eine entscheidende Rolle, während nach den Herbartianern jene Verbindungen durch die Kraft der Vorstellungen selbst als solcher sich vollziehen. Diese Differenz sei nun allerdings eine sehr tiefgehende und betreffe die letzten prinzipiellen Fragen der Psychologie. Hierzu sei in der Kürze nur zu bemerken, dafs zwar Wundt den »Willen« vielleicht zu sehr verselbständige, dafs aber Wundt insofern ganz mit der neueren wissenschaftlichen Psychologie in Deutschland und England sich in Übereinstimmung befinde, als man die Vorstellungen nicht mehr wie Herbart als die alleinigen Elemente des Seelenlebens betrachte; man sehe vielmehr die Triebe und Gefühle als gleich ursprünglich an, und sei der Ansicht, dafs es eben sowenig Trieb- oder Willensprozesse, sowie Gefühle gebe, ohne Vorstellungen, als Vorstellungsprozesse ohne begleitende Trieb- oder Willenserscheinungen und Gefühle. Es sei somit dies nicht zurückzuweisen, dafs bei den Apperzeptionsprozessen (im Herbartschen Sinne), sowohl bei den bewufsten als bei den unbewufsten der »Wille« oder »Trieb« eine bedeutsame Rolle spiele; die Lehre vom »Interesse«, sowie die Lehre von der Aufmerksamkeit, auch der sog. unwillkürlichen, werde dadurch sehr nahe berührt. Dieser sachliche Unterschied sei jedoch, wenn er auch theoretisch tief gehe, doch praktisch nicht so grofs, als es den Anschein habe; denn auch bei den Herbartianern vollziehen sich ja die Apperzeptionsprozesse immer unter dem Einflufs früherer Vorstellungen, welche sich zu Triebkräften und Willenselementen umgebildet haben, wie eben die Lehre vom Interesse zeige. Für diese Lehre, wie für viele andere Punkte sei die Wundtsche Psychologie von grofsem Werte; es sei zu hoffen, dafs die Pädagogik auch aus dieser psychologischen Richtung noch vielen Gewinn ziehen werde, und das Studium der Wundtschen »Physiologischen Psychologie« sei daher jedem Pädagogen anzuraten.

Berichterstatter machte auf die Bedeutung des Gehörten für die Pädagogik aufmerksam, da einzelne Gegner der Herbart-Zillerschen Didaktik aus dem Wundtschen Apperzeptionsbegriff die Notwendigkeit einer Berichtigung unserer Theorie des Lernprozesses, der sog. formalen Stufen, folgern wollen. Sie behaupten z. B., »dafs die Apperzeptions-Theorie Herbarts erwiesenermafsen an verschiedenen gar nicht leicht wiegenden Mängeln« leide und dafs namentlich die »Vorbereitung« durch eine »andere Begründung des Apperzeptionsprozesses im Sinne Wundts a. A. gewinnen« würde. Sie verweisen dabei u. a. auf die von Prof. Vaihinger (der sich selbst nicht zu den Herbartianern rechnet) soeben scharf abgefertigte Arbeit von Otto Staude (»die Arbeit sei ein glänzendes Produkt der Verwirrung«, wurde gesagt).*)

Herr Rektor Dr. Wohlrabe-Halle zog einige Folgerungen für die Schulpraxis und führte u. a. aus, daſs die Märchendichtung — abgesehen von ihrem positiven Werte für die frühe Bildung der sittlichen Einsicht im Kinde — als ein für das erste Kindesalter besonders geeigneter Apperzeptionsstoff zu gelten hat, weil das Kind überhaupt am empfänglichsten sein muſs für die Erzeugnisse eines Zeitalters, welches man gerade wegen der Übereinstimmung seines Geisteszustandes mit der Gemütsbeschaffenheit des Kindes das »Kindesalter der Menschheit« (Ziller) nennt.

In der sich anschlieſsenden geschäftlichen Sitzung wurden die von Herrn Prof. Rein vorgelegten »Bestimmungen, die Zusammenkunft der Zweigvereine Altenburg, Halle, Jena und Leipzig betreffend« beraten und mit kleinen Veränderungen einstimmig angenommen.**)

Diese Bestimmungen lauten:

1. Die Zusammenkunft findet jährlich einmal statt, und zwar im Herbste.
2. Ort und Zeit wird durch die vorhergehende Versammlung oder durch Abstimmung mittels Rundschreibens festgesetzt.
3. Den Vorsitz führen die Bevollmächtigten der Zweigvereine, die letzteren abwechselnd nach alphabetischer Ordnung.
4. Vorträge, Referate u. s. w. sind bei dem jedesmaligen Vorort, bez. bei dem Bevollmächtigten desselben anzumelden.
5. Der Vorort, bez. der Bevollmächtigte, hat vier Wochen vor der Versammlung ein Rundschreiben an die drei andern Zweigvereine zu erlassen unter Angabe der angemeldeten Vorträge, der Zeit, des Versammlungsortes etc.
6. Über die Reihenfolge der angemeldeten Vorträge stimmt die Versammlung beim Eintritt in die Tagesordnung ab.
7. Einfache Majorität giebt bei allen Abstimmungen den Ausschlag. Bei Stimmengleichheit entscheidet der Vorsitzende.

Der dritte Punkt der Tagesordnung, ein Vortrag von Herrn Teupser-Leipzig über »das Rechnen auf der Robinsonstufe« muſste in Hinsicht auf die vorgerückte Zeit vertagt werden. Der Sitzung wohnten zahlreiche Gäste, Lehrer und Rektoren der Weiſsenfelser Stadtschulen, vom Lehrerseminar und der Taubstummenanstalt daselbst, Geistliche u. A. bei. Die nächste Versammlung wird im Herbst 1888 in Altenburg stattfinden.

H., November 1887.

---

*) Einem dieser Gegner — Riſsmann i. d. »Schles. Schulzeitung« 1887, Nr. 26 — ist dabei das Miſsgeschick geschehen, daſs er Dr. Richard Staude in Eisenach (Herausgeber der »Präparationen etc.«) mit Dr. Otto Staude (jetzt Professor in Dorpat) verwechselt hat, wenn er sagt: »Seitdem (1883) ist freilich Staude zum Vollblut-Herbartianer bekehrt worden.« Wundts Zeitschrift führt übrigens den Titel »Philosophische Studien« (nicht »physiologische« St.); der Band mit O. Staudes Arbeit erschien nicht 1883, sondern 1882.

**) Möchten doch auch in anderen Teilen unseres Reichs solche Verbindungen sich organisieren. D. R.

4. Zur Schulaufsichtsfrage.

In Heft I und II vom vorig. Jahre ist unter der Überschrift »Zur Schulverfassungsfrage« nachzuweisen versucht worden, dafs eine mangel- oder lückenhafte Organisation des Erziehungswesens Mängel in der Erziehung und Lücken in der Vervollkommnung der Erziehungstechnik zur Folge haben mufs. Wir haben damit eine teilweise Erklärung für die Thatsache gefunden, dafs die von den Herbartianern erstrebten Reformen in den Schulen der verschiedenen deutschen Staaten eine höchst ungleichartige Beachtung finden. Denn wo die Organisation des Unterrichtswesens allen berechtigten Interessen der bei der Jugenderziehung beteiligten Lebensgemeinschaften gerecht wird, wo sie zur Mitarbeit an der Förderung des Erziehungswesens jeden aufruft, der dazu befähigt ist, um ihn durch solche Mitwirkung immer mehr dafür zu befähigen und zu interessieren; wo man nicht blofs eine Schul*aufsicht* kennt, sondern sie vielmehr durch eine echte Schul*pflege* überflüssig zu machen sucht: da wird man alle ernsten Reformbestrebungen prüfen und das Wertvolle davon sich aneignen und es verwenden; da werden auch die Lehren der Herbartschen Schule, so weit sie es verdienen, Eingang finden. Wo aber die Schulverfassung nicht einmal allen denen, welche gerne den pädagogischen Fortschritt mitmachen möchten, eine genügende Freiheit dafür gewährleistet; wo man nur eine Aufsicht und noch dazu eine für die Pädagogik und den Lehrerstand fremde Aufsicht kennt, eine Aufsicht, die oft nicht einmal mit der schon von Comenius und Pestalozzi hergebrachten Pädagogik und mit der landläufigsten Unterrichtstechnik genügend vertraut ist, und wo diese Aufsicht geradezu zu einer geistigen Bevormundung der Lehrer sich steigert: da ist es natürlich, wenn auch die Lehrerschaft allmählich in einen gewissen pädagogischen Konservativismus versinkt und sich deshalb ebenfalls von jenen Reformvorschlägen fernhält, so emsig sie auch sonst bestrebt sein mag, jede Unebenheit der ausgefahrenen Gleise der »klassischen Bahnen«, wie Dittes sie nennt, in der »erprobten, altbewährten« Schulpraxis zu beseitigen.

Wie es in Preufsen — und in mehreren anderen Staaten ist es ebenso — um diese Selbständigkeit und Freiheit in der Schule bestellt ist, ist bekannt genug. Geistliche, die durch ein blofses sechswöchentliches Hospitieren an einem Volksschullehrerseminar sich die Schulaufsichtsbefähigung erwerben können, sind in allen pädagogischen Fragen die »natürlichen Autoritäten« in den unteren Instanzen, und in den höheren bestimmen ebenfalls fast überall nur Theologen. Dafs manche von ihnen tüchtige Pädagogen geworden sind, braucht nicht bestritten zu werden.

Wie sie aber nicht selten sich im Amte erst den pädagogischen Verstand erwerben mufsten, darüber finden wir ein offenes Bekenntnis von Pastor em. Dr. Weber in seiner Schrift: »*Die deutsche Schule* in ihren verschiedenen Formen und Abstufungen und ihre Stellung zur christlichen Kirche.« (67. Heft der »Zeitfragen des christlichen Volkslebens«.) Als er 1856 als Direktor in das neugegründete und in jeder Beziehung reichlich ausgestattete Seminargebäude einzog (so erzählt er S. 72), »gab es noch vieles zu überwinden, ehe die Anstalt eröffnet werden konnte. Zunächst mufste der zukünftige Direktor erst Schüler werden, ehe er das Katheder betreten konnte. War derselbe auch im Gymnasialfache nicht unerfahren, so fehlte ihm doch ein tieferer Einblick in die Aufgaben eines Seminars. Er verweilte deshalb einige Zeit in Waldenburg und Droyfsig, um wenigstens das Abc seminaristischer Pädagogik zu lernen.«

Sehr hart urteilt ein anderer Geistlicher, der gleich Weber der streng kirchlichen Richtung angehört, über diese Zustände, insbesondere über Stiehl und seine Schule: »Um nicht in Erbitterung zu geraten, werfe ich einen Schleier über die ganze Schulpraxis der Reaktionszeit, besonders auf die Wirksamkeit Stiehls und seiner zum Teil jetzt noch im Amte befindlichen Genossen. Nur das mufs von gläubigen Christen, Pastoren und Politikern herzlich und um des Glaubens willen verlangt werden, dafs sie die Regulativperiode nicht als die christliche verteidigen. Stiehl hat keinen einzigen originalen Schulgedanken gefafst; das Gute, was er in den Regulativen gesetzlich fixierte, hat er von andern genommen, er selbst hatte kein eigentliches Pathos für die Schule, wie er auch selbst nie mit Lust unterrichtet hat. Er selbst war gar nicht sehr für Bildung, obgleich er an der Spitze der Volksschulverwaltung stand; denn er las aufser den Akten kaum ein wissenschaftliches Werk; wie hätte er daher auch seine Untergebenen für geistige Arbeit begeistern können? Sein Wort, dafs die Lehrer mit »freudigem Zittern« (Ps. 2, 11) ihr Amt ausüben sollten, konnte nur erbittern, weil der, welcher es sprach, gar kein Recht hatte, so zu sprechen. — Falk hat gar nicht so Unrecht, wenn er in den Mafslosigkeiten der Lehrerversammlungen auch eine Frucht des Stiehlschen Einflusses sah; denn auf regulativischen Seminarien waren jene Wortführer allerdings gebildet worden. Wo der wissenschaftliche Sinn und der Idealismus fehlen, wird höchstens eine Drilltüchtigkeit erzielt, welche dann die Begabteren, sobald ihnen die Ketten gelöst sind, mit Geschick gegen ihre Tyrannen verwerten.« (Zahn, die natürliche Moral christlich beurteilt und angewandt auf die Gegenwart in Kirche, Schule und innerer Mission. Gotha 1881, S. 214 f.)

Und ein dritter Geistlicher bekennt in einem Artikel des »Ev. Schulblattes« 1885, Nr. 7 u. 8) überschrieben: »Ein Wort zum Recht und zum Frieden in der Schulaufsichtsfrage«: »Mir erscheint das zweifellos, dafs die Vorbildung, welche wir Theologen auf der Universität empfangen, in der Regel nicht einmal für die pädagogische Seite unsrer pfarramtlichen Aufgabe als wirklich ausreichend anerkannt werden darf.«

Dafs darum in den von Geistlichen geleiteten amtlichen Konferenzen keine besondere Pflege Herbartscher Ideen zu erwarten ist und warum denselben in den von ihnen beaufsichtigten Schulen der Eingang vielfach versperrt wird, liegt nahe. Thatsächlich ist uns nach allem, was darüber berichtet wird, nicht bekannt geworden, dafs die Herbartschen pädagogischen Grundsätze hier irgendwelche Berücksichtigung gefunden haben, von einigen rühmlichen Ausnahmen abgesehen. Wo die Herbartsche Pädagogik noch keine Macht bildet, schweigt man sie tot. Mufs aber mit ihr gerechnet werden, so bietet die Klosternausnitzer Konferenz der Altenburger Geistlichen ein Beispiel, wie mit ihr abgerechnet wird. (Dr. K. Just, Die Herbart-Zillersche Pädagogik auf der Klosterlausnitzer Pastoralkonferenz. Eine Widerlegung. Altenburg 1887.) Auch für die nächste Zukunft darf von diesen Konferenzen nicht viel für die Sache erwartet werden. Die Reformgedanken der Herbartschen Schule sind pädagogische und keine theologischen Ideen. Für den Theologen liegt darum wenig Veranlassung vor, sich mit denselben zu befassen. Nun ist aber in letzter Zeit, gerade unter von Gofslers Regiment, der sonst in vieler Beziehung der Schulfrage seine Aufmerksamkeit und auch seine Sympathie zugewandt hat, wieder das Bestreben zutage getreten, die Volksschullehrer abermals um ein Bedeutendes fester an diese ihre »natürlichen Autoritäten« zu knüpfen, das Bestreben, den Volksschullehrerstand wie den Unteroffizierstand kastenartig einzupferchen, damit er in keinem Punkte über die ihm von den Geistlichen vorzuzeichnende Linie hinausdenke und -strebe. So sind beispielsweise in einem Regierungsbezirk neben den amtlichen Seminarkonferenzen und den bestehenden amtlichen Lokalkonferenzen noch amtliche Bezirks- und Kreiskonferenzen unter geistlicher Leitung verordnet worden. Die hier zu haltenden, vom geistlichen Inspektor zu bestimmenden Vorträge der Lehrer sind nebst dem Protokoll der Königlichen Regierung zur Prüfung und — Censierung (!) einzusenden, während die Geistlichen sich die Themata zu ihren Vorträgen frei wählen können und auch nicht verpflichtet sind, das Manuskript der Behörde vorzulegen. Wir leugnen nicht, dafs die Behörde so ein ausgezeichnetes Mittel erdacht hat, die Ansichten der Lehrer über einen Gegenstand zu erfahren. Weil jedoch den Geistlichen nach wie vor in diesen Konferenzen die volle Redefreiheit ohne jene Censur gestattet ist, so ist es begreiflich, wie diese Einrichtung heimliche Erbitterung unter den Lehrern erzeugen kann, wovon zu befürchten steht, dafs sie dereinst, namentlich, wenn einmal der politische Wind umschlagen sollte, sich in einer für Kirche wie Schule schädlichen Weise entladen, dafs sie die bald sorgfältig verborgen gehaltene und bald öffentlich zur Schau getragene, durch die hergebrachte Schulaufsicht besonders genährte Feindschaft vieler Lehrer gegen Geistlichkeit und Kirche nur noch vermehren wird. Hinzu kommt nun noch, um das Mafs des inneren Grolles voll zu machen, dafs den Lehrern die Einreichung von Kollektiveingaben so gut wie untersagt worden ist, und dafs ihnen verboten worden ist, ohne Genehmigung der Regierung irgend etwas über Schulzustände zu veröffentlichen.

Auch vom pädagogischen Standpunkte aus haben wir diese Bestrebungen als Hemmschuhe für eine freie, lebendige Zug- und Wachstumskraft in mehr als einer Hinsicht tief zu beklagen. Wo Verstimmung herrscht, da weicht zunächst die Begeisterung, da zieht man leicht das süfse Nichtsthun, das ja keinen Anstofs erregt, dem regen Vorwärtsstreben vor. Sodann bedarf dies Vorwärtsstreben, dies Wachsen in der pädagogischen Erkenntnis, der Pflege; dieselbe nützt aber nur, wenn sie als Wohlthat empfunden wird, wenn der Gepflegte volles Vertrauen dem Pflegenden entgegenträgt. Jene Weise erweckt jedoch Misstrauen, welches, wenn jene Einrichtung auch wirklich eine pflegende sein soll, sie leicht als einen lästigen Zwang empfinden läſst. Endlich liegt in der Form der Amtlichkeit, wenn sie von dem Scheine, als Zweck statt Förderung Überwachung zu haben, sich nicht frei erhält, etwas Starres, Konservatives, am Alten Klebendes. Gegen die Umgestaltung des Unterrichts, ja des ganzen Schulwesens nach den Grundforderungen der Herbart-Zillerschen Pädagogik wird sie darum noch wohl auf lange Zeit einen schwer zu überwindenden Damm bilden.

Zum Glück soll aber dieser amtliche Fortbildungszwang in der verkirchlichten und verstaatlichten Schulkunde manchen Lehrer aus dem Schlafe gerüttelt und ihn plötzlich zum Bewuſstsein gebracht haben, welches hohe Gut der Lehrerstand und die Schule in dem freien Konferenzleben besitzt.*) Die freien Konferenzen sind es darum auch, in welchen die Fragen der Herbartschen Pädagogik vielerorts eine Pflegestätte finden. Aus den veröffentlichten Berichten über ihre Verhandlungen ist ja aus allen Schulzeitungen zu ersehen, einen wie befruchtenden Einfluſs diese Fragen auf das Schulleben schon geübt haben. Nach den Jahresberichten einzelner Vereine ohne besondere pädagogische Färbung sind dieselben sogar überwiegend gewesen. Ja stellenweise müssen unsere Reformbestrebungen geradezu Begeisterung hervorgerufen haben. So ist mir von im Amte längst ergrauten Lehrern, die sich in ihrem Leben nie mit Psychologie beschäftigt haben, erzählt worden, dass sie, zunächst durch Konferenzarbeiten jüngerer Amtsgenossen angeregt, mit Hilfe von Dörpfelds »Denken und Gedächtnis« und ähnlicher, ich möchte sagen, nach den Formalstufen bearbeiteter pädagogisch-psychologischer Schriften sich noch in die Herbartsche Psychologie und Pädagogik hineinzuarbeiten sich bemühen, und daſs sie noch am Abend ihres Schullebens anfangen, ihren Unterricht auf Grund solcher Studien zu verbessern.

Wenn sich nun aber so eine allmähliche Reform in den Gedankenkreisen der Schularbeiter und in ihrer Unterrichtspraxis vollzieht, so weit dem Einzelnen hier noch freie Hand gelassen ist, so werden schlieſslich die geistlichen Inspektoren und theologischen Schulräte nicht umhin können, sich mit diesen Reformen vertraut zu machen und auszusöhnen. Im anderen Falle dürfte der innere Zwiespalt zwischen den Beaufsichtigten und den Aufsehern und damit auch zwischen Schulamt und Pfarramt sich derart vergröſsern, daſs bei einem Umschlage der politischen Windrichtung nicht bloſs

---

*) Am 15. Oktober v. J. hat Seminardirektor Mahraun aus Hamburg im Bremischen Lehrervereine einen Vortrag gehalten über: Ideal und Wirklichkeit in der Volksschule in der Vergangenheit und Gegenwart«, bei welcher Gelegenheit er in den wärmsten Worten die Bedeutung der freien Lehrervereine hervorgehoben hat. Um die freien Vereinigungen anderer Berufskreise, der Geistlichen, der Juristen, der Aerzte u. s. w., kümmere sich keine Regierung, nur die Volksschullehrer suche man daran zu hindern. Daſs aber die Ideale eines Comenius, eines Rochow, eines Pestalozzi u. A. bloſse Ideale geblieben seien, läge gröſstenteils daran, daſs die Schule reformiert werden sollte ohne einen eigentlichen und gesunden Schulstand. Was verwirklicht worden, sei gröſstenteils von den freien Konferenzen ausgegangen.

eine äufsere Trennung der Schule von Kirche, sondern eine vollständige Absonderung der ersten von der letzten auf dem Wege der Gesetzgebung um so leichter vollzogen und damit ein Zustand im Schulwesen geschaffen werden dürfte, wie ihn in bedauernswerter Weise unsere drei westlichen Nachbarstaaten aufweisen. Von dieser Furcht beseelt und so mehr »der Not gehorchend, als dem freien Triebe«, drängen darum auch endlich Geistliche selber, wie Pfarrer Zillessen (Nochmals die Schulaufsichtsfrage. Gütersloh 1886.), auf eine Verständigung über diesen wunden Punkt im Kirchen- und Schulwesen, weil jetzt, wie er zu verstehen giebt, für die Kirche wenigstens noch etwas zu retten ist.

Bislang konnte man, sogar in Lehrerkreisen und in liberalen Lehrerzeitungen, hin und wieder noch reden hören von den Gespenstern der »Märchen« im ersten und des »Robinson« im zweiten Schuljahre, wodurch die bösen Herbartianer den biblischen Geschichten »Dolchstöfse« versetzen. Hoffentlich ist aber die Zeit nicht mehr fern, wo selbst die orthodoxesten Geistlichen einsehen werden, dafs trotz der Märchen und trotz des Robinson — oder vielleicht gar deswegen? — der erziehende Unterricht der Herbartianer die Vertiefung der religiösen und sittlichen Bildung nicht blofs bezweckt, sondern sie auch erreicht, während der noch an verschiedenen Orten von den Geistlichen sorgfältig gepflegte religiöse Memoriermaterialismus statt des nachhaltigen religiösen Interesses religiöse Gedankenlosigkeit und religiöse Gleichgültigkeit zur Folge hat. Ja, »es wird«, um mit Zahn (a. a. O. S. 116) zu reden, noch »viel Geduld und Liebe kosten, den Schaden, welchen die Regulativperiode (gerade auch in dieser Beziehung) der Schule und besonders auch der Frömmigkeit (und dem kirchlichen Sinn) in der Lehrerwelt geschlagen hat, zu überwinden.«

Wir glauben nicht mit Unrecht behaupten zu dürfen, dafs gerade die Herbartsche Pädagogik in hohem Grade geeignet ist, diesen Schaden auszugleichen und jenen Zwiespalt zwischen Kirche und Schule auszusöhnen. Herrscht doch bereits unter den Geistlichen und Lehrern, welche dieser Richtung angehören, eine grofse Übereinstimmung, auch in der Schulaufsichtsfrage. Wenigstens hat von seiten der Lehrerschaft wohl keiner das kirchliche Interesse in diesem Kampfe um die Schule wärmer verfochten als der Herbartianer F. W. Dörpfeld, für dessen Schulverfassungsschriften stets, wo es sich um das Verhältnis der Schule zur Kirche handelte, der Grundsatz leitend gewesen ist: »Wenn irgend ein Anspruch des Schulamtes die kirchlichen Interessen nachweisbar schädigt oder auch nur gefährdet, so sei angenommen, dafs er verkehrt oder mit einem Fehler behaftet ist; er mufs dann aufgegeben oder so modifiziert werden, bis er mit den kirchlichen Interessen stimmt.« Auch stimmen unseres Wissens die grofse Mehrzahl aller Herbartianer seinen Reformvorschlägen zu. Und von seiten der Geistlichkeit hat wohl keiner der Schule mehr Zugeständnisse in demselben Streite gemacht, als der Zillerianer Rolle, früher Oberlehrer am Leipziger Universitätsseminar, dann Pfarrer und Schuldirektor in Gablonz in Böhmen, seit 1881 Pfarrer in Hoheneiche bei Saalfeld. In seinem Streitschriftchen: »Die Ortsschulenaufsicht«

(Saalfeld. Niese.), das sich gegen die 15. allg. Sachsen-Meiningsche Lehrerversammlung in Pöfsneck am 1. Aug. 1883 richtet, sagt er S. 10: »Der Vorsitz (im Schulvorstande) würde nach einer solchen Organisation (2 bis 3 Vertreter der Familien, der Lehrer, der Pfarrer und der Schultheifs) dem Leiter der Schule, dem Lehrer, gebühren. Das wäre das Einfachste und Naturgemäfse und entspräche auch der Selbständigkeit und Mündigkeit der Schule und würde auch mancherlei Verwickelungen ersparen, die nicht ausbleiben können, wenn einer, wie der Pfarrer oder Schultheifs, die schon anderweitig das Haupt eines wichtigen ethischen Gesellschaftskreises bilden, der in manchen Dingen mit dem Schulwesen konkurriert, zugleich auch Vorsitzender des Schulvorstandes ist. Der Pfarrer ist Vorsitzender im Kirchenvorstande und in der Kirchengemeindeversammlung, der Schultheifs im Gemeindeausschufs und in der Gemeindeversammlung, der Lehrer sei Vorsitzender im Schulvorstande und in Schulversammlungen. Auf diese Weise würde dann auch dem müfsigen und unfruchtbaren Streite um die Herrschaft über die Schule die Spitze abgebrochen, wenigstens der Friede und die Gleichberechtigung äufserlich angedeutet. 1. Kor. 12, 5.

Keiner sei gleich dem andern, doch gleich sei jeder dem Höchsten.
Wie das zu machen? Es sei jeder vollendet in sich. (Schiller.)«

Bekanntlich war es Herr Pfarrer Senckel in Hohenwalde bei Müllrose, der seinerzeit die Geistlichen für »geborene Schulinspektoren« erklärte. Im 1. Heft des achten Berichts des deutschen Vereins für Jugendsparkassen enthüllt er uns das Geheimnis und beichtet uns, warum gewisse Geistliche die »Last der herkömmlichen Schulinspektion«, welche die Lehrer und die Schule noch weit schwerer drückt, als sie, sich nicht abnehmen lassen wollen. Das geschieht namentlich in dem ersten, aus der »Kirchlichen Monatsschrift« von Pfeiffer und Jung abgedruckten Artikel: »Sozialpädagogische Mitarbeit der Kirche«, während ein zweiter uns zeigt, von welchem höchst einseitigen Standpunkte aus, ein solch geborner Schulinspektor unter der »Überschrift: »Die „wissenschaftliche Pädagogik", die J. F. Herbartsche Philosophie bezw. Pädagogik und die sozialpädagogischen Bestrebungen, speziell die Schulsparkasse« unsere Bestrebungen zu beurteilen und durch allgemeine, noch dazu von »Schütze, Kehr, Dittes, ja auch Stoy« erborgten Anschuldigungen zu verurteilen wagt.

»Uns gilt der Satz«, so lesen wir auf S. 13 im erstgenannten Artikel, »dafs die natürliche Form der Kindersparkasse die Schulsparkasse ist und bleibt. Sie allein gewährt Bürgschaft, dafs die Kinder beim Geldsparen auch auf richtige sittliche Wege geführt werden. Wird doch neben dem Lehrer auch der Pastor zuweilen, gelegentlich auch einmal im Konfirmanden-Unterricht ein gutes Wort darüber reden.«

Nach S. 6 und 7 haben darum auch »die Königlich Preufs. Bezirksregierungen von Gumbinnen, Posen, Breslau, Liegnitz, Schleswig, Stettin,

Arnsberg der Schulsparkasse fördersame Zirkular-Verordnungen erlassen, bezw. Einrichtungen getroffen.« Gegenüber der »sich „wissenschaftlich" nennenden pädagogischen Richtung (Herbart-Ziller), die nach den letztjährigen Verhandlungen nur noch wenig in Betracht kommen kann«, hat »die echt evangelische Pädagogik, deren Vertreter doch ohne Zweifel in den obengenannten preufs. Schulregierungsbehörden den Ausschlag geben, die Bedeutsamkeit der sozial-pädagogischen Bestrebungen längst begriffen und sucht sie, so weit thunlich bezw. richtig, zu fördern.« (S. 13.)

Der Herr Pfarrer scheint also an der Stellung einer Regierung zur Schulsparkassenfrage auf die Konfession ihrer Pädagogik Schlüsse zu ziehen und die Herbart-Zillersche Pädagogik für eine katholische (als Gegensatz zur evangelischen) zu halten. Doch nein, auf S. 12 ist es die »Pestalozzisch-christliche Pädagogik«, welche im Gegensatz zu der unsrigen (jüdischen oder türkischen?) den höchst einseitigen sozial-pädagogischen Sport des Herrn Pfarrers gutheifsen soll, die Pestalozzische Pädagogik, die vor nicht sehr langer Zeit in gewissen Kreisen ebenfalls als nicht-»christlich« galt und die unsers Wissens die Erlösung der darbenden Menschheit von der Familie aus in Angriff nehmen will, von der Familie aus, die nach allem natürlichen Recht einzig und allein über Geld und Gut der unmündigen Kinder zu verfügen hat.

»Es ist allen Gegnern der Schulsparkasse, und ihrer sind Legion, bisher nicht gelungen und kann ihnen nicht gelingen, deren Schädlichkeit, sofern die Einrichtung wohl getroffen und verwaltet wird, zu beweisen; denn dafs die Erziehung zu einer Tugend den Zöglingen oder gar deren Erziehern zum Verderben gereiche, ist ein nonsens.« (S. 14.) Als wenn je ein Gegner solchen »nonsens« behauptet hätte!

»Aus der Sache selbst«, fährt er dann fort, »kann keine Gefahr drohen, höchstens aus deren falscher Behandlung. Dagegen aber mufs die pädagogische Ausrüstung der Lehrer und die Mitleitung des Schulwesens durch Geistliche schützen. So fordert die Neuerung allerdings — und das spricht auch für sie (!) — die Aufrechterhaltung der Verbindung von Kirche und Schule.«

Wir wünschen auch eine »Verbindung von Kirche und Schule«, noch dazu eine viel innigere, als die hier gewünschte und hergebrachte. (Vgl. Barth, Reform der Gesellschaft. Dörpfeld, Freie Schulgemeinde, Grundgebrechen und Leidensgeschichte.) Wir verlangen sogar in erster Linie eine solche Verbindung zur Lösung der »sozial-pädagogischen« Aufgabe der Gegenwart, und wir wissen, dafs eine grofse Anzahl hervorragender Geistlichen mit uns bestrebt ist, eine solche Verbindung herbeizuführen. Allein, wenn die »Kirchliche Monatsschrift« und der Herr Pfarrer Senckel keine andere »sozial-pädagogische Mitarbeit der Kirche« kennt, als die Lehrer durch die Geistlichen auch noch in der Schulsparkassenangelegenheit bevormunden zu lassen und wenn diese Bevormundung, dieser »geistliche Schutz gegen falsche Behandlung« eines höchst einseitigen sozial-pädagogischen Sports, für die Verbindung spricht, so begreifen wir diejenigen Lehrer, welche die Losung ausgeben: »Los von der Kirche unter jeder Bedingung!«

Während nun aber die Herren Geistlichen die Schule mit einem solchen Mittel beglücken sollen, verkündet der Verfasser mit Emphase: »Die Kirche verlangt mit grofsem Recht Selbständigkeit, Mündigkeit auf ihrem eigenen Lebensgebiete. Sie ist der Abhängigkeit von politischen Faktoren müde, fühlt sich in ihrer hohen Würde als Gestalt und Macht des Reiches Gottes auf Erden.« Und das wird in demselben Atem verlangt, in welchem die Selbständigkeit und Mündigkeit der Schule auf ihrem eigenen Lebensgebiete in einer so eigenartigen, wenn auch im Grunde mehr lächerlichen Weise verneint wird! Wenn im übrigen aber die »Kirchliche Monatsschrift« in dem ganzen Artikel zu erkennen giebt, dafs sie in erster Linie nur durch Mitleitung der Schulsparkassen seitens der Geistlichen »ihre Liebesarme und deren Thätigkeit in alle Gebiete des Volkslebens zu erstrecken« weifs, dafs sie nur dadurch an der sozial-pädagogischen Aufgabe mitzuarbeiten versteht, so dürfte Barth (Reform der Gesellschaft) eher Recht haben, wenn er behauptet, dafs die Ohnmacht der Kirche, namentlich auf sozialem Gebiete, offenkundig sei, was der Verfasser indirekt auch selber, mit schelem Blick auf die Lehrer, zugesteht, wenn er (S. 15) fortfährt: »Eine Liebe ist der andern wert. Verlangen wir freiwillige Liebe als Grundlage des äufsern Bestehens der Kirche, so müssen wir auch in ständigen Einrichtungen auf äufserem Gebiet willig sein, mit und nach unsern Kräften zu wirken. Die altherkömmliche Schulinspektion ist ja ein solches Gebiet; dasselbe mit seinem Schulzwang und vielen Opfern wird aber nur als Last empfunden, nicht als Wohlthat. Erleichtert die Schule die irdischen Sorgen, so wird sie um so lieber besucht, um so werter gehalten. Besorgt das aber der Lehrer allein, thut die Kirche, der Pfarrer nichts dazu, so — doch ich will den Satz nicht ausschreiben.« — — »Bereits thun diese Arbeit sehr viel mehr Lehrer als Pastoren.« — »Dem Verein des Referenten (Senckel?) sind ja allerdings überwiegend Geistliche beigetreten; aber doch kaum hundert, während tausende von Lehrern nicht beitraten, aber thätig in die Arbeit eintraten.«

Doch ich will meine Betrachtung über den Hemmschuh der freien Entwickelung pädagogischer Ideen auch lieber nicht zu Ende schreiben. Nur der »Kirchlichen Monatsschrift« samt Herrn Pfarrer Senckel mag noch der Dank ausgesprochen werden, dafs sie uns haben erkennen lassen, warum eigentlich die »altherkömmliche Schulinspektion« immer noch konserviert werden soll, trotzdem sie auch von den Geistlichen als »Last« empfunden wird, und trotzdem bislang noch niemand ernstlich versucht hat, sie von dem Verdachte zu reinigen, dafs sie nicht blofs eine »unzweckmäfsige«, sondern sogar eine »unmoralische« Institution sei, von einem Vorwurfe, den ihr die erdrückende Mehrzahl der deutschen Lehrer durch Zustimmung zu den bekannten sieben Thesen der Dörpfeldschen Leidensgeschichte macht. T.

---

5. Die Herbartsche Pädagogik in Baden.

Den Anhängern des Herbartianismus in Baden, welche es wagten, die Lehre Herbarts und seiner Schule gegen phrasenhafte und unbegründete Angriffe zu verteidigen, sind mannigfache Anfeindungen und sogar Verleumdungen nicht erspart geblieben. Man weiſs, daſs diese Angriffe ganz besonders auf die Personen abgesehen waren; der Sache selbst konnten sie deshalb nicht schaden. Im Gegenteil: Eine kleine Anzahl von Lehrern wurde dadurch veranlaſst, den Bestrebungen der Herbartschen Schule näher zu treten, sich mit ihnen bekannt zu machen, die Eigentümlichkeiten derselben an der Quelle zu studieren und zu prüfen. Und sie bereuen nicht, es gethan zu haben. Je mehr sie sich damit beschäftigten, desto gröſser wurde das Interesse, die betretene Bahn weiter zu verfolgen. Ernstdenkende Lehrer, mit denen ich in letzter Zeit in brieflichen Verkehr getreten bin, finden in der Herbartschen Pädagogik »klare Grundsätze, welche für die Praxis von groſsem Werte sind. Sie veranlassen mich, schreibt ein Kollege, meinen Unterricht mehr zu regeln, denselben mehr planvoll zu erteilen«. — Und ein anderer: »Ich bekenne mich offen zu dem Grundsatze, den die Herbartianer so sehr in ihren Schriften betonen, daſs sachlich verwandte Gegenstände auf einander bezogen werden und sich gegenseitig unterstützen sollen. Ich gebe zu, daſs man viel zu viel zusammenhangslosen Stoff den Schülern eigentlich nur mechanisch beibringt ... So viel an mir ist, suche ich die Grundsätze der Herbartianer in meiner Schule zu verwirklichen und in meinem Unterricht zur Geltung zu bringen. Aber ich gestehe offen, leicht ist das bei unseren Schulverhältnissen durchaus nicht. Wie vieles muſs da anders werden, wenn die Idee des erziehenden Unterrichts verwirklicht werden soll!«

Aus anderen Briefen: »Schon seit zwei Jahren bemühe ich mich, nach den Herbartschen Grundsätzen zu unterrichten. Meine Erfahrungen haben mich überzeugt, daſs diese Bestrebungen eine groſse Zukunft haben werden. Es ist unbestreitbar, daſs durch einen solchen Unterricht die geistige Thätigkeit der Schüler gehoben und selbstständige Anregung zum Weiterstreben erhält. Die Kraft des Schülers wird nicht so sehr zersplittert, der Schüler fühlt sich wohl bei der Einheit zusammenhängender Stoffe. Er nimmt nicht nur die Stoffe auf, sondern er verfolgt aus eigenem Antriebe die angeregten Gedankenfäden ... Ich finde, daſs meine Schüler sich jetzt viel besser zusammenhängend über einen unterrichteten Gegenstand aussprechen können. Das ist nun für den Aufsatz von der gröſsten Wichtigkeit. Die Aufsätze nehmen einen ganz anderen Charakter an. Man merkt, daſs es nicht vorgesagte oder vorgeschriebene Reihen sind, welche zur Darstellung kommen, sondern Früchte der analytischen und synthetischen Übungen und Ergebnisse an Lehrstoffen aus verschiedenen Gebieten. Das freie Aussprechen der Kinder bringt Beweglichkeit in die Vorstellungen der Kinder, mit Leichtigkeit produzieren sie, wodurch manche originelle Aufsätze entstehen . . .« — »Ich mufs gestehen, kein Buch hat mich mehr gefesselt als die Grundlegung von Ziller. Welche grofse und bedeutende Erziehungs- und Unterrichtsfragen werden da besprochen! Welch ein Reichtum und welche Tiefe von Gedanken! Von jetzt an werde ich den Schriften dieses Mannes mein Studium widmen.« — »Von jetzt an kommen wir alle 14 Tage zusammen. Die Grundlage unserer Besprechungen bildet die allgemeine Pädagogik von Ziller. Am längsten beschäftigte uns der § 6: »Über das Verhältnis zwischen Theorie und Praxis in der Erziehung.« Die Ausführungen Zillers waren uns von grofser Wichtigkeit. Der Wert, den Ziller auf die Ausbildung theoretischer Überzeugungen vor dem Eintritt in die Praxis legt, war uns neu. Gewöhnlich hängt man beim Eintritt in die Praxis das Bifschen Theorie, was man im Seminar sich aneignete, an den Nagel und verfällt, wie Z. ganz richtig sagt, auf den Takt der blofsen Routine. Bei Z. ist das umgekehrt, bei ihm werden die Erfahrungen, der rationale Takt, durch eine gründliche theoretische Bildung geadelt, wertvoll und entscheidend . . . Wir sind vollständig Ihrer Ansicht, je mehr man sich mit Z. beschäftigt, desto mehr Lust wird erregt, auf dem betr. Gebiete weiter zu arbeiten, wenn's auch nur schrittweise geschehen kann.« — »Ich habe mit der Herbartschen Pädagogik den ersten Schritt in die Praxis gethan. Wie Sie wissen, empfiehlt Herr Seminardirektor Leutz in seiner Anleitung zum Unterricht in der bibl. Geschichte als Vorkursus die Märchen. Ich unterrichte das 1. Schuljahr. Die letzte halbe Stunde meines Unterrichts benütze ich, den Kindern die Märchen nach Dr. Reins erstem Schuljahre zu erzählen und mit ihnen zu besprechen. Daran schliefse ich die Heimatskunde. Ich bin mit meinen Erfahrungen sehr zufrieden. Die Wirkung der Märchen — denn zu Hause hören sie keines — auf die Herzen der Kinder ist nicht zu leugnen. Ihre kindliche Phantasie wird in Schwung gesetzt und ich erfahre die Wahrheit des Satzes: »Beim Kinde führt durch die Phantasie der Weg zum Herzen.« Die Eltern freuen sich, wenn die Kinder daheim ihre Märchen erzählen. Welch' unterrichtlichen Wert das hat, zeigt sich in der bibl. Geschichtsstunde. Dem Kinde wird's viel leichter, eine biblische Erzählung wiederzugeben; die vorausgehende Übung an den Märchen hat seinen Sprachschatz gehoben. Und gerade das möchte ich besonders hervorheben: die Kinder werden dadurch sprachlich gewandter. Ferner: Es können vielfache Rückblicke gethan werden, weil dem Kinde etwas Einheitliches geboten worden ist. Diese und noch andere Erfahrungen befestigen in mir die Überzeugung, dafs an der Zillerschen Konzentrationsmethode mehr ist, als die Herren Gegner nur vermuten.*) Und ich habe gefunden, dafs gerade diejenigen absprechend urteilen, welche sie gar nicht kennen, geschweige in der Praxis zur Anwendung und Ausführung bringen . . .« — Ein ehemaliger Zögling des evang. Seminars in Karlsruhe schreibt: »Bezeichnend für die ganze Auffassung der wissenschaftlichen Pädagogik seitens der Gegner ist die nicht selten gehörte Be-

*) Verfasser stimmt vollständig den Erfahrungen des Kollegen bei und gedenkt später einmal einige Mitteilungen über den Unterricht nach den kulturhistorischen Stufen zu veröffentlichen.

hauptung, die Behandlung des Unterrichtes nach den formalen Stufen sei ein mechanisches Abwickeln. Wer dieses behauptet, stellt sich selbst damit ein ungünstiges Zeugnis aus; denn er sagt in Wahrheit nichts anderes als: bei mir wird der Unterricht nach den formalen Stufen schablonenmäfsig. Die äufsere Form macht die Sache nicht aus. Wer in den Geist Herbarts nicht eingedrungen ist, kommt gar leicht dahin, die Schale für den Kern zu nehmen. Wer seine Schüler sich in den Stoff hineinversenken, vertiefen läfst, wer alsdann sie befähigt, den Geist aus der Tiefe auftauchen zu lassen, um Schlüsse zu ziehen, Ideen zu entwickeln, wer zugleich die verschiedenen Interessen zu wecken versteht, der kann doch unmöglich nach der Schablone arbeiten.« — Derselbe: »Was die Neuheit der Herbartschen Gedanken anbelangt, so wird nach meinem Dafürhalten bei oberflächlicher Kritik aufser acht gelassen, dafs die Herbartschen Schriften durchaus nicht so neuen Datums sind, wie viele wähnen. Ist doch die „Allgemeine Pädagogik" schon vor über 80 Jahren (1806) erschienen! Wie mancher ursprünglich von Herbart herrührende Gedanke mag während dieser Zeit schon unter anderem Namen aufgetaucht sein! Überhaupt macht man öfters die Erfahrung, dafs, falls die Gegner die Ideen der modernen Pädagogik mit sachlichen Gründen nicht widerlegen können, sie als letztes Geschütz den Zweifel an der Neuheit ins Feld führen.« —

Aus diesen Kundgebungen kann man ersehen, dafs auch auf dem Schulherde Badens das Feuer Herbartscher Pädagogik im Stillen anfängt zu lodern, und es bedarf nur einer geschickten und taktvollen Hand, um das Feuer zur hellen Flamme anzufachen. Die Kundgebungen sind eine erfreuliche Thatsache für die tiefe Wirkung der Pädagogik Herbarts und für den Einflufs, den diese Ideen schon gewonnen oder zu gewinnen im Begriffe stehen. Sie sind nicht minder auch ein wertvolles Zeugnis für die Gediegenheit des badischen Volksschullehrerstandes, welcher nicht allein beim Ergriffensein stehen bleiben will, sondern auch die grundlegenden Gedanken zu verwirklichen und praktisch zu verwerten sucht. Und insofern kann man sagen, dafs die kleine Anzahl Herbartianer im Sinne des § 356 des Leipziger Seminarbuches handelt.

Wertvoll und bedeutungsvoll für die Zukunft des Herbartianismus in Baden ist die erfreuliche Thatsache, dafs dafür gesorgt ist, dafs das Feuer noch mehr angefacht und auch unterhalten wird, damit es nicht erlischt.

In erster Linie sorgt das ev. Seminar in Karlsruhe, unter der Leitung des Herrn Seminardirektor Leutz, für die Durchbildung junger Leute im Herbartschen Geiste. Wie die neuen pädagogischen Bestrebungen, speziell die Herbart-Zillerschen Ideen, an dieser Anstalt Aufnahme und Berücksichtigung finden, und wie die jungen Leute damit bekannt gemacht werden, hat Herr Direktor Leutz in anziehender Weise in der »Praxis der Erziehungsschule« von Dr. Karl Just (B. I, 4. Heft 1887) dargelegt.

Ein geeignetes Hilfsmittel zu bearbeiten, welches dem pädagogischen Unterrichte im Seminare zu grunde gelegt werden kann, und das zugleich geeignet ist, als Ratgeber und zur weiteren Fortbildung den jungen Lehrer in die Praxis zu begleiten, ist ein schätzbares Verdienst des Herr Direktor

Leutz. Sein »Lehrbuch der Erziehung und des Unterrichts« (Lang, Tauberbischofsheim), welches in den Studien (1886, 2. Heft), in der Erziehungsschule von Dr. Barth (1886, Nr. 3) und in Dörpfelds ev. Schulblatt (1885) als ein Fortschritt in der pädagogischen Litteratur bezeichnet wurde, verrät den einsichtsvollen und praktischen Schulmann. Der Wert des Buches liegt darin, dafs es mit dem Hergebrachten nicht vollständig bricht, so dafs es bei dem Unterrichte, wo derselbe nach gesetzlichen Bestimmungen geregelt ist, mit Erfolg verwendet werden kann. Insofern füllt das Werk eine Lücke in der pädagogischen Litteratur aus, weshalb es auch in anderen Seminaren zur Verwendung kommt.

Zur Verbreitung der Ideen Herbarts und seiner Schule unter den Lehrern Badens hat das Werk nicht wenig beigetragen. Wie warm vertritt der Herr Verfasser in seinen Büchern die Herbartsche Pädagogik! Mit welchem Geschick hat er sich der schwierigen Aufgabe unterzogen, in dem Buche den Herbartianismus zur Geltung zu bringen, als dies unter den gegebenen Verhältnissen zulässig ist! Mit Recht hat das bei den Besprechungen über das Werk in den angeführten Schulblättern verdiente Anerkennung gefunden.

Zur weiteren Klärung und Verbreitung der Herbartschen Pädagogik hat Herr Direktor Leutz beigetragen durch kleinere Abhandlungen, welche als Beigaben zu den Jahresberichten über das ev. Seminar erschienen sind. Zwei Abhandlungen nehmen unser volles Interesse in Anspruch: »Zur Methodik des bibl. Geschichtsunterrichtes« im 37. Jahresbericht (1883) und »Der Lehrgehalt der Geschichte Abrahams. Methodische Präparationen nach dem badischen Lehrbuch der bibl. Geschichte« im 40. Jahresbericht (1886).

Die erste Abhandlung ist eine Entgegnung auf die Ausstellungen, welche besonders von seiten der Herbartschen Schule an dem durch die Generalsynode ausgearbeiteten und in Baden eingeführten Lehrbuch der bibl. Geschichten gemacht wurden. Von allgemeinem Interesse ist die methodische Besprechung, welche Herr Direktor Leutz an seine Entgegnung, welche namentlich Herrn Seminaroberlehrer Dr. Thrändorf gilt, anschliefst.

Und um welche Dinge handelt es sich in dieser Entgegnung? Nicht um Abwehr persönlicher Nörgeleien, oder um auf einen Haufen getragene Kleinigkeiten, mit denen man Staub aufwirbeln will, damit der Sache Fernstehende an skandalösen Albernheiten sich freuen können, sondern um ein Aussprechen über wichtige methodische Fragen durch sachliche Begründung. Da dreht es sich erstens um die Wichtigkeit, ob bei den bibl. Erzählungen die epische Breite gewahrt worden, aus welchem Grunde die direkte Rede der indirekten, oder umgekehrt, vorzuziehen sei; warum auf den unteren Stufen das Vorerzählen der Erzählung, auf den oberen Stufen dagegen das Lesen der Geschichte geeigneter ist; und schliefslich, weshalb die Forderung des Wiedererzählens durch die Schüler gefordert werden mufs. Zweitens handelt es sich um die Verteilung der Geschichten auf die einzelnen Schuljahre, ob diese nach konzentrischen Kreisen oder nach der Zillerschen Kulturstufenidee erfolgen soll.

Wie interessant, wenn zwei so tüchtige und bewährte, für ihren Beruf begeisterte, einem pädagogischen Gedankenkreis angehörende Schulmänner ohne Ansehen der Person ihre Überzeugungen und Erfahrungen einander entgegenhalten! Wie belehrend, wenn der eine, von der Richtigkeit seiner Sache und von der Durchführbarkeit des Konzentrationsprinzips im Zillerschen Sinne eingenommen, mit schneidigen Worten seine Überzeugung vertritt, während der andere, die sogenannten kulturhistorischen Stufen nicht völlig verwerfend, bei aller Liebe zu Ziller und seinen Grundsätzen sich auf den Boden der Wirklichkeit stellt und mit den gegebenen Verhältnissen rechnet, mit vielseitiger Erfahrung und edler Wärme ruhig und besonnen! Wie anregend und aufklärend für die Fortbildung und insbesondere für die Ausbildung und Verbesserung seiner eigenen Unterrichtspraxis sind dann die übereinstimmenden Ansichten der beiden Schulmänner in dem Kardinalpunkte der Methodik!

Herr Direktor Leutz schreibt: »Die Gegner, oder sagen wir lieber die Nichtkenner der Herbart-Zillerschen Grundsätze, sind gleich bereit entweder mit dem Vorwurfe der Künstelei und Unausführbarkeit, oder sie behaupten, an diesen neuen Ideen sei das Gute nicht neu und das Neue nicht gut, und zwar sowohl was den Grundsatz» der Dominierung eines Centrums, als was die Verknüpfung des Stoffes betrifft. Die Verknüpfung der einzelnen Lehrstoffe sei eine alte Wahrheit, die in jedem Lehrbuche der Methodik sich finde? Ja wohl, aber wird diese Wahrheit nicht in einer Weise aufser acht gelassen, dafs es nötig ist, immer und immer aufs neue sie hervorzuholen? Sind denn unsere Lehrbücher so bearbeitet, dafs sie dem Konzentrationsgedanken entsprechen? Sind dieselben schon dem Umfange nach so beschaffen, dafs der Schüler in den acht Schuljahren völlig heimisch darin wird? Finden sich für alle Fächer Anknüpfungspunkte darin? Oder werden denn die im Sprachunterrichte zu behandelnden Lesestücke auch immer mit Rücksicht auf den in anderen Stunden behandelten sachlichen Stoff ausgewählt? Kommt es nicht vor, dafs ein Lehrer im Winter das Lesestück über die Geschichte einer Kornähre behandelt und im Sommer das über das Kupfer; oder er beginnt die Geschichte der deutschen Kaiser und behandelt in der folgenden Stunde statt etwa »König Karls Meerfahrt« »die Trompete von Gravelotte« und statt der Geographie des Rheines oder wenigstens Deutschlands die der Türkei.*)

In der deutschen Sprache wird ja wohl auch einmal ein Aufsatz gemacht über den gerade behandelten realen Stoff, aber doch nicht so häufig; wie oft bieten sich in den Realien oder in den gerade in der Stadt oder im Dorfe vorwaltenden Geschäften Beispiele für das Rechnen, allein die Rechenaufgaben werden durch das Rechenbüchlein bestimmt, dessen Verfasser sich natürlich nicht nach dem gegenwärtigen Pensum im Realunterricht richtet! Wird auch einmal ein religiöser Stoff beigezogen? Wie nahe

---

*) Wir konstatieren die Thatsache, dafs ein Lehrer in der Weihnachtswoche die Geschichte der Geburt Jesu behandelte, aber das Lied »O Lamm Gottes unschuldig am Stamme des Kreuzes geschlachtet« lernen liefs. Der Verf.

läge es doch hier, eine biblische Geschichte schriftlich nacherzählen, eine Zusammenfassung machen zu lassen, z. B. über die wichtigsten Begebenheiten im Leben des Abraham, des Moses, Elias, Petrus, Paulus? Freilich steht gerade dieser letzteren Art von Konzentration an vielen Schulen die Trennung des Religionsunterrichts von den übrigen Fächern entgegen, wobei auch die Lehrer verschieden sind. Oder kennt auch jeder Lehrer einer Klasse genau den in der vorhergehenden Klasse behandelten Stoff? Sucht er zuvörderst den Vorstellungskreis, die Kenntnisse der ihm übergebenen Schüler zu ermitteln, um dieselben als Anknüpfungspunkte für seinen Unterricht, als Hilfen für weiteres Verständnis benützen zu können? Was sagt der erziehende Unterricht zu dem häufigen Lehrerwechsel? Doch sind wir immerhin an der Volksschule noch besser daran als die höheren Schulen, an denen das Fachlehrer-System nach der erziehlichen Seite eine oft schlimme Wirkung äufsert.

Es ist also nicht überflüssig, immer wieder auf diesen Kardinalpunkt in der Methodik hinzuweisen, und hierin liegt auch der Hauptzweck der Abhandlung, hervorzuheben, dafs der erziehliche Unterricht einen Schwerpunkt haben, und dafs dieser, wenn er noch nicht in der rechten Weise gefunden wurde, gesucht werden müsse; dafs ganz besonders der formale Unterricht in der Sprache sich enge an den Sachunterricht anschliefsen müsse, dafs jeder Unterricht an dem andern Anknüpfungen suchen und finden, dafs der dort bearbeitete Stoff hier wiederholt und in andere Verbindungen gebracht werden, dafs jede gewonnene Kenntnis die Vorbereitung für eine weitere höhere Stufe werden, dafs durch Herbeiziehung der eigenen Thätigkeit des Schülers und durch möglichst vielseitige Anwendung des in gemeinsamer Arbeit Erworbenen der Unterricht nicht nur im besten Sinne praktisch, sondern auch durch den energischen Einflufs auf das Wollen wahrhaft erziehend gemacht werden müsse.

Wir haben diese umfangreiche Stelle aus der Abhandlung ausgezogen, um den Leser ahnen zu lassen, wie warm Herr Direktor Leutz die Grundsätze der Herbartschen Lehre vertritt, anerkennt und befolgt wissen will. Seine zweite Abhandlung ist eine Ergänzung der ersten; an gehaltvollen Präparationen zeigt er die Anwendung der fünf formalen Stufen an der Geschichte Abrahams. Aber auch in kleineren Aufsätzen in der »Badischen Schulzeitung«, in Vorträgen auf der Karlsruher Lehrerkonferenz vertritt Herr Direktor Leutz mit Klarheit und Entschiedenheit die Bestrebungen des Herbartianismus. Dankbar begrüfst er jede Kundgebung aus den Lehrerkreisen für die Herbartsche Sache und beantwortet durch brieflichen Verkehr an ihn gestellte Anfragen oder ermuntert zum Fortschreiten auf der betretenen Bahn.

Aber »niemand, welcher die ausgetretenen Wege verläfst, wird auf seinem neuen Pfade unangefochten wandeln können.« Das hat auch Herr Direktor Leutz erfahren müssen. Unter anderen harten Beschuldigungen hat man ihm vorgeworfen, dafs er sich »vornehm« zurückziehe. Die Lehrer-Konferenz Karlsruhe-Land hat darauf die richtige Antwort gegeben, indem sie einstimmig den Beschlufs fafste, Herrn Direktor Leutz gegenüber diesen

Angriffen durch eine Abordnung ihre Ergebenheit und Hochachtung ausdrücken zu lassen. Dieser Beschlufs wurde auch von Nichtherbartianern mit Freuden begrüfst. Möge die mehr in die Tiefe gehende Wirksamkeit des Herrn Direktor Leutz zur weiteren Entwickelung des Schulwesens in Baden noch reiche Früchte tragen!

Von nicht zu unterschätzender Bedeutung ist ferner die erfreuliche Thatsache, dafs auch im ev. theol. Seminar zu Heidelberg die Pädagogik Herbarts Einzug hält. Herr Prof. Dr. Mehlhorn hatte die Güte, mir Folgendes mitzuteilen:

»Im theol. Seminar zu Heidelberg haben wir in diesem Semester begonnen, die Katechesen über Bibelabschnitte nach den formalen Stufen der Herbartschen Pädagogik einzurichten. Wir wenden dafür — teilweise im Anschlufs an Rein — deutsche Bezeichnungen an, nämlich: 1) Vorbereitung; 2) Darbietung; 3) Vergleichung; 4) Lehrgehalt; 5) Anwendung.

Die »Badische Schulzeitung«, Organ des Allg. Badischen Volksschullehrer-Vereins etc., im Auftrage des Ausschusses herausgegeben von J. Goldschmidt, ist dem Herbartianismus zugethan. Schon unter der trefflichen Leitung des für die Vereinsache in Baden hochverdienten Herrn Hauptlehrer Hug, Mitglied des Vereins für w. Pädagogik, war dies der Fall. Im Laufe der letzten Jahre brachte diese Zeitung eine gröfsere Reihe von Aufsätzen und Artikeln, welche sich alle mit Fragen — in theoretischer und methodischer Hinsicht — im Geiste der Herbartschen Pädagogik beschäftigen. In einem Aufsatze »Eine Forderung unserer Zeit auf dem Gebiete der Pädagogik« wird der Gründung akademisch-pädagogischer Seminare das Wort geredet; in einem andern »Das pädagogische Testament Zillers« wird die Einrichtung solcher Seminare (des zu Jena) beschrieben, und die »Materialien zur speciellen Pädagogik« den Lehrerkonferenzen als Unterlage zu anregenden Besprechungen und zur Anschaffung von Lehrerbibliotheken empfohlen. Eine nicht unbedeutende Reihe von Artikeln wäre noch zu nennen, welche vielfach ganz oder annähernd im Herbartschen Geiste geschrieben und von Herbartschen Ideen durchtränkt sind, ein Beweis, dafs diese Ideen das Interesse der Lehrer gefangen nehmen und vielseitige Anregung zur Berufsthätigkeit geben.

Ebenfalls wurde auf einigen Lehrerkonferenzen die von Herbart begründete Pädagogik in Erwägung gezogen. In dieser Beziehung ist die Thätigkeit der Konferenz Mosbach besonders hervorzuheben. Der Vorsitzende, Herr Hauptlehrer Henninger, begann mit einem Vortrag über die fünf formalen Stufen. Daran schlofs sich ein Vortrag über die Behandlung der bibl. Geschichten in einer gemeinschaftlichen Konferenz der ev. Geislichen der Diöcese Mosbach und der ev. Lehrer des Bezirks. Derselbe fand bei den Herren Geistlichen allseitige Zustimmung; auch bei den Kollegen mufste diese Art der Behandlung der bibl. Geschichte Anklang finden. Nur äufserten einige darüber Bedenken, dafs die Zeit zu solcher Behandlung nicht reiche. In mehreren Vorträgen behandelte Herr Henninger »Denken und Gedächtnis« nach Dörpfeld. Dies geschah in zusammenhängender Reihenfolge, wodurch die Sache soweit gefördert wurde, dafs auch andere Kollegen sich zu Vorträgen bereit zeigten. Unter Zugrundelegung der Leutzschen Erziehungs- und Unterrichtslehre wurden einzelne Unterrichtsgegenstände auf den Konferenzen behandelt. Die Anwesenden folgten jeweils diesen Vorträgen mit Interesse. Selbst auf der amtlichen Konferenz im letzten Frühjahre konnte man hören, dafs bei den betr. Referenten (Behandlung der Geographie stand auf der Tagesordnung) die Herbartschen Ideen zum Durchbruch gekommen sind. Namentlich sind es jüngere Lehrer, welche der Sache geneigt sind und derselben dienen; aber auch die älteren Kollegen stimmen bei. Leider fehlt es oft an den Mitteln, sich die erforderlichen teueren Werke zu verschaffen.

Ebenso wurden auf den Lehrerkonferenzen zu Pforzheim und Eubigheim (durch O. Ziller), Heidelberg (Göckel), Lörrach (Lutz), Karlsruhe (Leutz) und Buchen (Schuhmacher) Vorträge gehalten, welche zum grofsen Teil den Zweck hatten, eine Orientierung auf dem Gebiete der Herbartschen Pädagogik zu vermitteln und zum Studium derselben anzuregen.

Von Interesse ist die Besprechung, welche sich an den Vortrag des Herrn Schuhmacher auf der Konferenz zu Buchen knüpfte, und über welche die »Bad. Schulzeitung« ausführlich berichtet. Unter den verschiedenen Einwendungen sind folgende hervorgehoben:

1. »Es wurde namentlich betont, dafs eben diese wiss. Pädagogik eigentlich wenig Neues geschaffen, vielmehr das Alte in eine andere Form gegossen hätte.«

Dieser Auslassung gegenüber bemerkte der Referent, dafs »keine Erziehungslehre vor Herbart die Pädagogik in ein solch logisch geordnetes, wissenschaftlich begründetes und einheitlich durchgeführtes System gebracht habe. Das Studium der Psychologie sei bisher vernachlässigt worden. Diese exakte Psychologie zeige uns, dafs ein fester Wille nicht blofs durch Einpflanzung gewisser Grundsätze, durch eine sogenannte »gute Erziehung«, sondern durch Schaffung eines gewissen Gedankenkreises erzielt werde.« —

Das Streiten, ob die Pädagogik Herbarts und ihre weitere Ausbildung durch Ziller neu sei, ist doch eigentlich müfsig und thöricht; denn mit Recht sagt Wiget, dafs die Mehrzahl der Menschen, in welchem Gebiete es auch sei, sich nicht neue Bahnen bricht, sondern die Pfade wandelt, die bevorvorzugtere Geister erschlossen; und: wenn beide Männer nichts absolut Neues geliefert hätten, sondern nur überlieferte Wahrheiten vertieft, zerstreute gesammelt, anerkannte Maximen erweitert, andere eingeschränkt hätten, wäre nicht das schon ein Verdienst? (Siehe Wigets originelle Abhandlung über die fünf formalen Stufen des Unterrichts. Chur 1883.) Freuen wir uns lieber an dem W e r t d e r S a c h e; freuen wir uns, wie Dr. Zahn richtig bemerkt, dafs Herbart und Ziller »die vorgefundenen Elemente in eigentümlicher Weise zusammengefafst und gruppiert und zu einem lebenatmenden und lebenerregenden Organismus ausgestaltet haben. Fragen wir lieber: Ist das, was Herbart und Ziller anstrebt, wahr und richtig, für die Gestaltung des Unterrichtes und Erziehung wertvoll und bieten uns ihre Lehren klare Grundsätze für unsere Wirksamkeit, zuverlässige Belehrung und Aufmunterung?

2. »Der Zweck des Unterrichtes könne nicht blofs Erweckung des Interesse sein, der Schüler müsse doch vor allem auch mit den nötigen Kenntnissen für das praktische Leben ausgestattet werden.«

Diese Einwendung zeigt, dafs noch viele Lehrer mit den Grundsätzen der Herbartschen Pädagogik nicht vertraut sind. Denn die Herbartsche Schule geht sogar noch weiter. Sie will im Unterrichte nicht nur ein Wissen, sondern auch ein Können erzeugen; es ist dies ein Pestalozzischer Gedanke, den Ziller weitergebildet hat.

Die Einwendung kennzeichnet aber auch zugleich den Standpunkt der pädagogischen Richtung vieler Lehrer: Der Einzelne bedürfe nur des Wissens, um seine Stellung als Mensch innerhalb der Gesellschaft auszufüllen, d. h. nicht nur gesetzgemäfs, sondern auch sittlich zu handeln. Diesem Grundsatze huldigt die Schule in unserer Zeit nur zu sehr. Dieser falsche Lehrsatz wird gleichsam noch immer als Ausgangspunkt der Bestrebungen, das Volk zu bilden, hingestellt. Den Unterrichtsstoff setzt man gleich dem Erziehungsstoff und denkt nun, durch Vermehrung des ersten die einzige richtige, unzerstörbare Grundlage der sittlichen Persönlichkeit gewinnen zu können. Um die Bildung des sittlichen Bewufstseins, des Charakters kümmert man sich nicht, das Wissen allein hat Wert auf der Börse des Lebens. Gegen eine solche Auffassung macht die Herbartsche Pädagogik allerdings entschieden Front. Alle methodischen Fragen werden bei ihr unter den Gesichtspunkt des erzieherischen Zweckes alles Unterrichtes gestellt. Jede Methode, welche nicht die Fähigkeit, die geistige Kraft, die Selbstthätigkeit des Schülers zu erhöhen vermag, ist aus dem erziehenden Unterricht ausgeschlossen.

Und mit Recht betont Herr Direktor Leutz in seinem Briefe an Dr. Just: »Ich finde, dafs man nie genug unseren jungen Lehrern es einschärfen kann, angesichts so mancher Bestrebungen, die teilweise aus den Lehrerkreisen selbst hervorgehen, wonach sie sich nur als „Lehrer" betrachten und jede erzieherische Thätigkeit im Unterrichte von sich abweisen, dafs sie das oberste Ziel der Wissensbildung nicht aus dem Auge lassen dürfen, dafs sie sich niemals damit zufrieden geben dürfen, wenn ihre Kinder lesen, schreiben und rechnen können und sonst noch allerlei Kenntnisse sich erworben haben, wenn sie nicht durch diesen Unterricht bessere Menschen geworden sind, wenn der Lehrer nicht die Überzeugang haben kann, dafs die edlen Grundsätze, welche er in die Kinder hineinpflanzte, eine solche einheitliche Kraft entwickeln, dafs sie auch eine wirkliche Stütze des schwachen Willens und einen festen Schild gegenüber den Versuchungen des Lebens bilden können. Es heifst in der That, den Lehrerberuf degradieren, wenn er sich dieses oberste Ziel rauben und sich zur lebendigen Lehrmaschine machen läfst.« — —

3. »Bezüglich der Konzentrationsidee wurde von älteren Kollegen hervorgehoben, dafs sie eigentlich auch nicht zu den Resul-

taten der wissenschaftlichen Forschung zu zählen sei. Neu sei nur die eigenartige Konzentrationsidee nach Ziller, die ja bekanntlich wenig Nachahmer fände. Die Forderung, die Unterrichtsfächer müfsten in möglichst inneren Zusammenhang gebracht werden, in eine Wechselbeziehung zu einander treten, sei schon zur Zeit ihrer beruflichen Ausbildung nicht neu gewesen und seither mit Recht immer und wieder erhoben worden. — Anschliefsend hieran wurde noch bemerkt, dafs leider die Anhänger der Herbartschen Schule in ihrer Begeisterung für die Sache geneigt seien, die Verdienste hervorragender Pädagogen älterer und neuerer Zeit, falls sie nicht zur Herbartschen Schule zählten, zu verdunkeln. Auch der heutige Vortrag berechtige zu diesem Tadel. Diesen trefflichen Pädagogen und hervorragenden Methodikern seien wir aber zu grofsem Danke verpflichtet, und ihre Werke seien heute noch eine reiche Fundgrube für den strebsamen Lehrer.«

Was die Konzentrationsidee anbetrifft, so sind eben die Herbartianer nicht bei der „Forderung" stehen geblieben, sondern suchten die psychologische und ethische Berechtigung derselben nachzuweisen und in der Praxis zu verwirklichen. Dieser Aufgabe haben sie sich schon vor 25 Jahren unterzogen, und zwar ganz im Stillen, ohne Lärm und ohne Anhänger dafür zu werben. Ist deshalb den Männern, die sich die Lösung dieser Frage zur Lebensaufgabe machten, ein Vorwurf zu machen? Sie sei nicht neu? Künstlich und deshalb unausführbar? Für einen Herbartianer ist diese Idee selbstverständlich eine einfache Folgerung der Idee des erziehenden Unterrichtes. Und wer über die Frage der Neuheit entscheiden und dieselbe beurteilen will, der findet in dem Hauptwerke Zillers, in der Grundlegung zur Lehre vom erziehenden Unterricht, eine Fülle von Citaten, welche die geschichtlichen Zusammenhänge angeben. Und über die Künstlichkeit und Unausführbarkeit kann nur derjenige urteilen, welcher nach ihr unterrichtet hat. Der Unterzeichnete unterrichtet seit acht Jahren nach dieser Konzentrationsmethode und ist sich der ganzen grofsen Tragweite dieses Gedankens für die Zukunft wohl bewufst.

Was ferner die Verdunklung hervorragender Pädagogen anbelangt, so erfahren wir nicht aus jenem Berichte, ob für diese grundlosen Behauptungen Beweise erbracht worden sind. Ich wohnte einmal einer Konferenz bei, auf der ebenfalls den »Anhängern der Herbartschen Schule« dieser Vorwurf gemacht wurde. Als ich den Betreffenden aufforderte, seine Beschuldigung durch Beweise zu erhärten, wurde er verlegen und verteidigte sich schliefslich damit, dafs er dieses und jenes in der N. Schulzeitung gelesen habe; ein Beweis, wie derartiges, durch Schulblätter verbreitet, von Mund zu Mund weitergetragen wird. Ziller hat den Beweis geliefert, dafs er die »Alten« fleifsig und gründlich studiert habe, und wenn ein Schüler in der Liebe zur Sache und zu seinem Meister auch einmal zu weit gegangen ist, so kann und darf man eine solche Verirrung nicht allen Herbartianern zur Last legen. Der Wert der Sache mufs und soll immer höher stehen als die Personen. Das Verdienst des trefflichen Seminardirektor

Stern wird gewiss nicht verdunkelt, wenn man über die Art seines Konzentrationsgedankens, den religiösen Stoff zu sprachlichen Übungen zu benützen, in unserer Zeit den Stab bricht. An dem erzieherischen Wert der Methode, in psychologischer und ethischer Hinsicht, müssen die überlieferten Grundsätze gemessen werden, eine Arbeit, deren sich die Herbartianer mit gründlichem Fleifs und Ausdauer unterziehen und manchmal mit schneidigen Worten dafür kämpfen. Ich bin der Hoffnung, dafs wenn noch recht viele Lehrer in Baden sich in die Ideen der Herbartschen Pädagogik eingelebt haben, solche Vorurteile von selbst schwinden. Möchten die noch Fernstehenden sich durch Personen nicht irre machen lassen, sondern an den Quellen schöpfen, dann werden sie von selbst finden: Hier handelt es sich nicht um methodische Tifteleien, sondern um grofse bedeutende Erziehungsfragen für die künftigen Generationen, deren Erziehung von Plato das eine Grofse unter den menschlichen Angelegenheiten genannt worden ist. —

Heidelberg, Weihnachten 1887.

Fr. Krönlein.

---

6. Herbartiana.

In Schlesien bezw. in der Schles. Schulzeitung war im vor. Sommer von einem eingefleischten Anti-Herbartianer, Herrn R. Rissmann in Berlin, der Kampf gegen die Herbart-Zillersche Pädagogik nach zweijähriger Waffenruhe aufs neue begonnen worden, nämlich durch einen Aufsatz »Die Verdienste Tuiskon Zillers«, in welchem nicht allein die Anhänger Zillers, spottweise »Vollblut-Zillerianer« genannt, der Beschränktheit und gedankenlosen Nachbeterei geziehen, sondern auch die Verdienste Zillers auf Null reduziert wurden. Darauf hat Herr H. Grabs in Glogau in drei Artikeln unter »Zur Verteidigung der Zillerschen Pädagogik« geantwortet. In denselben hat der Verfasser zuerst die Idee von den Formalstufen, dann die beiden anderen von der Konzentration des Unterrichts und den Kulturstufen gegen die Angriffe und Verunstaltungen des Gegners gerechtfertigt. Zwischenein hat H. R. noch einmal das Wort erhalten, um seinen Gegner in einer Anzahl von Bemerkungen vor den Lesern herabzuziehen. Dieser hat auf die mit der vertretenen pädagogischen Angelegenheit nicht zusammenhängenden Angriffe nicht geantwortet. H. R. hat die Diskussion darauf in die Preufs. Lehrerzeitung verlegt und in vier Nummern dieser vorwiegend politischen, täglich erscheinenden Zeitung einen Aufsatz unter »Zu der Lehre von den Unterrichtsstufen« veröffentlicht, der sich dadurch auszeichnet, dafs er sachlich gehalten und in seinen Urteilen mafsvoll ist. In demselben wird besonders der Herbartsche Begriff der Apperzeption bekämpft und ihm die Wundtsche Definition als die richtigere gegenüber gestellt.*) (Nr. 292—295.)

---

*) Vergl. den vorstehenden Bericht über die Weifsenfelser Versammlung.

Auch in der Schweiz ist der Streit um die Herbartsche Pädagogik entbrannt. In Nr. 40 u. f. der Schweizerischen Lehrerzeitung hatte Herr Prof. Ruegg-Bern Artikel über »den erziehenden Unterricht«, und zwar über »die drei Säulen der Zillerschen Didaktik (Nr. 14 u. f.) veröffentlicht. Darauf hat Herr Direktor G. Wiget-Rorschach in Nr. 49—52 derselben Zeitung unter dem Titel »Zur Rechtfertigung der Herbart-Zillerschen Pädagogik« einen Aufsatz veröffentlicht, durch welchen die Einwürfe des Gegners grofsenteils auf Mifsverständnisse zurückgeführt und völlig entkräftet werden. Bis jetzt sind die Grundsäulen der Herbart-Zillerschen Didaktik durch Rifsmann und Ruegg ebenso wenig als durch Herrn Dittes Anstrengungen erschüttert worden.

Nachtrag. Auf den oben angegebenen Aufsatz des Herrn Rifsmann in der Preussischen Lehrerzeitung hat Herr Rude-Argenau in sachgemäfser Weise geantwortet. (Nr. 7 u. 8, Beil.) Daraufhin ist eine Entgegnung des H. R. erschienen. (Nr. 8 u. 9.) Die neuesten Angriffe, welche auf die Theorie der formalen Stufen gerichtet worden sind, wird Herr Oberl. Reich-Jena demnächst in einer Brochüre beleuchten.

---

7. Aus dem Pädag. Universit.-Seminar zu Jena.

Unter diesem Titel ist eine kleine Schrift bei Beyer u. S. in Langensalza erschienen, welche folgenden Inhalt hat:

1. Ansprache des Direktors, Prof. D. Rein.
2. Bericht des Oberl. Reich.
3. Zur Synthese im Geschichtsunterricht. Von A. Baer.
4. Sätze über den darstellenden Unterricht.
5. Einrichtung der Systemhefte. Von Br. Maennel.
6. Eine Präparation über »Siegfrieds Tod.« 4. Schulj. Von L. Höber.

---

8. Bemerkungen zu dem Aufsatze „Gesinnungsunterricht und Kulturgeschichte" im 2. Heft d. Z. 1888.*)

Von Professor Dr. Kármán in Budapest.

Zuerst ein paar interessante literarische Belege zur Ergänzung der im 2. Heft auf S. 87 mitgeteilten Liste. 1. Aus Friedr. Aug. Wolfs pädag. Papieren auf der königlichen Bibliothek zu Berlin teilt schon Körte in den von ihm herausgegebenen Consilia scholastica (Quedlinburg und Leipzig, 1835. S. 96—71) einen Versuch des grofsen Philologen mit, die allmähliche Entwickelung des Individuums mit dem Verlaufe der Menschheitsentwickelung in Parallele zu setzen, mit der bedeutungsvollen Einleitung: »Es giebt etwa 10 Zeiträume der Menschheit und so auch der Jugend-

*) Aus einem Briefe an den Herausgeber d. Z.

erziehung der Einzelnen, denn letztere mufs den Zeiträumen des ganzen Menschengeschlechtes entsprechen.« (Vgl. auch Arnold, Fr. Aug. Wolf in feinem Verhältnisse zum Schulwesen und zur Pädagogik. II. Bd. Technischer Teil. Braunschweig, 1862, S. 28). Das Ganze verdient noch einmal abgedruckt zu werden.

2. Von Dr. Friedrich Kapp (Direktor des königl. Gymnasiums zu Hamm — es scheint dies Gymnasium eine recht pädagogische Schulung zu haben) erschien 1834, Schulzische Buchhandlung, eine höchst interessante kleine Studie unter dem Titel: Der wissenschaftliche Schulunterricht als ein Ganzes. Oder die Stufenfolge des naturkundlichen Schulunterrichtes als des organischen Mittelgliedes zwischen dem der Erdkunde und der Geschichte. Zweiter Beitrag zur welthistorischen Ansicht alles Unterrichts.« Da ist zu lesen, S. 11 vom Verfasser selbst hervorgehoben: Das allgemeine Gesetz der Methodik ist nichts anderes, als die vernünftige Anwendung des gesetzlichen Entwickelungsganges der ganzen Menschheit auf die Entwickelungsstufen des menschlichen Individuums! — und als Beilage Nr. 1 wird eine recht instruktive Tabelle aufgestellt: »Allgemeine Methodologie des naturkundlichen Schulunterrichts als des organischen Mittelgliedes zwischen dem der Erdkunde und Geschichte.« Es ist dies ein Versuch eines Lehrplans für Erdkunde, samt naturwissenschaftlichen Disziplinen und Geschichte, der zugleich den Entwickelungsstufen und auch einer Art von Konzentration zu entsprechen sucht. Auch diese Tabelle dürfte der erneuten Mitteilung wert sein! An Universitätsseminaren sollten ähnliche ältere methodische Versuche prinzipiell durchgearbeitet werden.

Und nun teile ich Dir aus früheren Abhandlungen, die ich zumeist mit polemischen Zwecken, in meiner Zeitschrift (Magyar Tanugy, vom Jahre 1872—1881 zehn Jahrgänge) veröffentlicht, einige Bruchstücke mit, die etwa dazu dienen sollen, teils Belege abzugeben für einige Deiner Darlegungen, teils jedoch, diese weiterzuführen und zu entwickeln. Erst später möchte ich eingehender auf die ethischen und psychologischen Gesichtspunkte eingehen, die meinen Anschauungen zu Grunde liegen.

I. Aus dem Jahre 1874; — einem Artikel entnommen: Zur Theorie des Lehrplans: (Magyar Tanugy, III. Jahrgang, S. 99 ff. »Allgemein ist die Klage, dafs es gegenwärtig bei bestem Willen unmöglich ist, im Schulunterrichte einen planmäfsigen, zusammenstimmenden Lehrgang einzuschlagen. Aus diesem fatalen Zustande, unter dem das Schulwesen im Auslande eben so sehr hinsiecht, wie im Vaterlande, sucht unsere Frage einen Ausweg, indem sie die Forderuug stellt, dafs die Schuldisziplinen in der Weise gruppiert würden, dafs ebensowohl unter den nebeneinanderstehenden Teilen Zussmmenhang, wie unter den auf einander folgenden rechte Kontinuität herrsche. Die Berechtigung dieser Forderung zu begründeu scheint überflüssig. Unzweifelhaft kann das Ziel der Erziehung viel sicherer erreicht werden, wenn wir Mittel und Wege derselben in planvoller Verbindung anwenden. Der Unterricht wird nur dadurch das wichtigste, eindringlichste Mittel der Erziehung, dafs er solche streng verbundene systematische Einwirkung auf den kindlichen Geist ermöglicht; Wissensbruchstücke, isolierte Gedankenmassen geben weder wissenschaftliche Schulung, noch begründen sie sittliche Überzeugung. Die Forderung ist daher auch nicht neu. Seitdem die Aufgabe der Erziehung, die Kunst des Unterrichts Gegenstand ernsteren Nachdenkens, besonderer wissenschaftlicher Untersuchung geworden: besteht das Bestreben, die einzelnen Unterrichtsfächer dem einheitlichen Ziele der Erziehung gemäfs zu organisieren; die Lösung der Aufgabe besteht in dieser Frage eher darin, längst festgestellte Prinzipien der Pädagogik anzuwenden, als neue, unerhörte Theorien zu suchen, unbeschulte Wege einzuschlagen. Wenn trotzdem das Resultat einigermafsen befremdend erscheint, so liegt das mehr an der Planlosigkeit der bestehenden Unterrichtsweise, als an der Neuheit der empfohlenen Reformen. — Es hat wohl die Frage auch ihre eigentümlichen Schwierigkeiten. Auf den ersten Blick mag es als vergebliche Schwärmerei gelten, den aus einzelnen Fäden der wissenschaftlichen Fächer bestehenden Lehrstoff zu einem einheitlich verwobenen Ganzen umzugestalten. Man hat es einst als Aufgabe der Philosophie betrachtet, die Resultate der wissenschaftlichen Forschung einheitlich zusammenzustellen, aus irgend einem höheren Gesichtspunkte ihr bruchstückartiges Wesen zu ergänzen. Die Versuche sind gescheitert; die fortschreitende Wissenschaft kennt keine endgiltigen Resultate und lächelt über die alleswissende Einfalt, die ihre Entwickelung vorweg nehmen möchte. Die Pädagogik darf in diesem Sinne nicht in das Erbe der Philosophie eintreten: sie möchte eben die Jugend für den wissenschaftlichen Fortschritt erziehen, wobei der Thätigkeit derselben neue Probleme, neue, vielleicht ganz entgegengesetzte Richtungen harren mögen. Eine solche Einheit, die Einheit der Wissenschaft kann daher kein Lehrplan geben: was wir suchen ist auch nicht diese, sondern die Einheit der Bildung. Diese ist keine zweifelhafte, schwärmerische Vorstellung, sondern ein thatsächlich vorhandener realer Zustand. Die Forschung des Gelehrten, die Produktivität des Dichters und Künstlers, ja der Fleifs des Handwerkers und Fabrikanten: all ihre geistige Thätigkeit strömt in ihren Endresultaten darin zusammen, was wir nationale Bildung, gebildeten Gesamtgeist (Volksgeist) nennen. Diese ist der Centralpunkt des Volkslebens; ihre Pflege, sorgsame Bewahrung, dafs sie von der erreichten Höhe nicht herabsinken, sondern als Ganzes in ihrem vollen Werte der künftigen Generation überliefert werde: das ist die höchste Aufgabe des Schulunterrichts.

Es ist gewöhnliche Redensart, dafs wir von unseren Gymnasien, ja auch von den Volksschulen keine fachmäfsige Ausrüstung, sondern allgemeine Bildung erwarten: ich erblicke in dieser Auffassung eine der heilsamsten Intentionen des Schulwesens unserer Zeit. Ihr werden wir es zu danken haben — falls dieselbe in rechtem Sinne verwirklicht wird — dafs die schädlichen Einflüsse der dem gesellschaftlichen Bedürfnisse entsprechenden Arbeitsteilung, indem diese den Geist zu einseitiger und einförmiger Thätigkeit zwingt, in dem geistigen Leben des Volkes nicht so sehr fühlbar werden. In einem recht organisierten Schulwesen werden die erziehenden, allgemeinbildenden Unterrichtsanstalten immer bestimmter von den Fachschulen geschieden werden, indem als ihre Aufgabe anerkannt wird, die gemeinsamen, heiligen Denkmale der Nation zu bewahren, die edlen Hoffnungen derselben in das Herz der Jugend einzupflanzen.

Die Analyse des nationalen Gedankenkreises kann betreffs der Organisierung des schulmäfsigen Unterrichts einzig allein mafsgebend sein: das ist meine Überzeugung. Die Pädagogik begeht, meiner Ansicht nach, einen fatalen Sprung, wenn sie, die einheitliche Aufgabe des Unterrichts anerkennend, gewohntermafsen blofs das überlegt: welche wohl von den einzelnen Wissenschaften oder Lehrgegenständen, und in welchem Mafse jede zur Erreichung dieser Aufgabe beitragen kann. Die Einheit des nationalen Lebens, wie der individuellen Bildung kann keineswegs so mosaikmäfsig sich gestalten; man hat dieselbe längst, und sehr richtig, einem Organismus verglichen, deren Teile nicht in ihrer Vereinzelung, sondern nur als thätige Organe des Ganzen Leben haben und lebenskräftig sind. Solch organische, auf einander Bezogenheit kennzeichnet die unterscheidbaren Faktoren des Volksgeistes und der individuellen Bildung: in der Gliederung des schulmäfsigen Unterrichtsstoffes dürfen keine andern als diese Faktoren in Betracht gezogen werden . . . .«

II. Aus demselben Jahre, — einem polem. Artikel entnommen, der die Prinzipien eines neuen Lehrplanentwurfes verteidigt. (M. T. III. Jahrg. S. 290 ff.) »Wollen wir das Verfahren des pädagogisshen Unterrichts gegenüber dem gewohnten, verkehrten Lehrverfahren kurz und bündig charakterisieren, so können wir es mit keinem bestimmteren Ausdruck thun, als dafs jenes die lernende Jugend mit den Gegenständen selbst beschäftigt, nicht allein mit deren Formen, dafs es die Erfahrung an die Stelle der Regeln setzt, die Thatsachen an Stelle der Worte. Die ältere Schule begnügte sich, auch wo sie erzieherisch wirken wollte, damit, dafs sie die allgemeinen, abstrakten Resultate der Wissenschaft ins Gedächtnis der Zöglinge einprägte; wir betrachten es als die erste Aufgabe des Unterrichts, den Zögling selbst den Weg mitmachen zu lassen, der von der konkreten Einzelerfahrung hinführt zu den abstrakten Begriffen. In dieser Allgemeinheit bekennt auch wohl heutzutage jedermann, dafs der letztere Weg zweckmäfsiger sei; es leugnet niemand, dafs man in richtiger Weise die Regeln der Grammatik an Lesestücken, die Ordnung und Gesetzmäfsigkeit der Natur vermittels Beobachtungen und Experimenten, die Lehrsätze der Geometrie an Raumgestalten lehren solle. Aber von der Anerkennung des Prinzips im Grofsen und Ganzen, bis zur Verwirklichung im Einzelnen ist ein langer Weg. Wie beschaffen soll denn die Lektüre sein? Bruchstückartige Sätzchen, kleine skizzenhafte Geschichtchen, oder etwa zusammenhängende, wahre und schöne Darstellung menschlichen Lebens? — Wie beschaffen die Naturgegenstände, die Experimente? Einzelne im Interesse des Systems ausgewählte Exemplare, herausgehobene interessante Einzelfälle etwa, oder vielleicht das einheitliche Weltbild der Natur selbst? Auf solche Fragen geben die bisherigen Lehrpläne keine Antwort. Es gilt auch keineswegs neuen Lehrstoff in den Kreis des Unterrichts einzuführen, als vielmehr, die vorhandenen, zerstreuten leblosen Bruchstücke zu einem lebensfähigen Ganzen umzugestalten . . . .

Ich halte das vielsagende Imperativum der pädagogischen Lehrbücher, man möge bei Auswahl des Lehrstoffes, in Anwendung des Lehrverfahrens die Entwickelung der kindlichen Seele berücksichtigen, für sehr billige Weisheit. Wir bedürften eines viel sichereren Wegweisers, als es bei ihrem gegenwärtigen Stande die Psychologie sein kann, um die Entwickelungsstufen der Seele pünktlich umschreiben und klarlegen zu können, um den intellektuellen Kräften, den erwachenden Neigungen gemäfs den entsprechenden Lehrstoff auszusuchen. So lange eine solche prinzipielle Entscheidung unmöglich ist, kann nur der pädagogische Takt, der mit Hilfe der Kritik bereits gesicherter psychologischer Lehren von den grofsen Vorurteilen der Schultradition sich befreit hat, in Festsetzung des Lehrganges bestimmend sein. Und die Anordnung des Lehrstoffes betreffend, kennen wir keinen mafsgebenderen Wegweiser, als eben die Natur dieser Stoffe selbst. Die Schatzkammer menschlicher Erkenntnis ist nicht an einem Tage erbaut worden; die sittlichen Überzeugungen, intellektuellen Erfahrungen unserer Zeit entwickelten sich in einer langen Zeitreihe, durch viele grofse Stadien hindurch. Jede einzelne Institution unseres Staatslebens, jedes einzelne Wertstück unseres nationalen geistigen Besitzes ist das Resultat historischer Thätigkeit. Durch mühselige Arbeit wurde der Mensch Herr der Natur: auch auf dem Gebiete naturwissenschaftlicher Erkenntnis war die geschichtliche Natur des menschlichen Geistes bei Erreichung der einzelnen Resultate richtung- und mafsgebend. Alle unsere Gedanken, Gefühle, Ideale beruhen auf geschichtlicher Tradition: alle Kultur ist historisch. So weist eben die Natur des Lehrstoffes selbst dahin, dafs wir in Bestimmung ihres Nacheinander den Gang der historischen Entwickelung vor Augen halten mögen. Der bisherige Unterricht war in Bestimmung der Aufeinanderfolge so sehr formalistisch, dafs sie selbst bei denjenigen Lehrgegenständen, die rein sachlicher Art sind, keine Rücksicht auf die Möglichkeit des historischen Verständnisses nahm; im Ganzen und Einzelnen gab der Formalismus der wissenschaftlichen Systeme den Ausschlag. In der Geschichte lehrte man blofs am chronologischen Faden fortschreitend das wechselnde Leben der Völker kennen, ohne zu bedenken, dafs der kindliche Geist keinen Sinn damit verbinden kann, was sein Lehrbuch »geistige Entwickelung« oder »sittlichen Verfall« nennt; in der Naturkunde verfolgt man die Synthese der Elemente, vergessend, dafs eben zur Erkenntnis der Elemente die Abstraktion nötig. Wer in erster Reihe die sachliche Natur des Lehrstoffes berücksichtigt, wird in der Geschichte von den einfachsten Verhältnissen sittlichen und gesellschaftlichen Lebens ausgehen und so in höheren Klassen zur Behandlung der Kämpfe gegensätzlicher Interessen, der verwickelteren Institutionen fortschreiten; ebenso wird er in der Naturkenntnis von der Beleuchtung der ersten Versuche in Benutzung der Naturkräfte zur Erklärung der grofsen, allgemeinen Gesetzlichkeit im Leben der

Erde und des Universums übergehen. Diese Folge wird im Unterrichte des Individuums auf kurzer, geebneter Bahn den Weg einschlagen, den der geistige Fortschritt der Menschheit gegangen . . . .

III. Aus einer Artikelreihe, das Lesebuch und überhaupt den litterarischen Unterricht betreffend, aus dem Jahre 1881. (M. T. X. Jahrgang.)

Pädagogische Überlegungen haben, insbesondere sobald sie praktische Fragen betreffen, in unserer Zeit mit einer grofsen Schwierigkeit zu kämpfen, wenn sie überhaupt den Schein, blofse Einfälle zu sein, vermeiden wollen. Wir entbehren gänzlich einer gemeinsamen, wissenschaftlichen Grundlegung, welche das gegenseitige Verständnis nicht blofs ermöglichen, sondern auch für die praktischen Konsequenzen die Prämissen darbieten würde. Vor allem mangelt es bei der Analyse der in erzieherischer Hinsicht wichtigen psychischen Thatsachen an einem psychologischen Leitfaden, der uns mit klaren Lehrsätzen und mit bestimmten Gesetzen ebenso sicher führen könnte, wie beispielsweise die Mechanik bei Untersuchung einer Maschine es vermag. Und wenn auch in uns allen, die wir Kinder unserer Zeit sind, das Bewufstsein sittlicher Gemeinschaft lebt, wo finden wir seine strenge, allen Zweifel ausschliefsende Formulierung, die zur Detaillierung der Ziele unserer erzieherischen Thätigkeit einen genügenden Grund bieten würde? Daran liegt es zumeist, wenn die pädagogische Literatur bald nur in fortwährender Wiederholung nichtssagender Allgemeinheiten sich bewegt, bald in überschwenglicher Lobpreisung einseitiger Erfahrungen, individueller Bemerkungen sich gefällt. Dem gegenüber und unter den gegebenen Verhältnissen kann keine ernste Untersuchung es versäumen, in jedem einzelnen Falle mit einiger Beleuchtung der Grundfragen wenigstens die Bedingungen des Verständnisses sich zu sichern und in strenger Konsequenz entweder die Bildung einer Überzeugung oder die Erkenntnis des Irrtums zu erleichtern . . . .

So suchen auch unsere Überlegungen einen Ausgangspunkt, indem wir uns über den Hauptgegensatz im Kreise des Unterrichts orientieren, der in der Geschichte der erzieherischen Praxis sowohl, wie der pädagogischen Theorie fortwährend geherrscht und den wir als den Gegensatz des Formalismus und Realismus bezeichnen können. Die erste Partei sieht in der Anregung des Denkens, in der Entwickelung der intellektuellen Kräfte die Hauptaufgabe des Unterrichts — ihr ist die Schule die Palästra des Geistes, wo die Muskeln der Seele in entsprechender Übung erstarken sollen, um später die Fachwissenschaft bemeistern und die Lasten des Lebens und des Berufes ertragen zu können. Das didaktische Problem liegt von diesem Gesichtspunkte aus in der Frage, welche wohl in der Vielheit der Studien, welche Tradition und Notwendigkeit bereits innerhalb der Schule eingebürgert, am geeignetsten sei zu dem Werke des geistigen Training, welche wohl die Nerven der Seele am besten anspannen mag; und gewöhnlich wird das Problem mit der Auswahl einiger solcher Gegenstände gelöst, in denen der äufsere Schematismus der Logik herrscht oder am klarsten zutage liegt. Zumeist scheinen die lateinische Sprache und die

Mathematik zur Rolle privilegierter Studien berufen zu sein; in jenem bieten die grammatische Klarheit und stilistische Prägnanz, in diesem die Konsequenz der Lehrsätze und die Strenge des Beweises gleichsam ein Abbild des Nervensystems der Vernunft; daher, glaubt man, wird der Geist, der verständig ihre Schulung durchmacht, auch in jedem einzelnen Gliede erstarken und zu jeglicher Anspannung eingeübt werden. — Die andere Partei erblickt die Würde des psychischen Lebens nicht so sehr in der geistigen Thätigkeit allein, als vielmehr in dem Inhalte, den die Arbeit des menschlichen Geistes erschafft; sie zielt daher im Unterrichte von Beginn an auf die Bereicherung des kindlichen Geistes, auf die Vermehrung wertvoller geistiger Elemente. Die didaktische Schwierigkeit liegt hier in der Auswahl und zugleich in der Organisierung des vielgestaltigen Stoffes, indem es gilt, die konstituierenden Elemente jenes idealen Begriffes zu erforschen, den wir gemeinhin mit dem Namen edler Bildung bezeichnen. Vor uns steht die reiche Mannigfaltigkeit der Natur — die stetig wachsende Fülle der Kultur und der grofse Schatz menschheitlicher Tradition — alles Wertvolle, Edle und Heilige, was Glaube und Wissenschaft, Kunst und Industrie geschaffen: in welcher Auswahl soll nun diese Fülle den Blicken der erwachenden Seele vorgeführt, auf welchen Wegen diese in ihren Besitz eingeführt werden, damit der Geist von ihr nicht nur erfüllt werde, sondern zugleich Lust und Kraft gewinne zu neuerer Bereicherung seines Schatzes? So einfach, ja gleichsam nebensächlich vom Standpunkte formalistischer Didaktik die Bestimmung des Lehrstoffes erschien, indem es ja indifferent sein mag, woran der Geist sich übt, wenn er nur erstarkt — so verwickelt und bedeutsam wird sie auf Grundlage realistischer Pädagogik.

Die methodischen Schwierigkeiten unserer Zeit sind eben aus diesem Umstande zu erklären, dafs gegenwärtig, wie in allen schöpferischen, fortschreitenden Perioden, die letztere Richtung vorherrscht. Es ist unzweifelhaft, dafs unser Jahrhundert in wissenschaftlicher Überzeugung, und vielleicht noch mehr infolge praktischer Bedürfnisse immermehr sich von der Herrschaft der Form befreit, von jener überschwenglichen Verehrung abstrakter Ideen und Kräfte, in deren Zwang vielhundertjährige Tradition, auch von wissenschaftlichen Vorurteilen unterstützt, fast bis an die Schwelle dieses Jahrhunderts den menschlichen Geist gefesselt hielt. Heutzutage wird vielleicht auch die Naturwissenschaft die konkreten Gestaltungen der Natur keineswegs blofs auf Grund, sei es zufälliger oder zweckmäfsiger Wechselwirkung rein identischer Elemente erklären wollen; sie wird vielmehr auch die eigentliche, sei es ursprüngliche oder erworbene Natur der Elemente und Faktoren, in deren Beziehung die Kräfte zutage treten, in Rechnung bringen; — neben der mechanischen, physikalischen Auffassung, welche in der Wissenschaft des vergangenen Jahrhunderts allein grundlegend war, gewinnt auch die Berücksichtigung und Würdigung chemischer und biologischer Thatsachen immer mehr Raum. In viel höherem Mafse ist jedoch in Erklärung geistiger Bewegungen, der Erscheinungen des Volkslebens die Macht früherer Theorien gebrochen — geschwunden ist der Glaube an jenes starre Prinzip, dafs der Mensch zu jeder Zeit und an allen Orten dieselben fertigen Fähigkeiten, dieselben Charaktereigenschaften besessen, dafs wir unter Menschen überall dieselben Denkweisen, dieselben Gefühlsregungen und Leidenschaften finden. Heutzutage haben wir daher, um nur ein schlagendes Beispiel zu erwähnen, jenes thörichte Streben aufgegeben, dafs wir im Staatsleben irgend eine Verfassung aus der Heimat derselben in den Boden unseres Volkslebens einfach überpflanzen wollen — wir überzeugen uns immermehr davon, dafs die eigentliche Natur der Faktoren des Volksgeistes auch die Gestaltung des gesellschaftlichen Lebens bedingt. Das Nationalgefühl, die Achtung der Volkseigentümlichkeit, dieser Grundzug unserer Zeit, beruht eben auf der Erkenntnis jenes Umstandes, den auch die realistischePädagogik betont, indem sie den Wert des menschlichen Geistes in dem Inhalte, nicht blofs in der formalen Thätigkeit derselben erblickt.

Auch ich bekenne mich im allgemeinen, als Kind meiner Zeit, zu dieser realistischen Richtung der Pädagogik; — ich habe bereits vor Jahren (in der Vorrede zum Lesebuch unserer Übungsschule) meiner Überzeugung Ausdruck gegeben, dafs »die sittliche Entwickelung, die Veredlung des Willens mehr von dem Inhalte unserer Gedanken abhängig ist, als von unserer formalen Ausbildung«; und betrachte es als eine Hauptbedingung der Reform unserer Schulen, dafs wir beherzigen, »was für ein Lehrinhalt Herz und Geist unserer Jugend beschäftige«. Wohl weifs ich, dafs die Gefahr der Einseitigkeit, der Irrtum auch nach dieser Richtung hin drohen mag — und eine ausführlichere Darlegung, die allein diesen Fragen gewidmet wäre, würde etwa in dem Ausgleiche der erwähnten Gegensätze die Wahrheit finden*); aber bei dem gegenwärtigen Stande unseres Schulwesens, wo es als erste Bedingung der Verbesserung gilt, von alter schlechter Gewöhnung sich zu befreien, halte ich es in allen methodischen Fragen als die Hauptsache, klar darzulegen, welchem inhaltlichen Stoffe irgend ein Schulfach dienen, mit welchen sachlichen Elementen es zu dem Bildungsganzen beitragen mag, dem wir in der Seele unserer Zöglinge ein Heim verschaffen wollen. —

Nirgend erscheint überdies diese Rücksicht notwendiger als auf dem Gebiete des literarischen Unterrichts und insbesondere bei Abfassung von Lesebüchern; der einseitige Formalismus hat zumeist in diesem Kreise sich fest genistet, ja eine solche leichtsinnige Lauheit gefördert, dafs es gemeinhin als indifferente Sache betrachtet wird, was wir und in welcher Reihenfolge wir es unseren Schülern zu lesen geben. Man liebt es, diesen Studienkreis als Domäne des subjektiven Geschmackes zu betrachten, und die Lesebücher pflegen ihr buntes Allerlei gewöhnlich damit zu entschuldigen, es möge den Lehrern eine freie Auswahl gegönnt sein. Es würden sich wohl auch im ganzen Lande kaum zwei Anstalten finden, die bei der Bestimmung der Lesestücke von übereinstimmenden Gesichtspunkten aus-

*) Hier unter dem Strich sei es erlaubt, die Art des Ausgleiches im Grofsen so zu formulieren, dafs in der Frage, *was* zu lehren sei? der Realismus, — in der andern, *wie* zu lehren? der Formalismus recht zu haben scheint — natürlich mutatis mutandis.

gingen; ja vielleicht ist auch in jeder einzelnen Anstalt hierin, in dem Nacheinander des Lesestoffes kaum die nötige Folgerichtigkeit zu treffen. Es ist förmlich eine Karrikatur des wahren, planmäfsigen Lehrverfahrens, wenn dann in den Schulprogrammen die Zusammenstellung der im Laufe des Jahres gelesenen Stücke erfolgt. Wahrlich hier ist im Interesse nationaler Bildung Pflicht, die pädagogische Wissenschaft zu Wort kommen zu lassen, die kein willkürliches, launenhaftes Verfahren dulden will, sondern die prinzipielle Begründung jedes einzelnen Schrittes fordert. In der Schule sind wir Lehrer insgesamt Hüter einer heiligen Angelegenheit, der Gemeinsamkeit und Kontinuität nationaler Bildung: man würde glauben, schon dieses Bewufstsein würde jedermann dazu bewegen, jedes Detail seiner Thätigkeit zu dieser seiner Aufgabe in Beziehung zu setzen, um vor seinem eigenen Gewissen sein Lehrverfahren zu rechtfertigen. Es sollte niemand erlaubt sein, auch nur ein Lesestück zu behandeln, dessen Kenntnis prinzipiell aus dem Gesichtspuncte der Gesamtheit des Schulunterrichts nicht als verbindlich nachgewiesen werden könnte!

Eine prinzipielle Entscheidung gewinnen wir für die Auswahl durch Beantwortung der Frage, welche Aufgabe wohl im sachlichen, inhaltlichen Ganzen der Bildung dem literarischen Unterricht zufällt? Die Aneignung des Sprachschatzes selbst, die Gewöhnung an Redeformen und Ausdrucksweisen, stilistische Gewandtheit allein kann diese Aufgabe nicht sein: es wäre dies eine zu allgemeine Forderung, die eigentlich alle Lehrgegenstände betrifft, insofern die Sprache in allen das Hauptmittel des Verständnisses, ja das einzige Mittel des intellektuellen Bewufstseins ist. Jeder Lehrer ist in seinem Fache zugleich Sprachlehrer, was ist aber das eigentliche Fach, das eigentliche Unterrichtsobjekt des Sprachlehrers? Ich glaube nicht zu irren, wenn ich ihm unter allen Lehrgegenständen das wertvollste, aus unserem Erfahrungskreise allenfalls das edelste Objekt zuweise, dessen Erkenntnis jedoch — nach dem alten Spruche — auch am schwierigsten ist: Aufgabe des Sprachunterrichts ist die Erkenntnis des Seelenlebens. Ich will mit dieser Behauptung keineswegs etwas unerhört Neues betonen: der literarischen Forschung gilt es als anerkannte Wahrheit, dafs der Volksgeist am klarsten in seinen literarischen Schöpfungen sich offenbart. Nur die Anwendung dieser Ansicht im Schulunterricht, die vollständige, konsequente Durchführung der in ihr enthaltenen Wahrheiten ist eine neue, dringliche Forderung.

Nach dieser Auffassung ist der literarische Unterricht ein Anschauungskursus der Psychologie. In dem kleinsten Lesestücke steht die Offenbarung fremden Seelenlebens vor uns, welche aufzufassen, recht zu begreifen wir nur dann vermögen, wenn in unserer eigenen Seele eine entsprechende intellektuelle und emotionelle Bewegung sich erzeugt. Nicht selten erfordert die Lektüre dies seelische Nachleben in doppelter Richtung; der Inhalt selbst stellt ein Lebensbild dar, woran die Entwickelung menschlichen Denkens und Handelns zu beobachten ist, — überdies spiegelt sich im Ausdruck die Gemütsschwingung des Erzählers ab, das Interesse, welches derselbe an der Darstellung des Inhaltes hat. Wie unerschöpflich reich, wie unerdenklich weit ist nun diese Welt menschlichen Seelenlebens, die wir vor die Augen unseres Schülers auszubreiten haben! Gilt es aber als würdige Aufgabe der Methodik des naturwissenschaftlichen Unterrichts, mit fachwissenschaftlicher Einsicht den bedeutendsten, unerläfslichen Lehrstoff zu bestimmen, mit sorgfältiger Hand, der Natur des Lehrgegenstandes entsprechend die Wege der Beobachtung und Anschauung zu ebnen, und in der Folge der Gegenstände einsichtsvolle und leicht zu erkennende Klarheit zu bewerkstelligen, so dafs jede spätere Thatsache von der vorangehenden die nötige Beleuchtung erhält: warum sollte die pädagogische Theorie auf dem Gebiete des literarischen Unterrichts ähnlicher Arbeit überhoben sein, hier, wo der Lehrgegenstand, das menschliche Seelenleben nicht bloss an reicher Mannigfaltigkeit der Fülle der Naturphänomene gleichkommen mag, sondern wo die schwierigere Natur des Gegenstandes eine viel sorgfältigere Auswahl der Anschauungsmittel, eine viel konsequentere Bestimmung der Aufeinanderfolge zu erfordern scheint?

Es wäre jedoch nur eine neue Art Formalismus, der in abstrakten, allgemeinen Begriffen und Lehrsätzen seinen Ausgangspunkt nimmt, wollte man unsere grundlegende Ansicht so verstehen, dafs man, einem Grundrisse der Psychologie folgend, in der Literatur Beispiele suchen müsse zur Beleuchtung der einzelnen psychischen Thatsachen, um etwa, wie auf dem Gebiete des naturhistorischen Unterrichts die herrschende Methode verfährt, die einzelnen konkreten Lesestücke, als Musterbeispiele, zur Illustrierung des am Faden des psychologischen Systems fortschreitenden Unterrichts zu benutzen. Ein ähnliches Verfahren gäbe bloss die getrennten Elemente, höchstens das Skelett der Seele, an Stelle des wahren Lebens derselben; und was würde wohl der Wert einer so gewonnenen Kenntnis sein, die dem Zögling wohl darüber Aufschlufs gäbe, dafs der Mensch denkt, fühlt und begehrt, aber eben darüber, worin die wahre Würde menschlichen Lebens besteht, was alles Gegenstand seiner Gedanken ist, was für Gefühle ihn beseligen, und worauf sein Wille abzielt, keine gleichweise auf konkreten Thatsachen beruhende Einsicht gewähren könnte? Der Inhalt, nicht der Prozefs, wonach dieser Inhalt entsteht, bildet die Realität der Seele; die Ideale, die unsere Phantasie gestaltet und in deren Verwirklichung unser Wille sich abmüht; die Überzeugungen, in welchen unser Verstand sich beruhigt und auf welchen die Sicherheit unseres Handelns beruht: — diese bilden unser geistiges Sein; auf ihre Erkenntnis hat der literarische Unterricht sich zu beziehen, wenn er Menschenkenntnis und Selbsterkenntnis zu begründen wünscht.

Indem wir demnach mit Beziehung auf den Inhalt des Seelenlebens eine Lösung unserer Aufgabe suchen, gewinnen wir durch Betrachtnahme zweier wesentlicher Eigenschaften dieses Inhaltes Direktive für unsere didaktische Arbeit. Zuvörderst ist in Betracht zu nehmen, dafs in demselben nur dasjenige bleibenden Wert und Bedeutung hat, was auch über die Grenzen des individuellen Lebens wertvoll ist, was Gemeinbesitz sein kann, dem nationalen Gesamtschatz angehört, wie die Sprache selbst, welche die leibliche Hülle dieses inneren Lebens ist. In zweiter Reihe kann jene Eigentümlichkeit nicht aufser Acht bleiben, welche den wesentlichen Zug im geistigen Leben abgiebt, dafs jener Inhalt das Resultat einer längeren Entwickelung ist und nur in dieser Entwickelung, im Fortschritte der einzelnen Stufen derselben zu begreifen ist. Die nationale Denkweise und Lebensauffassung ihrem edlen Gehalte gemäfs einzupflanzen in die Seele eines jeden Schülers, in der Weise, dafs wir vor dessen Augen das wahre lebendige Bild der Arbeit des Volksgeistes hinstellen, denselben den Herzschlag unseres Volkes mit fühlen lassen, in jedem Zeitalter der früheren Geschichte, welches bleibende Spuren zurückgelassen und in seinen Produkten auch noch heute als edler Faktor des nationalen Lebens mitwirkt: im Dienste dieser Aufgabe haben wir all das auszuwählen und zu behandeln, was als Grundlage des litterarischen Unterrichts, in Gestalt von Lesestücken darzubieten ist, und diese Aufgabe entscheidet auch darüber, welche Aufeinanderfolge, welche Stufenreihe in der Anordnung des ausgewählten Materials herrschen soll.

Nicht allein um das didaktische Verfahren weiter zu begründen, sondern vielmehr, um etwaige Mifsverständnisse zu beseitigen, seien noch einige allgemeine Erwägungen hinzugefügt.

Vor allem ist es nötig, zu beleuchten, in welchem Verhältnisse auf Grund dieser Auffassung der literarische Unterricht zum Geschichtsunterrichte steht, dessen Ziel man nicht selten ähnlich zu bestimmen pflegt, insofern derselbe gleichfalls die Pflege des Gemeinbewufstseins, des nationalen Sinnes im Auge hat. Es ist für die methodische Einsicht nicht minder wichtig, die Grenzen der verwandten Fächer pünktlich zu bezeichnen, als deren Beziehungen nachzuweisen und deren Verknüpfungen festzuhalten. Der Nachweis des gegenseitigen Verhältnisses ist in diesem Falle um so nötiger, als methodische Bestrebungen, die auf Konzentration des Unterrichts hinzielen, seit längerem schon entweder den Unterricht der Geschichte auf Grund literarischer Lektüre oder wenigstens eine gegenseitige Unterstützung beider Unterrichrszweige anempfohlen, ohne dafs es gelungen wäre, dies als eine in der Natur der Objekte begründete Forderung nachzuweisen.

Das Verhältniss zwischen Litteratur und Geschichte, beide hier als Schulgegenstände betrachtet, kann etwa auf Grund folgender Unterscheidungen festgestellt werden. Gemeinsame Überzeugungen, die Identität der Lebensauffassung, wie sie in gemeinsamen heiligen Erinnerungen und noch mehr in gemeinsamen Hoffnungen zutage treten, bilden die Grundlage des nationalen Seins; diesem Gesamtbewufstsein, dieser in allen Schichten des Volkes lebendigen Gesinnung sucht nun Ausdruck zu geben in ihren idealen Produkten vor allem die Literatur; Aufgabe des literarischen Unterrichtes ist daher den Inhalt dieser gemeinsamen Weltanschauuug in allen Phasen seiner Entwickelung der künftigen Generation zum Verständnis zu bringen. Die Erhaltung der sittlichen Gemeinschaft selbst, die Sicherung derselben gegen alle Wechselfälle erfordert andererseits, dafs das Volk mit einheitlichem Willen für Institutionen sorge, sich selbst so organisiere, dafs jeder

Einzelne im Sinne jener Lebensauffassung seinen sittlichen Pflichten nachkommen, seinen Beruf erfüllen könne: das Verständnis dieser Institutionen und dieser Organisation, der Kämpfe um deren Gestaltung, der Notwendigkeit ihrer Um- und Ausbildung: dies ist Aufgabe des geschichtlichen Unterrichts. Klar liegt hierin die gemeinsame Beziehung beider Fächer ausgesprochen, aber ebenso offenkundig erscheint die Notwendigkeit einer wesentlichen Trennung in der Behandlungsweise des Lehrstoffes. Bei Erklärung der Lektüre bildet den Schwerpunkt der Darlegung, zu erläutern, welche Gestalt in jener geistigen Gemeinsamkeit deren Element annimmt, die einzelne, individuelle Seele, wie die Wünsche und Bestrebungen des Individuums aus dem Gesamtleben ihre Impulse empfangen, wie unter dem Einflusse des Gesamtbewufstseins die Entschlüsse des Einzelnen zu Thaten werden, wie das Individuum in sittlichem Kampfe mit dem Gesamtgeiste fortschreitend sich erhebt oder demselben trotzend sich entgegenstemmend unter ihrem unerbittlichen Gerichte sinkt und fällt. Im Geschichtsunterrichte tritt hingegen das Ganze, die Gesamtheit in den Vordergrund, die Analyse des Gemeinlebens wird der Lehrer hier nie bis zur Darstellung der Elemente, des individuellen Seins verfolgen, selbst in jenen seltensten Fällen nicht, wo, wie man zu sagen pflegt, die ganze Volksseele in einem Geiste konzentriert zur Erscheinung kommt; jedes Glied der Gemeinschaft, jede Volksklasse, jeder Stand und der Einzelne interessieren hier nur in dem Mafse, inwiefern dieselben irgend eine Funktion der Erhaltung des Gemeinwesens vollführen, und finden nur so weit Würdigung, als sie zur Ordnung des Gesamtlebens beitragen. Es ist gegenwärtig geläufig, vom gesellschaftlichen Leben nach der Analogie des natürlichen Organismus zu sprechen; ohne von dieser Analogie mehr zu fordern, als logisch erwartet werden kann, dafs dieselbe nämlich unsere Meinung mehr versinnliche, kann man das Verhältnis des eigentümlichen Gegenstandes des literarischen und des historischen Unterrichtes mit jener Relation vergleichen, die zwischen dem Lebensprozefs in den Elementen des Organismus, in den einzelnen Zellen und dem Gesamtwirken des ganzen Organismus besteht. In Wahrheit ist das Leben in den Zellen, jedoch kann die Zelle ihre Arbeit nur in dem Sinne des Ganzen vollführen; — ebenso ist die Einzelseele der wahre Träger alles geistigen Lebens, und doch offenbart jeder Zug ihres Intellekts und jede Gemütsregung den Pulsschlag des Gesamtgeistes. Der lebendige Organismus kann nur so verstanden werden, wenn beide Gesichtspunkte ins Auge gefasst werden, — die wahre Lebendigkeit, der Lebensreichtum kann nur in der Thätigkeit der Elemente beobachtet, aber auch die rechte Bedeutung dieser Lebensfülle nur durch die Anschauung des Ganzen begriffen werden. Eröffnen wir daher vor den Blicken unserer Zöglinge die Mannigfaltigkeit persönlichen Lebens und erwecken wir in demselben ein Mitverständnis und ein Mitgefühl für die Eigentümlichkeiten der persönlichen Situationen: im literarischen Unterricht, — der Geschichtsunterricht halte andererseits mit seinen grofsen Lehren das Bewufstsein der Verpflichtung gegen diejenigen sittliche Bande wach, welche dem Einzelnen im grofsen Ganzen des nationalen Lebens seinen Platz anweisen.

In zweiter Reihe scheint es nötig, hervorzuheben, dafs die Forderung, der litterarische Unterricht habe seinen Stoff nach den Gesichtspunkten der historischen Entwickelung zu gruppieren, wesentlich von andern Voraussetzungen anhebt, als das gegenwärtig beliebte Prinzip, wonach jeder Einzelne in seiner natürlichen Entwickelung die Entwickelung der Menschheit nachleben würde. Die moderne Wissenschaft, die natürliche Thatsachen gerne und leichtfertig in die Auffassung geistigen Seins überträgt, erblickt in jenem Prinzip ein biologisches, notwendig wirkendes Gesetz, dem der Erzieher schon aus Rücksichten der Zweckmäfsigkeit sich unterzuordnen habe. Mich leiten andere Beweggründe als die thatsächliche oder hypothetische Gewifsheit jener gesetzmäfsigen Entwickelung, welche in letzter Analyse sich doch nur auf die formale Identität des Entwickelungsprozesses, keineswegs auf die inhaltliche Gleichheit des Resultats der Prozesse beziehen kann, da in letzterem Falle gar keine eigentliche Erziehung nötig wäre, denn es würde schon die Natur den Menschen selbst erziehen. Mir scheint die Eigentümlichkeit des Unterrichtsstoffes selbst die Verfolgung des historischen Weges zu fordern. Die verwickelteren Thatsachen des geistigen Seins sind nicht anders zu verstehen als durch die vorangegangenen einfacheren, da eben der historische Fortschritt die geistige Thätigkeit fortwährend verwickelter gestaltet, ist die Darlegung dieses Fortschrittes die einzige Methode, die zur Kenntnis geistigen Lebens führt. Einfache Lebensverhältnisse, wie sie auf der Anfangsstufe des Volkslebens vorherrschen, gehören auf die Anfangsstufe des Unterrichts; in ihrer Behandlung gewinnt das kindliche Verständnis Mittel zur Analyse und Auffassung späterer mehr entwickelter und verflochtener geistiger Gestaltungen.

Überdies hängt jene unsere Forderung, dafs wir in der Entwickelung des kindlichen Geistes den Weg der Geschichte einzuschlagen haben, auch mit dem sittlichen Ziele der pädagogischen Arbeit zusammen. Wir nehmen nicht den Fingerzeig der Natur in Betracht, sondern leisten hiemit unserer sittlichen Verpflichtung Genüge. Der Mensch ist, als Bürger der Geisteswelt, ein historisches Wesen. Wie immer man das ethische Endziel unseres Erdenwirkens formulieren mag, gewifs kann die Verwirklichung desselben nur von der kontinuierlichen, bewufsten Arbeit einer langen Reihe von Generationen erwartet werden. Keinem Einzelnen, keinem Zeitalter ist es gegönnt, den vollen Inhalt der Ideale der Menschheit zur Entfaltung zu bringen. Zu bewahren, was im Vollzug der sittlichen Aufgaben die mühseligen Kämpfe vergangener Geschlechter errungen, die Arbeit weiter zu führen in derselben Richtung, und die Überlieferungen durch unsere Thätigkeit bereichert der heranreifenden Generation zu übergeben, damit diese in demselben Sinne dem Endziele weiter nachstrebe: Dies ist die allgemeine Formel alles menschlichen Seins. Das historische Bewufstsein unseres Jahrhunderts hat die individualistische Auffassung der Erziehung, die sich die volle Entfaltung der Kräfte des Einzelnen zum Ziele setzte, gänzlich umgestaltet. Die volle Entwicklung unserer latenten Fähigkeiten ist Gesamtaufgabe der Menschheit, nicht des einzelnen Menschen; — die pädagogische Thätigkeit geht dem menschheitlichen Werke nach, auf dafs alles Edle und

Ewige, was dieses geschaffen, Eingang finde in die Einzelseele, wo allein die Bedingungen ihrer Erhaltung und Fortentwicklung sich vorfinden. Daher, weil eben die künftige Generation nicht allein zur Übernahme der gegenwärtigen Resultate unter unseren Händen heranreift, sondern auch die Pflicht übernimmt, die grofsen menschlichen Bestrebungen in gleichem Sinne weiter zu verfolgen — daher ist es auch keineswegs indifferent, in welcher Reihenfolge wir sie mit dem Gehalte der Überlieferungen bekannt machen, denn zu der Eigentümlichkeit, zum Wesen dieses Inhaltes gehört auch die Folge ihrer Bestandteile.

Ich beabsichtige gegenwärtig keineswegs alle Konsequenzen dieses Gedankens abzuleiten, auch nicht alle Bedenken abzuweisen. So viel ist aus dem Bisherigen wohl ersichtlich, dafs unserer Behauptung gegenüber ein so banaler Einwurf nicht in die Wagschale fällt, mit welchem gewöhnlich die Zweckmäfsigkeit, ja die Möglichkeit des historischen Ganges des Unterrichts in Frage gestellt wird. „Soll denn das Kind auch alle Neben- und Irrwege mitmachen, welche die Menschheit auf ihren Pfaden suchend und schweifend eingeschlagen? Sollen wir etwa den Geist unseres Zöglings mit einer ganzen Menge von Vorurteil und Aberglauben anfüllen? Kann von einem solch chaotischen Verfahren Erspriefsliches erwartet werden? Und wo fände eine so herumtappende Anleitung ihr Ende?“ Nur wer in dem Lose der Menschheit nichts anderes erblickt, als die notwendige Folge von Naturerscheinungen, wer die wahren Eigenschaften des menschlichen Herzens und Geistes, die Macht des sittlichen Urteils nicht kennt, kann solche Zweifel hegen. Für uns ist die Geschichte ein ethischer Prosefs, das Produkt sittlicher Kräfte. Der Mensch hat zwar auf Grund und mit Hülfe solcher Naturthatsachen das Reich seines Geistes aufzubauen, für die keine sittliche Notwendigkeit besteht, die auf Imperative sittlicher Ideen nicht hören; somit kann auch die Wirkung derselben ihn verwirren, zeitweilig vom geraden Wege sittlichen Fortschrittes ablenken; aber auch in seinem dunklen Irren verschwindet nicht völlig das leitende Licht seiner Ideale und indem er auf seinen wahren Weg zurückkehrt, bleibt nur das ihm in Erinnerung, was er in dessen Beleuchtung erfahren. Die Entwickelung der Menschheit, korrigiert mit eigener Kraft, den sittlichen Zielen gemäfs, alle ihre Fehler und der durch ethische Studien veredelte pädagogische Takt wird es erreichen, durch die herumschweifenden Pfade menschlicher Vergangenheit einen geraden, den Zielen entgegenführenden Weg zu bahnen.

Noch eine letzte Bemerkung möge diese allgemeinen Überlegungen ergänzen. Wo man in philosophischer Darstellung von historischer Entwickelung spricht, so bezieht man letzere gewöhnlich unvermittelt auf die Gesamtgeschichte der Menschheit. Ich halte dies für einen Fehler unserer geschichtlichen Auffassung. Die Menschheit bildet keine solche Einheit, die als Grundlage eines zusammenhängenden geistigen Lebens, intellektueller und sittlicher Entwickelung angesehen werden könnte. Nur ein Volk, das in seiner Sprache ein Organ des Gesamtbewufstseins, in seinen Sitten und Institutionen Organe des Gesamtwillens besitzt, kann als Substanz des über den Einzelnen übergreifenden, stufenmäfsigen geistigen Fortschrittes betrachtet werden. Die Thätigkeit der Nationen giebt die Geschichte der Menschheit, nur in Bezug auf nationale Entwickelung kann von gesetzmäfsiger Stufenfolge gesprochen werden. Wohl besteht auch zwischen verschiedenen Nationen eine Wechselwirkung, ja es giebt viele Beispiele, wie die Produkte eines bestimmten Volksgeistes in den Boden fremden Geisteslebens überpflanzt werden — aber eben die Art der Übertragung giebt einen klaren Beweis für unsere Behauptung. Nirgend ist es möglich, dafs die Resultate entwickelter Kultur von einem an der Schwelle der Bildung stehenden jungen Volksstamm übernommen werden, so dafs dieser den menschheitlichen Fortschritt geraden Wegs weiter führe; sondern aus eigener Kraft, auf bestimmten Wegen geistiger Erhebung mufs das neue Volk dazu heranreifen, sich bilden, um dasjenige, was es aus dem früheren Kulturkreise zu übernehmen wünscht, zu begreifen und in Besitz zu nehmen. Die neue Nation, welche in die Spuren der älteren tritt, eignet sich stets nur das und so viel an, was und wie viel ihre durch eigene Thätigkeit erstarkte geistige Kraft zu tragen vermag. So ist das Mittelalter im Grofsen kaum etwas anderes, als das Bestreben der europäischen neuen Völkerschaften, sich zum Erben des Altertums heranzuarbeiten. Ja in diesem Prozesse des Erarbeitens und Besitzergreifens gestaltet der Besitz selbst sich um; originale nationale Züge verschwinden, und andere der Eigentümlichkeit des neuen Volks entsprechende bilden sich aus; so entfaltete auch das Christentum, obwohl demselben Grunde, der Bibel entsprossen, doch bei den verschiedenen Nationen Europas ein verschiedenes religiöses Leben, und hat auch die antike Renaissance in jedem Volke eine vielfach verschiedene Färbung erhalten. Wahrhaft sich entwickelndes geistiges Leben giebt es kein anderes, als in bestimmt nationalem Sinne, der Pädagoge hat daher, wenn er seinen Zögling zum Träger und Mitarbeiter des sittlichen Fortschrittes heranbilden will, im Inhalte des nationalen Geistes seine Mittel zu suchen und die Prinzipien für seine Methode auf den Wegen der nationalen Entwickelung. Kein nationaler Chauvinismus läfst mich diese Worte betonen — aus der sorgsamen Betrachtung der Geschichte folgt keine andere Überzeugung, deren Berechtigung übrigens auch durch phsychologische und ethische Gründe nachzuweisen ist.«

---

9. Entgegnung.

Von Seminarlehrer Rosenburg in Eisleben.

Im ersten Heft der »Päd. Stud.« 1888 findet sich Seite 40—44 die Beurteilung einer von mir erschienenen Lektion über den Harz. Da Herr Prof. Dr. Rein eine ausführliche Erwiderung wegen Mangel an Platz nicht aufnehmen konnte, so entgegne ich hiermit in Kürze Folgendes:

1. Es ist unwahr, dafs meine Lektion »ganz aufserordentlich an Stoffmangel leidet«. Denn es bilden in ihr achtzehn Sätze das Resultat. Für

die Mittelklasse einer dreiklassigen Volksschule mehr als genug.

2. Dafs viele dieser Sätze nicht Charakteristika des Harzes enthalten, sondern auch auf andere Gebirge passen, hat meine mit allen Gebirgsbeschreibungen gemein und wird durch die Stellung der Lektion im Lehrplan unserer Schule geradezu erfordert.

3. Da bei jeder geographischen Beschreibung generalisiert werden mufs, so wird darin Ungenaues vorkommen. Das Falsche in meiner Lektion bitte ich nachzuweisen; ich werde jede Belehrung mit Dank annehmen.

4. Es ist unwahr, dafs ich »auf Selbstthätigkeit der Kinder keine Rücksicht nehme, sondern alles durch Vor- und Nachsprechen einpauke«. Denn meine Lektion enthält auf zwei Oktavseiten 21 Fragen, die zum selbstthätigen Anschauen und Beschreiben der Karte, und 7 Fragen, die zum selbstthätigen Urteilen und Schliefsen veranlassen. Dafs ich die Namen der Flüsse nenne und nicht ablesen lasse, billigen gewifs die meisten Geographielehrer.

5. Was die Rezension über meine Darstellung der Stufen und Hauptteile des Harzes sagt, ist ein Gemenge von falschen Citaten und hineingetragenen Phantasiegebilden des Rezensenten. Ich behaupte z. B. nirgends, dafs der Oberharz sich treppenstufenartig über den Unterharz erhebt.

6. Ich lehre nirgends, dafs »der Unterharz ausschliefslich mit Laubwald, der Oberharz nur mit Nadelwald bedeckt ist«.

7. Es ist unwahr, dafs ich »die natürlichen Beziehungen der einzelnen Charakteristika nicht hervorhebe«. Denn ich weise ausdrücklich nach, dafs von der Höhe das Klima, vom Klima die Vegetation und von dieser die Beschäftigung der Bewohner abhängt.

8. Es ist übertrieben, was die Rezension behauptet, dafs man »ohne grofse Unterrichtstechnik den ganzen Stoff der Präparation hätte durch die Klasse gewinnen lassen können«.

9. Den grammatischen Fehler, den ich gemacht haben soll, bitte ich mir als solchen nachzuweisen, natürlich unter genauester Beachtung des Wortlauts meiner Lektion.

10. Gleichzeitig darf ich wohl bitten, mich über den Wert oder Unwert folgender in der Rezension vorkommenden Konstruktionen zu belehren: »Die Ausführlichkeit erklärt sich daraus, weil — —« »Es wird sich begnügt —« »Einflufs der Höhe zum Klima u. s. w.« Von andern sprachlichen Mängeln der Rezension mufs ich wegen Raummangels schweigen.

11. Summa: Die Rezension giebt ein falsches Bild von meiner Lektion; sie übertreibt.

---

10. Die Barthsche Erziehungsschule zu Leipzig

feiert in diesem Jahre das Fest ihres fünfundzwanzigjährigen Bestehens, wie wir aus dem neuesten Schulbericht des Direktors und Begründers der Anstalt, Herrn Dr. E. Barth, entnehmen. In diesem Berichte wird zuerst ein Rückblick auf die ersten Jahre der Anstalt geworfen, an welcher auch Professor Ziller in der Zeit von 1863—67 Mitdirektor war. Unter den sieben Beilagen sind einige Schulreden des Direktors, ein Verzeichnis von Werkstattarbeiten, die Ordnung des Schulgottesdienstes von besonderem Interesse. Derselbe Bericht giebt auch Auskunft über die Lehrer und Lehrerinnen, welche an der Anstalt gewirkt haben und noch wirken, über den Besuch der Anstalt in den verflossenen 25 Jahren, sowie eine Übersicht über den im Schuljahr 1887/88 erteilten Unterricht. Möge die Barthsche Erziehungsschule, welche seit ihrer Gründung bestrebt war, die Ideen der Herbartschen Pädagogik zu verwirklichen und die gesamte Schulerziehung ihnen gemäfs zu gestalten, in diesem Bestreben weiter wachsen und gedeihen, damit sie die grundlegenden Gedanken immer reiner und vollkommener zur Anschauung bringen und damit an ihrem Teil der Verbreitung eines gesunden Erziehungssystems beitragen könne.

---

11. E. Ackermann, die häusliche Erziehung.

(Langensalza, Beyer u. S.)

Der in weiten Kreisen hochgeschätzte Verfasser hat in dem vorliegenden Buche ein Gebiet bearbeitet, welches im pädagogischen Schrifttum der neueren Zeit verhältnismäfsig wenig Beachtung gefunden hat: das der häuslichen Erziehung. An erster Stelle wendet er sich daher an die Eltern, besonders an die Mütter. Diesen will er über Erziehungsfragen Belehrung verschaffen und Anregung geben, über dieselben weiter nachzudenken, die gewonnene Einsicht aber bei der eigenen Erziehungsthätigkeit zu verwerten. Der Inhalt des Buches ist aus folgenden Überschriften zu erkennen: 1) der Zweck der Erziehung, 2) die Schranken der Erziehung, 3) die Erziehungsfaktoren, 4) die intellektuelle Bildung, 5) die sittliche Bildung, 6) die religiöse Bildung, 7) der Umgang, 8) Spiel und Arbeit, 9) Vergnügungen der Jugend, 10) Affekte und Leidenschaften, 11) Fehler der Jugend, 12) die Strafe, 13) Knaben und Mädchen, 14) Haus und Schule.

Möge das vortreffliche Buch seinen Zweck erfüllen und einen weiten Leserkreis nicht blofs unter den Lehrern, sondern vor allem in den Familien, so wie der Herr Verfasser es wünscht, finden. Damit würde seine Mühe am besten belohnt sein.

---

12. Eine neue Zeitschrift für das Mädchenschulwesen.

Die »Mädchenschule«, herausgegeben von K. Hessel und F. Dörr (Bonn, E. Webers Verlag), will die Interessen des gesamten Mädchenschulwesens pflegen und auch allgemeine Fragen des Unterrichts, wo sich dazu

Veranlassung ergiebt, zur Behandlung bringen. Sie erscheint vierteljährlich; dazwischen werden gelegentlich Beilagen mit kürzeren Artikeln, Gedichten u. s. w. ausgegeben, um hauptsächlich dringendere Fragen eher behandeln zu können.

Heft 1 bringt:

I. Abhandlungen: Einige Gedanken über die Aufgaben des Unterrichts in der höheren Mädchenschule. Von Ed. Ackermann zu Eisenach. — Die Bildung der weiblichen Gefühle. I. Von J. M. Wendt zu Troppau. — Erörterungen über den französichen Unterricht an höheren Mädchenschulen. Von A. Ohlert zu Königsberg i. Pr. — Übersetzungen aus fremden Sprachen. Von Mathilde Lammers zu Bremen. — II. Rezensionen. III. Berichte.

Beiträge aus England und Frankreich erscheinen meist auch in englischer, bez. französischer Sprache.

Der Preis der Zeitschrift beträgt im Abonnement jährlich M. 10. Der Jahrgang wird mindestens 30 Bogen umfassen.

Die »Mädchenschule« will keiner bestimmten Partei dienen. Sie öffnet ihre Spalten allen, denen das Wohl unserer Mädchen, der zukünftigen Frauen und Mütter Deutschlands, am Herzen liegt, zu ernster, gründlicher, sachlicher Darlegung und Erörterung. Sie scheut offene Aussprache nicht und sieht im ehrlichen Kampfe der Meinungen das beste Mittel zur Lösung der schweren Fragen, welche in Unterricht und Erziehung unsere Zeit beschäftigen.

Eine grofse Reihe bekannter pädagogischer Schriftsteller haben ihre Mitarbeit zugesagt, wie aus der Übersicht, welche dem 1. Heft beiliegt, hervorgeht. Wir wünschen der neuen Zeitschrift guten Erfolg und hoffen namentlich, dafs durch dieselbe auch die Ideen der herbartischen Pädagogik immer mehr in den Mädchenschulkreisen zur Verbreitung gelangen.

C. Beurteilungen.

I.

O. Flügel. Die Sittenlehre Jesu. Langensalza, Herm. Beyer u. Söhne. 1887. 80 S. Preis ?

Diese Schrift ist, wie aus dem kurzen Vorwort ersichtlich, aus mehr oder weniger zusammenhängenden Aufzeichnungen des verstorbenen Dr. F. H. Th. Allihn von dem um die Herbartsche Philosophie hochverdienten Pastor O. Flügel in Wansleben bei Halle zu einem Ganzen bearbeitet worden.

Dieselbe zerfällt in die Einleitung, S. 1—13, in Abschnitt I. (S. 14—67) Die sittlichen Ideen u. Abschnitt II. (S. 67—80.) Die Motive zum Guten.

In der Einleitung bespricht Verf. eine Reihe von Einwürfen und Vorurteilen, welche sich dem Unternehmen, die Sittenlehre Jesu zusammenhängend und nach gewissen Gesichtspunkten pragmatisch geordnet darzustellen, entgegen treten. Er verwahrt sich dagegen, diese Lehre als eine blofse Sittenlehre anzusehen, sie ist unendlich mehr. Dessenungeachtet sei es — wie auch dargethan wird — völlig gerechtfertigt, den rein ethischen Bestandteil der Lehre Jesu als etwas Selbständiges zu betrachten.

Sodann bespricht Verf. den anderen Einwand, ob an die Sittenlehre Jesu ein ihr völlig fremdes philosophisches System als Mafsstab angelegt werden dürfe. Entstehe dadurch nicht die Gefahr der falschen Auffassung oder Umdeutung? Nachdem diese Frage beantwortet worden, deckt der Verf. die Ursachen auf, weshalb die Auffassung der Sittenlehre Jesu von einem bestimmten philosophischen System aus so leicht irre geht, und warum zur Auffassung dieser Sittenlehre die Ethik Herbarts besonders sich eigne.

Hierauf begegnet Verf. dem Einwurfe, dafs in einem sehr wichtigen Punkte zwischen der Sittenlehre Jesu und jeder philosophischen Ethik sich ein unauflöslicher Widerspruch herauszustellen scheine, sofern nämlich jede wissenschaftliche Ethik den Anspruch erhebe, das absolut Gute aus eigenen Mitteln völlig rein und vollständig zu erkennen, während doch Jesus als vollkommener Gesetzeslehrer gelten will und soll. Die hierauf bezügliche Erörterung ist ebenso lehrreich als interessant. Am Schlusse derselben citiert Verf. ein Wort aus Zillers Grundlegung zum erziehenden Unterricht: »Während die absolute Würde der sittlichen Ideen an sich selbst fest steht, gestattet die Art, wie sie entstehen, recht wohl die Annahme des Glaubens, dafs sie ohne göttliche Offenbarung des Christentums in ihrer Reinheit und Vollständigkeit den Menschen nicht bewufst worden wären.«

Von zwei sonst vielumstrittenen Fragen, nämlich von der historischen Kritik der Evangelien und der Frage: wie ist Jesus zu seiner Lehre gekommen? wird gänzlich abgesehen.

Wie schon bemerkt, werden die idealen Willensverhältnisse oder die sittlichen Ideen, die in Leben und Lehre Jesu als vollendet hervortreten, auf S. 14—67 behandelt und zwar in folgender Folge: die Idee der inneren Freiheit, die der Vollkommenheit, die des Wohlwollens, die des Rechts und zuletzt die Idee der Vergeltung oder der Billigkeit. Auf den reichen Inhalt dieses Hauptabschnittes einzugehen, mufs ich verzichten. Die Wirkung des Studiums oder Lesens desselben ist nicht nur Belehrung, sondern auch Erhebung des Gemüts. —

Nachdem der Verfasser auf S. 61—67 noch einen Rückblick auf die Gesamtheit der Ideen geworfen, die Demut als die spezifisch christliche Tugend erwiesen und u. a. auch dargethan hat, dafs die von Jesus geforderte Moral von einer blofsen Gesetzes- oder Pflichtenlehre weit entfernt ist, wendet er sich dem II. und letzten Hauptteile seiner Schrift, überschrieben »Die Motive zum Guten«, zu.

Eine Erörterung der Motive zum Guten könne manchem unnötig erscheinen, da streng genommen es nur eins gebe: Mifsfallen am Unsittlichen und Wohlgefallen am Sittlichen; da ferner kein Zweifel darüber bestehe, dafs unsittliche Motive immer nur unsittliche, und sittlich-gleichgiltige Motive nur sittlich-gleichgiltige Handlungen hervorbringen können. Indes sei es bekannt, dafs die edelsten Motive nicht immer die wirksamsten seien, und dafs es daher darauf ankomme, die sittlichen Motive, welche so oft sich unkräftig erweisen, genügend zu verstärken. Diese Verstärkung sei jedoch nur durch mindestens tadellose Motive zu bewirken. Thatsächlich seien ja auch in den allgemeinsten Fällen sittlichen Handelns die rein sittlichen Motive mit sittlich-gleichgiltigen verbunden. Wenn nun auch nicht aufser acht zu lassen, dafs eine Handlung, welche aus einer Mischung von sittlichen und sittlich-gleichgiltigen Motiven hervorgegangen sei, nur insoweit moralischen Wert habe, wieweit die ersteren dabei wirksam gewesen, so dürfe man doch nicht verkennen, wie es sich doch auch darum handle, dafs die sittliche Ordnung befolgt und erhalten werde, selbst wenn der sittliche Geist noch fehle. Deswegen halte es auch Jesus nicht unter der Würde des Sittlichen, dasselbe zuweilen aus Rücksichten der Klugheit oder des wohlverstandenen eigenen Interesses zu empfehlen.

Auf dreifache Weise suche er die Motive zum Guten zu verstärken, a) durch Rücksicht auf den Erfolg des sittlichen und des unsittlichen Handelns, oder auf die Glückseligkeit, b) durch die Rücksicht auf Gott und c) durch die Art, wie er die Mitmenschen ansehen lehrte. Die Ausführungen dieser Abschnitte bilden einen passenden Schlufs zu der Schrift, die ebenso schön im Stil, wie würdig nach dem Inhalte ist. Jedem, der sich in den Geist und Willen Christi philosophisch vertiefen will, kann sie warm empfohlen werden.

Glogau. H. Grabs.

II.

Grundgedanken biblischer Geschichten alten und neuen Testaments nebst Geschichtsdispositionen und Bibellesestellen. Ein Hülfsbuch für Lehrer von **H. Elsert,** Rektor und Lokalschulinspektor. Leipzig, Merseburger. 1887. Preis M. 1,50.

Der Verfasser geht von dem richtigen Grundsatze aus, dafs »nur das selbsterworbene, das empfundene Wissen auf die Charakterbildung einen bestimmenden Einflufs ausübt und darum erziehlichen, sittlichen Wert hat,« dafs es dagegen nutzlos sein würde, »wenn der Lehrer dem Kinde anquälen wollte, was es nicht empfunden und verstanden hat.« Daher soll das Kind durch geschickte Fragen (?) des Lehrers angeleitet werden, den religiös-sittlichen Gehalt der Geschichten auszusondern. Da aber der Lehrer nur dann »geschickt fragen und kundig führen kann, wenn ihm der zu entwickelnde Satz nach Inhalt und Form fix und fertig eigen ist,« so bietet das vorliegende Büchlein zu jeder biblischen Geschichte nicht blofs eine Disposition, sondern vor allem eine durch wohlthuende Kürze ausgezeichnete Darstellung der religiös-sittlichen Grundgedanken. Jedem Gedanken ist eine Anzahl oft etwas zu weit hergeholter Bibelsprüche beigegeben, auch Dichterworte und Aussprüche berühmter Persönlichkeiten sind in passender Weise herangezogen. Die methodische Verarbeitung des gebotenen reichen Materials ist dem Lehrer überlassen. Mit den blofsen »geschickten Fragen« wirds dabei freilich nicht gethan sein, vielmehr wird der Anordnung der Geschichten im Lehrplan, der Einleitung des rechten Aneignungs- und Verallgemeinerungsverfahrens, der Sammlung und Anwendung der gewonnenen allgemeinen Wahrheit die gröfste Sorgfalt zugewendet werden müssen. Auch die »Grundgedanken« selbst mufs der Lehrer natürlich selbst prüfen. Er kann nur das benutzen, was mit seiner Überzeugung übereinstimmt, aber wenn man auch in vielen Stücken mit Herrn F. nicht übereinstimmen kann, so wird man ihm doch für reiche Anregung zum Nachdenken dankbar sein müssen. Besonders angenehm berührt es, dafs in dem Büchlein auch die neueren Forschungen über das Leben Jesu (Keim und Beyschlag) Berücksichtigung gefunden haben.

Auerbach i. V.

Dr. Thrändorf.

Druck von G. Pätz in Naumburg a. S.

A. Abhandlungen.

Der Religionsunterricht in gegliederten Schulen nach den L. Wangemannschen Schriften.

Von

A. Hofmann, Nossen.

Fast drei Jahrzehnte sind es her, dafs Ludwig Wangemann, jetzt Bezirks-Schulinspektor und Schulrat in Meifsen, seine ersten Bücher für den Religionsunterricht „Biblische Geschichten für die Elementarstufe" (1859)*), »Handreichung beim ersten Unterrichte der Kleinen in der Gotteserkenntnis« (1859)**) und »Biblische Geschichten, geordnet und bearbeitet zu biographischen Geschichtsbildern« (1861)***) der deutschen Lehrerschaft zum Gebrauche anbot. In den weitesten Kreisen haben sie sich Eingang verschafft, wie die vielen Auflagen beweisen, die sie erlebt haben; und nicht nur in Deutschland; denn die »Handreichung« ist übersetzt ins Holländische, Schwedische und Englische.

Über Wert und Bedeutung derselben zu sprechen, thut demnach nicht not; sie sind der Lehrerwelt hinlänglich als vortreffliche Hilfsmittel bekannt. Die jüngste Zeit brachte uns von ihm noch einige aus langjähriger Erfahrung hervorgegangene Schriften für den Religionsunterricht. In den Jahren 1880—1883 erschien die »Einführung in das Verständnis des Dr. Lutherschen Katechismus«, 1884 »Der erste biblische Anschauungsunterricht und 1885 und 1887 »Handreichung zum 2. Teile der biblischen Geschichten«. Der von Wangemann in der »Handreichung« schon 1859 dargelegte Unterrichtsplan für den gesamten Religions-

*) Leipzig, Georg Reichardt Verlag. (21. Aufl. 1888.)
**) Ebendaselbst 1885 erschien. (11. Aufl. 1886.)
***) Ebendaselbst 1885 erschien. (9. Aufl. 1887.)

unterricht ist nunmehr (mit Ausnahme der letzten Stufe) im einzelnen ausführlich bearbeitet. Wie dies geschehen ist, das will diese Arbeit darzustellen versuchen. Den Freunden Wangemanns kann sie nur Bekanntes bringen; denen aber, welche die Wangemannschen Schriften nicht kennen, wird sie Gelegenheit bieten, ihre Stoffauswahl und -erweiterung, Erzählform, unterrichtliche Behandlung auf den einzelnen Stufen, Verknüpfung der einzelnen Disziplinen des Religionsunterrichtes etc. zu vergleichen; und das hat doch immer etwas Erspriefsliches.

1. Biblischer Geschichtsunterricht.

»Christliches Glaubensleben auf Grund des Evangeliums zu wecken und auszubilden«*), ist nach Wangemann das Ziel des Religionsunterrichtes, welches „mittelst des Wortes Gottes und des Gebetes" zu erreichen ist. Auch der Religionsunterricht hat von der Anschauung auszugehen, also nicht mit der Lehre, sondern mit der Geschichte, und zwar mit der »Betrachtung der einzelnen Lebenserscheinungen, welche die heilige Schrift bietet«*), zu beginnen. Bei der Stoffauswahl und -anordnung kann »subjektives Ermessen allein nicht entscheidend sein; darum mufs zur Feststellung eines Unterrichtsplanes der Weg betrachtet werden, auf welchem der Unterrichtsgegenstand zum Gegenstande menschlichen Wissens wurde«. »Die Beobachtung lehrt uns nun, dafs es zuerst eine einzelne Thatsache — ein einzelner Lebenszug — war, die geschichtlich merkwürdig wurde. Bei der Betrachtung derselben treten aber zwei Hauptmomente hervor: die geschichtliche Thatsache selbst als ein Besonderes und der ihr zu Grunde liegende Gedanke — ein Gesetz, welches als das Allgemeine in der betrachteten Thatsache zur Erscheinung kommt. Zwei Gesichtspunkte für eine verständige unterrichtliche Behandlungsweise. Diese Betrachtung einzelner geschichtlicher Ereignisse lenkt aber von selbst den Blick auf die handelnden Personen, und durch die Vermehrung, Verbindung und Vereinigung der einzelnen geschichtlichen Lebenszüge einer Persönlichkeit entsteht die **Biographie.**" »Dafs ferner diese einzelnen betrachteten Persönlichkeiten und Ereignisse nicht abgesondert sind, sondern in der innigsten Beziehung zu andern stehen, das ergiebt sich schon bei der Behandlung der einzelnen Biographieen und

*) „Handreichung": Einleitung.

Monographieen. Damit ist aber der Weg zu der nächsten Stufe wieder gezeigt.« Wangemann unterscheidet daher gemäfs dem Wesen des Unterrichtsgegenstandes vier Stufen im biblisehen Geschichtsunterrichte.

1. Der ersten Stufe geht die **Vorbereitungsstufe** voraus. Sie gewährt biblischen Anschauungsunterricht. Dieser soll dem Kinde zu den Worten der Geschichtserzählung »klare, vollwirkende, richtige Vorstellungen vermitteln«. Um diesen Zweck zu erreichen, stellt sich der Gebrauch eines entsprechenden Lehrmittels als notwendig heraus. Ein solches ist nach den Angaben Wangemanns in den „Zwanzig Anschauungsbildern für den ersten Unterricht in der biblischen Geschichte« *) von der Hand des Künstlers geschaffen worden. Sie schliefsen sich den Geschichten an, welche für die erste und zweite Unterrichtsstufe in der »Handreichung« von dem Verfasser gewählt worden sind. Bei ihrer Herstellung hat sich der Künstler in den Dienst der Schule gestellt, denn es sind nur solche Bilder gegeben, welche die Kinder, obwohl sie auf den ersten Unterrichtsstufen stehen, aufzufassen vermögen, obwohl sie auch für die folgenden Stufen von Bedeutung sind. Das Bild stellt den Moment der Handlung dar, aus welchem der gesamte Inhalt der betreffenden Geschichte entwickelt werden kann. In der bildlichen Darstellung kommt nur das zur Anschauung, was die Geschichte erwähnt. Die Gegenstände sind so gruppiert, dafs das Kind nicht nur von den einzelnen Gegenständen, besonders von den Hauptpersonen der Handlung, eine Vorstellung gewinnt, sondern auch von dem ganzen Bilde, welches eine Handlung oder ein Leiden darstellt, erlangen kann. Nicht nur der Ort der Handlung ist der Geschichte entsprechend dargestellt, sondern es ist auch auf die zeitgemäfse Kleidung der nötige Fleifs verwandt. In Farbe dargestellte Gegenstände gewinnen an Körperlichkeit; darum haben farbige Bilder das meiste Interesse für die Kinder. Die Grösse der Bilder (47 : 60 cm) ist so, dafs sie von allen Kindern einer zahlreichen Klasse zugleich gesehen werden können. (Vergl. »Der erste biblische Anschauungsunterricht« S. 5.) Der Zweck der Bilder entscheidet über die Art des Gebrauches: das Bild mufs nicht nur »mit der Erzählung verbunden sein«, sondern es mufs auf dieser Vorbereitungsstufe »die Betrachtung desselben der Erzählung vorangehen«, damit das Kind dadurch »Anschauung von den Personen und anderen Gegenständen der betreffenden Geschichte, von den Zuständen, in denen sie sich befinden, von den Orten, wo sie leben, von ihrer äufseren Erscheinung, von der Kleidung, den Geräten, Waffen etc.

*) Leipzig, Georg Reichardt Verlag. Ausgabe A koloriert 16 M. Ausgabe B unkoloriert 12 M. Text hierzu aus Wangemanns Feder gratis.

bekomme«.*) »Bei der Betrachtung der einzelnen Erscheinung auf dem Bilde erhält das Kind dazu die biblische sprachliche Bezeichnung; es wird durch jedes Bild, das der Unterricht zum Gegenstande der Anschauung nimmt, zugleich der Wortschatz, und zwar der biblische Ausdruck, vermehrt. Ist aber das Kind in den Besitz der hauptsächlichsten Ausdrücke einer Geschichte gekommen, welche gleichsam die Kernpunkte derselben bilden, und vermag es die richtigen Vorstellungen mit den Worten zu verbinden, dann ist es reif, die Geschichte mit Verständnis aufzufassen, und dann erst kann sie auf Geist uud Gemüt bildend, heiligend und stärkend wirken, und das thut sie auch wirklich — während sie es nimmer vermag, solange die Erzählung nur gedächtnismäfsiges Plapperwerk ist.«*) Über die Art und Weise des Erzählens auf dieser Stufe äufsert sich Wangemann im »Bibl. Anschauungsunterricht« S. 14 f. und in der »Handreichung« S. 27 ff. folgendermafsen: Die Lehrsprache dieser Stufe müsse die einfache, konkrete sprachliche Darstellung der Mutter sein; man dürfe nicht meinen, wie manche Kindlichkeit affektierende Schriften thun, für die Kleinen sei es nötig, dafs man breit, weitschweifig schildernd, blümend rede, vielleicht dieses auch mit allerlei Gebärden veranschauliche. Das wäre grofser Irrtum!

Falsch wäre es aber auch, die biblische Geschichte im ersten Religionsunterrichte in der Bibelsprache zu erzählen und von den Kleinen eine Wiedererzählung in derselben zu verlangen. Auf dieser Bildungsstufe sei das Kind sprachlich auch noch nicht soweit entwickelt, dafs es imstande wäre, eine Geschichte im Zusammenhange wiedererzählen zu können. Es vermöge dieses nicht in seiner naiven Muttersprache, also noch viel weniger in der Sprachweise der heiligen Schrift. Ein verständiger Lehrer dürfe mithin solches nicht verlangen. Wenn sich das Kind durch satzweises Vor- und Nachsprechen mühevoll die Worte der Geschichte aneignen sollte, sodafs es schliefslich zusammenhängend die Geschichte biblisch erzählen könne, dann möge dieses wohl auf den Hörer, wenn er frommen Gemütes sei, einen angenehmen Eindruck machen, denn er denke nicht daran, mit welcher Quälerei dieses erzielt worden sei — ein segensvoller Unterricht wäre damit nicht erteilt. Man solle auch im geistigen Leben im Frühlinge nicht Herbstfrüchte erzielen wollen. Diese Stufe des religiösen Anschauungsunterrichts bildet die Vorbereitung für die Stufe, auf welcher dann die sprachliche Entwickelung des Kindes soweit gefördert ist, dafs es eine biblische Geschichte zusammenhängend in der einfachsten biblischen Sprach- und Ausdrucks-

*) »Anschauungsunterricht« S. 12.

weise darstellen kann. Hier wird das Kind bei der Anschauung der Bilder erst mit einzelnen Worten, Ausdrücken, Sätzen bekannt gemacht, die dann mittelst der sprachlichen Weise der Mutter in Verbindung gesetzt werden. Ist durch die rechte Behandlung der Bilder — und dazu leitet Wangemann in der erwähnten Schrift an — und durch die daran geknüpfte Erzählung der biblischen Geschichte wirklich das Gemüt des Kindes ergriffen worden, dann will der kleine Mund auch für das, was das Herz bewegt, einen entsprechenden Ausdruck haben. Das vermag aber zur Zeit niemand besser zu sagen, als es Hey und Möller und einige andere in ihren Verschen gethan haben. Diese und einige kindliche Sprüche schliefst Wangemann nun an, und mit besonderer Freudigkeit, so bezeugt er, nehmen die Kleinen diese an, wofür sie durch ihren herzigen Vortrag Zeugnis ablegen. Die Vorbereitungsstufe möchte der Verfasser in die Familie verlegen und der Mutter diesen ersten Unterricht zuweisen. »Ihr deutschen Mütter, ruft er ihnen in der »Anweisung« *) zu, . . . seid selbst die ersten Lehrerinnen eurer Kinder in der Gotteserkenntnis . . . — nicht blofs für allerlei nützliche und unnütze Dinge dieser Welt . . Dafür wird dir, liebe Mutter, dein Sohn oder deine Tochter noch danken, wenn du längst vor dem stehst, dem du Rechenschaft über deine Arbeit an der Seele deines Kindes ablegen mufst.« Freilich ist bei den jetzigen sozialen Verhältnissen nicht anzunehmen, dafs die Familie dieser Aufgabe gerecht werden könnte. Es wird daher mit Recht gefordert, dafs in Anbetracht solcher Verhältnisse die Schule einzutreten habe.

Den Stoff für die **erste Stufe** bilden 24 biblische Geschichten, 12 alt- und 12 neutestamentliche, durch welche das religiöse Leben in dem jungen Kinde weiter gebildet werden soll. »Ein kurzer Überblick über die biblischen Geschichten der ersten Stufe mit Andeutung dessen, was durch dieselben erreicht werden soll, dürfte die Gründe für die Auswahl am besten geben. Die alttestamentlichen Geschichten. Zuerst soll erkannt werden Gott als Vater, darum: 1. Schöpfung des Menschen. Dieser Vater hat seinen Menschenkindern Gebote gegeben und wird alle Gottlosen, die seine Gebote übertreten, bestrafen (2. Sündenfall). Die Frommen dagegen empfangen Segen (3, I. Abrahams Auszug). Die, welche Gott vor Augen und im Herzen haben, beweisen dies in ihrem Verhalten gegen den Nächsten (3, II. Trennung von Lot). Am nächsten von allen stehen uns unsre Angehörigen; darum werden von 4 bis 8 (Josephs Geschichte) die Verhältnisse im Familienleben vorgeführt. Nr. 9 zeigt eine besondere Behütung in der Gefahr (Moses). Ferner in Samuel (10) wird ein

---

*) »Bibl. Anschauungsunterricht«: Vorwort S. IV.

frommer Knabe und Schüler vorgehalten. Nr. 11 (David und Goliath) erzählt von dem tapferen Jünglinge, der sein Werk mit Gott beginnt und daher siegt. Endlich in Nr. 12 (Absalom) wird noch ein Nachtbild gezeigt, welches die Sünde in ihrem Anfange, Fortgange und Ende vorhält. Die neutestamentlichen Geschichten geben zuerst zwei Bilder aus der Jugendgeschichte des Sohnes Gottes. Durch dieselben wird der Blick mit auf den Vater gerichtet, der sein Kind treulich behütet. Nr. 3 (der zwölfjährige Jesus) zeigt dann den frommen Knaben, der den Vater über alles liebt. In 4 bis 7 wird der Herr Jesus als der Wunderthäter dargestellt, der Macht hat über die Natur, über den Menschen und den Tod. Dafs zu ihm auch Kinder kommen sollen, lehrt Nr. 8 (der Kinderfreund). Nr. 9 (Gethsemane) eröffnet einen Blick auf das innere Leiden, Nr. 10 (Verurteilung) auf die ihm angethane Schmach; Nr. 11 (Kreuzigung) zeigt die höchste Not, den gröfsten Schmerz des Erlösers. In Nr. 12 erfährt das Kind von der Auferstehung des Herrn und davon, wo jetzt sein Erlöser ist, der die Seinen zum ewigen Leben führt.*) Somit findet die I. Stufe ihren vollen Abschlufs. Wer gegen die Reihenfolge der Geschichten des a. T. inbezug auf ihre Schwierigkeit Bedenken trägt, dem schlägt Wangemann folgende Ordnung vor, 1, 9, 10, 11, 3, 4—8, 2, 12. Hiermit sind alle einfachen Grundverhältnisse des Lebens vorgeführt, darum finden auch schon sämtliche Gebote in denselben ihre Anwendung. Und doch sind »diese einfachen Lebensbilder so gewählt, dafs sie die Lebensverhältnisse und Beziehungen, in denen das Kind steht, berühren. Denn wenn in diesen Geschichten z. B. von der Mutter des Moses erzählt wird, wie sie sich erst freut über das feine Knäblein, es aber angstvoll verbergen mufs vor den Dienern des bösen Königs, und dann wie sie es zu retten sucht u. s. w. — das versteht und begreift auch das siebenjährige Kind schon, wenn es überhaupt unterrichtsfähig ist.**) Wangemann stellt sich somit in entschiedenen Gegensatz zu jenen Richtungen, welche die biblische Geschichte, da sie die Fassungskraft der sechs- und siebenjährigen Kinder übersteige, als für den ersten Religionsunterricht ungeeignet verwerfen und an ihrer Statt Märchen oder moralische Erzählungen setzen. (Andere Gründe, die Wangemann gegen jene Meinungen vorbringt, siehe in der »Handreichung« S. 25 ff.)

Der angeführte Stoff wird nach Wangemanns Schriften für Geist und Herz fruchtbringend behandelt, wenn zunächst eine **Vorbereitung** nicht versäumt wird. »Diese soll das Kind befähigen, schon beim ersten Anhören der biblischen Erzählung sprachlich und sachlich den Geschichtsstoff wenigstens der Haupt-

*) »Handreichung« S. 19 f.
**) »Handreichuag« S. 25.

sache nach auffassen zu können. Es wird damit vorgebeugt, dafs sich beim Anhören unverständlicher Ausdrücke nicht allerlei wunderliche und verkehrte Vorstellungen in der Seele des Kindes erzeugen und festsetzen ... Sie mufs die Lebensverhältnisse und Beziehungen, welche die betreffende Geschichte vorführt, in den Lebensverhältnissen des Kindes aufsuchen, diese demselben vorhalten, sie erläutern, um dadurch das Verständnis für jene zu eröffnen, welche die Geschichte nachher bringt.«*) Wie eine solche im einzelnen Falle zu gestalten sei, damit sie das Verständnis für den geschichtlichen Stoff vermittele, den Eindruck desselben verstärke, nicht aber durch Vorwegnahme des Geschichtsstoffes ihn abschwäche, ist aus der »Handreichung« zu ersehen. »Die auf eine sorgfältige Vorbereitung verwandte Zeit ist gut angelegt und wird doppelt bei der Bearbeitung der biblischen Geschichte wieder eingebracht.«**) Was nun das Erzählen der biblischen Geschichte auf dieser Stufe betrifft, so befürwortet Wangemann nach einmaliger ganzer Vorführung der Geschichte für diese Stufe das abschnittweise Vortragen derselben, und in der »Handreichung« ist der Stoff jeder Geschichte so gegliedert, wie er den Kindern dargeboten werden soll. Wie die jedesmaligen Verhältnisse es erfordern, ist jeder Abschnitt ein-, zwei- oder mehreremal zu erzählen. Er meint jedoch durchaus nicht, dafs der Weg, welchen er in seiner Arbeit betreten, der einzig rechte sei, der zum Ziele führe. Bei gehöriger Auffassungsfähigkeit der Kinder könne z. B. eine kleine biblische Geschichte zusammenhängend erzählt werden und eine andere in entwickelnder Erzählweise vor die Augen der Kinder geführt werden.***) Die Erzählung soll von dem Lehrer sprachlich korrekt, laut, rein, richtig betont und frei vorgetragen werden. An der ganzen Haltung des Lehrers, aus dem Unterrichtstone, wie aus der Weise des Unterrichts überhaupt müsse das Kind fühlen, welch höherer Wert vor allem Unterrichte diesem Unterrichtsgegenstande beigelegt werde. Die rechte Art und Weise lasse sich auch hier nicht durch Regeln geben. »Kommst du mit rechter Liebe zu deinem Gott und Heiland und zu den dir anvertrauten Kindern in deine Klasse, kommst du mit recht gutem Gewissen, d. h. hast du dich recht gewissenhaft vorbereitet, kommst du auch nicht als Heuchler: dann wirst du schon den rechten Lehrton und die rechte Haltung für den Religionsunterricht finden.«***)

Diese Geschichten sind von Wangemann in einfacher biblischer Ausdrucks- und Darstellungsweise gegeben worden, längere Satzverbindungen sind in kürzere aufgelöst und für veraltete Aus-

---

*) »Handreichung« S. 9.
**) »Handreichung« S. 36.
***) »Handreichung« S. 36 ff.

drücke sind die entsprechenden neuen gesetzt; »aber um deswillen wird man wohl nicht in Abrede stellen, die Bibelsprache sei beibehalten. Da finden wir nun überall den volkstümlichen, konkreten Ausdruck, die einfachste Satzverbindung, wie sie nirgends einfacher in unserer Büchersprache wiedergefunden wird. Die Zahl der Bindewörter beschränkt sich fast auf: nur, aber, da, wenn, dafs — ganz so, wie das Volk zu sprechen pflegt.« (Vergl. »Bibl. Gesch. für die Elementarstufen« und »Handreichung« S. 33.) Diese einfachen sprachlichen Formen mufs der Unterricht auch bei der Wiederholung der Erzählung beibehalten. »Würde mit jedem neuen Erzählen stets eine andere sprachliche Form für die mitgeteilten Gedanken gewählt, so hinderte der Unterricht die volle Einwirkung der biblischen Geschichte, anstatt sie zu fördern. Denn das Kind fühlte sich bei dem fortwährenden Wechsel der Darstellungsweise der Geschichte in derselben stets fremd und würde niemals geistig warm darin werden.« *)

Die auf die Darbietung folgende Betrachtung beschränkt Wangemann nicht auf einzelne erklärende, sprachliche und sachliche Bemerkungen, sondern er giebt Andeutungen zur Behandlung der Art, dafs den Kleinen zu klaren und richtigen Vorstellungen von den einzelnen Teilen als auch zum Verständnis von der Verbindung der Teile verholfen werden könne. Das Kind soll bei der Betrachtung auch auf dieser Stufe schon — wenn auch anfangs mehr dem Gefühle nach — das Hauptsächliche von dem Nebensächlichen unterscheiden lernen, und dieses sucht Wangemann besonders dadurch mit zu erzielen, dafs bei der Betrachtung der einzelnen Teile zu jedem derselben eine dem kindlichen Verständnis gemäfse Über- oder Unterschrift erarbeitet wird. Nachdem so das Kind mit der Erzählung bekannt gemacht worden ist, wird ihm das betreffende biblische Geschichtsbild vorgeführt**) und alsdann zur Einübung der Geschichte fortgeschritten. Zuletzt giebt Wangemann dem ganzen Lebensbilde eine Unterschrift in der Form eines Spruches oder Liederverses. Der Spruch ist somit der geistige Mittelpunkt der betrachteten Geschichte. Seine Beziehung zu derselben legt Wangeman in einer besonders angefügten Besprechung dar, die er nicht versäumt wissen will.***) Ein würdiger Vortrag endlich sowohl der Geschichte als auch der Sprüche und Liederverse soll ebenfalls auf dieser Stufe schon angebahnt werden. Der fette und gesperrte Druck in der »Bibl. Geschichte für die Elementarstufen« weist das Kind bei seinen Wiederholungen wieder darauf hin, welche Worte der Lehrer bei der Behandlung und Einübung hervorheben liefs. —

---

*) »Handreichung« S. 8, 33 ff.

**) »Bibl. Anschauungsunterr.« S. 9.

***) »Handreichung« S. 10 u. 42.

2. Der Unterricht der **zweiten Stufe** hat ebenfalls von jeder Geschichte ein lebendiges Bild in der Seele des Kindes zu erzeugen, sich aber aufserdem die Aufgabe zu stellen, »die einer jeden Geschichte zu Grunde liegenden Hauptgedanken aus derselben angemessen zu entwickeln«.*) Der für dieselbe gewählte Stoff, auch noch einzelne biblische Geschichten, ist für zwei Jahreskurse berechnet; der erste schliefst sich eng an die vorige Stufe an und die Geschichten des zweiten bilden Ergänzungen des ersten Kursus. Überblick über den Stoff. Dem auf der vorigen Stufe betrachteten Gedanken, dafs Gott mein Vater sei, schliefst sich erst auf dieser Stufe in rechter Berücksichtigung der Schwierigkeit des Stoffes 1) die Erzählung von der Schöpfung der Welt an. 2) Die Geschichte von der Sünde wird erweitert durch die Erzählung von der Sündflut. Ein ausführliches Lebensbild von Noah wird erst auf der 3. Stufe gegeben. 3) Aus der Geschichte Abrahams hat die vorige Stufe geboten, »Abrahams Auszug« und die »Verheifsung« dessen, was Jehovah ihm geben will. Für das Kind bleibt es eine offene Frage, was Gott nach der Verheifsung dem Abraham geschenkt hat. Diese findet auf dieser Stufe ihre Beantwortung in der Erzählung »Abraham der Freund Gottes«. Aufserdem lernt es noch die Fürbitte Abrahams und die Opferung Isaaks kennen. 4) Mit Isaak, dem zweiten Erzvater, macht die nächste Geschichte bekannt, die auch zugleich den dritten Stammvater, Jakob, mit vorführt. 5) Hierauf folgt die Wiederholung von der Rettung des Moses. Die Fragen, was aus dem Kinde Moses später geworden ist und ob sich Gott endlich seines bedrückten Volkes erbarmt hat, finden auf dieser Stufe Berücksichtigung in den Geschichten »Moses Berufung«, »Der Auszug der Israeliten«, »Die Gesetzgebung und Abgötterei«. (Wie Moses seinen Auftrag ausgeführt hat, beantwortet die biographische Stufe.) 6) Zur Geschichte des siegreichen David tritt hinzu seine Salbung. 7) Zur Behandlung gelangt alsdann Davids Sohn und Nachfolger, der Friedenskönig Salomo, und 8) erhält das Kind ein Bild von dem Leben und Wirken eines Propheten (Elias). Die neutestamentlichen Geschichten. Nr. 1 (Die Geburt Johannes) bringt eine Hinweisung auf die Verkündigung vom Messias. Die Geburt des Herrn wird, wie auch die andern auf der vorigen Stufe behandelten Geschichten, wiederholt und im Anschlufs hieran gezeigt, wie Gott sein Kind vor Herodes beschützt (Nr. 2 »Die Flucht«). Nr. 3 (Johannes der Täufer) ergänzt Nr. 1 und bereitet das Verständnis für des Erlösers Werk vor. Aufserdem giebt sie das Zeugnis Gottes über seinen Sohn (Die Taufe). Die nächsten Nummern (Petrus Fischzug. Jesus stillt den Sturm. Heilung eines Aussätzigen, Stummen, Blinden) vermehren die Beweise von

---

*) »Handreichung« S. 11.

des Herrn Macht über die Natur, besonders über die Menschennatur; eine Geschichte weist auch darauf hin, was von des Menschen Seite nötig ist, wenn der Herr helfen soll. Nr. 7 (Das Gleichnis vom barmherzigen Samariter) und Nr. 8 (Vom verlorenen Sohne) führen als neue Seite im Leben des Herrn seine Lehrthätigkeit vor. (Sodann wird die Leidensgeschichte entsprechend erweitert, und die Geschichten »Jesus erscheint den Jüngern« und »Die Himmelfahrt« sind notwendige Fortsetzungen der Geschichte »Die Auferstehung des Herrn«.*) So füllt jede Geschichte einen notwendigen Platz aus und kann nicht wohl fehlen, ohne durch eine andere ähnlichen Inhalts ersetzt zu werden. Dies über den Stoff dieser Stufe. Was die Behandlung auf derselben betrifft, so ist eine solche nach Wangemanns Schriften wie folgt zu gestalten. 1. Es ist der Erzählung eine Vorbereitung vorauszuschicken, wie sie die »Handreichung« giebt. 2. Hierauf folgt die freie Erzählung der Geschichte durch den Lehrer. 3. Die Geschichte wird den Kindern aus dem biblischen Geschichtsbuche vorgelesen. 4. Hiernach ist zur Einführung in das Verständnis weiter zu schreiten. a. Sie hat dafür zu sorgen, dafs das Kind mit den Worten und Sätzen der Geschichte die rechten Vorstellungen verbinde, und die gewonnenen biblischen Ausdrücke fest und sicher einzuprägen. b. Alsdann ist die Geschichte zu gliedern und der logische Zusammenhang der Teile klarzulegen, damit das Kind einen geistigen Überblick über die erzählte Handlung erhalte, sowie auch zu jedem Teile eine entsprechende Über- oder Unterschrift zu erarbeiten, welche die Wegweiser für ein verständiges Erzählen zur Abwendung des gedächtnismäfsigen Hersagens der Geschichte sind. 5. Die Kinder lesen die Geschichte aus dem biblischen Geschichtsbuche und erzählen sie darnach. 6. Es wird der Lehrspruch gegeben. Durch eine Besprechung ist darzulegen, wie derselbe sich nicht nur auf die Geschichte bezieht, sondern wie er auch dem Kinde gilt. Wird in eben gezeigter Weise der Unterrichtsgang eingehalten, so erfüllt diese Stufe auch die besondere Aufgabe, dafs sie das **Bibellesen** vorbereitet.

3. Die **dritte, die biographische Stufe.**)**

Das Kind ist nunmehr mit einer Anzahl biblischer Geschichten bekannt gemacht worden. »Diese kommen in den einzelnen betr. Biographieen zur Verwendung und bilden gewissermafsen den Grundstock, welcher durch das auf dieser Stufe auftretende

---

*) Vergl. »Handreichung« S. 21 f. und »Biblische Biographieen« etc. I. Teil, S. X.

**) Sie ist bearbeitet im zweiten Teile der bibl. Geschichte. Zu demselben liegt nunmehr auch eine »Handreichung« für Lehrer vollständig in zwei Teilen vor. Vergl. S. 209.

Bibellesen befestigt wird und durch Aufnahme neuen Geschichtsstoffes sich zum vollen biographischen Bilde erweitern kann.« Wangemann hat also eine Stoffanordnung in konzentrisch sich erweiternden Kreisen getroffen, so dafs die einzelnen Geschichten »wiederholt vor das geistige Auge des Kindes geführt und die früher gewonnenen Vorstellungen durch neue Anschauung aufgefrischt und tiefer in die Seele eingedrückt werden«. Für eine derartige Stoffanordnung sind ihm folgende Momente mafsgebend. Die mehrmalige Wiederholung des biblischen Geschichtsstoffes ist notwendig, damit derselbe gehörig befestigt werden könne. »Die Elastizität des kindlichen Geistes und Gemütes ermöglicht zwar den schnellen Eindruck, den ein gut geleiteter Unterricht hervorzubringen vermag, ist aber auch die Ursache, dafs der Eindruck sich ebenso leicht wieder verwischt und verloren geht. Erst eine wiederholte Einwirkung läfst bleibende Spuren in der Seele des Kindes zurück. Tiefe, für das ganze Leben nachhaltig wirkende Eindrücke können daher nur durch eine wiederholte, den erhöhten Ansprüchen der wachsenden Auffassungskraft des Kindes entsprechende Behandlung desselben Unterrichtsstoffes erzielt werden.« *) Angesichts der Thatsache, dafs angehende Jünglinge, die kaum wenige Jahre die Schulzeit hinter sich haben, vom religiösen Wissen weniger besitzen, als die Kinder der Schule, welche auf den mittleren Unterrichtsstufen stehen, hat man gesagt, unsere Alten seien sicherer in ihrem religiösen Wissen gewesen; der Grund hiervon wäre dann aufser in der Beschränkung so auch und insbesondere in der öfteren Wiederholung des Unterrichtsstoffes zu suchen.*) Wenn gegen die öftere Wiederholung in den konzentrischen Kreisen eingewendet wird, sie erzeuge Langweile am Unterrichte, ermüde die Kinder, töte das Interesse, so spricht sich hierin ein doppelter Irrtum aus. Falsch ist es zunächst, von sich aus auf die Kinder zu schliefsen und zu meinen, was dem Lehrer trocken erscheine, das ermüde auch das Kind. Im Gegenteil liegt »in dem Gefühle der geistigen Beherrschung eines Unterrichtsstoffes, also eines Gedankengebietes, ein ganz besonderer Reiz für das Kind, und hieraus erklärt sich auch die Freude, mit welcher Kinder oft gehörte und wiedererzählte Geschichten abermals und nochmals leuchtenden Blickes erzählen in dem Bewufstsein, dafs sie den Stoff beherrschen und sagen können: »Ich kann es!« Falsch ist es sodann, mit einer solchen Behauptung hervorzutreten einem Stoffe gegenüber, »den kein menschlicher Geist zu erschöpfen vermag, der auf jeder höheren Unterrichtsstufe neue Seiten der Behandlung gewährt, neue Fundgruben für das Denken bietet uud neue Anknüpfungspunkte zur Anwendung auf das

---

*) »Einführung« I, S. XVI.
**) »Einführung« I, S. XVII.

Leben zeigt«.*) Dann giebt er auch zu bedenken, dafs bei Verbindung der einzelnen Geschichten zu Biographieen die schon bekannten Geschichten eine neue Beleuchtung erfahren und somit das Interesse**) des Kindes ganz und voll in Anspruch nehmen.

Endlich ist bei dieser konzentrischen Erweiterung des Unterrichtsstoffes noch zu beachten, wie »aus den früher aufgenommenen Unterrichtsstoffen die Frage nach Erweiterung sich ergiebt; der neue Geschichtsstoff ist die Antwort auf diese Frage, welche den alten festgewordenen Stoff mit dem neuen verbindet«.***) (Vergl. die Stoffauswahl der vorigen Stufe.) Nach diesen Vorbemerkungen wenden wir uns dem Stoffe selbst zu, den Wangemann dieser Stufe zuweist. Aus dem alten Testamente giebt er zunächst »zwei sich gegenüberstehende Bilder, nämlich die Zeit vor der Sünde und die Geschichte der Sünde bis zum Untergange der Menschheit in der Sündflut«. Es folgt hiernach das Lebensbild des Noah ergänzend und zeigt, wie das Strafgericht notwendig war, damit die Menschheit von dem Verderben und dem gänzlichen Untergange gerettet wurde, und dafs der Weg zur Rettung allein durch die göttliche Gnade zu bewirken war. Wie Gott dann weiter den einzelnen Menschen erzieht, das wird gezeigt in den drei Lebensbildern von den Erzvätern, sowie im Leben des Hiob. Hierauf folgen »die zwei sich ergänzenden Führer Israels, Moses und Josua, der Ausführer aus der Knechtschaft und der Einführer zur Ruhe in die ersehnte Heimat. Von den Richtern sind vorgeführt der Mann des Schwerts, der glaubensvolle, demütige, siegreiche Gideon, und diesem gegenüber der mit dem Schwerte des Geistes kämpfende Reformator Samuel.« »Sauls Leben ist sachgemäfs eingeflochten in der Geschichte des Samuel und David, die Lichtseite seines Lebens in der ersten, die Schattenseite in der zweiten. Nach Samuel folgen die beiden Königsbilder, welche den Kriegs- und Siegeskönig in David und in Salomo den Friedenskönig zeigen.« »Endlich zur Veranschaulichung des Prophetentums im alten Bunde sind gewählt aus der Zeit vor dem Exile Elias, der unmittelbar von Gott berufene Mann des Volkes, und der fromme Prophet und Staatsmann Daniel in der Zeit des Exils. Beide Bilder zeigen zugleich das Verderben des Königtums, den Untergang der Reiche, das trauernde Israel in der Gefangenschaft, die Tröstungen durch die ihm geschenkten Propheten und endlich die Rückkehr ins gelobte Land.« †)

Aus dem neuen Testamente ist gegeben: 1. Johannes der Täufer; 2. Maria, die Mutter des Herrn; 3. Jesus Christus. »Da

---

*) »2. Handreichung« I. Teil, S. IX.
**) Ebendaselbst II. Teil, S. IV.
***) Ebendaselbst I. Teil, S. IX.
†) »Bibl. Gesch.« II. Teil, S. IV f.

Er im Mittelpunkte der Geschichte steht und die volle Erfassung der Geschichte seines Lebens das Ziel des gesamten Unterrichts ist, so haben auch die sämtlichen behandelten Geschichtstoffe Bezug auf das Leben und Wirken des Heilandes. Die geschichtlichen Mitteilungen über die Apostel sind hier nur insoweit berücksichtigt, als sie unmittelbar mit dem Leben des Herrn bis zu seiner Himmelfahrt in Verbindung stehen. Auch die Lebensbilder von Johannes und Maria dienen nur als Vorbereitung zur allseitigen Erfassung des Lebens des Erlösers. Es konzentriert sich demnach alles, was aus dem n. T. gegeben ist, um dieses.*) Da ferner in jeder Biographie (auch des a. T.) biblische Geschichte, Spruch, Katechismus und Kirchenlied »in engster gedankenmäfsiger Verbindung« auftreten und von jeder Biographie »auch die Verbindung mit dem Zentrum der Geschichte — welches ist Jesus Christus — hergestellt ist«, so bildet der auf dieser Stufe gebotene Unterrichtsstoff »ein organisches Ganze«, und es ist demnach »eine Konzentration im idealsten Sinne des Wortes« **) vorhanden. Über die unterrichtliche Behandlung des bibl. Geschichtsstoffes auf dieser Stufe giebt Wangemann in der 2. »Handreichung,« I. Teil, Seite XII ff. ausführliche Anleitungen. Wir entnehmen denselben folgendes: 1. Auch auf dieser Stufe ist eine Vorbereitung notwendig. Sie hat verschiedene Zwecke. a. »Sie sucht durch Benutzung der Vorstellungen aus dem Anschauungskreise des Kindes oder durch solche, welche der naturkundliche, geographische oder naturgeschichtliche Unterricht gab, in der Seele des Kindes die Vorstellungen zu erzeugen, welche dasselbe besitzen mufs, um die in der Geschichte zu erzählenden Ereignisse richtig auffassen zu können. Das ist sachliche Vorbereitung, mit welcher sich die sprachliche verbinden mufs. Diese giebt für die gewonnenen sachlichen Vorstellungen die richtige sprachliche Bezeichnung.« b. »Oft knüpft die Vorbereitung an vorher gegebene bekannte Geschichtsstoffe an und führt zu dem neuen Geschichtsbilde über.« c. »Durch solche Verbindung entwickelt sich, anknüpfend an die alten Stoffe, die Frage, auf welche die neue Geschichte die Antwort giebt. Wenn diese Fragen nicht vom Lehrer unvermittelt gegeben, etwa vorgesprochen werden, so dafs dieselben von den Kindern nur äufserlich angenommen sind, sondern durch richtige gedankenmäfsige Leitung des Unterrichts aus dem kindlichen Geiste mit logischer Notwendigkeit erwachsen, dann offenbaren sie ein intellektuelles Bedürfnis, welches durch die neuen Geschichtsstoffe befriedigt wird.« d. »Die Vorbereitung mufs besonders mit in der Wiederholung des früher gegebenen biblischen Geschichtsstoffes bestehen.«

---

*) »2. Handreichung« II, S. III.
**) »2. Handreichung« I, S. XIII.

2. Die Mitteilung des Geschichtsstoffes. »Schon das erste Lesen aus der h. Schrift mufs ein würdiges, darum ein sinnvolles, gutes Vorlesen des Lehrers sein, nicht der Kinder.« »Die Bibel ist kein Lesebuch, um Lesefertigkeit zu erzielen; wer sie dazu benüzt, mifsbraucht Gottes Wort.« »Nicht alles, was in der Bibel steht, kann und darf gelesen werden, besonders nicht alles, was die Bücher des alten Testamentes enthalten.« (Vergl. den späteren Abschnitt dieser Arbeit »die Einrichtung des II. Teiles der bibl. Gesch.«)

3. Die Einführung in das Verständnis. Was von Wangemann auf den vorhergehenden Stufen bez. der Einführung gefordert wird, soll natürlich auch auf der biographischen Stufe volle Berücksichtigung finden. »Bei der Betrachtung der einzelnen Aussprüche und Ausdrücke darf sich der Unterricht aber nicht in die Breite verlieren, um die möglichste Vertiefung im Verständnis erzielen zu wollen. Leider geschieht dieses oft auf Unkosten der Darlegung der Beziehungen, in denen das Einzelne zum Ganzen steht. Auf dieser Stufe ist es die besondere Aufgabe des Unterrichts, das Einzelne zum Ganzen, d. i. zum Geschichts- oder Charakterbilde, zu vereinigen.« So ergiebt sich auch, dafs »jede einzelne Geschichte in der Biographie ihren notwendigen Platz erhält und zum rechten Verständnis des Lebensganges der betrachteten Heilsträger als ein notwendiges Glied erscheint, das nach der göttlichen Leitung eintreten mufste. Je mehr aber der notwendige Zusammenhang erkannt wird, desto mehr befestigt sich die einzelne Geschichte in der Seele bis zur Unverlierbarkeit«. Ist die Einführung in das Verständnis in rechter Weise bewirkt, dann kann verlangt werden

4. »gutes, würdiges Vorlesen der behandelten biblischen Abschnitte seitens der Kinder und freies Erzählen der einzelnen Geschichten aus der gewonnenen Biographie in dem Sprachausdrucke der heiligen Schrift«.

5. Nach jeder Biographie weist Wangemann darauf hin, wie in jeder biblischen Geschichte sich bestimmte religiöse Begriffe oder Wahrheiten veranschaulicht finden. An diese Betrachtung schliefst er sinnverwandte biblische Lehrsprüche an, die in der Geschichte ihr Verständnis finden. Dieselben bilden aber weiter die Grundlage der Anwendung der Lehre auf Glauben und Leben des Kindes. Hier heifst es nun: »Diese Worte beziehen sich nicht allein auf diese Geschichte oder auf die Person in derselben, sondern sie gelten auch dir, — und mit der nun folgenden Anwendung verbindet sich ein eindringliches Wort des Lehrers.«

»Ist das Gemüt des Kindes ergriffen, . . . dann verlangt die Seele nach einem sprachlichen Ausdrucke. und dazu giebt es ja nichts Besseres, als das rechte geistliche Volkslied, das Kirchenlied. Es hat für alle Bedürfnisse der Seele den rechten Ausdruck.

Darum ist es jeder Biographie angefügt worden zum unterrichtlichen Gebrauche und zur Aneignung der Kinder.«

Endlich sei noch der Einrichtung des biblischen Geschichtsbuches für diese Stufe gedacht. Angesichts des Unterrichtszweckes dieser Stufe, »die Kinder zur heiligen Schrift zu führen und sie den ehrerbietigen Umgang mit derselben zu lehren«,*) ist das Buch so angelegt, dafs es nur »eine Brücke zur Schrift« bietet, nicht aber ein »Stellvertreter« derselben ist. Es sind daher in demselben nicht alle Geschichten in dem vollen Bibeltext erzählt; denn dann wäre kein Bedürfnis zum Bibellesen vorhanden, sondern nur die in biblischer Ausdrucks- und Darstellungsweise gegeben, bei denen es galt, »den Geschichtsstoff übersichtlich zu ordnen und kürzer zusammenzufassen«, oder wo »geschlechtliche Beziehungen« dies nötig machten. Wangemann läfst es daher nicht sein Bewenden haben mit der »blofsen Mitteilung über die äufsere Einrichtung der Schrift«, sondern er erhält das Kind auch im fortwährenden Umgange mit derselben und führt es sowohl durch die Geschichtsbücher des a. T., als er auch Anlafs bietet, aus den Lehr- und prophetischen Büchern Abschnitte zu lesen, welche mit jenen in Verbindung stehen. Bei den neutestamentlichen Geschichten giebt das Buch nur wenig Geschichtstext; es ist vielmehr stets auf den betr. Bibelabschnitt hingewiesen. Zum Schlusse jeder Biographie giebt das Buch eine »Übersicht« dessen, was der Unterricht allmählich aufgebaut hat. »An diesen Übersichten soll das Kind bei seinen Wiederholungen einen Halt haben, wie bei den anderen Unterrichtsdisziplinen an den Paragraphen seines Leitfadens. Es soll hier für die im Unterrichte erkannten und erworbenen Gedanken und Wahrheiten das rechte Wort wiederfinden, das es sich durch häuslichen Fleifs fest einprägen kann. Ein entschiedener Mifsbrauch wäre es aber, wenn diese »Übersicht« ohne jede geforderte ernste Geistesarbeit, durch welche allein Geist und Herz bereichert werden kann, gebraucht würde, um sie den Worten nach auswendig lernen zu lassen. Solch leerer Gedächtniskram fördert nicht, sondern hält eine gesunde geistige Entwickelung auf.« **)

4. Jede Biographie auf der vorigen Stufe bildet zwar ein für sich selbständiges Ganze, doch stehen dieselben in innigster Verbindung mit einander. »Die Kinder haben sonach schon eine Geschichte des Reiches Gottes bis zu der Zeit, in welcher die Weissagungen der Propheten aufhörten«,***) erhalten. »Die Ausfüllung zu einer vollen Geschichte des Reiches Gottes bis zum Eintritt des Erlösers in das Fleisch« ***) ist die Aufgabe für diese

*) »2. Handreichung« I. Teil, Vorrede.
**) II. Teil der bibl. Gesch. S. VII.
***) »2. Handreichung« I. Teil, S. XIII.

letzte Unterrichtsstufe. Dazu hat sie noch ein Hauptgewicht zu legen auf die christliche Heilslehre, die »selbstverständlich das neue Testament als Grundlage« *) hat. Bei der Behandlung derselben »kommen vorherrschend die Lehrvorträge des Herrn und seiner Apostel in Betracht.« *) Ferner ist »bei Betrachtung der neutestamentlichen Bibelabschnitte auf den verwandten Inhalt des alten Testamentes hinzuweisen, damit »der innere Zusammenhang des neuen und alten Testamentes klar und erkannt wird, dafs beide sich ergänzende Teile sind«.**)

B. Mitteilungen.

I. Herbartsche Pädagogik in Russland.

Von verschiedenen Seiten hat man die Frage aufgeworfen, ob die Herbartsche Pädagogik auch in Rufsland verbreitet wäre. Da hierauf bisher eine entscheidende Antwort nicht gegeben wurde, möchte ich es hier versuchen, die deutschen Lehrer mit der russischen gegenwärtigen pädagogischen Welt bekannt zu machen. Ich setze dabei voraus, dafs die pädagogische Thätigkeit der Herbartianer in Armenien bekannt ist; namentlich die Arbeit des Sedrak Mandinian, des seligen Bahatrian, durch welche der Samen der Herbartischen Pädagogik in Armenien unter den Lehrern ausgestreut wurde. Seit dieser Zeit hat sich die Herbartsche Pädagogik in Armenien eingebürgert, da sie auch weiterhin von tüchtigen Händen gepflegt ward. Überall aber erregte es Verwunderung, dafs Rufsland von alledem nichts zu wissen schien, bis endlich die treuen Schüler Zillers Mandinian und Bahatrian die Aufmerksamkeit der russischen pädagogischen Welt auf sich zogen. Heute sehen wir hier einen tüchtigen Pädagogen in der Persönlichkeit von Drboglaw, der stets und ohne zu ermüden die russische pädagogische Litteratur mit seinen gediegenen Arbeiten schmückt. Die beste seiner Arbeiten ist: »Der Versuch einer Methode für den Elementarunterricht in der lateinischen Sprache«. Bevor wir etwas näher auf das Werk eingehen, wollen wir zuerst mit einigen Worten seine anderen Arbeiten erwähnen. Einige sind erschienen in der Zeitschrift: »Rechenschaft über die Arbeit der Kommission zur Besserung des Unterrichts in den neueren Sprachen«. In dieser finden wir einige Präparationen für den Unterricht der französischen Sprache. Aufserdem erschienen

*) »Handreichung« S. 17.
**) »Handreichung« S. 18.

als Broschüre eine Präparation für den lateinischen Unterricht mit dem Namen »Leo et Mus«, und noch eine Arbeit »Zur Frage für Erlernung der lateinischen Sprache«. Ferner mufs erwähnt werden, dafs die Übersetzung der pädagogischen Vorträge von Willmann durch denselben Verfasser bald herausgegeben wird.

Das Hauptwerk des Verfassers, »Versuch einer Methode für den elementaren Lateinunterricht« wollen wir nun etwas näher betrachten. Das Buch besteht aus zwei Teilen: in dem einen befindet sich die spezielle Methodik; er ist für den Lehrer bestimmt; der andere dagegen bietet eine Zusammenstellung der Lehrstoffe, die im ersteren Teil nach fünf Stufen ausgearbeitet sind. Hier finden wir eine Einleitung, dann die fünf formalen Stufen, sodann die Präparationen der Lehrstoffe. In der Einleitung setzt der Verfasser auseinander, was ihn veranlafst hat, über das lateinische Unterrichtsverfahren zu schreiben. Er betont, dafs er öfters hie und da Klagen über die unbefriedigenden Erfolge des lateinischen Unterrichts vernommen hat; dieselben Klagen würden nicht blofs in Rufsland gehört, sondern auch in Frankreich und selbst in Deutschland, in Ländern, wo die klassische Schule viele Jahrhunderte zu Hause ist und der Unterricht sich in den Händen erfahrener Philologen befindet.

Woher aber stammen die Klagen über das ungenügende Resultat des lateinischen Unterrichts in russischen Schulen? Der Grund davon ist die falsche Methode: es fehlt eben der richtige Begriff des Zweckes des lateinischen Unterrichts, welcher sich durch nichts vom grammatischen Unterricht unterscheidet. Die Methode des Unterrichts ist aber von den Zielen abhängig, die wir bei der Erziehung erreichen wollen. Sobald man die gröfste Bedeutung auf die Grammatik setzt, dann ist es klar, dafs die ganze Verstandeskraft darauf gerichtet ist, um gründliche Kenntnisse von der Grammatik zu erlangen. Dies dreht sich jedoch nur um Formeln und Gesetze, folglich nur um Abstraktionen, was den Verstand ermüdet und dem Interesse schadet. Der Schüler kennt die Grammatik, das heifst aber noch nicht: der Schüler kennt die Sprache. Beim Lesen der Autoren ist er ganz vom Lexikon abhängig. In Extemporalien ist er nicht selbständig, weil seine Kenntnisse nicht vom Sprachgefühle begleitet sind.

Wer jedoch ein besseres Ziel vor Augen hat, wer den Schüler mit dem antiken Leben bekannt machen will, der soll anders verfahren; der soll die theoretisch-praktischen Kenntnisse mit der lebendigen Praxis verbinden. Um eine richtige Methode auszuarbeiten, ist es aber vor allem nötig, pädagogische Kenntnisse zu besitzen. Am Ende seiner Einleitung bemerkt der Verfasser noch, dafs dieser Versuch gemacht worden sei, um die an das Tageslicht getretene Frage zu fördern und zwar auf Grund der Herbartischen Pädagogik: »Nachdem ich die Geschichte des Unterrichtsverfahrens der lateinischen Sprache kennen gelernt habe, so bin ich zur Überzeugung gekommen, dass die Theorie der Herbart-Zillerschen Schule für uns die beste sei.«

Darnach geht der Verfasser in die Auseinandersetzung der fünf formalen Stufen über. Zuerst spricht er sich über den Unterschied der Schulen aus, und hebt Schulen zweierlei Arten hervor: Fach- und Erziehungsschulen. Die Gymnasien gehören zu den letzteren. Das Ziel des Gymnasiums entspringt aus dem der Erziehung: das erste soll dem letzteren nachgehen. Dann erwähnt er weiter, dass Herbart, der Gründer einer wissenschaftlichen Pädagogik, gezeigt habe, wie die Bildung der Moral das Resultat der Schulkentnisse sein müsse. Am besten habe Herbart verstanden und ausgelegt Professor Ziller, einer der bedeutendsten Pädagogen unseres Jahrhunderts. Aufser seiner litterarischen Thätigkeit arbeitete er noch 14 Jahre für den Verein für wissenschaftliche Pädagogik. Die theoretischen Grundsätze dieser Schule sind im Seminar Zillers angewandt worden, aus welchem eine nicht geringe Zahl tüchtiger Schüler stammen. Die Thätigkeit dieser Schule bleibe in Deutschland und Österreich nicht ohne Einflufs, weshalb es von Nutzen wäre, wenn diese Lehre auch die russische pädagogische Welt kennen lernte.

Nach diesen Worten setzt er das psychologische Verfahren im Unterrichte auseinander und behandelt die fünf formalen Stufen. Was die Behandlung derselben und die Präparationen betrifft, so beweist die erstere durch Klarheit und Feinheit eindringende Kenntnis des Verfassers von der herbartischen Psychologie, die zweiten führen den Leser zu der Überzeugung, dass er ebenso Ziller ausgezeichnet verstanden hat und seine Arbeit ein Ergebnis vieljähriger Studien ist.

Tiflis. Johannes Barchudarian.

---

2. Deutscher Einheitsschulverein.*)

Die zweite Hauptversammlung des d. E.-Sch.-V. hat am 4. und 5. April in Kassel stattgefunden. Vorträge wurden gehalten von Herrn F. Hornemann und Dir. Dr. Heufsner. Dieselben sind in nachstehenden Schlufssätzen zusammengefafst:

I. Der gegenwärtige Stand der Einheitsschulbewegung.

1. Eine Einheitsschule, welche die niederen Schulen mit den höheren so verschmilzt, dafs jene den Unterbau für diese bilden, ist zu verwerfen. Dagegen ist zu wünschen, dafs an Stelle des Gymnasiums und des Realgymnasiums eine die wesntlichen Vorzüge beider vereinigende höhere Einheitsschule trete, welche geeignet ist, als allgemeine Vorbildungsschule für alle Berufe mit wissenschaftlicher Fachbildung zu dienen. 2. Als Vorzüge des Realgymnasiums sind anzuerkennen: eine wirksamere Pflege des Auges und der Anschauung, eine umfassendere und kräftigere Entwickelung des induk-

*) Ein ausführlicher Bericht konnte leider wegen Raummangels keine Aufnahme finden. D. H.

tiven Denkens und eine stärkere Hervorhebung der für das Verständnis der Gegenwart und die Auffassung der Natur und des wirklichen Lebens erforderlichen Kenntnisse. 3. Die höhere Einheitsschule mufs sich diese Vorzüge aneignen, ohne die bewährte Grundlage des Humangymnasiums, insbesondere ohne die Pflege des Griechischen zu gefährden. 4. Dazu ist vor allem eiue tiefgreifende Besserung der Lehrweise notwendig, welche in dem heutigen Stande der Pädagogik und Didaktik, besonders soweit sie Herbarts und Perthes' Anregungen folgt, den fruchtbarsten Boden findet. 5. Schon jetzt ist eine aus diesen Anregungen erwachsende innere Umwandlung des Gymnasialunterrichts in der Entwickelung begriffen. Um dieselbe weiter zu führen und zu vollenden, ist ist vor allem zweierlei erforderlich: **1) Besserung der theoretisch- und praktisch-pädagogischen Vorbildung des höheren Lehrstandes durch Errichtung von Seminarien, deren Besuch an Stelle des Probejahrs treten muss.** 2) Beseitigung der Hemmung, welche die unterrichtliche und erziehende Thätigkeit der Schule durch das Berechtigungswesen erfährt. Denn die Einfügung von Schulberechtigungen innerhalb des Lehrgangs hindert eine einheitliche Gestaltung des Lehrplans, bewirkt, dafs viele Schüler nur eine Teilbildung ins Leben mitnehmen, und führt eine nachteilige Überfüllung der unteren und mittleren Klassen, noch dazu oft mit ungeeigneten Schülern herbei. Alle Schulberechtigungen, besonders die zum einjährigen Heeresdienst müssen daher an die Abgangsprüfung geknüpft werden. 6. Neben diesen Reformen ist nur eine verhältnismäfsig geringe Umgestaltung des Lehrplans erforderlich, für welche die Gymnasien Badens und Hannovers die Richtung angeben können. Die Hauptpunkte dieser Änderung sind: Fortführung des Zeichenunterrichts mit zwei Wochenstunden für alle Schüler bis IIa. einschliefslich (in Baden jetzt schon bis IIIa.); Einführung des Englischen als Pflichtfach von IIb. ab mit zwei Wochenstunden (wie schon jetzt in Hannover); Gewährung einer vierten Wochenstunde an die Mathematik in IIIa. und IIIb. 7. Der Raum für diese Umgestaltung des Lehrplans mufs hauptsächlich durch Beschränkung des Lateinischen gewonnen werden (vergl. die Schlufssätze des Herrn Direktors Heufsner.) 8. Von der höheren Einheitsschule und damit von wissenschaftlichen Fachstudien müssen weniger geeignete Elemente möglichst fern gehalten werden. Deshalb dürfen erstens Schulberechtigungen nur an die Abgangsprüfung geknüpft werden (vergl. Schlufssatz 5);' zweitens mufs bei den Versetzungen schon von den untersten Stufen an viel entschiedener als gegenwärtig das Hauptgewicht auf geistige Verarbeitung des Lehrstoffes — statt auf äufsere Aneignung desselben — gelegt werden. 9. Die Verschmelzung von Gymnasium und Realgymnasium kann und darf nicht auf einmal vollzogen werden. Vielmehr ist zunächst nur zu wünschen, dafs einigen Gymnasien gestattet werde, ihren Lehrplan nach obigen Forderungen zu ändern, natürlich ohne Schmälerung ihrer Berechtigungen. Denn nur praktische Versuche können endgiltig die Durchführbarkeit des obigen Reformplanes beweisen.

---

2. Das Lateinische in der Einheitsschule.

1. Die Aufgabe unserer jetzigen Gymnasialbildung verlangt eine Zurücksetzung der Stundenzahl und der Lehrziele des Lateinischen, wobei es doch Centrum des fremdsprachlichen Unterrichts bleiben kann. 2. Die Stundenzahl kann in III auf sieben, in II und I auf sechs Stunden wöchentlich reduziert werden; denn ein Teil des jetzigen Unterrichts (Aufsatz und Lateinsprechen), sowie manches aus der bisherigen Lektüre, besonders viele Schriften Ciceros, sind teils für unsere Zeit nicht mehr angemessen, teils sogar vom pädagogisehen Standpunkte aus verwerflich und darum auszuscheiden. 3. Die so in III gewonnenen zwei Wochenstunden fallen dem Zeichenunterrichte, die in II und I gewonnenen dem neu einzuführenden Englischen zu. 4. Wenn auch das »Lateinsprechen« fällt, so sind doch Retroversionen, Wiedergabe des Inhalts aus den lateinischen Schriftstellern nach der Übersetzung, Beantwortung von Fragen des Lehrers im Anschlufs an den gelesenen Text hauptsächlich in den unteren und mittleren Klassen in mäfsigem Umfange zu pflegen, um Sicherheit und Freudigkeit im Erlernen der Sprache zu fördern. Sonst hat an Stelle des lateinischen Aufsatzes und Lateinsprechens überall unsere lebendige, frisch quellende Muttersprache einzutreten. 5. Energisch zu betreiben ist eine vergleichende Stilistik, welche von früh auf planmäfsig schon bei der Lektüre gepflegt wird, aber besonders auch in Übersetzungen aus dem Deutschen ins Lateinische, und welche die Wiedergabe eines guten deutschen Sprachstückes in ein gutes lateinisches zur höchsten Aufgabe hat. Solche Übung dient unserer Muttersprache in besonderem Mafse und ist eine treffliche logische Propädeutik. 6. Auf allen Stufen sind von grofsem Werte: Memorierübungen und von II an zeitweise in den dem Prosaiker zugewiesenen Stunden Wiederholungen aus den Prosaikern der vorhergehenden Klasse, woran sich dann am geeignetsten die grammatisch-stilistischen Übungen und Extemporalien anschliefsen. 7. Im Mittelpunkt des Unterrichts steht von früh auf die Lektüre; der grammatische Unterricht, der sich auf das Wichtigste und Gebräuchlichste beschränkt, mufs vorwiegend ein induktiver sein. 8. Die Übungsbücher und Schriftsteller müssen wertvoll sein für grammatisch-stilistische Bildung der Schüler und ihm sodann einen wirklich gehaltvollen, auch ethisch wertvollen Stoff bieten. Eine definitive Entscheidung über die Auswahl und Ordnung der Lektüre wird freilich erst möglich sein nach Feststellung einer Theorie des Lehrplans für den ganzen Gymnasialunterricht. 9. Der Stoff der Lektüre ist in den drei unteren Klassen anfangs ein sagengeschichtlicher, dann aufsteigend ein biographisch geschichtlicher aus dem griechischen und römischen Altertume. 10. Von III an werden hauptsächlich die grofsen römischen Historiker gelesen, und die Lektüre der Poesie tritt hinter der der Prosa zurück.

3. Die Herbartsche Pädagogik in Altenburg.

Von Dr. V. Müller. (Fortsetzung).*)

Am Geburtstage des deutschen Reformators erschien die erwartete Broschüre unter dem Titel: Die Verhandlungen der Klosterlausnitzer Pastoralkonferenz über die Herbart-Zillersche Pädagogik, als Antwort auf die betreffende Schrift des Direktors Dr. Just. Nebst einem Vor- und Nachwort von Kirchenrat Hermann (Ronneburg) und Rektor Bräger. (Altenburg, Verlag von Otto Wermann 1888. 8⁰ 71 S. Preis M. 1,50). In dem Vorworte erklärt Herr Kirchenrat Hermann, die Veranlassung zur Herausgabe der vorliegenden Schrift sei die veröffentlichte Broschüre des Schuldirektors Dr. Just, die einen äufserst heftigen Angriff auf die Pastoralkonferenz enthalte, sich einer persönlichen, feindseligen, ja groben Sprache bediene und von Irrtümern und Unrichtigkeiten wimmele. Das in der Altenburger Zeitung vorher erschienene Referat über die Verhandlungen in Klosterlausnitz, das Dr. Just für eine urkundliche, authentische Darstellung gehalten habe, besitze auch nicht eine der Eigenschaften, welche zu einer urkundlich-authentischen Darstellung gehören. Merkwürdiger Weise heifst es einige Zeilen weiter unten (S. VIII), das Referat sei mit grofsem Geschick abgefafst und biete wirklich in den Hauptzügen ein treu skizziertes Bild der Verhandlungen. Den beiden Hauptrednern in Klosterlausnitz, Rektor Bräger und Oberschulrat Runkwitz, spendet dann der Vorredner hohes Lob, während Dr. Just im schärfsten Tone als ein Fanatiker getadelt wird, der das Tischtuch entzwei geschnitten habe und mit dem eine Diskussion unmöglich sei.

Es folgt nun S. 1—53 der Bericht über den Brägerschen Vortrag, sowie die Auslassungen der verschiedenen Redner. Auf Grund dieses authentischen Berichtes weist Dr. Just in der Praxis der Erziehungschule (II. Bd. 1. Heft Jan.-Febr. 1888 S. 1 ff. Anm.) nach, dafs das erwähnte Referat in der Altenburger Zeitung in der That treu sei. In dem Nachworte (S. 54—71) versucht Rektor Bräger die Aussprüche und Behauptungen der Justschen Broschüre ins rechte Licht zu stellen und giebt S. 71 folgendes zusammenfassende Urteil über die Broschüre ab:

»Sie hat als Grundlage einen Zeitungsbericht, den Herr Dr. Just mit einer Urkunde verwechselt und dementsprechend behandelt. Als Zusatz zu dieser Grundlage kommen Vermutungen, Eindrücke und sonstige Annahmen des Verfassers, die bei genauerem Hinsehen sich sämtlich als unrichtig erweisen. Aus diesem Grunde ist die Broschüre von Unwahrheiten und Entstellungen durchzogen und giebt ein Zerrbild von den in der Konferenz geführten Verhandlungen. Neben wenigen sachlichen Ausführungen enthält der Vortrag eine ganze Menge von persönlichen Ausfällen der gehässigsten Art, was um so auffallender ist, da dieselben, ohne irgend welche Veranlassung, sich selbst gegen hoch angesehene Männer unseres Landes

---

*) Vgl. 2. Heft Jahrgang 1888 dieser Zeitschrift S. 105 ff.

richten. Summa: Wenn Herr Schuldirektor Dr. Just derartige Vorträge vor seinen Lehrern in öffentlichen Versammlungen hält, zu denen in politischen Zeitungen jedermann eingeladen wurde, um dieselben dann als Broschüre in alle Welt hinaus zu senden, so müssen wir der Wahrheit gemäfs dieses Thun als ein für die Schule unseres Landes gefährliches, ja verderbliches Treiben bezeichnen.«

In der Altenburger Zeitung für Stadt und Land, vom 16. Nov. 1887 (Nr. 268, 2. Blatt) erschien darauf eine von den Herrn Lehrer Fischer, Krüger, Pastohr, Dr. Just, Pastor Müller-Oberlödla und Konrektor Ufer unterzeichnete Erklärung:

»Die eben erschienene Schrift: »Die Verhandluugen der Klosterlausnitzer Pastoralkonferenz über die Herbart-Zillersche Pädagogik« erhebt den Anspruch, ein durchaus getreues und objektives Bild jener Verhandlungen zu geben. Wir, die unterzeichneten Teilnehmer an der Klosterlausnitzer Pastoralkonferenz, erklären, dafs dies nicht der Fall ist, dafs dieselbe vielmehr eine Anzahl von gehässigen und verletzenden Bemerkungen wegläfst oder abschwächt, anderes ganz anders wiederbringt. Eine ausführliche Kritik dieser Schrift behalten wir uns vor. Zugleich machen wir darauf aufmerksam, dafs Herr Oberkonsistorialrat Dr. theol. Thilo in Hannover, den der Vorstand des hiesigen pädagogischen Vereins um sein Urteil gebeten hatte, demselben eine eingehende Beleuchtung der Klosterlausnitzer Vorgänge hat zugehen lassen, welche im nächsten Hefte der »Praxis der Erziehungsschule« zum Abdruck kommen soll.« Dieser Aufsatz findet sich daselbst (II. Bd., 1. Heft Jan.-Febr. 188 S. 1—13) unter der Überschrift: »Über die Beleuchtung, welche Herr Schulrat Runkwitz den Grundlagen der Pädagogik Herbarts vom christlichen Standpunkte aus hat angedeihen lassen.« Der Verfasser weist zunächst die Behauptung zurück, dafs Herbarts System in Widerspruch mit der Frömmigkeit stehe, indem er streng zwischen Herbarts philosophischem und religiösem Standpunkte scheidet und zu dem Resultate gelangt (S. 5), dafs Herbarts System im Einklange mit seiner Frömmigkeit steht. S. 6 ff. werden die Hauptvorwürfe widerlegt, welche der Pädagogik und Psychologie Herbarts gemacht werden. Die betreffenden Runkwitzschen Äufserungen werden (S. 10) als ebenso unverständig wie unvorsichtig bezeichnet. Das Resultat der Thiloschen Untersuchung lautet (S. 13): »Das Verdikt, welches über Herbarts Pädagogik gefällt wird: dafs sie in ihren Grundzügen verfehlt sei, und ihren psychologischen Voraussetzungen untreu werde, sobald sie der Wahrheit nahe komme, ist ein völlig falsches und von einem ungenügend informierten Richter gesprochen.« Eine Anwort auf diesen gewichtigen Angriff ist bis jetzt nicht erfolgt.

Inzwischen war Dr. Just vom Herzogl. Ministerium aufgefordert worden, die Lehrpläne der städtischen Schulen und des Karolinums einzureichen. Darauf hin erhielt der Bezirksschulinspektor der Stadt Altenburg, Herr Generalsuperintendent Dr. Rogge, folgende ministerielle Verfügung:

»An den Bezirksschulinspektor für den städtischen Schulbezirk Altenburg, Seine Magnificenz Herrn Generalsuperintendent Dr. Rogge Hier.

In betreff der mit den Berichten vom 2./3. Mai und 5. November v. J. eingesendeten und anbei zurückfolgenden Lehrpläne und Monatspensen für einige Schulen der Stadt Altenburg eröffnen wir dem Herrn Bezirksschulinspektor folgendes:

Wir erkennen gerne an, dafs der Direktor der hiesigen städtischen Schulen, Herr Dr. Just, nach den Mitteilungen, welche wir über dessen Thätigkeit von seiten des Herrn Bezirksschulinspektors empfangen haben, mit Eifer und Hingebung die Hebung der seiner Direktion unterstellten Schulen anstrebt und dabei bemüht ist, die übrigen für diese Schulen angestellten Lehrer zu gleichem hingebenden Eifer mit sich zu verbinden.

Lebhaft zu bedauern haben wir aber, dafs Dr. Just sich bei seinen diesfallsigen Bestrebungen vorzugsweise von einer pädagogischen Theorie leiten lässt, deren wissenschaftlicher Anhänger und Verfechter er durch seine Studien geworden ist, dafs er sich von dieser Theorie aus berechtigt gehalten hat, durch die allmähliche Entwickelung unserer Volksschule Gegebenes und von langjähriger Erfahrung Anerkanntes, ja selbst ausdrücklich Vorgeschriebenes ohne weiteres beiseite zu setzen, und dafs er hiermit thatsächlich die Schulen der Stadt Altenburg zum Versuchsfelde für die von ihm vertretenen Theorien gemacht hat.

Wir sind weit davon entfernt, das Volksschulwesen des Herzogtums einer gesunden Einwirkung der Herbart- Ziller- Stoyschen didaktischen Grundsätze entziehen zu wollen; die wertvollsten und allgemein anerkannten der in denselben enthaltenen allgemeinen Gesichtspunkte sind zum Teil schon seit längerer Zeit in der Praxis zur Geltung gekommen, und die vermehrte und erhöhte Beachtung derselben kann, indem sie sorgfältigste Vorbereitung des Lehrers zur Voraussetzung hat und die Thätigkeit desselben zu einer intensiveren und zielbewufsteren macht, die Entwickelung unserer Volksschule gewifs nur fördern. Indes dem neuerdings durch Dr. Just in den hiesigen Schulen zur Geltung gebrachten Prinzipe der kulturhistorischen Stufen und der Konzentration des Unterrichts um die in diesen Stufen gegebenen sogenannten Gesinnungsstoffe können wir einen Einflufs auf die Einrichtung unserer Volksschulen durchaus nicht zugestehen, denn dieses Prinzip läuft dem in dem Kultusministerial-Erlasse vom 6. Februar 1877 über die innere Einrichtung der Volksschule gegebenen allgemeinen Bestimmungen und der Art und Weise, wie die Seminaristen in unserm Schullehrerseminar im Anschlufs an diese Bestimmungen für den Volksschuldienst praktisch ausgebildet werden, direkt zuwider, und dessen ausnahmsweise Zulassung an den Volksschulen der Stadt Altenburg — von den sachlichen und innern Bedenken ganz abgesehen — würde die durch den Erlafs vom 6. Februar 1877 angestrebte einheitlichere Gestaltung des Volksschulunterrichts völlig illusorisch machen. Ein Teil der infolge des eben gedachten Prinzips in den Lehrplan als Unterrichtsfächer aufgenommenen Stoffe, wie die Märchen, Robinson, thüringische und deutsche Sagen, können, wenn Einzelnes davon auch vielleicht im Anschluss an das Lesebuch im deutschen Sprachunterrichte zur Behandlung kommen mag, nach den allgemeinen Bestimmungen durchaus nicht als selbständige Fächer, noch dazu unter Zuweisung erheblicher Teile der Schulzeit, auftreten, und es mufs sich die Anordnung und Verteilung des Lehrstoffs bei Durchführung des Prinzips der kulturhistorischen Stufen notwendigerweise ganz anders gestalten, als dies nach den allgemeinen Bestimmungen vom 6. Februar 1877 der Fall sein soll, da sich hier Gang und Entwickelung des einzelnen Unterrichtsgegenstandes nach der jedem einzelnen Unterrichtsgegenstande gestellten besonderen Aufgabe und dem ihm eigentümlichen Bildungsgehalte an sich (und also nicht nach seinem Verhältnis zu andern Unterrichtsstoffen) bestimmt und die Anordnung und Verteiluug des Lehrstoffes nach konzentrischen Kreisen festgehalten und vorausgesetzt wird.

Die Behandlung der Lehrstoffe nach konzentrischen Kreisen wird sich zwar in einer mehrklassigen Schule etwas anders gestalten als in der von einem Lehrer verwalteten, sie kann aber auch in der mehrklassigen Schule durchaus nicht entbehrt werden, und zwar um so weniger, als viele Schüler ja bis zur Erfüllung der Schulpflicht nurdie zweite oder dritte Klasse erreichen, und die Volksschule durch ihre Einrichtung dafür zu sorgen hat, dafs auch diesen Schülern ein vollständiges, wenn auch kleineres Ganze aus der Schule mitgegeben wird.

Bei der grofsen Verschiedenheit der den allgemeinen Bestimmungen vom 6. Februar 1877 zu Grunde liegenden Gesichtspunkte und derjenigen, von welchen bei Aufstellung der vorgelegten Lehrpläne ausgegangen worden ist, kann es nicht fehlen, dafs es verhältnismäfsig wenige Teile des Lehrplanes sind, welche vollständig und in allen Beziehungen mit den allgemeinen Bestimmungen vom 6. Februar 1877 im Einklange stehen. Es macht sich daher, um die von uns unbedingt zu fordernde Übereinstimmung der Lehrpläne etc. der hiesigen städtischen Schulen mit diesen Bestimmungen herbeizuführen, eine durchgängige Revision und Umarbeitung der eingereichten Lehrpläne etc. im engsten Anschluss an die allgemeinen Bestimmungen vom 6. Februar 1877 unter vollständigem und grundsätzlichem Absehen von dem eben besprochenen Prinzipe der kulturhistorischen Stufen etc. und unter thunlichster Festhaltung und Durchführung des Prinzips der konzentrischen Kreise unbedingt notwendig und es erhält der Herr Bezirksschulinspektor deshalb somit Veranlassung, zum Zweck einer solchen Veraufstellung entsprechende Anweisung an den Direktor der hiesigen städtischen Schulen ergehen zu lassen.

Dabei empfehlen wir dem Herrn Bezirksschulinspektor, da die umgearbeiteten Lehrpläne jedenfalls mit dem Beginn des neuen Schuljahres in Kraft zu treten haben, thunlichste Sachbeschleunigung und sehen der Vorlegung derselben zum Zweck ihrer Prüfung unter gleichzeitiger Einsendung eines Verzeichnisses der bei sämtlichen städtischen Schulen eingeführten Lern- und Lehrbücher binnen 4 Wochen entgegen.

Altenburg, den 17. Februar 1888.

Herzoglich Sächsisches Ministerium, Abteilung für Kultus-Angelegenheiten
(gez.) v. Leipziger.

Das ist der jetzige Stand der Angelegenheit.

Altenburg den 8. April 1888.

C. Beurteilungen.

I.

Tuiskon Ziller. Materialien zur speziellen Pädagogik. Des »Leipziger Seminarbuchs« dritte, aus dem handschriftlichen Nachlasse des Verfassers sehr vermehrte Auflage herausgegeben von Max Bergner. Dresden, Bleyl u. Kämmerer. 1886. 296 S. M. 5.

Dieses Werk unterscheidet sich von der 1. und 2. Auflage wesentlich, 1) dadurch dafs bedeutende inhaltliche Veränderungen vorgenommen worden sind (einiges Alte ist gestrichen, viel Neues dagegen hinzugekommen), 2) unterscheidet es sich auch besonders hinsichtlich der Form; die Anordnung ist ungleich übersichtlicher und zweckmäfsiger, die Darstellung auch für den dem Zillerschen Gedankensystem Fernstehenden verständlicher geworden. Herrn Bergner, welcher für die Herausgabe und Umarbeitung dieser Schrift keine Mühe gescheut hat, gebührt Dank und Anerkennung dafür.

Schon der Titel des Buchs weist darauf hin, dafs es sich von den 2 bekanntesten Werken des verstorbenen Meisters, der »Grundlegung« und der »Allgem. Pädagogik« wesentlich unterscheidet; es ist eine Frucht mühseliger Detailarbeit, ein Sammelwerk aus der von vielen verkannten Arbeit in der Schulstube und zugleich ein Zeugnis von des »Herrn Professors Treue im Kleinen.« Dies Buch beweist, dafs Z. nicht ein blofser Theoretiker, sondern auch ein vorzüglicher Praktiker, ein wirklicher »Meister von der Schul« gewesen ist. Der Inhalt zerfällt in zwei sehr ungleiche Teile. Der kürzere Teil I ist überschrieben »Ordnung des akademisch-pädagogischen Seminars«; Teil II, die Seiten 9—281 umfassend, trägt die Überschrift »Aus der Praxis der akademischen Seminarübungsschule«, in ihm beruht der eigentliche Wert des Buches, denn er ist recht eigentlich ein Extrakt der in der Zillerschen Seminarschule gemachten Erfahrungen, Erfahrungen, welche um deshalb besonders wertvoll erscheinen, weil dieselben auf der Basis eines theoretisch durchgebildeten Gedankenkreises erwachsen sind und durchgängig auf den sorfältigsten Erwägungen beruhen. Den Schlufs bilden »Aphoristisches« u. ein spezielles Sachregister, welches fürs Nachschlagen unentbehrlich ist.

Abschnitt I ist unter folgende Überschriften gegliedert. 1. Die Aufgabe des Seminars. 2. Von den Mitgliedern des Seminars a) die Oberlehrer, b) die Praktikanten. 3. Die wöchentlichen Versammlungen des Seminars a) das Theoretikum, b) das Praktikum, c) die Konferenz. 4. Die Vorkonferenz und die Seelsorgerkonferenz. 5. Hospize der Praktikanten, Hospizbuch, Klassenbuch. 6. Praktikantenkasse. 7. Seminarfeste. — Teil II behandelt unter A. Regierungsmafsregeln, unter B. das Gebiet des Unterrichts, unter C. besondere Einrichtungen für die Zucht- oder Charakterbildung. In den »Vorschriften für Lehrer und Schüler« erkennt man die bis ins kleinste sich erstreckende Sorgfalt echter Lehrertreue. Da wird weder die Beschaffenheit der Hefte und Griffel, noch der Nägel und des Anzugs, weder die Pause im Unterrichten, noch die Belästigung durch grelles Licht, weder Schulversäumnis, noch das ungehörige Fragen seitens der Schüler vergessen. — Was über das Strafen gesagt ist, sollte jeder sich immer vergegenwärtigen. Zweierlei will ich hierbei bemerken: Mit Recht verdammt Z. das gehäufte Abschreiben bei schlechten schriftlichen Arbeiten. Wenn ein Schüler nicht gelernte oder falsch geschriebene Vokabeln, Sätze etc. 100 bis 200 mal abschreiben mufs, so ist eine solche Bestrafung als unpädagogisch und als eine Versündigung an Gesundheit und Sehkraft zu verurteilen. — Dafs Z. die körperliche Züchtigung nicht gestattet, ist, wenngleich prinzipiell richtig, für die Praxis unzweckmäfsig. Allerdings soll sie sehr selten — das liegt auch im Interesse des Lehrenden und seiner gleichförmigen Gemütsstimmung —, z. B. bei ernsten Vergehen, Widersetzlichkeit und dergl. angewendet werden, der Stock darf niemals als Ableitung oder Ausladung der im Lehrer aufsteigenden Ungeduld dienen. So lange jedoch die Zahl der Schüler in einer Klasse 50, 60, sogar 80 übersteigt und die häusliche Erziehung nicht bessere Resultate zeitigt, wird die körperliche Strafe thatsächlieh nicht entbehrt werden können. Ein Schlag zur rechten Zeit und in der rechten Weise erteilt, ist meist von außerordentlicher Wirkung.

Im Abschnitt B. nimmt die Forderung der Konzentration zunächst die theoretische Begründung derselben, sodann die Gestaltung des Lehrplans nach dieser Forderung, einen bedeutenden Raum ein. Und das mit vollem Recht! Man sagt zwar gegenwärtig, diese Forderung sei nichts Neues und Originelles; der und jener hätten sie schon längst erhoben. Dadurch wird Zillers Verdienst nicht geschmälert. Im Gegenteil erhebt man damit nur eine Anklage gegen die früheren Pädagogen, die trotz der Bekanntschaft mit einer grundlegenden pädagogischen Forderung weder Hand noch Finger gerührt, das als richtig Erkannte in die Wirklichkeit überzuführen.

Die Konzentration des Unterrichts ist in der That eine nicht länger abzuweisende kategorische Forderung wissenschaftlicher Pädagogik. Dies wird selbst von einzelnen entschiedenen Anti-Herbartianern zugestanden. Sie ist psychologisch notwendig, denn sie ist die Voraussetzung für die Einheit des Bewufstseins, für die Übereinstimmung und den Zusammenhang des Gedankenkreises. Nur in einem in sich einigen (d. h. von störenden Widersprüchen befreiten), in allen seinen Teilen eng verbundenen Gedankenkreise kann ein starkes, zielbewufstes Wollen, das edle Wollen, entstehen und dadurch der Grund zu einer bedeutenden gesellschaftlichen Wirksamkeit gelegt werden. Was in den »Materialien« zur Begründung der Konzentrations-Forderung (§§ 54 und 55) gesagt ist, dürfte wohl von niemand ernstlich angefochten werden. Die Notwendigkeit der Konzentration des Unterrichts ist nunmehr durch R. Männel selbst auf dem Wege der Rechnung dargethan worden. (Deutsche Blätter f. e. U. 1886 Nr. 6. 7.) Es ist eine einfache Konsequenz obiger Forderung, wenn Ziller behauptet, dafs es in einer Erziehungsschule selbständige, in sich abgeschlossene Lehrfächer nicht geben dürfe; vielmehr müfsten alle Lehrfächer ununterbrochen im Dienste der sittlich-religiösen Charakterbildung des Zöglings stehen, sie müssen sowohl gleichzeitig, als auch in der Aufeinanderfolge des Unterrichts konzentriert sein. Dies Postulat ist notwendig. Erstlich ist die Einheit des Bewufstseins nichts Ursprüngliches, zum andern wird durch die Verschiedenheit der in den einzelnen Lehrfächern dargebotenen Vorstellungsmassen der Zusammenhang des Gedankenkreises und die Einigkeit der Auffassung fortwährend bedroht.

Darnach mufs die Konzentration ebensowohl vom ethischen Standpunkte des Erziehers als auch aus psychologischen Gründen entschieden gefordert werden. Doch die Einheit und innere Geschlossenheit im Urteilen, Fühlen und Streben allein macht den edlen Charakter noch nicht, sonst könnte man ja den konsequenten Egoisten als Muster aufstellen. Soll die Einheit und Gleichmäfsigkeit des inneren Zustandes ethischen Wert haben, so mufs die Ausbildung eines vielseitigen Geisteslebens vorausgesetzt, noch ein Merkmal hinzukommen, nämlich die Vorherrschaft des sittlichen Ideals.

Hieraus geht unzweifelhaft hervor, dafs die eigentlich brennende Frage nicht die Anerkennung des Konzentrationsprinzips ist, sondern vielmehr die Sorge, wie läfst sich jene ideale Forderung am zweckmäfsigsten in der Schule realisieren. Hier liegt des Pudels Kern.

Die Wichtigkeit der Konzentration hat man ja schon früher bald dunkel, bald heller geahnt; man hat auch ganz hübsche Schritte nach diesem Ziele hin gethan. Ich erinnere an die Forderung der Regulative, den Religionsunterricht zu konzentrieren, nämlich in der Weise, daſs man bei den biblischen Erzählungen einzelne Sätze des Katechismus, passende Bibelsprüche und Verse von Kirchenliedern heranzog. Schon dadurch wurde der religiöse Wissensstoff mehr oder weniger zusammengeschweiſst und Auseinander-Liegendes verknüpft. Ich erinnere ferner an Schulrat Kehrs theoretisch - praktische Anleitung, Lesestücke zu behandeln. Auch hier wurde dadurch, daſs Lesen, Recietieren, Denken, Ab- u. Aufschreiben, Buchtabieren, Zergliedern etc. an ein und demselben Sprachstoffe geübt wurde, ein bedeutender Erfolg für die mannigfachen Fertigkeiten, aber auch für den Zusammenhalt der auseinander strebenden Gedanken erzielt. Andere sind der Meinung gewesen, das Lesebuch zum konzentrierenden Mittelpunkt erheben zu können. Ein Lesebuch, das hierfür geeignet wäre, hat man allerdings bis jetzt noch nicht. Selbst dann, wenn ein solches geschaffen wäre, würde es nur für ein Jahr bezw. für eine Altersklasse dienen können. Und, erhebt sich sofort die ernste Frage, würde durch dasselbe auch das religiös-sittliche Moment, das wesentlichste Charakteristikum des edlen Charakters, zu seinem Recht gelangen!?

Ziller hat dies alles überlegt. Ja, noch mehr. Er hat der Einsicht, daſs nicht allein Gedanken kommen und vergehen, sondern daſs auch Auffassungsweisen kommen und schwinden, daſs alte Bildungsstandpunkte neuen, besseren jedem Eiuzelnen weichen müssen, ebenso wie im leiblichen Leben die Milchzähne dem stärkeren zweiten Zahnbau Platz machen müssen, Rücksicht getragen und seinen Lehrplan in genialer Weise danach eingerichtet. Daſs seine Vorschläge vielfach ins Lächerliche gezogen worden sind, beweist nichts gegen die Richtigkeit seines Lehrplanes, sondern spricht eher für ihn. Könnte die Menge seine Ideen sich aneignen, dann wäre er ihr nicht um einige Pferdelängen sozusagen voraus gewesen. Man kann auf Ziller bezw. auf seine Reform das Wort anwenden, welches Göthe von sich gesprochen:

»Hätten sie mich beurteilen können,
So wäre ich nicht, was ich bin.«

Ich muſs es mir versagen, auf den Zillerscheh Lehrplan, welcher ein eigenartiger, zweckmäſsig und kunstvoll gegliederter Organismus genannt werden muſs, ausführlich einzugehen. Dies würde eine besondere Arbeit nötig machen. Zu einigen Bemerkungen jedoch, mit welchen oft gehörten Einwendungen begegnet werden soll, fühle ich mich veranlaſst.

Man tadelt immer aufs neue, daſs durch die Ziller'sche Konzentration der innere Zusammenhang der einzelnen Unterrichtsfächer zerrissen werde, und aus diesem Grunde auch im Geisteszustande des Schülers notwendig ein Mischmasch entstehen müsse. Auch thue man dadurch den Wissenschaften selbst und ihrem logischen Gefüge einen Zwang an oder füge ihnen Unrecht zu. — Dem gegenüber mache ich zunächst darauf aufmerksam, daſs die Schüler nicht um der Wissenschaft willen da sind; dem Erzieher steht nicht die Wissenschaft, sondern der Zögling im Mittelpunkt seiner Bemühungen. Weil beim 6- und 7jährigen Kinde der Geisteszustand noch wenig verdichtet und abgeklärt, wenig geordnet und zusammenhängend ist, weil auſserdem der Vorstellungsbesitz noch sehr gering ist, darum muſs alles auf dieses Vorhandene, bezw. auf das durch den Unterricht neu Angelegte bezogen werden. Auf diese Fundamente muſs auch der Weiterbau aufgesetzt werden.

Allmählich jedoch wächst der Geistesbesitz sowohl an Umfang als auch an innerer Festigung. Alsdann kann den Fangarmen des Geistes, der Apperception und geistigen Verdauung, mehr zugemutet werden. Dann treten die heterogenen Wissensfragmente mehr und mehr auseinander, nach ihrer logischen Zusammengehörigkeit auf; das kindliche Bewuſstsein ist im stande, selbstthätig die Zusammenhänge aufzufinden und

Brücken zwischen dem im Unterricht Getrennten herzustellen. Auf diese Eigentümlichkeit der Geistesentwicklung hat Ziller gerücksichtigt. Darum heifst's in den »Materialien«: »Trotz der Konzentration mufs aber die Trennung der Fächer nach den Hauptgattungen der Unterrichtsgegenstände aufrecht erhalten bleiben, damit die Heterogeneität nicht störe, sondern jedes Fach für sich zur höchsten Vollendung gebracht werden könne. Jedes Fach muss sich also seiner eigentümlichen Natur nach entfalten. Nur seine systematische Form darf es nicht behalten. Diese mufs vielmehr nach psychologischen Gesetzen mit Hilfe des Unterrichtsmaterials, das teils die Kulturentwickelung der Stufe, teils der individuelle Standpunkt des Zöglings und die besondere Natur des Gegenstandes fordert, neu erzeugt werden.« Und weiter heifst es: »Statt eine Vermischung unter den Unterrichtsfächern herbeizuführen, ist nur dahin zu streben, dafs jedes Fach Anknüpfungen an das angrenzende zu gewinnen und die daraus sich ergebenden Reproduktionen und Anregungen zu benutzen suche.« Aus diesem Grunde kann man nicht, wie einige gethan haben, es als eine Inkonsequenz bezeichnen, wenn bei Ziller und Rein im III. Schuljahr statt eines konzentrierenden Gesinnungsstoffes zwei, nämlich eine Episode der biblischen und eine der profanen Geschichte, auftreten. Das Gegenteil behaupten heifst m. E. nichts anderes als den psychischen Thatbestand ignorieren und Ziller gewaltthätig interpretieren, bezw. ihn an einen Ausspruch mit Nichtberücksichtigung anderer Aussprüche festnageln wollen.

§§ 58, 59 enthalten die Aufzählung der konzentrierenden Gesinnungsstoffe für die 8 Schuljahre der Volksschule, §§ 60—68 die Erzählstoffe für I. Schuljahr, §§ 69—71 betreffen den Unterricht in Naturkunde und Geographie, deutscher Sprache und im Rechnen.

In §§ 60, 61 und 65 sind Beispiele des darstellenden Unterrichts, über dessen Wesen noch viel Dunkel herrscht, gegeben, indem die Märchen »Sternthaler«, »die drei Faulen« und »Hühnchen und Hähnchen« in dieser Unterrichtsform behandelt sind. Für denjenigen, welcher über diesen die Selbstthätigkeit des Schülers am meisten anspannenden Unterricht sich informieren will, sind es sehr wertvolle Gaben. — Was die Märchen selbst und ihre Auswahl anlangt, so halte ich die in den Reinschen »Schuljahren« getroffene Wahl für zweckmäfsiger. Beispielsweise ist das Verständnis für »die drei Faulen« bedeutend schwerer herbeizuführen als für das entsprechende Märchen bei Rein »Der süfse Brei«. Der Abstraktionsgewinn beider Märchen an ethischem Gehalt ist ziemlich gleichwertig. Das dritte Märchen »Die drei Spinnerinnen« halte ich für nicht sehr geeignet. Durch dasselbe wird die Belohnung der Trägheit und des Betrugs sehr deutlich vor Augen gestellt und durch die verweilende Betrachtung intensiv ins Bewufstsein gehoben. Wenn auch hinterher zusatzweise vom Lehrer gesagt wird: das Glück des Mädchens war kein wahres Glück, sondern nur äufserer Schein; es mufste Gewissensbisse empfinden — so ist dies doch nicht hinreichend, um den erhaltenen tiefen Eindruck, dafs Trägheit und Lüge nicht bestraft, sondern belohnt worden sind, genügend abzuschwächen. — Viel mehr empfiehlt sich das von Rein dafür erwählte »Frau Holle«. Hier treten in den beiden grundverschiedenen Schwestern einerseits die Trägheit, andererseits Dienstfertigkeit und Fleifs in einen sehr wirksamen Gegensatz. Ganz unwillkürlich wird die Trägheit in ihrer Häfslichkeit, der Fleifs und die Dienstwilligkeit in ihrer Schönheit dem Schüler vor's Auge geführt und gerade durch diesen tiefen Eindruck werden wertvolle Bausteine fürs sittliche Ideal, welches ja nicht als ein Einfaches, sondern als ein Zusammengesetztes zu denken ist, herbeigeschafft. Von den »Drei Spinnerinnen« kann man in der bezeichneten ästhetisch-ethischen Richtung viel weniger erwarten. — Gegen die übrigen von Ziller ausgewählten

Märchen habe ich nichts einzuwenden.

Dem religiösen Bedürfnis der Kleinen wird nicht allein durch das Schulgebet und durch sonn- und feiertägliche Erbauungsstunden Befriedigung verschafft, sondern auch dadurch, dafs im Anschlusse an die Schulandachten die Ereignisse des Kirchenjahres besprochen werden. Ein eigentlicher Unterricht mit Darbietung, Erklärung und Aneignung soll das nicht sein. Vielmehr soll hierdurch das religiöse Interesse geweckt und ein religiöses Bedürfnis geschaffen werden. Das ist die rechte Weise! Wer wird auch den Kindern Nahrung anbieten oder aufnötigen, so lange sie keinen Hunger haben!?

Sehr wertvoll sind die in § 71 gegebenen Richtlinien für das **Rechnen.** Z. verlangt besondere Behandlung jeder Zahl bis 10 und zwar in einer methodischen Einheit. Die Trennung des Addierens und Subtrahierens und die gesonderte Behandlung des Multiplicierens und Dividierens, also die Statuierung zweier Einheiten, dürfte sich mehr empfehlen. — Bei dieser Gelegenheit mache ich auf die §§ 147—150, 152, 159 aufmerksam, welche Präparationsentwürfe fürs Rechnen enthalten und vorzüglich sind. Im letzten Teile des Buchs folgt noch ein besonderer Abschnitt, überschrieben Rechnen und Mathematik (§§ 239—251). Auch die §§ 77—79, 94, 103 und 112 behandeln denselben Unterrichtsgegenstand.

Die hier gebotene Lehrweise hat vor fast allen übrigen Lehranweisungen den grofsen Vorzug, dafs sie auf den Gang, den die Rechenfertigkeit in allmählicher Entwickelung im Laufe der Jahrhunderte genommen hat, stetig rücksichtigt. Aus der Menge des in diesen Abschnitten verarbeiteten Materials können nur Einzelheiten herausgegriffen werden. — Zunächst erscheint die Verteilung des Pensums fürs II. Schuljahr bei Ziller als das allein richtige. Nach Behandlung des Kreises von 1 bis 10 ist nicht bis 20, auch nicht bis 50, sondern sofort bis 100 fortzuschreiten und zwar unter Hinweis darauf, »dafs die Zehner, dann darauf, dafs die Zahlen von einem Zehner zum andern ebenso fortschreiten wie die Einer.« — Im grundlegenden Unterricht ist für ausgiebige Veranschaulichungsmittel der Zahlenbegriffe zu sorgen; zunächst ist aber immer nur bei einer bestimmten Art derselben stehen zu bleiben. Zuerst sollen die Zahlenbegriffe durch Legen in figurierten Zahlen dargestellt werden und zwar a) in natürlichen, b) in künstlichen Gruppen; man benutzt hierzu Steinchen, Linsen, Täfelchen, Knöpfe. Sodann ist zur Verwendung der Finger, sowie zur Zeichnung von Punkten und Strichen weiter zu gehen. Die fleifsige Benutzung der Finger zu Veranschaulichungen kann mit Z. nicht genug empfohlen werden. Die Finger ermöglichen, wenn sie hoch gehalten werden, eine sichere Kontrole und zwingen jeden Schüler zum Mitarbeiten. Wie das Rechnen des I. Schuljahres im einzelnen betrieben werden soll, wird durch Präparationen in §§ 147—150 klar gezeigt. — Wichtig ist es auch, auf die rechte Abwechselung zwischen schriftlichem und mündlichem Rechnen zu halten; die Operationen des schriftlichen und mündlichen Verfahrens dürfen nicht vermischt werden. Die Wandtafel soll nur für die Einübung des Neuen, für Vorführung von Musterbeispielen, Übung im An- und Niederschreiben von diktierten Zahlen, zur Korrektur der zum Behufe gemeinsamer Betrachtung zu fixierenden Fehler benutzt werden. Bei der Korrektur soll nur das, worauf es ankommt, angeschrieben und geübt werden. Die Einübung des Neuen darf nur mit einem Schüler erfolgen, mufs aber, sobald sich ein fliefsendes Durchlaufen bei diesem zeigt, zu einem andern übergehen. Keinem darf ein Resultat vorgesagt werden, er mufs es finden. Das Wiederholen der Reihen, das der Einübung wegen notwendig ist, darf bei demjenigen, welcher einen Teil der betreffenden Reihe sicher weifs, nur in Bezug auf den übrigen Teil der Reihe gefordert werden, damit nicht dem letzteren die ihm gebührende Zeit entzogen werde und das Frühere, das eine rasche Evolution einleitet, durch sein Drängen einen störenden Einflufs auf die langsamere Evolution ausübe. — Sehr beherzigenswert ist auch, was § 245 u. f. über den Gang des Unterrichts nach den einzelnen Formalstufen gesagt ist. Abgekürzte Verfahrungsweisen gehören nicht in den Anfangsunterricht; die kunstvollere Berechnungsweise mufs allerdings auch ausdrücklich gefordert werden, jedoch nachträglich, nämlich dann, wenn die weitläufigere, einfachere Art vollkommen geläufig ist. Die Einkleidung der Aufgaben mufs sich in den Grenzen des bis dahin bekannten Sachgebietes halten, sonst vermehrt die Fremdartigkeit der Einkleidung oder Benennung die Dunkelkeit des Vorstellens und die Unsicherheit des Schlüsse-Bildens. Eine Hauptforderung ist auch die, dafs Stetigkeit des Fortschritts nie fehlen darf, sonst würde gegen die Erzeugung des Interesses gefehlt. Dafs bei den vier Spezies im Anfangsunterricht keine algebraischen Zeichen anzuwenden seien, dafs die Rechenoperation vielmehr lediglich aus der Stellung der Zahlen zu einander erkannt werden sollen, ist mir nicht einleuchtend. Anders ists mit der Weisung, beim Addieren z. B.: das Wiederholen der Resultate auf den Zwischenstationen zeitig zu unterlassen, auf dafs ein rascherer und leichterer Flufs im Rechnen entstehe. Ist es richtig, dafs die Entwicklung des Einzelgeistes nur eine Wiederholung der menschheitlichen Entwicklung im grofsen und ganzen ist bezw. sein soll — und wer wollte das in Abrede stellen! — so sind auch die in § 247 enthaltenen Vorschläge betr. die Einführung ins Rechnen mit ungleichnamigen Brüchen, das Gleichnamigmachen, die übrigen Spezies richtig. Leider gehen die bestehenden Rechenanweisungen von andern Gesichtspunkten aus und bringen daher die fachwissenschaftliche Beweisführung für die spezielle Berechnungsweise zu früh. Auch darin ist Z. beizustimmen, dafs die Voraussetzungen für das Addieren, Subtrahieren, Multiplicieren u. s. w. von Brüchen nicht, wie bei Diesterweg, Böhme, Stubba, Blümel-Pflüger u. v. a., zusammengehäuft allen diesen Rechnungsarten vorangestellt werden, sondern einer jeden nur soviel, als gerade notwendig ist, damit sie ausgeführt werden können. — Die Musterbeispiele des Rechnens sind in einem besonderen Hefte zu sammeln, so dafs nach und nach eine besondere Art Rechengrammatik ohne Worte entsteht. — Für eine geometrische oder arithmetische Aufgabe dürfen nicht sofort nacheinander mehrere Methoden der Lösung durchgearbeitet werden. Bietet eine andere Methode Vorteile dar, so mufs eine neue Aufgabe gestellt und diese zuerst auf der Stufe der Analyse nach der alten Methode behandelt werden; dann erst zeigt man auch die Vorteile der zweiten Methode und benutzt sie.

Auch die Lehrstoffe, welche fürs zweite, dritte bis achte Schuljahr ausgewählt sind, finden in den »Materialien«, die einen ausführlicher, die anderen in kürzerer Weise Berücksichtigung. Während z. B. die auf das zweite Schuljahr bezüglichen Bemerkungen und Fingerzeige 8 Seiten umfassen, füllen die des dritten Schuljahres 23 Seiten an, S. 41 bis 63, die des achten Schuljahrs schliefsen mit S. 99. Auf S. 36 ist angegeben, dafs und wie an der Hand der Robinsongeschichte das erste Hauptstück des lutherischen Katechismus erarbeitet wird, nämlich in folgender Weise: das 4., das 8., dus 2., 3., 1., 7., 9. und 10. Gebot; zuletzt noch das 6. und 5. Gebot. Diese Art des Gesinnungsunterrichts operiert allerdings nicht mit biblischen Worten und Erzählungen, sondern mit profanen, sie vermeidet jedoch den überall, namentlich aber auf religiösem Gebiet so verderblichen Verbalismus. Während der offiziell vorgeschriebene Unterricht zuerst die Worte des Katechismus zur Aneignung vorschreibt und hinterdrein diese heiligen Worte mit dem entsprechenden Inhalt auszustatten beabsichtigt, — was so häufig mifslingt, weil das Interesse nicht intensiv wachgerufen wird bezw. werden kann, — beschreitet Z. den umgekehrten Weg: erst die Sache, nämlich das sittliche Gefühl und Urteil und die daraus unmittelbar hervorspringende moralische Forderung, und dann die dafür geeignetste, weil prägnante und heilige Form. — In neuerer Zeit waren von befreundeter Seite Zweifel erhoben worden, ob die Robinsonerzählung ein geeigneter Stoff fürs II. Schuljahr sei (siehe Willmann, Pädagogische Vorträge, 2. Aufl. S. 122); diese Einwendungen sind nunmehr von Prof. Rein im Heft II der »Pädag. Studien« 1887, S. 88 u. s. f. entkräftet worden. — Fürs Rechnen im II. Schuljahre sind S. 112 vier Präparationsentwürfe enthalten, auf welche ich nochmals aufmerksam mache. —

So reichhaltig und wertvoll die Bemerkungen bez. der Stoffe der übrigen Schuljahre auch sind, mufs ich mir doch versagen, auf dieselben einzugehen. Nur zweierlei werde erwähnt. § 83, welcher Winke über die Behandlung der Urgeschichte, also der Schöpfung, des Paradieses etc. enthält und eine Menge Auslassungen fordert, wird meist Befremden und Ablehnung hervorrufen, wenngleich der Gesichtspunkt, dafs alle die ethisch-religiösen Gedanken verdunkelnden und beeinträchtigenden Nebengedanken auszuscheiden seien, von hervorragender Bedeutung ist. §§ 88—90 zeigen, wie die Geographie ihrer Stoffwahl nach, §§ 91 und 92, wie die Naturkunde, § 93 wie das Deutsch ihre Direktiven vom zentralen Gesinnungstoff empfangen. — Einschaltend mufs ich bemerken, dafs die in den »Materialien« enthaltenen reichen Schätze der Weisheit nur von demjenigen ordentlich gehoben werden können, welcher die Herbart-Zillersche Terminologie kennt, sich überhaupt in dieses Gedankensystem eingearbeitet hat und der aufserdem das daselbst Gebotene nicht blofs kritisch oder unkritisch, aufnimmt, sondern vor allem sein eigenes lehramtliches Thun dadurch befruchten läfst, eingedenk des Apostelworts »Seid Thäter des Worts und nicht Hörer allein.« — §§ 129—138 handeln über »Methodische Einheit, Ziele, Formalstufen«, §§ 139—143 über Heimatskunde, 144, 145 über »Privatlektüre« und 146 über »Präparation des Lehrers«. S. 137—245 bieten Bemerkungen zu den einzelnen Unterrichtsfächern, a) Gesinnungs- bezw. Religionsunterricht, b) Profangeschichte im besonderen, c) Geographie, d) Naturkunde, e) Sprachunterricht, insbesondere Deutsch, f) fremde Sprachen, besonders das Lateinische, g) Rechnen und Mathematik, h) Zeichnen, i) Schreiben, k) Technische Beschäftigungen (Werkstatt), l) Turnen, m) Singen. Im Hinblick auf das in diesen Bemerkungen Enthaltene möchte ich wie der Fabeldichter den Lesern zurufen: »Grabt nur, grabt! Hier liegt noch viel Gold.« —

Was die »Materialien« auf Seite 245—268 enthalten, ist mit der Überschrift »Allgemein-Methodisches« versehen, dagegen behandeln S. 269—281 besondere Einrichtungen für die Zucht oder Charakterbildung. Aus dem Kapitel »Winke für den Lehrer in Bezug auf seine unterrichtliche Thätigkeit im allgemeinen« will ich einige, damit der Leser eine Vorstellung von der Sorgfalt und Umsicht Z.'s bekomme, anführen. »Überflüssiges Sprechen . . . ist wegen der dadurch entstehenden Verminderung der Klarheit für das, worauf die Aufmerksamkeit ruhen soll, sowie wegen . . . . sorgfältig zu vermeiden« § 291. »Der Schüler darf durch den Unterricht nicht in einen unwahren Zustand versetzt werden . . . . Nirgends darf der Mut des Zöglings geschwächt werden . . . . Bei allem Unterrichte ist dahin zu streben, dafs er in das Einzelbewufstsein des Schülers dringe« § 292. — Aus dem folgenden Kapitel »Die Selbstthätigkeit des Schülers darf nie zu kurz kommen« citiere ich »Bei allem unterrichtlichen Thun darf der Selbstthätigket des Schülers durch den Lehrer nichts entzogen werden, geschweige dafs man ihm durch ein Thun vormachen oder ihm vorzeichnen oder vorzeigen darf, was er selbst thun oder sagen kann und soll. Es darf nichts empirisch gegeben werden, was spekulativ gewonnen oder auch nur begründet, abgeleitet werden kann etc. § 295.« Eine in Wirksamkeit begriffene

Apperception darf nicht durch störende Einmischungen unterbrochen, sondern nur durch Winke, durch formale Andeutungen geleitet werden, und was zur Unterbrechung Anlafs geben könnte, mufs womöglich im voraus abgemacht werden . . . . Erzählungen, Beschreibungen, Erklärungen des Schülers dürfen höchstens durch einen Wink unterbrochen werden (z. B. zur Einschiebung einer Ortsbestimmung) . . . . Die Darstellung darf zunächst je nach individueller Befähigung und Neigung kürzer oder ausführlicher, genauer oder oberflächlicher gehalten sein. . .« § 301. — Die folgenden Kapitel tragen folgende Überschriften c) Totalauffassung, d) Die katechetische Unterrichtsweise ist falsch, e) Der Zögling soll möglichst im Zusammenhange sprechen, f) Farben, Finger, Wandtafel als Mittel, die Kraft des Unterscheidens zu stärken, g) Gedächtnis (Einprägen, Memorieren, Reihenbildung, Deklamieren, Aufschreiben von Vergessenem), h) Aufgabenbuch, i) Korrektur der Hefte, k) Falsches darf sich nicht festsetzen, Fehler dürfen sich nicht häufen, l) Eintragungen ins Systemheft, m) Repetitionen, n) Halbjähriges Repetitionsexamen. — Auch der Abschnitt, welcher von besonderen Einrichtungen der Zucht handelt, ist sehr reichhaltig. Die beiden ersten Kapitel handeln von der Morgenandacht und der Erbauungsstunde, ein anderes von den Schulfesten, ein anderes von Schulreisen, die weiteren von der Schülerbibliothek, von den Ämtern, von der Behandlung und Bestrafung der Vergehen, von dem Individualitätenbuch u. a. Da die häusliche Erziehung, besonders auch die Gewöhnung an bestimmte, regelmäfsig wiederkehrende Thätigkeit, die Erziehung zur Arbeit und Dienstleistung im Hause gegen früher ganz bedeutend zurückgegangen, da aufserdem im öffentlichen Unterricht alles auf die intellektuelle Ausbildung des Schülers . . . zugeschnitten ist, so dafs — zum nicht geringen Teile eine Folgewirkung der vielklassigen Schulsysteme mit dem öfteren Wechsel des Ordinarius — der gemüt- und willenbildende Einflufs ansehnlich geschädigt werden, so müssen die eben genannten Abschnitte, welche auf unmittelbare Charakterbildung abzielende Einrichtungen beschreiben, zur Berücksichtigung in der Praxis angelegentlichst empfohlen werden.

Ich schliefse die Besprechung mit dem letzten § (396) des schönen Buchs. »Wer in einen pädagogischen Schulkreis hineingestellt ist und in demselben für Bestrebungen in der Richtung der wissenschaftlichen Pädagogik keine Unterstützung findet, hat in seinem eigenen Unterrichte die Bedingungen der Konzentration des Unterrichts annähernd herzustellen, weil dies trotz mancher unvermeidlicher Inkonvenienzen unter allen Umständen immer noch das bei weitem kleinere Übel bleibt und niemand durch fremde Schuld von seinen eigenen Pflichten entbunden wird. Wer hier Grundsätzen gegenüber, denen er die Giltigkeit nicht abspricht, für sich eine Ausnahme macht oder eine Entschuldigung sucht und dafür irgend eine Art jesuitischer Moralkasuistik ausbildet, der verurteilt sich selbst und verdient keine Achtung. Nicht minder aber auch derjenige, welcher über pädagogische Vorschläge und Veranstaltungen, die auf wissenschaftlichen Gründen ruhen, ohne weiteres aburteilt oder welcher Veranstaltungen schafft, festhält, zurückruft und stützt, von denen mit wissenschaftlichen Gründen nachgewiesen ist, dafs sie den pädagogischen Fortschritt hemmen, — ohne zuvor jene Gründe widerlegt oder auch nur geprüft zu haben. Wo solche Elementarforderungen der Vernunft nicht beachtet werden, fehlt es trotz aller Versicherungen des Gegenteils an den ersten Voraussetzungen für das Streben nach wissenschaftlicher Pädagogik und erziehendem Unterrichte sowie für das Dasein einer auf die Förderung von beiden gerichteten Schulverwaltung.«

Glogau. H. Grabs.

II.

Dr. Thrändorf, Die Behandlung des Religionsunterrichts nach Herbart-Zillerscher Methode. Langensalza, Hermann Beyer und Söhne, 46 S.

Diese Schrift ist ein Separatabdruck einer Abhandlung aus der Zeitschrift für praktische Theologie von Bassermann und Ehlers. Sie behandelt eine der brennendsten und wichtigsten Fragen, welche gegenwärtig Schulmänner und Erzieher beschäftigt. Soviel ist klar: In der bisherigen Weise des Religionsunterrichts kann es nicht weiter gehen, oder die Schule leistet Verzicht auf eine tiefgehende Einwirkung auf Gewissensbildung und Geistesrichtung. Das althergebrachte Unterrichtsververfahren, bestehend in Tradieren, Memorieren und logischen Schein-Operationen, hat sich im Verlauf vieler Jahrzehnte als unrichtig und wirkungslos, ja geradezu als schädlich erwiesen; ebenso die Verteilung des heilsgeschichtlichen Stoffes, die der biblischen Historien, nach konzentrischen Kreisen.. Unzählige Mal ist dies gesagt worden, doch noch ebenso viel mal wird es hinausgerufen werden müssen; denn nur sehr langsam bricht sich die Einsicht, dafs wir im Religionsunterricht in völlig ausgefahrenen und verderblichen Bahnen uns bewegen, Bahn. »Verderblich?« höre ich entrüstet fragen. Leider mufs ich diese Behauptung voll und ganz aufrecht erhalten; auch dies ist wiederholt nachgewiesen worden.

Doch wie soll man es anfangen, um Besseres für die Grundlegung des ethischen Ideals, sowie wahrer Religiosität zu erreichen? Unter denen, die sich nicht allein mit philosophischen Erwägungen begnügt haben, sondern mit konkreten Vorschlägen hervorgetreten sind und diese vorgezeichneten Richtlinien bis ins Einzelne ausgearbeitet haben, nimmt Ziller und seine Pädagogik den ersten Platz ein. Was früher nur den Mitgliedern des von Ziller gegründeten pädagogischen Seminars einzusehen vergönnt war, — das Leipziger Seminarbuch in seiner 1. Auflage ist den meisten Lesern zu dunkel und unverständlich —, das ist durch die von Rein, Pickel und Scheller verfafsten Schuljahre verdeutlicht und auch für die Aufsen-Stehenden verstehbar geworden. Oberlehrer Dr. Thrändorf hat sich die verdienstliche Aufgabe in vorliegender Arbeit gestellt, auch weitere theologische und pädagogische Kreise für die Frage: wie wird der Religionsunterricht nach Herbart-Zillerscher Methode betrieben? zu interessieren. So schwierig diese Aufgabe ist, der Verfasser hat sie in der an ihm bekannten Weise meisterhaft gelöst.

Es kann nicht Aufgabe einer kurzen Beurteilung sein, die Abhandlung Seite für Seite zu zergliedern — wer würde sich sonst der Mühe unterziehen, sie selbst zu lesen? — nur auf einiges aus derselben soll hingewiesen werden.

Am Anfange findet sich der Verfasser mit einigen Ansichten ab, die noch weit verbreitet sind und eine entschiedene Zurückweisung erfordern. Man darf nicht glauben, der Charakterbildung zu dienen, wenn man die religiöse Bildung zu sehr betont und die weltliche Bildung vernachlässigt. Das spätere Leben rächt dieses Mifsverhältnis, indem dann die irdischen Interessen den mühsam angelegten und eingelernten religiösen Gedankenkreis zertrümmern. Auch ein Zweites ist zu beachten. Religiöse und weltliche Bildung dürfen nicht getrennt (noch weniger feindselig) neben einander hergehen, sonst ist der erziehliche Effekt ungefähr so, wie wenn zwei Pferde eine grofse Last nach verschiedenen Richtungen hin fortbewegen wollen. Das ist unklug. Es entspricht auch nicht dem Geiste Christi, der da will, dafs die sittlich religiösen Ideen des Evangeliums einem Sauerteige gleich den ganzen Menschen durchdringen sollen. Die innige Durchdringung der beiden Gedankenkreise, des weltlichen und des sittlich-religiösen, ergiebt sich jedoch nicht von selbst, entsteht auch nicht durch Zufall, sondern sie ist, wo sie vorhanden ist, ein Produkt der Erziehung. Sie von Stufe zu Stufe ins Auge gefafst zu haben, ist eben ein hervorragendes Verdienst der von Ziller geforderten Konzentration des Unterrichts. Der gewöhnliche Unterricht ist sich dieser Aufgabe entweder gar nicht oder nicht mit der erforderlichen Klarheit bewufst; nicht selten fehlt auch die Einsicht in die psychologische Notwendigkeit dieser Fundamental-Forderung. —

In weiten Kreisen giebt man sich hinsichtlich des angeeigneten Wissens und seines Einflusses auf das Wollen recht falschen Vorstellungen hin. Auch diesen Punkt behandelt Thrändorf mit der ihm eigenen Schärfe. Er sagt: Das blofse Wissen zeigt dem Zöglinge im günstigsten Falle ein Ideal, es macht dasselbe aber nicht zu seinem Ideal. Die durch den Schul- und Konfirmandenunterricht dem Schüler vermittelten Kenntnisse gleichen, so unerläfslich sie sind, geschenkten Geldmünzen. Der Knabe freut sich ihrer Menge, ihres Glanzes, ihres Klanges, ohne ihren wahren Wert zu kennen. So ist's mit dem religiösen Wissen, so lange dem Schüler die eigene Erfahrung abgeht. Verfasser sagt: »Nehmen wir also an, dafs der religiöse Gedankenkreis ganz in der von den Geistlichen geforderten Ausdehnung neben dem sittlichen ausgebildet wird, ist etwa damit schon ein Einflufs auf den Charakter gewonnen? — Die Erfahrung sagt: Nein, und abermals nein! — Ja, es liegt sogar die traurige Thatsache vor, dafs der Religionsunterricht durch die oft unmäfsigen Anforderungen, die er an das mechanische Gedächtnis stellt, sich selbst und seinen Gegenstand dem Schüler verhafst macht. Daraus geht klar hervor, dafs nicht jeder irgendwie gebildete religiöse Gedankenkreis Einflufs auf das Herz des Zöglings hat.« Tausendfache Beobachtungen bestätigen dies. Auch die Gefühlserregungen, zu welchen nicht selten im Beligionsunterrichte Zuflucht genommen wird, sind im günstigsten Falle nur schnell vorübergehend. Die Forderung Thrändorfs, durch welche ein dauernder Eindruck auf den Zögling gesichert werden soll, lautet: »Lafs deinen Zögling Religion erst erleben und dann erlernen!« Über die Weise, wie ein Erleben der religiösen Thatsache seitens der Kinder anzustreben sei, spricht sich der Verfasser S. 14 bis 20 eingehend aus und werde auf diesen Teil der Abhandlung besonders verwiesen. Ein blofses Vorführen der biblischen Geschichten, das einfache Vor- und Nacherzählen bringt nicht notwendig dauernde Wirkungen hervor, es wird damit nicht mehr als ein gelegentliches Hinschauen gewonnen; »der Erziehung ist's dagegen um eine lange, ernste, sich tief einprägende Beschäftigungsweise zu thun, welche eine gewichtvolle in sich zusammenhängende Masse von Kenntnissen, Reflexionen und Gesinnungen in die Mitte des Gemüts stellt, von solchem Ansehen und solchen Rerührungspunkten mit allem, was der Flufs der Zeit noch Neues hinzuthun möchte, dafs nichts daneben rücksichtslos vorbeigehen könne.« Erst infolge solcher anhaltenden und tief sich einprägenden Beschäftigungsweise entsteht Teilnahme und ein idealer Umgang, aus welchem sittliche und religiöse Erfahrungen entspringen. Dieser Gesichtspunkt allein ist hinreichend, die Verteilung der biblischen Erzählungen auf die einzelnen Schuljahre bezw. Schulklassen nach konzentrischen Kreisen als schädlich erkennen zu lassen. Diese Stoffanordnung macht es geradezu unmöglich, dafs der Schüler sich in die einzelnen Perioden der religiösen Entwicklung hinreichend versenke.

Im zweiten Teile der Schrift beschreibt Thrändorf das Verfahren, welches bei der Behandlung der einzelnen Geschichte und besonders bei der Herausarbeitung des begrifflich systematischen Stoffes eingeschlagen wird. Dieser Abschnitt ist ganz besonders wichtig und wertvoll. Leider mufs ich mir ein Eingehen auf den reichen Inhalt desselben versagen. *)

Glogau. H. Grabs.

*) In der Anmerkung S. 46 muss es heissen: „5—8 Schuljahr.“ Red.

III.

O. Foltz, Die metaphysischen Grundlagen der Herbartschen Psychologie und ihre Beurteilung durch Herrn Dr. Dittes. Gütersloh, Bertelsmann 1886. 99 S.

Diese Schrift hat den Zweck, das Verständnis der metaphysischen Grundlage der Herbartschen Psychologie zu erleichtern. Sie besteht aus drei Abhandlungen, die in ihrer Gesamtheit einen Kommentar zu den §§ 150—155 des »Lehrbuchs zur Psychologie« von Herbart bilden. Gleichzeitig sind sie eine Zurückweisung der von Dr. Dittes in dem von diesem herausgegeben Pädagogium geübten absprechenden Kritik der genannten Metaphysik. Die Überschriften der drei Abhandlungen sind folgende:

1. Die Seele ist ein einfaches Wesen.
2. Vom Sein und Seienden.
3. Zur Theorie der Empfindungen.

Zu 1.

Verfasser weist hier nach, dafs die Annahme der Einfacheit der Seele nicht eine willkürlich aufgestellte Lehre, sondern das Ergebnis eines vom Gegebenen ausgehenden, streng logischen Denkens ist. Im Gegensatz zu Herbart hat nämlich Dittes a. a. O. behauptet, die Seele sei ein zusammengesetztes Wesen. »Die Mannigfaltigkeit und Geschiedenheit unserer sinnlichen Thätigkeiten und Vorstellungen setzt ein aus vielen Elementen bestehendes Seelenwesen voraus. In einem schlechthin einfachen Wesen wäre eine Vielheit und Verschiedenartigkeit der Leistungen und Gebilde ganz unmöglich u. s. w.« Foltz Untersuchung schlägt folgenden Gang ein. Die Seele ist nicht in der Erfahrung gegeben, wie etwa das Selbstbewufstsein; sie mufs jedoch zu den Thatsachen des Bewufstseins hinzugedacht werden. Gegeben ist nur das Vorstellen, Empfinden u. s. w. Nun könnte aber kein Vorstellen stattfinden, wenn nicht ein Wesen wäre, welches vorstellte, die Vorstellung als innern Zustand erlebte. Dieses vorstellende Wesen ist eben die Seele. Der Schlufs lautet also:

Jedes Geschehen setzt ein Seiendes voraus;
nun ist das Vorstellen eine eigentümliche Form des Geschehens:
mithin liegt dem Vorstellen ein reales Wesen zu Grunde.

Die weitere Frage lautet: Ist die Seele ein einfaches oder ein zusammengesetztes Wesen? Verfasser sagt, die Dittessche Behauptung führt konsequent gedacht zu dem Satze: die Seele besteht aus genau ebenso vielen Elementen, als sie Vorstellungen hat. Denn wenn nicht einmal die Vorstellung des Süfsen mit der des Viereckigen sich verträgt: welche Vorstellungen sollten dann wohl so friedfertig gesinnt sein, um in demselben Seelenelement mit einander hausen zu können? Die Seele würde demnach einen Entwicklungsprozefs zu durchlaufen haben in dem Sinne, dafs sie an Gröfse allmählich zunimmt sie wäre klein und unscheinbar in dem Kinde, grofs und gröfser in dem gebildeten Manne etc. Foltz weiset die Ungereimtheit dieses Gedankens schlagend nach. Die Möglichkeit, dafs ein einfaches Wesen eine Mehrheit von qualitativ und quantitativ verschiedenen Zuständen erlebe, sei wohl denkbar, nur man dürfe die Ursachen dieser Veränderungen nicht im Wesen selbst, sondern aufser ihm in den Einwirkungen der Aufsenwelt, suchen. An und für sich betrachtet steht die Einfachheit der Seele der Vielheit gleichzeitiger Empfindungen so wenig hindernd im Wege, dafs aus der vorausgesetzten Einfachheit allein nicht einmal die Enge des Bewufstseins abgeleitet werden kann. Das hat nicht nur Herbart erkannt, sondern u. a. auch Lotze.

Verfasser wendet sich sodann einem anderen Einwande gegen die Einfachheit der Seele zu und zeigt, dafs der Gedanke, die räumliche Ausdehnung der Seele zum Erklärungsprinzip der Vorstellungen des Räumlichen zu machen, zur reinen Absurdität führe.

Nachdem Foltz auf Seite 14 das Resultat seiner Erörterungen zusammengefaſst hat, nennt er eine Reihe von psychischen Erscheinungen, die nach dem Dittesschen Seelenbegriff nicht erklärt werden können:

1. das räumliche Vorstellen,
2. die Enge des Bewuſstseins,
3. die Vorstellungen von Dingen mit vielen Merkmalen,
4. das Denken und
5. das Ichbewuſstsein.

Weil Dittes behauptet hat, Herbart sei nur durch seinen falschen Begriff des Seins zu dem Satze gelangt: »die Qualität des Seienden ist schlechthin einfach« — so geht Verfasser, um das Ergebnis seiner Untersuchung auch nach dieser Seite hin sicher zu stellen, in der zweiten Abhandlung S. 23—52 auf Herbarts Lehre vom Sein näher ein.

Zu 2.

Die Abhandlung zerfällt in fogende Teile: A. Der Begriff des Seins, B. Die Qualität des Seienden. Auch sie ist ebenso interessant als dankenswert. Dankenswert ist sie deshalb zu nennen, weil Dittes gerade die falsche Bestimmung des Begriffs vom Sein den metaphysischen Grundirrtum, den toten Punkt der ganzen Philosophie Herbarts genannt hat, ferner deshalb, weil Foltz, um allen Miſsverständnissen resp. nahe liegenden Verwechselungen vorzubeugen, den Leser durch eine eingehende, möglichst einfache und leichtverständliche Betractung über den Begriff des Seins aufzuklären sucht.

Es ist in Rücksicht auf den knapp bemessenen Raum unmöglich, die Untersuchungen des Verf. schrittweise zu serfolgen; nur einzelne Bemerkungen sollen gemacht werden. Nachdem F. im Eingange auf die Voreiligkeit Dittes, der die Widerlegung der Herbartschen Theorie vom Sein und Seienden für ein Kinderspiel erklärte, hingewiesen hat, geht er auf das Wort »Sein« in seiner üblichen Anwendung ein, setzt dem Sein das Nicht-sein gegenüber, bezeichnet sodann als erstes Merkmal des Seienden die Wahrnehmbarkeit bezw. die Unabhängigkeit von dem auffassenden Subjekte und zeigt darauf, daſs das folgerichtige Denken hierbei nicht stehen bleiben dürfe, weil sonst der Begriff nur unvollständig definiert werde. Die Unabhängigkeit von unserm Denken sei nicht ein ausschlieſsendes Merkmal des Seienden, dieselbe komme vielmehr allem Wirklichen, also auch jeder wirklichen Bewegung zu. Zu jenem Begriffe müsse noch das Merkmal des Selbständigen d. h. des Absoluten hinzukommen u. s. w. Verfasser warnt, den Begriff »Sein« mit »Dasein« und »Wirklichkeit« zu identifizieren. Die Dinge der Auſsenwelt können nur als seiend gedacht werden, solange man von ihrer Vergänglichkeit absieht; wahres Sein ist absolutes Sein, man bezeichnet es mit dem Ausdruck »absolute Position«.

Die Behauptung Dittes', Herbart habe zwei Begriffe des Seins, einen richtigen und einen falschen, weist der Verfasser als völlig in der Luft schwebend auf S. 36 u. f. zurück.

Unter B. behandelt Foltz »Die Qualität des Seienden.« Während er vorher, um den Begriff des Seins zu gewinnen, von den Dingen ausgegangen ist, die der gemeine Verstand für real hält, weil er ihre Relativität nicht beachtet oder nicht kennt, schlägt er nun den umgekehrten Weg ein, indem er fragt, wie das Seiende absolute zu denken sei, damit es dem Begriffe der absoluten Setzung völlig entspreche. Er wendet sich hierbei der Besprechung und Verteidigung folgender Lehrsätze Herbarts zu:

1. Die Qualität des Seienden ist gänzlich positiv oder affirmativ; ohne Einmischung von Negationen.

2. Die Qualität des Seienden ist schlechthin einfach.

3. Das Seiende ist quantitativ einfach.

4. Wie vieles sei, bleibt durch den Begriff des Seins ganz unbestimmt. F. schlieſst diese Abhandlung mit den Worten: »Herr D. hat den Begriff vom Sein nicht eben weit auf seiner Wanderung begleitet. Er thut nur den ersten von den zuvor bemerkten Schritten, der bei allen Menschen vorkommt; ihm sind die Sachen das Seiende, wie ja der Name Rea-

lität herstammt von res. Er verkennt vollständig die Ursache, wodurch der gemeine Verstand angetrieben wird, die Realität von den Eigenschaften auf die Dinge zu übertragen. Darum kostet es ihm nichts, das Veränderliche als solches für das Seiende zu erklären und die Realität einer Verbindung mit dem Sein des Elements auf eine Stufe zu stellen. Für ihn giebt es keine Geschichte der Philosophie; er verschmäht es wenigstens, irgend eine Belehrung von ihr zu empfangen. Nur unter diesem Gesichtspunkt wird seine Polemik gegen die Herbartsche Metaphysik verständlich.

Zu 3.

Dittes hatte einen Abschnitt seiner Kritik mit der Behauptung eingeleitet, dafs es nach Herbarts Theorie im Gebiete des Seins, des Realen, des Wirklichen ein Geschehen überhaupt gar nicht gebe, weder eine Selbstthätigkeit der isolierten einfachen Wesen, noch eine Wechselwirkung derselben aufeinander. »So ist also das unvermeidliche Ende der Herbartschen Metaphysik die Selbstauflösung, der theoretische Nihilismus.« Darauf antwortet Foltz in der III. Abhandlung und zeigt darin, 1) dafs die Interessen des Erziehers, der ja auf die Bildsamkeit seines Zöglings vertrauen mufs, in der Herbartschen Psychologie aufs beste gewahrt sind; 2) dafs in der Theorie Herbarts von den »Störungen« und »Selbsterhaltungen« die einzig wahre Grundlage zu einer Theorie der Empfindung gegeben ist; und endlich 3) dafs Dr. Dittes die Herbartsche Theorie nicht verstanden hat.

Auch dise Arbeit kann dem Leser warm empfohlen werden. Schliefslich werde noch bemerkt, dafs der Verfasser, welcher Volkmanns »Lehrbuch der Psychologie« (Köthen, Otto Schulze) und O. Flügels »Probleme der Philosophie« »Seelenfrage« (beide ebenfalls in Cöthen bei O. Schulze) oft angezogen, diese Schriften zum Studium dringend anrät. Dieser Empfehlung kann ich mich voll und ganz anschliefsen.

Glogau. H. Grabs.

IV.

Josefine Richter von Innfeld: Neues System einer wahrhaft natur- u. kunstgerechten Gesang-Unterrichts-Methode, Wien, Julius Ehmel. Pr. 14 Mk.

Ein vortreffliches Werk, das die höchste Aufmerksamkeit aller Gesanglehrer verdient. Im Gegensatz zu den meisten der gegenwärtigen Gesangschulen will die Schule der Frau Richter nicht das Treffen lehren, sondern zum Singen, zur Tonbildung anleiten. Der richtige Ansatz geht ihr über alles. Der Gesang ist für sie, wie für Richard Wagner »die in höchster Leidenschaft erregte Rede« (S. 18). Im deutschen Gesang, wie er jetzt ist, beeinträchtigt das Wort den Ton; will man aber dem Ton Geltung verschaffen, so geschieht dieses auf Kosten des Wortes. Die dramatischen Werke Richard Wagners, in denen der Ton an das Wort, die Melodie an den Vortrag gebunden ist, der Gesang einer gesungenen Rede gleicht, kennzeichnen die wahre Richtung der deutschen Gesangeskunst. Soll der Ton schön sein, so mufs er vor allem sprachwahr sein. Mit den unhaltbar gewordenen Traditionen der italienischen Schule, die sich auf den Ton und die Tontechnik beschränkt, müsse gebrochen werden. Wie könne ein do, re, mi, la, sola, si eine Vorübung sein für deutschen Text, z. B. »Täuscht das Licht des Mondes mich nicht«, und wie sollen jahrelange Übungen auf dem Vokal a, welchen die Deutschen ganz unterschiedlich aussprechen und anders ansetzen als die Italiener, von erspriefslicher Schulung sein? Diese Übungen auf a legen die Sprachorgane lahm, sie werden dadurch unfähig für die Aussprache deutschen Textes im Gesange. In der deutschen Sprache beherrscht der Konsonant den Vokal und analog der Sprache müssen auch im Sprachorganismus die Gesichts- und Halsmuskeln den Kehlkopf und im Gesang das Wort den Ton beherrschen. Darum habe den eigentlichen Singübungen die methodische Entwicklung des Sprachorganismus vorauszugehen. Die Herrschaft über den Gesangsapparat müsse schon beschafft sein, wenn das Singen selber beginnt.

Wie schon erwähnt ist für Frau Richter der Ansatz der Punkt, um den sich die ganze Gesangskunst dreht (S. 23). Dieser »Ansatz ist jene Stelle vorn im Munde am harten Gaumen unmittelbar hinter den Oberzähnen, an welcher Wort und Ton im Gesange anzusetzen oder in Anschlag zu bringen ist« (ibidem). Das nach der Lautiermethode korrekt hervorgebrachte m veranschaulicht genau die Stelle des Ansatzes und dient auch dem Unterricht als Wegweiser, die Konsonanten und die Vokale, also Wort und Ton an den Ansatz zu leiten (S. 24). Dieser Ansatz mit m und eine dem Kauen ähnliche Mundbewegung werden denn auch jeder Übung vorausgeschickt. Wird an dieser Art der Tonbildung beim Gesangunterricht konsequent festgehalten, dann wird nicht etwa blofs ein Ausgleich der angeborenen Stimmregister, des Brust-, Hals- und Kopfregisters herbeigeführt, sondern es wird ein einziges, ein Kunstregister erzeugt, das den ganzen Tonumfang der Stimme in sich schliefst. Für diese Art der Tonbildung bietet den Vokal a die meisten, der Vokal I die wenigsten Schwierigkeiten. Der Vokal a liegt in der Brust und wird beim Naturgesange im Kehlkopfe gebildet; es währt deshalb geraume Zeit, bis es gelingt, ihn an die Ansatzstelle zu bringen. Die Richtersche Schule läfst deshalb die einzelnen Vokale in folgender Reihe zur Übung kommen: i, e, o, u, a.

Das ganze Verfahren hat den Sologesang und zwar den dramatischen Sologesang im Auge.

Die Cultivierung des Chorgesanges sei der Entfaltung schöner Stimmen nicht förderlich. Die Verfasserin will einen grofsen Ton erzielen und für das Singen in grofsen Räumen vorbereiten; sie giebt zu, dafs die von ihr geforderte Aussprache im Zimmer allerdings übertrieben scharf markiert erscheinen könne. Die Leistungen ihrer Schüler könnten ebenso wenig im Zimmer oder im kleinen Raume beurteilt werden, als das Werk eines Malers, der für die Entfernung malt. Für die Werke der Meister wird nachstehende Reihenfolge empfohlen: 1. Richard Wagner, 2. Gluck, 3. Weber, 4. Marschner, 5. Spohr, 6. Beethoven. In Richard Wagners Werken komme mit Ausnahme weniger Fälle stets auf jede Note eine Silbe. Bei Gluck fänden sich schon öfter Stellen, in welchen zwei Noten auf eine Silbe entfallen. Weber, Marschner und Spohr böten schon gröfsere Schwierigkeiten. »Beethovens Fidelio« sei als der Probierstein für die klassische Musik anzusehen.

Die Frage, ob das Richtersche Unterrichtsverfahren, das mit dem herkömmlichen vollständig bricht und sich zweifelsohne auf gewichtige physiologische, ästhetische und sprachliche Gründe stützt, auch auf die Methode des Gesangunterrichtes in der Volksschule umgestaltend einwirken werde, läfst sich von kurzer Hand weder bejahen, noch verneinen. Frau Richter selber meint (S. 27): »Anstatt in den Elementarschulen und in den Kindergärten das Singen einzuführen und mit diesem frühzeitig den Grund zum Stimmruin, nicht aber zur beabsichtigten Stimmentwicklung zu legen, sollte und zwar vor Beginn des Sprachunterrichts schon, die Mundgymnastik eingeführt werden, nicht nur zum Gedeihen der Kunst im Gesange und zur Konservierung der Stimme, sondern auch um jene Muskeln zu entwickeln, auf welche sich das Turnen nicht erstreckt.« Man müfste der Verfasserin zustimmen, wenn die Volksschule resp. der Gesangunterricht in derselben die Aufgabe hätte, für den deutschen dramatischen Sologesang vorzubereiten. Nachdem aber der Gesangunterricht in der Volksschule aus pädagogischen Gründen ganz anderen Zwecken dienstbar zu machen ist, auch niemals Selbstzweck werden darf, so wird er seine Berechtigung behalten, auch wenn er nicht nach den Richterschen Prinzipien erteilt werden kann. Für eine so umfangreiche Mundgymnastik und für so weitgehende technische Übungen, wie sie nach der Schule der Frau Richter notwendig sind, hat die Volksschule weder Zeit noch Raum, auch dann, wenn es ihr weniger bedenklich erschiene, bei ihren Einwirkungen auf die Schüler längere Zeit hindurch »die Natur zu bekämpfen«, S. 26).

Trotzdem aber enthält das Werk des anregenden Neuen so viel, dafs es kein Gesanglehrer unbeachtet lassen sollte. Die Ändernngen, welche der Schul-Gesangunterricht da und dort durch die unmittelbaren Schüler der Verfasserin schon erfahren hat und von denen sie auf S. 10 selber berichtet, können in der That als Verbesserungen des herkömmlichen Verfahrens bezeichnet werden, von denen nur zu wünschen ist, dafs sie allmählich Gemeingut werden.

Mit Frau Richter rechnen wir hierher: die Einführung des Vokales i an die Stelle des a bei den ersten Gesangsübungen, die Übungen in der Aussprache, die Aufstellungen, dafs der Kehlkopf beim Singen in ruhiger Lage zu verbleiben habe und dafs der Ton bei geschlossenem Munde anzusetzen sei, dafs es verfehlt wäre, wenn das piano schon beim Beginn des Unterrichts geübt würde u. anderes. Eigentümlich berührt das Geständnis der Verfasserin, dafs ihre Schüler die vollständige Ausbildung in der Regel nicht abwarten (S. 12).

Merkwürdig bleibt auch, wenn der Wert der Methode aufser Zweifel steht, dafs die Bestrebungen der Frau Richter von Innfeld, welche Dr F. Gehring mit gutem Grunde eine Frau »mit sehr scharfem Denkvermögen und grofser Energie« nennt, nicht grofse, weitgehende Erfolge aufzuweisen haben. Dies fällt namentlich auf, wenn man bedenkt, dafs dieselbe schon im Jahre 1865 (S. 7) sich dem Gesangunterrichte widmete und bald zu ihrer eigenen Methode gelangte; noch mehr bei Erwägung des Umstandes, dafs ihr Sohn, der bekannte K. K. Hofkapellmeister Hans Richter, der schon seit 1875 (1879) in Wien, also am Orte der Wirksamkeit seiner Mutter, die Hofoper leitet, durch seine einflufsreiche Stellung vor allem die Bestrebungen seiner Mutter in wirksamster Weise unterstützen könnte. Ebenso unbegreiflich scheint es, dafs Richard Wagner, für dessen grofsen dramatischen Stil ja gerade die Richtersche Methode Sänger heranbilden will, schon deshalb und mit Rücksicht auf seinen Intimus Richter sich der Sache nicht in seiner energischen Weise annahm.

Wie dem aber auch sei, die Schule ist mit äufserster Konsequenz durchgeführt und mufs jeden, auch den, der den Standpunkt der Verfasserin nicht teilt, doch mit Hochachtung vor derselben erfüllen.

Schwabach. Helm.

V.

Willbald Pirkheimers Stellung zur Reformation. Ein Beitrag zur Beurteilung des Verhältnisses zwischen Humanismus und Reformation von Lic. theol. P. Drews. Leipzig, Grunow, 1887. 124 S. Darstellung, 14 S. Anmerkungen.

Das vorstehende Schriftchen zu lesen, war mir eine rechte Ferienfreude, denn es verbreitete über ein Gebiet, was mir nur den allgemeinen Umrissen nach bekannt war, ein neues Licht und liefs mich über das Verhältnis von Humanismus und Reformation eine ganz andere und jedenfalls richtigere Anschauung, als ich bisher besessen hatte, gewinnen. Eine Kritik über die auf eingehenden Quellenstudien ruhende, sehr fesselnd geschriebene Arbeit liefern zu wollen, liegt mir natürlich vollkommen fern, und der Zweck dieser Zeilen ist nur, denjenigen Kollegen, welche sich eingehender mit der Geschichte der Reformationszeit beschäftigen wollen, auf die durch Herrn Drews gebotene Ergänzung und Berichtigung des Bildes der geistigen Bewegung im 16. Jahrhundert aufmerksam zu machen. Pirkheimer, der bekannte Verfasser des »abgehobelten Eck«, ist das Urbild eines deutschen Humanisten. Am wohlsten fühlt er sich, wenn er frei auf dem Landgute seines Schwagers gelehrten Studien leben kann. Für seinen sittlich religiösen Standpunkt ist besonders bezeichnend eine Stelle aus der Zueignung einer Schrift Plutarchs an seine Schwester, dort heifst es: »Mit Recht behaupten die Stoiker: Es ist Gottes Geschenk, dafs wir leben, dasjenige der Philosophie aber, dafs wir gut leben . . . Mit dieser (Philosophie) ausgerüstet und bewaffnet, teuerste Schwester, wollen wir alles Ungemach, alle Schmerzen, Anfechtungen und Mühsale geduldig ertragen.« Bei dieser echt humanistischen Anschauungsweise konnte Pirkheimer wohl zeitweilig mit den Reformatoren Hand in Hand gehen, wenn es galt, gemeinsame Gegner zu bekämpfen, aber für das innerste Wesen der reformatorischen Bewegung hat er kein Verständnis gehabt.

Durch Mitteilungen aus den Quellen hat Herr D. dafür gesorgt, dafs die Gestalt Pirkheimers dem Leser in allen einzelnen Zügen klar vor die Augen tritt; daher ist das Schriftchen beim Unterricht in der Kirchengeschichte sehr wohl zu benutzen.

Auerbach i. V.

Dr. Thrändorf.

VI.

Parallel - Bibel oder **Die heilige Schrift** Alten und Neuen Testaments in der Verdeutschung durch Dr. Martin Luther nach der Originalausgabe von 1545 mit nebenstehender wortgetreuer Übersetzung nach dem Grundtext.

In drei Bänden. I. Die Geschichtsbücher. II. Die poetischen und prophetischen Bücher des Alten Testaments. III. Das Neue Testament. Gütersloh, C. Bertelsmann. 135—140 Bogen in 24 monatlichen Lieferungen à 50 Pf. Das ganze Werk wird innerhalb zwei Jahren vollendet sein.

Diese Parallelbibel hat etwas von dem Ei des Columbus. Denn während unsere Gelehrten jahrelang an einer Verbesserung der lutherischen Bibelübersetzung gearbeitet haben, um schliefslich die bittere Erfahrung zu machen, dafs das Endergebnis ihrer Mühen, die sogen. Probebibel, auf allen Seiten harte Angriffe und wenig Beifall erfuhr, tritt uns hier ein Unternehmen entgegen, welches allen berechtigten Wünschen durchaus entspricht. Berechtigt ist nämlich sowohl der Wunsch, die Verdeutschung Luthers dem evangelischen Volke zu erhalten, als auch der andere, diese teilweis veraltete und unrichtige Übersetzung dort zu verbessern, wo es der augenblickliche Stand der Bibelforschung dringend fordert. Hier haben wir beides; so kann der Bibelleser in Verbindung mit seiner Lutherbibel den Grundtext selbst lesen, und jene mit diesem vergleichen. Die Übersetzung ist so wortgetreu und genau, als nur möglich, und dabei keine Rücksicht auf eine bestimmte dogmatische Anschauung oder traditionelle Auffassung mafsgebend, sondern einzig die gewissenhafte und sorgfältige Untersuchung des Textes, und der Wunsch, das wiederzugeben, was derselbe nach dem Ergebnis streng wissenschaftlicher Exegese wirklich besagt. Bei streitigen Stellen sind zudem immer eine oder mehrere Varianten auf dem Rande beigefügt, welche besagen, wie auch nach anderer Auffassung des Textes übersetzt werden könnte. Daneben steht in der linken Columne der Luthertext nach der letzten Originalausgabe vom Jahre 1545, durch den fetteren Druck von der parallelen Übersetzung als das ursprüngliche und wertvollere hervorgehoben, sodafs also die von mancher Seite gewifs geforderte Pietät gegen den Reformator durchaus gewahrt wird. Wir wüssten nichts, was dem Suchen des bibelforschenden »Laien« so trefflich entgegenkommen könnte als diese Parallelbibel, und können dieselbe darum nicht warm genug empfehlen. Sie ersetzt dem Lehrer zumal eine ganze Menge von Commentaren und Erklärungen in der handlichsten Weise. Dabei ist die Ausstattung sehr gut und der Preis niedrig genug.

Berka a. Ilm.

R. Bürkner.

VI.

Der Schularzt. Vortrag, gehalten am 12. Novbr. 1887 für die Vereine »Mitttelschule und Realschule« in Wien von Dr. L. Burgerstein. (Abdruck aus der »Zeitschrift für das Realschulwesen«. Redig. von Kolbe Wien, Hölder 1888, XIII. Jahrg. 1. Heft).

Wenn es wahr ist, dafs ein gesunder Geist nur in einem gesunden Körper wohnen kann, so ergiebt sich auch ganz von selbst, dafs sich der Sorge um den Geist die Sorge um den Körper beigesellen mufs. Und da man nicht zugleich Pädagoge und Arzt sein kann, so müssen sich eben Pädagogen und Ärzte in das Erziehungsgeschäft teilen. *)

Wie notwendig es für den Pädagogen werden kann, die Stimme des Arztes in manchen Fragen zu hören, zeigt aufs klarste obige Schrift, auf die wir deshalb die Aufmerksamkeit der geehrten Leser lenken wollen.

Um die Notwendigkeit ärztlicher Mitwirkung am Erziehungsgeschäfte zu beleuchten, führt Burgerstein**) folgendes Beispiel an:

Im Jahre 1881 veröffentlichte Stadtphys. Hertel in Kopenhagen die Resultate seiner Untersuchung von 314 Knaben. Er konstatierte, dafs mehr als $^1/_3$ aller Untersuchten kränklich war. Das gewaltige Aufsehen, das dieses Ergebnis hervorrief, hatte zur Folge, dafs in Kopenhagen eine Kommission eingesetzt wurde, bestehend aus einem Schuldirektor (Vorsitz.), 2 Ärzten, 3 Schulmännern und 1 Architekten, welche die Aufgabe hatte, den Gesundheitszustand der Schüler zu untersuchen. Es wurden bei ca. 30000 Kindern Nachfragen gestellt. Man fand, dafs von 16789 Knaben 29% krank waren (Lateinschulen 32%, Realschulen 28%).

Gleichzeitig mit der dänischen Untersuchung fand eine solche in Schweden statt, deren ärztliches Mitglied Axel Key war. (In Parenthesis erlaube ich mir die Bemerkung, die Bugersteinsche Übersetzung der Arbeit Keys, die allem Anscheine nach eine Fülle der interessantesten Details enthält, möge recht bald erscheinen!)

Die Methode war die Hertelsche: Fragebogen, an deren Ausfüllung sich Eltern, Lehrer, Schulärzte, Hausärzte beteiligten. Von den untersuchten 14722 Knaben entfielen 11210 auf vollklassige Schulen ***) und es waren 55,2% gesund, 44,8% krank. Das höchste Perzent der Kränklichen findet sich auf der Lateinlinie 50,2, Reallinie 39,16, gemeinsame Linie 40,9). Das Krankenpercent schwankt nach den Altersstufen in gesetzmäfsiger Weise; es erreicht ein erstes Maximum in der III., ein zweites in der VII_1 (Lateinlinie) resp. VII_2 (Reallinie).

In Bezug auf körperliche Entwicklung ergiebt sich folgendes: Die Zunahmen an Länge und Gewicht bewegen sich in einer auf und absteigenden Curve, deren Maxima in das 7. resp. 8., 15. resp. 16. Lebensjahr fallen. Inzwischen liegt eine Periode schwacher köperlicher Entwicklung.

Ein dritter Punkt, dem die schwedische Kommission ihre Aufmerksamkeit schenkte, waren die an die Schüler gestellten Anforderungen, gemessen durch die mittlere tägliche Arbeitszeit in Schule und Haus. Es ergab sich mit auffallender Ueberereinstimmung ein beständiges Anwachsen der Forderungen von der ersten bis zur letzten Klasse. Vergleicht man nun das über die körperliche Entwicklung Gesagte mit den an die Kinder gestellten Anforderungen, so ist die Disharmonie eine auffallende und es erklärt sich sofort das Hinaufschnellen der Krankheitspercente in III und VII. Der Besuch dieser Klassen fällt nämlich in Jahre geringer Körperentwicklung.

---

*) Ziller, Allg. Päd. pag. 5.

**) Realschulprofessor in Wien, s. Z. Sekretär des hyg. Congr. zu Wien.

***) Die schwed. Mittelschule hat 3 gemeinsame Klassen (I—III) und teilt sich hierauf in eine Latein- und Reallinie, deren jede die IV, V, VI, VII 1. VII 2 enthält.

Um etwaige Zweifel bezüglich der Lebensfähigkeit des Institutes der Schulärzte zu zerstreuen, führt B. zahlreiche Beispiele bestehender Einrichtungen an: Belgien: Brüssel und Antwerpen besitzen Schulärzte seit 1874. Brüssel ist in 5 Distrikte geteilt, deren jeder seinen Arzt (und ärztliche Assistenten) hat, welcher mindestens dreimal monatlich gründlich nachzusehen und monatlich ein vorgedrucktes, detailliertes Schema auszufüllen hat, welches Angaben enthält über den Gesundheitszustand der Schüler, über die Natur der den Schulbesuch hindernden Krankheiten, über den hygienischen Zustand der Schule (Reinlichkeit, Heizung, Ventilation, Beleuchtung), endlich besondere Wahrnehmungen und Verbesserungsvorschläge. Es findet auch Präventivbehandlung in der Schule statt, wozu die Medikamente gratis geliefert werden. Häusliche Behandlung durch den Schularzt ist ausgeschlossen.

Eine Anfrage an die Schulmänner, ob die oftmaligen Besuche der Ärzte nicht lästig seien, wurde mit »Nein« beantwortet.

Frankreich: Paris und mehrere andere Städte besitzen Schulärzte schon seit längerer Zeit; durch Dekret vom 18. I. 1887 wurde ärztliche Mitarbeit für alle Schulen anbefohlen.

In der Schweiz sind nur zwei Städte dieser Einrichtung teilhaftig geworden. Lausanne und Basel.

Auch in Amerika schenkt man in neuester Zeit der Körperpflege der Schuljugend erhöhte Aufmerksamkeit.

Republik Argentinien: durch Gesetz vom Jahre 1884 ist die hyg. und med. Arbeit der Schule obligatorisch geworden.

The last but not the least: Ungarn. Dieses Land strebt Reformen auf dem Gebiete der Schulhygiene an, wie sie in keinem Lande in gleicher Ausdehnung existieren. Man richtet in Ungarn das Augenmerk hauptsächlich auf die Mittelschule, ohne jedoch die Volksschule aus den Augen zu verlieren. Die mit dem Titel: Mittelschularzt und Professor der Hygiene ausgestatteten Fachmänner haben im Lehrkörper der Mittelschulen Sitz und Stimme und werden aufserdem den Volksschulinspektoren als Sachverständige zugeteilt.

Die angeführten Thatsachen dürften wohl hinreichen, jeden, der eine Verbesserung unserer heutigen Schulzustände wünscht, zu überzeugen, dafs ein Zusammenwirken von Pädagogen und Ärzten von den segensreichsten Folgen begleitet sein mufs. Ob nun die Schulärzte Medicinalbeamte oder freiwillige Fachmänner unter behördlicher Oberaufsicht sind, ist gleichgiltig. Wichtig ist, dafs die Schulmänner in dem Streite um den Schularzt entschieden und objektiv Stellung nehmen.

Wien. Pelikan.

VII.

Tuchhändler, Dr. Oberlehrer. Zur Weckung und Pflege der Selbstthätigkeit im erziehenden Unterricht durch den Betrieb der Grammatik. Beilage zum Programm des Gymnasiums in Buchsweiler. 1888. Buchdruckerei von M. Du Mont-Schauberg, Strafsburg i. Els., 34 S. 4°.

So wichtig die Forschungen nach der besten Methode des Unterrichts an sich sind, so zweckdienlich sind doch auch Versuche, auf Grund der bestehenden Verhältnisse den Unterricht möglichst erziehlich zu gestalten. Es ist dies der einzige Weg, auf dem die Schüler schon jetzt von den Grundsätzen des erziehlichen Unterrichts Nutzen haben können, aber auch der einzige Weg, unserer Richtung immermehr Anerkennung und schliefslich den Sieg zu verschaffen. Deshalb begrüfsen wir die oben angezeigte Programmarbeit mit aufrichtiger Freude. Sie behandelt den grammatischen Unterricht, der vielfach von den Feinden der höheren Schulen — manchmal vielleicht mit Recht — als ein Schreckgespenst hingestellt wird, während er, richtig in die Hand genommen, für Lehrer und Schüler gleich anregend sein kann. Und der

Herr Verfasser greift ihn richtig an. Vom Selbsterfahrenen und vom Selbstgeschauten leitet er überall hin zum Neuen, das aber nicht der Lehrer mitteilt, sondern die Schüler selbstthätig finden; mag es sich nun darum handeln, die Regeln über ὥστε zu gewinnen oder die über den Akkusativ mit Infinitiv im Lateinischen oder die Konstruktion der Participien. Wenn die eingeführten Lehrbücher auch Schwierigkeiten bereiten, er zeigt, wie man mit ihnen auskommen, ja sie gut benutzen kann, wenn der Lehrer über dem Buche steht. — Alles Mechanische bekämpft er entschieden, fast jede Wiederholung wird bei ihm zur Neugestaltung. Durch Zerlegen und Vergleichen findet er neue Gesichtspunkte im einzelnen und neue Verknüpfungen mit anderem. Er weckt die Erfindungsgabe und macht die Schüler ihrer Kraft bewufst, indem er sie Variationen schriftlich und mündlich auch in den fremden Sprachen vornehmen läfst. Bei der deutschen Sprache wird die gedruckte Grammatik natürlich beiseite gedrängt, »das Lesebuch, überhaupt der deutsche Lesestoff, sowie der Sprachvorrat des Schülers werden vollständig ausreichen, um das Grammatische in erforderlichem Mafse daraus zu gewinnen. Nur zur Richtigstellung und Vertiefung im einzelnen mögen nachher die eigenen Funde mit dem Lehrbuche verglichen werden.« Auch etymologische Untersuchungen kann der Schüler gelegentlich — unter verständiger Leitung des Lehrers — mit Glück anstellen. Das zeigt die hübsche Behandlung des Wortes »erwarten«.

Wir empfehlen das Schriftchen besonders allen denen, welche an unbequeme Bücher gebunden, einen Weg suchen, erziehlich zu unterrichten, ohne — was wir für einen grofsen Fehler ansehen würden — das eingeführte Lehrbuch in den Augen der Schüler der Mifsachtung preiszugeben. Die Abhandlung ist um so brauchbarer, da sie auch zweckmäfsige Litteraturnachweise enthält. Doch scheint mein umfänglicher Aufsatz über »Verbindung von Lektüre und Grammatik« im 19. Jahrgang (1887) des Jahrbuchs des Vereins f. wiss. Päd. dem Herrn Verfasser unbekannt geblieben zu sein.

Halle a. d. Saale.

Rud. Menge.

VIII.

Piltz, Ernst, Aufgaben und Fragen für Naturbeobachtung des Schülers in der Heimat. Mit einer lithographierten Tafel. Dritte verbesserte Auflage. 8°. 91 S. Weimar 1887. Böhlau.

Die Sammlung von »200 Aufgaben und Fragen für Naturbeobachtung« zusammengestellt für die Schüler der von Prof. K. V. Stoy geleiteten Erziehungsanstalt (Jena 1860), wurde von Piltz in wesentlich erweiterter und verbesserter Gestalt vor fünf Jahren der Öffentlichkeit übergeben. Diese zweite Auflage zeigten wir in den »Päd. Stud.« 1882, Heft 2 an und erfuhr durch Scheller eine eingehende günstige Besprechung in den »Deutschen Blättern f. e. U.« 1882, Nr. 26. Wir begrüfsen freudig das Neuerscheinen dieser wiederum in erwünschter Weise erweiterten und verbesserten Sammlung, welche die Reformbestrebungen auf dem Gebiete des naturkundlichen Unterrichts erheblich unterstützt hat. Vorliegende neue Auflage enthält 800 Aufgaben und Fragen zum Bekanntmachen des Schülers mit den Lebenserscheinungen der ihn umgebenden Natur. 1. Vom Himmel 9 S., 2. von der Luft 11 S., 3. von dem Erdboden 7 S., 4. vom Wasser 8 S., 5. von den Pflanzen 27 S., 6. von den Tieren 19. S. Für den Lehrer der Heimatskunde sehr praktisch ist der neu hinzugekommene Anhang, in welchem die in der Sammlung vorkommenden geographischen Begriffe unter Verweisung auf die fortlaufenden Nummern der Aufgaben alphabetisch geordnet sind. Auf der angehängten Tafel wird gezeigt, wie sich die atmosphärologischen Beobachtungen graphisch darstellen lassen.

Was die gleichzeitig mit der zweiten Auflage erschienene Begleitschrift

(»Über Naturbeobachtung«. Weimar 1882) betrifft, so würden wir uns freuen, wenn Verfasser bei einer etwaigen Neuherausgabe derselben die Stellung der Beobachtungsaufgaben innerhalb der methodischen Durcharbeitung der naturkundlichen Pensen deutlicher, als bisher geschehen, nachwiese und an einigen Unterrichtsbeispielen erläuterte.

IX.

Tabellen zur qualitativen chemischen Analyse. Von **F. Henrich**, Oberlehrer am Real-Gymnasium in Wiesbaden. — Wiesbaden 1886. Chr. Limbarth.

Das vorliegende Büchlein besteht lediglich aus dreizehn Tabellen, deren Zweck aus dem Titel ersichtlich ist.

Ziemlich eingehend ist die Behandlung der Vorprüfung, denn es beschäftigt sich eine Tabelle mit der Prüfung auf trockenem Wege, die nächste mit dem Verhalten der Metalloxyde zu Borax und Phosphorsalz, die dritte mit dem Verhalten der Substanzen gegen konzentrierte Schwefelsäure, die vierte endlich mit dem Verhalten beim Lösen und Aufschliefsen. Diese eingehende Behandlung der Vorprüfung ist als besonderer Vorzug hervorzuheben, denn einmal erfordert eine eingehende Vorprüfung ebensoviel Aufmerksamkeit wie Geschicklichkeit im experimentieren, andererseits aber ist sie ein ausgezeichnetes Mittel gegen eine sonst leicht sich einstellende rein mechanische Ausführung der qualitativen Analyse.

Die Tabellen V bis XII sind der Trennung der Metalle auf nassem Wege gewidmet, und zwar ist der Stoff derart gegliedert, dafs zunächst für jedes Fällungsmittel (z. B. Salzsäure, Schwefelwasserstoff u. s. w.) das chemische Verhalten der einzelnen möglichen Niederschläge ausführlich dargestellt wird, worauf dann eine kurze Tabelle zur Trennung der gleichzeitig vorhandenen Substanzen folgt. Auch hierin erkennt man wieder das sehr anerkennenswerte Bestreben, eine rein mechanische Behandlung der Analyse zu verhindern.

Die letzte Tabelle enthält die Ermittelung der Säuren, mit einer Ausführlichkeit, wie sie selten zu finden ist.

Geht schon aus dem Obigen hervor, dafs die vorliegende, höchst sorgfältige und gründliche Arbeit manchen Vorzug vor ähnlichen Erscheinungen hat, so besteht doch zweifellos das Hauptverdienst des Verfassers in der überaus reichlichen und lehrreichen Ergänzung der Tabellen durch chemische Formeln und Gleichungen zur Erläuterung aller erwähnten Prozesse.

Empfehlen sich daher aus diesem und den oben genannten Gründen Henrichs Tabellen dem Anfänger in der analytischen Chemie von selbst, so kann damit doch nicht der Schüler, auch wo ihm Zeit zum chemischen Arbeiten geboten ist, gemeint sein, denn für die Zwecke der Schulen dürfte die dargebotene Fülle des Materials wohl weit über das zu bewältigende Mafs hinausgehen, vielmehr nur erdrückend wirken.

Leipzig. M. Lentemann.

Um den Inhalt des vorigen Heftes nicht zu trennen erhielt dasselbe einen Umfang von fünf Bogen, das vorliegende Heft musste daher auf drei Bogen beschränkt werden, um die für den Jahrgang bemessene Bogenzahl nicht zu überschreiten.

Die Verlagshandlung.

Druck von O. Pätz in Naumburg a. S.